Erlebnisse eines MAD-Offiziers und Leistungssportlers

AF672726

Erlebnisse eines MAD-Offiziers und Leistungssportlers

Dieter Wolf

2022

Carola Hartmann Miles-Verlag Berlin

Bibliografische Information der Deutschen Nationalbibliothek
Die Deutsche Nationalbibliothek verzeichnet diese Publikation in der Deutschen Nationalbibliografie; detaillierte bibliografische Daten sind im Internet über www.dnb.de abrufbar.

© 2022 Carola Hartmann Miles-Verlag, Berlin
www.miles-verlag.jimdo.com
email: miles-verlag@t-online.de

Redaktionelle Beratung, Satz, Korrektorat, Fotobearbeitung: Ursula Hohenberg, Mettmann.

Die Fotos wurden im Allgemeinen vom Autor bereitgestellt. Ausnahmen sind gekennzeichnet.

Alle Rechte, insbesondere das Recht der Vervielfältigung und Verbreitung sowie der Übersetzung, vorbehalten. Kein Teil des Werkes darf in irgendeiner Form (durch Fotokopie, Mikrofilm oder ein anderes Verfahren) ohne schriftliche Genehmigung des Verlages reproduziert oder unter Verwendung elektronischer Systeme gespeichert, verarbeitet, vervielfältigt oder verbreitet werden.

Herstellung: Books on Demand, Norderstedt
Printed in Germany

ISBN 978-3-96776-032-3

Für unseren Sohn
Matthias Wolf †

und für meine Ehefrau
Bärbel Wolf †

Über die Bedeutung der Spionage aus
„Die Kunst des Krieges“ von dem
chinesischen Strategen Sun Tsu (um 500 v. Chr.)

Was man als Vorauswissen bezeichnet,
kann man weder von Geistern
noch von Göttern erfahren,
weder durch Vergleiche mit vergangenen Begebenheiten
noch durch Berechnungen.
Man muss es von den Leuten erfahren,
die die Feindlage gut kennen.

Nato-Wappen für die Ehrenmitgliedschaft im Nato-Dienst „Allied Command Europe Counter Intelligence Agency" (ACE CIA) für Dieter Wolf, Januar 1981, Foto: Dieter Wolf, Neuss. Vgl. Text Seite 127.

Inhaltsverzeichnis

Mein Vorwort und meine Danksagung

Buch 1 meiner Autobiografie mit dem Titel „Erlebnisse eines MAD-Offiziers und Leistungssportlers“ umfasst die folgenden verschiedenen Epochen meines Lebenslaufs:

- Die jungen Jahre bis hin zum Abitur im Jahr 1958,
- Meinen neunjährigen Berufsweg in der Bundesluftwaffe bis zum Kompaniechef und leider auch bis zur Ablösung von der fliegerischen Ausbildung,
- Die Zeit als MAD-Offizier im „Militärischen Abschirmdienst“ (MAD) von 1967 bis 1987.

  Es war ein langer, ereignisreicher Berufsweg von der nachrichtendienstlichen Schulung als MAD-Anfänger bis zum Einsatz als Dezernatsleiter im Dezernat 3/Spionageabwehr der MAD-Gruppe III in Düsseldorf und zuletzt als Leiter der MAD-Stelle 33 in Iserlohn, bei der ich anlässlich meiner Verabschiedung aus der Bundeswehr 1987 das absolute Highlight meines Berufslebens genießen konnte. „Im Namen der Bundesrepublik Deutschland“ verlieh mir der Bundesminister für Verteidigung (BMVg), Manfred Wörner, „für beispielhafte Erfüllung der Soldatenpflichten das Ehrenkreuz der Bundeswehr in Gold“.
- Die MAD-Epoche gestattet einen tiefen Einblick in die Abwehrarbeit vor Ort mit allen Höhen und Tiefen, mit großen Erfolgen und mit manchen Enttäuschungen. Die 20 Jahre Dienst im MAD waren eine ergiebige Basis für meine Arbeit an den Kapiteln mit nachrichtendienstlichem Hintergrund. So konnte ich mit dem zeitlichen Abstand von vielen Jahren problemlos eine Menge über wahre Begebenheiten und persönliche Erlebnisse berichten.
- Gleiches gilt für die Verwendung in der „freien“ Wirtschaft von 1988 bis 2006 mit dem Dienst in drei Großkonzernen:
  - beim Rheinmetall-Konzern in Düsseldorf als Sicherheitschef und Sicherheitsbevollmächtigter (SiBe) in der Rüstungsindustrie,
  - beim britischen Luft- und Raumfahrtunternehmen BAE Deutschland als SiBe und
  - beim französischen Elektronik- und Wehrtechnikunternehmen Thales Defence Deutschland als Sicherheitsberater

– und über meine Lehrtätigkeit bei der IHK Düsseldorf als Honorardozent im Rahmen der Ausbildung von Sicherheitspersonal.

Diese Epochen empfand ich als Zeitraum voller Dramatik und manchmal auch voll innerer Leichtigkeit am Ende meines Berufslebens.

Bei der sensiblen Materie meines Berufs – ob als MAD-Offizier in der Bundeswehr oder als Sicherheitsbevollmächtigter bzw. als Sicherheitsberater in der Industrie – war es selbstverständlich, den Schutz personenbezogener Daten, den Geheimschutz und den Unternehmensschutz grundsätzlich zu wahren.

Die Kapitel mit MAD-Inhalten lagen dem MAD-Amt (heute: „Bundesamt für den Militärischen Abschirmdienst" BAMAD) zur Prüfung und amtlichen Genehmigung bzw. zur Aufhebung der entsprechenden Geheimhaltung vor.

Gleiches gilt für die Rheinmetall-Kapitel, die aus Gründen des persönlichen Datenschutzes und des Unternehmensschutzes dem Rheinmetall-Konzern ebenfalls zur Prüfung vorgestellt wurden.

Das Buch 2 beinhaltet ein „Unikum" durch seine Zweiteilung. Im 1. Teil beschreibe ich überwiegend den schlimmen Weg von Matthias‘ Gefangennahme und Ermordung durch die Khmer Rouge in Kambodscha, während ich im 2. Teil, dem Sportteil, über meine erfolgreichen Sportaktivitäten im zivilen Leben berichte, aber auch über die erstaunlichen sportlichen Leistungen von Matthias in seinem kurzen Leben.

Mein Buch 2 mit dem Titel „Unser Sohn in der Hölle der Roten Khmer" ist sicher auch deshalb ein „Unikum", da es nur indirekt autobiografischen Inhalt hat.

Direkt betroffen davon war leider mein Sohn Matthias, der im Dezember 1994 in die Hände der KR geraten war und später ermordet wurde.

An den unendlichen Befreiungsbemühungen für unseren Sohn Matthias war neben dem Investigativjournalisten Fröder mit großen Erfolgsaussichten auch der Thailänder Xuwicha Hiranprueck maßgeblich beteiligt. Meine Frau und ich hatten ihn 1995 im Auswärtigen Amt in Bonn persönlich kennen und schätzen gelernt.

Hiranprueck war ein Schwiegersohn des thailändischen Königs Phumiphol und Chairman der „Thai Highlanders Foundation", einer Menschenrechtsorganisation. Er hatte nach dem Studium der Wirtschaftswissenschaften in den USA in Thailand eine fundierte nd-Ausbildung genossen. Von der Botschaft in Bangkok hatte er erfahren, dass ich einmal Spionageabwehr-

Offizier des MAD war. Es machte mich schon ein wenig stolz, als er in diesem Zusammenhang sagte, „... dass wir beide damit dem elitären Club der Geheimdienstler angehören, dessen Mitglieder zusammenhalten und sich bei Bedarf bedenkenlos helfen“. In unserem Fall – leider erfolglos.

Da der Leistungssport in der Bundeswehr – und damit auch im MAD – einen hohen Stellenwert besitzt, habe ich im Buch 1 die wichtigsten Sportereignisse und Erfolge während meiner gesamten Dienstzeit auch den relevanten Kapiteln der jeweiligen Dienststellen zugeordnet.

Ergänzt habe ich den Sportteil des Buches 2 um Berichte über meinen lebenslangen Sportweg als Leistungssportler, beginnend im Jugendalter bis in die Altersklasse der Jetztzeit hinein.

Es waren überwiegend die klassischen Sportarten, denen ich mich gewidmet habe, wie Leichtathletik, Rasenkraftsport, Triathlon und Teambewerbe wie Handball, Faustball und Fußball.

Besonders erfolgreich war ich im LSW-Werfer-Spezialsport, in dem ich viele dutzende Titel gewann und vielfacher Rekordhalter wurde. Ich beteiligte mich aber auch an Sonderdisziplinen wie an der „Ostfriesenolympiade“ oder am „exotischen“ Fahrradweitwurf in Wien.

Ich engagierte mich als Ausrichter einer deutschen und europäischen Meisterschaft im Steinstoß-Acht- und -Zehnkampf, und auch im sportlich-gesellschaftlichen Bereich übernahm ich Funktionsposten als RKS-Präsident oder Vorsitzender auf nordrhein-westfälischer (NRW-) und Bundesebene.

Für die handschriftliche Erstellung der beiden Bücher benötigte ich mehrere Jahre. Das gesamte Unternehmen war für mich als ungeübtem Autor keine leichte Aufgabe, bei der ich zum Glück die nötige Unterstützung erfahrener und am Thema interessierter Menschen erhalten habe, denen ich dafür mein herzliches Dankeschön sagen möchte.

Dieser Dank gilt als erstes meiner Frau Bärbel, die mir trotz ihrer Demenzerkrankung immer wieder gut zugesprochen hat, das angefangene Werk zu vollenden.

Mein besonderer Dank geht an den Militärhistoriker Oberstleutnant Dr. Helmut R. Hammerich, der mir von Beginn an wissenschaftlich als mein persönlicher Berater und „spiritus rector“ geholfen hat. So riet er mir zwar, vor der Buchveröffentlichung unbedingt die nd-relevanten Kapitel/Episoden dem BAMAD zur Prüfung vorzulegen, um die Entpflichtung von der Schweigepflicht zu erhalten. Leider versäumte er es, mich über den vollen Hintergrund dieser Vorlage zu informieren, die ich dann bereits vor der Erstellung der umfangreichen MAD-Geschichten vorgenommen hätte. Diese Unterlassung hat mich viele Monate Arbeitszeit und eine hohe finanzielle Summe gekostet.

Danken möchte ich hiermit auch einem meiner ehemaligen Kommandeure, Oberst a. D. Heinz Kluss (†), dem Initiator meiner Bucherstellung, und meinem Sportfreund Prof. Dr. Georg Kenntner sowie Christoph Cöln, dem Journalisten und Autor des Buches „Reife Leistung“, die mich ebenfalls tatkräftig unterstützt haben. Nicht vergessen darf ich Ursula Hohenberg, die IT-Schreiberin und Beraterin, bei meiner besonderen Danksagung. Zu den Mitmenschen, denen ich zu danken habe, gehört aber auch mein persönlicher „Assistent“ – mein Sportfreund Johannes Kramp –, der mich als „Seelsorger“ bestens beraten hat.

Grußwort

von Oberst a. D. Heinz Kluss (†),

dem ehemaligen Kommandeur der MAD-Gruppe III in Düsseldorf und dem späteren Freund des Buchautors Oberstleutnant a. D. Dieter Wolf

Ohne Sicherheit keine Freiheit

Wer, wie Dieter Wolf, in einer Demokratie über Innere Sicherheit schreibt, riskiert, sich zwischen alle Stühle zu setzen. Das ergibt sich einmal aus unterschiedlichen Bedrohungswahrnehmungen, aber auch aus kontroversen politischen Grundüberzeugungen.

Das mögen längst überwundene Einwände und Bedenken sein. In unserer Gesellschaft nicht überwunden aber ist das Misstrauen gegen Beiträge, die von Geheimdiensten zur Sicherheit geleistet werden. Das hat zum Teil historische Gründe – die Geheime Staatspolizei unseligen Gedenkens und die DDR-Staatssicherheit bleiben schwere Hypotheken und ständige Mahnung. Die Ressentiments haben jedoch auch emotionale Ursachen, nämlich die instinktive Furcht vor dem Unsichtbaren, dem Geheimen, dem Hintergründigen. Deshalb gilt allgemein staatliche Transparenz als demokratisches Gebot.

Dieter Wolf, der den Gang über dünnes Eis wagt, muss die hier angedeuteten politischen Diskussionsfäden nicht direkt aufnehmen. Er hat Konkreteres zu bieten. Wenn er eindrucksvoll und lebendig aus der Praxis erzählt, bietet er tiefere Erkenntnisse indirekt. Dafür ist er besonders prädestiniert, weil er in zwei Erfahrungswelten und Sicherheitskulturen gewirkt hat. Gut 23 Jahre war er auf mehreren Ebenen und in unterschiedlichen Funktionen für den Militärischen Abschirmdienst der Bundeswehr (MAD) tätig. So auch als Dezernatsleiter in der Spionageabwehr, die im „Kalten Krieg" manch heiße Phase zu meistern hatte.

Seine letzte MAD-Aufgabe, die Führung einer in „Schieflage" geratenen MAD-Stelle, erledigte er mit Bravour. Dafür verlieh ihm der Verteidigungsminister Manfred Wörner das „Ehrenkreuz der Bundeswehr in Gold – im Namen der Bundesrepublik Deutschland für beispielhafte Erfüllung der Soldatenpflichten".

Danach entschloss Dieter Wolf sich, ein attraktives Angebot aus der Industrie anzunehmen, in der er weitere 18 Jahre als Sicherheitsmanager seinen Dienst versah: zunächst gut 17 Jahre als Sicherheitsbevollmächtigter und Leiter Unternehmenssicherheit in der Wehrtechniksparte des Rheinmetall-Konzerns, danach knapp drei Jahre als Sicherheitsberater für die in Deutschland liegenden Firmen des britischen BAE- und des französischen Thales-Unternehmens und zusätzlich vier Jahre in Nebenfunktion als Honorardozent an der IHK Düsseldorf mit der „Unterrichtung im Bewachungsgewerbe".

Ich bin sicher, dass der Leser aus der Lektüre seiner Erlebnisse an beiden Fronten mindestens Zweierlei lernen wird. Erstens, dass Freiheit und Sicherheit durchaus keine Gegensätze sind, sondern sich gegenseitig bedingen. Zweitens, dass staatliche Transparenz, absolut gesetzt, ein anderes demokratisches Gebot mit Füßen treten würde.

Über operative Aspekte hinaus nämlich hat Geheimhaltung in den Nachrichtendiensten auch als Persönlichkeitsschutz einen besonders hohen Stellenwert.

Ich wünsche dem Autor Dieter Wolf – dem Spionageabwehr-Veteranen –, dass es ihm mit diesem Buch gelingt, das zeitgenössische Misstrauen gegen Sicherheitsorgane abzubauen. Ohne Sicherheit keine Freiheit, ohne Geheimdienste keine Sicherheit. Heute, angesichts des religiös befeuerten globalen Terrorismus wichtiger denn je. Selbstverständlich müssen Sicherheitsorgane streng kontrolliert werden, freilich ohne dass dabei ihre Effizienz geschmälert wird, Abb. 1.

Abb. 1. OTL a.D. Dieter Wolf (l.) und sein ehemaliger Kommandeur, Oberst a.D. Heinz Kluss, bei der Feier zum 80. Geburtstag von Dieter Wolf am 30. August 2017 in Dormagen. Foto: Hohenberg

Grußwort

von Prof. Dr. Georg Kenntner,

dem ehemaligen Leiter des Sportinstituts der Universität Karlsruhe und dem späteren Sportfreund des Leistungssportlers Dieter Wolf

Es gibt sicher auf unserer durch Umweltzerstörungen geschädigten Erde – mit ihren ca. acht Milliarden Bewohnern – nur wenige Menschen, die sportlich so talentiert, leistungsmotiviert und vielseitig sind wie Dieter Wolf.

Er erreichte durch systematisches, diszipliniertes und ehrgeiziges Training – insbesondere in den unterschiedlichen Disziplinen des Steinstoßens von 3 bis 50 kg – in fast allen Altersklassen seines 60-jährigen Sportlerlebens Dutzende Rekorde und unzählige Meistertitel, weshalb er von der Sportpresse wahrhaft als „Steinstoßkönig" bezeichnet wurde.

Er nahm an Hunderten nationalen und internationalen Wettkämpfen teil und errang dabei die gigantische Anzahl von 248 Titeln – davon 173 bei Deutschen Meisterschaften und 75 bei Europa- und Weltmeisterschaften.

Diese Erfolge gelangen ihm mit mehr als 30 DM-Titeln im jüngeren Seniorenalter im Steinstoßen des Rasenkraftsports, überwiegend allerdings erst im höheren Alter im LSW-Werfer-Spezialsport, wo er in den Jahren 2012 und 2013 jeweils zum „LSW-Sportler des Jahres" gekürt wurde.

Seine sportliche Karriere begann er in jungen Jahren als vielseitiger leichtathletischer Mehrkämpfer – mit Erfolgen auf Landesebene im Zehnkampf mit 5 502 Punkten und im Internationalen Fünfkampf, in dem er 1964 in Bad Kreuznach Landesmeister der Männerklasse mit 3 013 Punkten wurde.

Seine weiteren Topleistungen in der Leichtathletik beweisen zusätzlich seine Vielseitigkeit und sein Können:

11,2 s	im 100-m-Lauf	und	3:50 h	im Marathonlauf
1,75 m	im Hochsprung	und	12,70 m	im Dreisprung
14,12 m	im Kugelstoßen	und	55,15 m	im Speerwerfen.

Die höheren Ränge in der Leichtathletik erklomm er allerdings erst im Seniorenalter.

So wurde er 2003 in seiner Altersklasse Deutscher und Europa-Vizemeister im Kugelstoßen. Auf der etwas bescheideneren Bühne – bei den Betriebssport-EM in Berlin 1993 – war es ihm gar gelungen, dreifacher Sieger im Kugelstoßen und Steinstoßen ein- und beidarmig zu werden.

Neben der Leichtathletik, dem Rasenkraftsport und dem Werfer-Spezialsport widmete er sich – mal mehr, mal weniger – vielen anderen Sportarten wie

Boxen, Skilaufen, Tennis, Faust- und Handball, Pistolenschießen und Triathlon. Im Triathlon absolvierte er von 1986 bis 1991 insgesamt 34 Wettkämpfe mit Erfolgen bei den „Europameisterschaften für Sicherheitsdienste" 1987 in Westerburg/Westerwald und 1989 in Koblenz, wo er jeweils die Bronzemedaille gewann.

Nach seinem Eintritt in die Bundeswehr 1958 gehörte Dieter Wolf mit seinen Leichtathletikleistungen schon bald zur absoluten Spitzenklasse in der Luftwaffe und später im MAD, wo er Dutzende Meistertitel errang.

Auf der „mittleren Ebene" im Bundeswehr-Leistungssport – Regiment, Geschwader und MAD-Gruppe – gewann er fast 100 Titel in Einzel-, Staffel- und Teambewerben.

Beim jährlichen Sportpflichtprogramm der Bw, dem „Soldaten-Sportwettkampf" (SSW), war er einer der erfolgreichsten Athleten in der Luftwaffe und später im MAD. Das absolute Highlight war sein SSW 1977, als er in seiner Altersklasse mit 92 Punkten die Bw-Wertung gewann – mit einem Punkt Vorsprung von Hinrich John, dem ehemaligen Deutschen Meister im 110-m-Hürdenlauf.

Geehrt wurde er dafür mit der Sonderurkunde des Generalinspekteurs der Bundeswehr, General Wust – „als Anerkennung für besondere sportliche Leistungen beim Soldaten-Sportwettkampf 1977".

Dieter Wolf war nicht nur der Topathlet des MAD, sondern auch ein hervorragender Pistolenschütze im Schießen mit den militärischen Waffen.

Bei den im MAD traditionell veranstalteten Gäste- und Pokalschießen gewann er viele Male das Pistolenschießen gegen die Konkurrenten aus dem Bereich der Staatsschutzpolizei und der befreundeten alliierten Nachrichtendienste.

Neben der Präferenz für den „Leistungssport" hat er auch immer dem „Breitensport" das Wort geredet und danach gehandelt. So holte er sich mit 60 Jahren die „Deutsche Sportkrone mit Brillanten" und mit 78 Jahren das „50. Deutsche Sportabzeichen in Gold".

Dieter Wolf hatte weder durch berufliche Anforderungen noch durch schwere Krankheiten oder Verletzungen extreme Reduzierungen seiner sportlichen Aktivitäten zu beklagen. Sicher gab es immer wieder einmal gesundheitliche Vorkommnisse, die seinen Tatendrang zwangsläufig bremsten – letztlich aufhalten aber konnten sie ihn nicht.

Neben seinen sportlichen Wettkampfambitionen zeugen seine Tätigkeiten im Sportehrenamt für sein soziales Engagement:

Einige Jahre war er als Übungsleiter für den leichtathletischen Nachwuchs im Schüler- und Jugendbereich im Verein tätig, zu dem auch sein Sohn Matthias gehörte.

Von Mitte der 1990er-Jahre bis 2004 hat Dieter Wolf Funktionärsaufgaben im Rasenkraftsport (RKS) übernommen. Er war zuerst Sportwart und danach als Präsident des Landesverbandes NRW tätig, bevor er die gleichen Funktionen im Bundesverband, dem Deutschen Rasenkraftsport- und Tauziehverband (DRTV), übernahm. Dabei kreierte er u. a. eine neue, zeitgemäße Gewichtsklassenstruktur.

Im Jahr 2000 wirkte er an der Entwicklung des Steinstoß-Zehnkampfes mit – in enger Kooperation mit Erwin Kollmar, dem „Erfinder" des LSW-Sports – und war auch organisatorisch an der Zehnkampf-Premiere bei Deutschen Meisterschaften (DM) 2002 in Düsseldorf mit eingebunden. LSW – ein nur so gebräuchliches Kürzel für „Laufen–Springen–Werfen".

Schließlich war er der verantwortliche Ausrichter der „16. Deutschen Meisterschaften im Steinstoß-Acht- und -Zehnkampf 2017" in seinem Wohnort Neuss-Norf. Aufgrund vielseitiger Anerkennung wegen dieser gelungenen Veranstaltung zeigte er sich bereit, Verantwortung zu übernehmen für die erstmalige Austragung einer EM in den Steinstoß-Mehrkämpfen, die im September 2018 erneut in Neuss-Norf stattfanden.

Nicht zuletzt hat sich Dieter Wolf auch wissenschaftlich-theoretische Gedanken über seine sportlichen Aktivitäten gemacht. Seine Studie mit dem Titel „Leistungsregression im Alter am Beispiel Steinstoß-Zehnkampf", in der er seine über viele Jahre angesammelten praktischen Erfahrungen in wissenschaftlicher, aber verständlicher Weise weitergegeben hat, wurde im Magazin Senioren-Leichtathletik mit LSW-Spezialsport (SELAplus-Magazin) 10/2013 veröffentlicht.

Ich gab damals dazu folgende Beurteilung ab: „Ich finde die Arbeit ausgezeichnet. Sie zeugt von einer extrem fachkundigen und akribischen Vorgehensweise von Dieter Wolf. Dazu meinen anerkennenden Glückwunsch!", Abb. 2.

Abb. 2. Dieter Wolf (l.) und Prof. Dr. Georg Kenntner nach einer DM in Mutterstadt

Kapitel 1 (1937 – 1958)
Die Jahre der Kindheit in Schlesien und die Jugendzeit in Nordrhein-Westfalen

1. Deutschland mit dem erbärmlichen Erbe und unsere Flucht ins Sudetenland

Im Spätherbst 1944 erlebten wir – mein um ein Jahr jüngerer Bruder Ralf und ich – ein grausames Geschehen, an das ich noch heute, beim Erblicken von Ausschachtungsarbeiten zur Verlegung von Rohren, zutiefst erinnert werde.

Eines Tages wurden für uns Kinder seltsam anmutende Gestalten in Sträflingskleidung in unserer Straße angekarrt. Wie wir von unserer Mutter bald erfuhren, waren es Juden aus dem nahegelegenen Konzentrationslager in Wüstegiersdorf, die zu Ausgrabungsarbeiten für eine Wasserleitung an unserer Straße gezwungen wurden. Manche dieser armseligen Menschen waren so abgemagert und offensichtlich so entkräftet – erkenntlich selbst durch uns Kinder – dass sie nur mühevoll in der Lage waren, die Spitzhacke anzuheben und in den Boden zu schlagen. Wir Kinder nannten dieses „zeitlupenmäßige" Arbeiten auch tatsächlich „Judenhacken", ohne uns dabei etwas Schlimmes zu denken.

Bald stellten wir – neugierig, wie Kinder nun einmal sind – erschüttert fest, wie diese erbarmungswürdigen Menschen von den Aufsehern der „Organisation Todt" (OT) behandelt wurden. Sie bekamen für jede Kleinigkeit, die den To(d)tschlägern nicht gefielen, Fußtritte, Schläge mit der Faust oder dem Knüppel. Anlässe konnten sein:

- Zu langsames Arbeiten
- Zu häufiges Betteln um Essen
- Zu häufiges Betteln um die Erlaubnis, zur Toilette gehen zu dürfen
- Zu langes Verweilen im Toilettenhäuschen.

Was sie tagsüber während der Arbeitszeit nicht bekamen, waren Essen und Ruhepausen. Wir litten sehr darunter, derartig verbrecherische Taten und Verhaltensweisen zu beobachten, und konnten abends kaum einschlafen.

Natürlich war es der deutschen Bevölkerung – eigentlich nur Frauen, Greisen, Kindern und Jugendlichen – streng verboten, zu den Juden Kontakt aufzunehmen und ihnen gar etwas zum Essen zu geben. War es Mut, Dummheit oder das Mitgefühl für die geschundenen jüdischen Mitmenschen, dass wir oft von unserem kargen Essen an späten Abenden den Juden einige Brocken Brot oder gekochte Kartoffeln heimlich in ihren Gräben versteckten? Nur wir Kinder trauten uns zu, tagsüber in die Nähe der Juden zu gehen.

Ich bin mir sicher, dass deren scheue, kurze Blicke zu uns – Zeichen der Danksagung waren.

Noch heute empfinde ich Trauer für diese Juden und – ich habe keine Bedenken, dies ganz offen zu sagen – Wut und Hass auf die Menschen, die ihnen das angetan haben. Ich frage mich heute: War es wirklich keinem aus dieser Nazi-Clique in den Sinn gekommen, was damit auch deutschen Kindern emotional-seelisch angetan wurde?

In meinem Geburtsort Oberwüstegiersdorf/Schlesien wurde ich mit sechs Jahren im Herbst 1943 eingeschult. Aufgrund der Kriegswirren war allerdings bereits im September 1944 die erste Schulzeit für mich beendet, denn unsere Volksschule wurde als Notlazarett eingerichtet. Und damit war eine kurze, unbeschwerte Kindheit abrupt beendet.

Wenige Tage vor Kriegsende floh meine Mutter mit ihren beiden Söhnen mit den Pferdetrecks der Wehrmacht ins Sudetenland mit der Zielrichtung Bayern, um der vorrückenden Roten Armee zu entfliehen – leider ohne Erfolg.

Ich erinnere mich an ein schreckliches Ereignis an einem späten Abend in tiefer Dunkelheit. Plötzlich war es taghell, und in einiger Entfernung von uns gab es gleichzeitig höllische Explosionen. Ein noch nie erlebtes Inferno für uns Kinder, das unfassbar lange anhielt. Wie wir später hörten, war ein Munitionslager „in die Luft gegangen“.

Voller Entsetzen hatte sich unsere Mutter mit ihren kleinen Söhnen instinktiv in einen nahen Straßengraben geworfen, um Schutz vor möglichen Granatsplittern zu suchen. Wir waren noch einmal davongekommen; die Explosionen waren glücklicherweise weit genug von uns entfernt.

Der Zufall wollte es, dass ich nach mehr als 74 Jahren in einer TV-Dokumentation am 17. November 2019 genau dieses höllische Spektakel noch einmal zur Kenntnis nehmen konnte – mit einem leichten Schauern, aber im Bewusstsein, dass wir jetzt in einem friedlichen Europa leben dürfen.

Der fürchterliche Treck mit den Wehrmachtsoldaten endete schließlich einen Tag danach – am 6. Mai 1945 – mit einem für uns alle traumatischen Ereignis.

Wie ich später erfuhr, befand sich der deutsche Treck am letzten offiziellen Kriegstag auf der nach Hohenelbe führenden Straße in einem Stau, als wenige Meter hinter uns russische Soldaten in ihren Militärwagen heranbrausten. Die deutschen Soldaten verließen Hals über Kopf ihre Pferdewagen und stürmten mit ihren Gewehren den neben der Straße gelegenen Berghang hinauf, bis sie eine geeignete Deckung fanden.

Mutter, mein Bruder Ralf und ich hetzten ein gutes Stück hinter den Soldaten mit größter Mühe ebenfalls den Berghang hinauf. Für uns Kinder war es eine wahnsinnige Anstrengung, zumal wir in jenen Tagen stets mit doppelter Kleidung versehen waren – und das an einem sehr warmen Maientag. Im wahrsten Sinne des Wortes liefen wir um unser Leben. Kaum oben in der Deckung der Soldaten angekommen, steckten wir plötzlich mitten in einem finalen Schusswechsel zwischen deutschen und russischen Soldaten.

Ich erinnere mich nicht daran, ob dabei deutsche Soldaten zu Tode kamen, sehr wohl aber an die Zugpferde an den deutschen Pferdewagen, die nach den Schusswechseln tot oder verletzt – zum Teil mit letzten Zuckungen – auf der Straße lagen. Für uns Kinder ein fürchterlicher Anblick!

Nach einiger Zeit fuhren die Russen mit ihren Kfz auf der Straße nach Hohenelbe weiter, vermutlich, um schnell aus der Schusslinie zu kommen. Die deutschen Soldaten verließen uns, und Mutter musste allein zusehen, wie es mit uns weiterging. Zum Glück hatten wir das kriegerische Scharmützel ohne Verwundung überstanden, und wir waren auch nicht in die Hände der Roten Armee gefallen.

Danach hieß es den langen Marsch zurück nach Schlesien anzutreten – zu Fuß und oft auch als Mitfahrer auf Pferdefuhrwerken.

Auf dem Rückmarsch nach Schlesien hörten wir zu unserem tiefsten Erschrecken immer wieder mal von deutschen Sudetenland-Einwohnern, dass es zu schlimmen Gräueltaten an deutschen Mitbürgern gekommen sei.

Das Nachtlager fanden wir zum Glück immer auf Bauernhöfen, wenn auch nur auf Heu und Stroh in Scheunen oder Ställen. Nach langer, nicht enden wollender Zeit erreichten wir schließlich wieder unser Zuhause.

Nach dieser schrecklichen Episode erlebten wir zuhause den Einmarsch der Sowjets und die anschließende Besetzung Schlesiens durch die Polen.

Erst mehr als 73 Jahre später verschlug mich das Schicksal erneut an die Oberelbe – dieses Mal nach Lovosice an der Elbe in Tschechien. Ich war dorthin gereist, um an den Europameisterschaften des LSW-Werferverbands im August 2018 teilzunehmen.

Auch wenn die damalige Stadt Hohenelbe (tschechisch Vrchlabí), bis zu der wir zusammen mit deutschen Soldaten am Ende des 2. Weltkriegs geflüchtet waren, und die Stadt Lovosice relativ weit auseinanderliegen, so erinnerte mich die Bergkette am Nordrand von Lovosice fatal an die schrecklichen Erlebnisse am letzten Kriegstag, als wir – meine Mutter, mein Bruder und ich – voller Todesangst im Schlepptau der fliehenden deutschen Soldaten einen Hügel am Rand einer Straße hinaufkeuchten, um nicht den anstürmenden russischen Soldaten in die Hände zu fallen.

Beim freien Blick auf die Bergkette bei Lovosice – sowohl von der Stadt als auch vom Sportgelände aus – kamen meine Gedanken an die längst vergangenen Ereignisse in mir immer wieder wie eine Fata Morgana hoch – zum Glück aber ohne wirkliche psychische Auswirkungen auf meine sportlichen Leistungen während der Wettkämpfe an den drei Tagen.

Ganz im Gegenteil – ich fühlte mich rundum zufrieden, dass ich nach den schaurigen Kriegserlebnissen diesen Teil der Erde zusammen mit deutschen, osteuropäischen und anderen europäischen Sportfreunden im friedlichen Wettkampf noch einmal erleben durfte.

2. Mundraub vom fahrenden Lkw und die Angst vor tödlichen Schüssen

„Wer niemals aus dem Blechnapf fraß …", weiß auch kaum, was qualvoller Hunger ist. Mein Bruder und ich mussten bereits als Kinder von acht bzw. neun Jahren diese schlimme Erfahrung machen.

Nach Kriegsende im Mai 1945 bis zur Vertreibung im Juni 1946 gab es Zeiten, in denen wir oft nur einmal täglich genügend zum Essen hatten, um auch satt zu werden.

Zusammen mit den Erwachsenen unserer Nachbarschaft gingen wir im Herbst 1945 auf die abgeernteten Felder, um liegen gebliebene Ähren zu sammeln, oder wir durchwühlten nach der Kartoffelernte den lockeren Ackerboden, um zurückgelassene, meistens kleine Kartoffeln zu „stoppeln".

Eine zusätzliche Nahrungsquelle waren für uns Apfelbäume, unter denen wir immer wieder einmal abgefallene Äpfel einsammeln konnten.

Dass wir Kinder trotzdem einigermaßen gesund bei dieser Mangelernährung blieben, lag sicher auch daran, dass wir eigentlich regelmäßig frische Kuhmilch zu trinken bekamen – Mutter hatte bei unserem Nachbarn, dem Bauern Welz, das Melken erlernt und sich damit einen kleinen Job erworben.

Der Zufall wollte es, dass 10 Jahre später – also 1956 – bei unserem Hausbau in Bevergern/Westfalen unser Grundstücksnachbar eine Tochter aus der ehemaligen Bauernfamilie Welz war.

Es war die Zeit gekommen, als polnische Lkw-Fahrer regelmäßige Versorgungsfahrten mit Naturalien in das tschechoslowakische Sudetenland durchführten. Die riesigen Lkw – mit Feldfrüchten aller Art beladen – fuhren auf der Landstraße direkt an unserem Elternhaus vorbei. Mit der schweren Beladung mussten die Fahrer unmittelbar nach unserem Grundstück auf langsamstes Tempo drosseln, um den recht steilen Anstieg bewältigen zu können.

Ob es für unser „tollkühnes" Unterfangen Vorbilder gab – ich kann mich daran nicht erinnern. Sehr wohl aber weiß ich, dass die für unser kindliches Alter fast unglaubliche Geschichte so passiert ist, wie ich sie jetzt preisgebe.

Trotz unserer jungen Jahre waren wir bereits „geübte" Kletterer – in Kirsch- und Apfelbäumen. Warum also sollten wir nicht auch versuchen, auf die extrem langsam dahertuckernden Lkw von hinten hinaufzuklettern?!

Soweit ich mich richtig erinnere, war es klar, dass dieses „Kunststück" nur dem älteren und stärkeren Bruder zustand. Aufgabe des jüngeren sollte das Aufsammeln der „Beute" sein.

Wir gingen das Unternehmen „Mundraub" an, ohne dabei die geringsten Skrupel zu haben. Offensichtlich hatte ich auch weder die Befürchtung, dabei abzustürzen, noch die Angst, von den Fahrern möglicherweise attackiert zu werden.

Die Lastkraftwagen und die Anhänger waren auch so praktisch für unsere Absicht konstruiert, dass es relativ einfach war, „aufzuklettern". Wir „ernteten" auf diese Art und Weise Zusatzernährung wie Kartoffeln, Mohrrüben und Kohlköpfe, ohne dass die Fahrer davon „Wind" bekamen – zumindest gab es keine entsprechenden Reaktionen.

Für mich heute unverständlich ist, dass unsere Mutter diesem gefährlichen Handeln nicht dringend widersprochen hat.

„Der Krug geht so lange zum Brunnen, bis er bricht", … und das geschah sehr bald.

Eines Tages hielt ein so „bestohlener" Lkw-Fahrer am Ende der Steigung an. Ich war gerade abgesprungen, und als wir den Polen lautstark schimpfen hörten, rannten wir, so schnell wir konnten, davon. Wir kamen allerdings nicht sehr weit, als der Pole auf uns – oder in unsere Richtung – mehrere Pistolenschüsse abgab. Instinktiv knallten wir uns seitlich in die Büsche – vermutlich hatten wir vor jämmerlicher Angst sprichwörtlich „die Hosen voll".

Nach längerer Zeit hörten wir den Lkw davonfahren, und wir trauten uns vorsichtig aus dem Versteck.

Dieses schreckliche Erlebnis bedeutete zugleich das Ende unserer „Kaperei“ von vorbeifahrenden polnischen Versorgungsfahrzeugen.

Bis zur Vertreibung durchlebten wir nicht nur Hungersnöte, sondern auch manche angsterfüllten Nächte.

So hatte unser Großvater auf Bitten der in unserem Haus wohnenden Frauen an die Innenseite der Eingangstür einen gewaltigen Holzriegel installiert, um nachts vor Einbrüchen und Vergewaltigungen durch Russen bestmöglich geschützt zu sein. Zu derartigen Vorfällen war es damals in der Region offenbar immer wieder gekommen.

3. Die Vertreibung aus der schlesischen Heimat in eine westfälische Notunterkunft

Nur mit dem Nötigsten – nämlich mit dem, was wir anhatten und tragen konnten –, wurden wir eines Tages von den Polen aus unserem Haus in Oberwüstegiersdorf gejagt. Alle Bewohner des Hauses wurden als Kolonne gemeinsam zum Bahnhof in Wüstegiersdorf getrieben, wo wir in verdreckte Viehwagen einsteigen mussten. Wohin die Fahrt ging, sagte uns niemand.

Irgendwo unterwegs während eines Halts der Bahn ging uns zu allem Jammer auch noch unser Großvater verloren. Erst Wochen später kam er – auf welchen Wegen auch immer – in Delmenhorst an, wo unsere Großmutter angesiedelt worden war.

Abb. 3. Das Wappen der Stadt Bevergern mit einem Biberkopf

Nach einer langen, menschenunwürdigen Fahrt im Viehwagen landeten wir schließlich in Bevergern/Westfalen – in einer idyllischen Ortschaft mit ca. 3000 Einwohnern und mit historischem Stadtrecht, das der Ortschaft bereits 1366 verliehen worden war, dank ihrer zentralen Lage in der Region und ihrer umfassenden Handelsaktivitäten. Damals war im Ortskern eine kleine Wasserburg mit dem Namen „Bever-Gern" – gleich „Biber-Garten" – errichtet worden. Nichts anderes bedeutet der Name der Stadt „Bevergern", Abb. 3.

Nach dem Verfall der Burg im Laufe der Jahrhunderte erinnert in der Neuzeit nur noch ein Teil des Wassergrabens der Burg an ihre ehemalige Existenz. Auf ihren Grundmauern wurde die Volksschule von Bevergern aufgebaut.

Erst 1975 – anlässlich der großen Gemeindereform in Nordrhein-Westfalen – kam es zu einer Änderung. Durch die Zusammenlegung der Ortschaften Bevergern, Dreierwalde, Hörstel und Riesenbeck verlor Bevergern zwar seine Eigenständigkeit, nicht aber sein Stadtrecht. Dieses ging vielmehr über auf die neu entstandene Großgemeinde, die fortan den Namen des größten der vier Orte trägt: „Stadt Hörstel" im Regierungsbezirk Münster.

Karl Dierkes, einer meiner Schulkameraden auf der Volksschule in Bevergern, war einer der ersten Ortsvorsteher – gleich „Ortsbürgermeister" – des neuen Stadtteils Bevergern der neuen Stadt Hörstel. Diesen Dienstposten besetzte er immerhin mehr als drei Jahrzehnte lang – von 1979 bis 2014.

Ihm, dem Kommunalpolitiker, verdanke ich auch das Wissen über die Historie der Stadt Bevergern. Aus Bevergern stammt übrigens mit Karl-Josef Laumann (* 1957, CDU) auch ein Politiker, der nach den NRW-Landtagswahlen im Jahre 2017 als Landesminister für Arbeit, Gesundheit und Soziales des Landes NRW ganz weit oben auf der politischen Karriereleiter angekommen war.

Leider war die Anfangszeit in der „idyllischen Ortschaft" Bevergern für uns – die Heimatvertriebenen aus dem Osten Deutschlands – eine trügerische Idylle. Wir mussten schon sehr bald feststellen, welch trauriges Schicksal es sein kann, ein „Flüchtling" zu sein. Zunächst einmal wurden wir in einer großen Gärtnerei notdürftig in nur einem Zimmer untergebracht.

Vater kam erst Ende 1946 aus US-amerikanischer Kriegsgefangenschaft in einem französischen Feldlager krank nach Hause. Auch als dann vierköpfige Familie mit dem schwerkranken Vater mussten wir noch einige Wochen in dem Einzelzimmer hausen, ehe wir in die Kaplanei neben der katholischen Kirche in eine Zweizimmerwohnung umziehen konnten.

4. Meine 18-monatige Schulunterbrechung und mein Beinbruch, ein „Schlüsselerlebnis" fürs Leben

Bedingt durch die Kriegswirren und die Monate vom Kriegsende bis zur Vertreibung nach Westfalen im Frühjahr 1946, war ich 18 Monate nicht zur Schule gegangen. In Bevergern wurde ich im Juni 1946 in die 2. Klasse der Volksschule wieder eingeschult – in einen Klassenraum, in dem die 1. und 2. Klasse gemeinsam untergebracht waren.

Unser Leben auf dem „flachen Lande" war für uns, die „Flüchtlinge" – wie die aus der Heimat Vertriebenen immer wieder von den „Einheimischen" genannt wurden – manchmal kaum zu ertragen. Erst recht erlebten wir als Heranwachsende auch manchmal eine Art „Spießrutenlaufen", wenn wir als „Pollacken" gehänselt wurden.

Ein Schlüsselerlebnis meiner Kindheit – neben Flucht und Vertreibung – war 1948 ein schwerer Oberschenkelbruch, der mich für viele Wochen im wahrsten Sinne des Wortes „ans Bett fesselte", geschuldet der damals noch praktizierten Methode des „Streckverbandes". Zu dem Unfall hatte mein „Weglaufen" vor einem vermeintlich stärkeren Mitschüler geführt. Nach einer der üblichen Hänseleien und Streitereien – mit Androhung von Prügeln – wollte ich mich in das Schulgebäude retten. Die Außentreppe, Abb. 4, wurde mir zum Verhängnis: Ich fiel hin und landete schließlich für viele Wochen im Bevergerner Krankenhaus.

Warum war mein Beinbruch ein „Schlüsselerlebnis" für mich?

Natürlich ging dieses schreckliche Erlebnis mir lange Zeit nicht mehr aus dem Sinn. Immer wieder stellte ich mir die Fragen: Warum eigentlich bin ich weggerannt? War es Feigheit oder Klugheit, in einem solchen Fall vor einem vermeintlich Stärkeren das Weite zu suchen?

Ganz allmählich entwickelte sich in meinen Gedanken der Grundsatz „Niemals mehr weglaufen", denn mit Weglaufen lassen sich Probleme nicht lösen. Sehr schnell wehrte ich mich gegen Diffamierungen – mit Gegenargumenten und manchmal auch mit der Faust! Abb. 5, 6.

Abb. 4. Unsere Lehrerin, Fräulein Wiesner, mit der 3. und 4. Klasse auf der Eingangstreppe, die mir zum Verhängnis geworden war

Abb. 5. Die 50 Sextaner am Gymnasium Dionysianum

Abb. 6. Dieter Wolf, der Quintaner

Vielleicht waren diese Erlebnisse für mich auch eine Motivation, als Jugendlicher das Boxen zu erlernen. War es Zufall oder gar eine Fügung des Schicksals, dass meine Eltern einen jungen Mann kennenlernten, der aktiver Fußballer im Bevergerner Fußballclub wurde, obwohl er eigentlich ein ehemaliger Amateurboxer war.

Der Boxer, Gotthard Gernoth, wurde unser väterlicher Freund. Er lehrte meinen Bruder und mich die „edle Kunst der Selbstverteidigung“, das Boxen, beginnend im Frühjahr 1954.

Eine ideale Trainingsstätte war für uns ein in der Nähe unserer Wohnsiedlung gelegenes prachtvolles Anwesen mit einer stillgelegten kleinen Kegelbahn und einem dazugehörigen Pavillon von der Größe eines Boxrings. Das Anwesen gehörte der Witwe des ehemaligen Nazi-Stabschefs Lutze, die den großzügigen Bau mit ihrem Sohn Adolf bewohnte.

Addi – wie er allgemein genannt wurde – war ein Schüler des Gymnasiums in Rheine, den ich vor einiger Zeit als Mitschüler – wenn auch eine Klasse höher – kennengelernt hatte. Über ihn erhielten wir die Erlaubnis, im Pavillon Boxtraining durchzuführen.

Mein Bruder Ralf war bald Mitglied im Boxclub Rheine; er erwies sich als talentierter Boxschüler. Bereits im Juli 1955 boxte er in einem offiziellen Amateurboxkampf in Schüttorf erfolgreich als Weltergewichtler.

Ich war zwar kein offizielles Mitglied im Boxclub Rheine, nahm aber – insbesondere im Winter – unregelmäßig an dortigen Trainingsabenden teil. Und obwohl ich eigentlich nur Leichtathlet war, boxte ich im Juli und im Dezember 1956 zweimal in offiziellen Boxkämpfen in Rheine als Halbschwergewichtler – allerdings nicht so erfolgreich wie mein Bruder Ralf, Abb. 7, 8.
Im Herbst 1956 ging Ralf als Zeitsoldat zur Bundesmarine, wo er bald ein erfolgreiches Mitglied der Marine-Boxstaffel war.

Abb. 7. Dieter Wolf, der Leichtathlet und „Nebenbei-Boxer“

Abb. 8. Dieters Bruder Ralf im Boxring

5. Die provozierte Schlägerei mit uns, den „Flüchtlingen“ und der „Freispruch“ von zwei Gerichten

Anfang April 1958 – nach Abschluss der Abiturprüfung und wenige Tage vor meinem Eintritt in die Bundesluftwaffe – kam es zu einem „Showdown“.

Mit meinem Bruder und einem befreundeten Marineangehörigen – beide im Kurzurlaub und beide in Marineuniform – erlebten wir gemeinsam im Saal einer Dorfkneipe einen schönen Tanzabend. Wir feierten unser Wiedersehen und wollten uns gegen 1 Uhr nachts auf den Nachhauseweg machen, als einige Burschen uns den Weg aus der Kneipe herausfordernd versperrten. Wir wurden angepöbelt – Themen waren die „polnischen Flüchtlinge“ und die damals nicht gerade gelittene Bundeswehr – und demonstrativ körperlich bedroht.

Seit meinem Beinbruch zehn Jahre zuvor hatte sich bei mir ein grundsätzlicher Leitspruch ausgeprägt: „Niemals mehr weglaufen!" Von den „einheimischen" Opponenten taten sich zwei mit besonderer Angriffslust hervor, während sich die anderen im Hintergrund hielten. Es gab nur zwei Alternativen für mich und meinen Bruder Ralf:

- sich in das Unvermeidliche ergeben und in die Kneipe zurückgehen oder
- sich im Rahmen der Notwehr „gegen einen gegenwärtigen rechtswidrigen Angriff" zu verteidigen.

Ich wusste, dass Ralf mittlerweile in einer Marine-Staffel einige offizielle Boxkämpfe gewonnen hatte – und was ich konnte, wusste ich auch – aus entsprechender Erfahrung. Ich bat die Burschen noch einmal darum, uns ungehindert hinausgehen zu lassen – leider erfolglos.

Einer der beiden Streithähne war der fast zwei Meter lange Baldur Lutze, ein Vetter des bereits erwähnten Addi Lutze; der andere war H. Schlautmann. Ich fragte Ralf, den ich noch nie in einer Schlägerei erlebt hatte, ob er sich zutraue, im Fall der Fälle gegen den „Riesen" zu kämpfen. Als das klar war, sah ich keine Möglichkeit mehr, als die Tür aufzudrücken und nach vorne zu gehen.

Da knallte mir H. Schlautmann die Tür vor den Körper und schlug mir beim Hinausgehen mit der Faust ins Gesicht. Zu einem zweiten Schlag kam er nicht mehr. Ich hatte ihm mit der Linken einen Fausthieb in den Körper geschlagen und landete eine rechte Gerade voll in sein Gesicht, die ihn zwei Zähne kostete. Er gab umgehend seine Attacke auf und verschwand in der Menge der Zuschauer.

Wie erwartet, entspann sich nun ein wüster Zweikampf zwischen dem Angreifer Baldur Lutze und meinem Bruder Ralf auf dem Vorplatz der Kneipe. Ich hatte keine Furcht um meinen viel kleineren und leichteren Bruder, passte aber höllisch auf, dass kein weiterer „Einheimischer" in den Zweikampf eingriff – was aber sehr bald geschah. Ralf war sehr schnell und natürlich boxerisch-technisch dem Riesen überlegen, dessen Schläge fast nur „in die Luft" gingen. Als Lutzes Gesicht langsam von Ralfs Treffern blutig war, packte einer seiner Freunde, E. Deiting, meinen Bruder von hinten an und versuchte ihn würgend zurückzuzerren. Ich befreite Ralf umgehend mit voller Kraft – und damit war die gesamte Schlägerei beendet.

Es gab jedoch noch ein juristisches Nachspiel: Nicht wir, die Angepöbelten und Angegriffenen erstatteten Anzeige, sondern die beiden Schläger H. Schlautmann und B. Lutze. Um es kurz zu machen: Das AG Rheine, dem wir kompetente Zeugen zur Befragung gemeldet hatten – was man von der Gegenseite nicht gerade sagen konnte – entschied im Sommer 1958 eindeutig auf „Freispruch", da wir im Rahmen der Notwehr gehandelt hatten. Der Rechtsanwalt (RA) Laumann, der den Kläger H. Schlautmann vertrat, legte für seinen Mandanten Widerspruch ein. Ohne Erfolg.

Das LG Münster kam im Dezember 1958 zur gleichen Entscheidung wie zuvor das Amtsgericht Rheine.

Seit meinem Weggang aus der dörflichen Enge einer Kleinstadt in der münsterländischen Provinz gehörten Diffamierungen als „Flüchtling" aus Polen der Vergangenheit an. Das war absolut kein Thema im Kreis der Bundeswehrkameraden.

6. Der Kulturphilosoph Professor Hilckman aus Bevergern und die Entnazifizierung meines Vaters, Herbert Wolf

Während der Jahre in der Kaplanei hatten wir einen geheimnisvollen, honorigen Nachbarn, der nur sporadisch in seinem Haus zu Besuch war. Sein Grundstück grenzte direkt an die Kaplanei in Bevergern.

Gleich nach unserem Einzug im Jahr 1946 erfuhren wir von Nachbarn, dass es sich bei dem zurückgezogen lebenden, kontaktarmen Mitbürger um den angeblich jüdischen Professor Dr. Dr. Anton Hilckman von der Universität Mainz handelte, der offensichtlich nur während der Semesterferien in seinem kleinen Bevergerner Häuschen wohnte.

Durch das Glasfenster in der Haustür konnte man im Hausflur eine mannsgroße Figur stehen sehen, die in Sträflingskleidung gehüllt war, ein Relikt aus seiner Gefangenschaft in einem Konzentrationslager (KZ) während der schlimmen Nazizeit, das er demonstrativ für jedermann zur Schau gestellt hatte.

Erst einige Jahre später – zu Beginn meiner Gymnasialzeit im Jahr 1949 – erfuhr ich eine schier unglaubliche Geschichte über unseren Nachbarn, den Professor Hilckman.

Als wir uns in einer der ersten Stunden in der Sexta dem Klassen- und Lateinlehrer, Dr. Tinnefeld, vorzustellen hatten und er dabei erfuhr, dass ich aus dem kleinen Städtchen Bevergern kam, erzählte er uns die Geschichte von dem harten Leben des damaligen Schülers Hilckman, der mit unerschütterlichem Ehrgeiz und hoher Intelligenz sein Abitur mit besten Noten bestanden hatte. Vielleicht auch deshalb, weil er den täglichen Schulweg von Bevergern bis zum Gymnasium und zurück mit dem Fahrrad oder zu Fuß zurückgelegt hatte – immerhin ein Tagespensum von gut 20 km – und dabei den Fußgängerpart zum Lernen ausgenützt hatte. Im Lauf der folgenden Jahre kam Dr. Tinnefeld immer wieder einmal auf den damaligen fleißigen Fußgänger Hilckman zu sprechen – vermutlich, um uns zu ähnlichen Anstrengungen zu animieren.

Im September 2019 besuchte ich mit meiner Frau Bärbel meinen Heimatwohnort Bevergern im Münsterland, den Bärbel in jungen Jahren während vieler Besuche bei meinen Eltern gut kennengelernt hatte. Gebucht hatte ich diesen Besuch als therapeutische „Memoryreise" für die demenzkranke Bärbel in der Hoffnung, dass sie bei „einigen Erinnerungen an früher" ein gewisses Aufblühen erleben würde. Leider nur mit minimalem Erfolg und mit erheblichen Unpässlichkeiten für sie und mit psychischen Erschwernissen für uns beide, sodass ich den geplanten Drei-Tage-Aufenthalt im Akzent-Hotel „Saltenhof" auf zwei Tage reduzieren musste.

Ich hatte allerdings das Glück, dass ich mein Wissen über „einen bedeutenden Kulturphilosophen", Sprachwissenschaftler, Publizisten und „Europäer ersten Ranges" wirklich anreichern konnte. Beim Besuch des „Heimathauses Bevergern", des ehemaligen Elternhauses von Professor Hilckman, schenkte mir einer der ehrenamtlichen Helfer die Broschüre „Contra torrentem – gegen den Strom – Anton Hilckman 1900 – 1970" von Karin Schlesiger, Hrsg. Heimatverein Bevergern, Druck Stadt Hörstel. Mein erweitertes Wissen über Prof. Hilckman und die aufgeführten Zitate stammen grundsätzlich aus dem Büchlein von Karin Schlesiger.

Schon während seiner Schulzeit zeigte sich die Vielseitigkeit seiner Interessen. Auf vielen Gebieten war er Autodidakt. Besonders aufgeschlossen war er gegenüber den klassischen und den slawischen Sprachen. Wegen seiner großen Sprachbegabung erhielt Hilckman von seinen Mitschülern den Beinamen „Mezzofanti", der auf einen Kardinal in Bologna zurückzuführen ist, der der Überlieferung nach 70 Sprachen beherrschte.

Nach dem Abitur 1918 nahm Anton Hilckman das Studium der Nationalökonomie in Münster und Freiburg auf. Bereits nach drei Jahren erwarb er seinen Doktortitel der Staatswissenschaften mit dem Prädikat „magna cum laude". In den folgenden Jahren setzte er in Münster und Mailand seine Studien in den Fächern Mathematik, Naturwissenschaften und Philosophie fort.

In seinen Schriften aus den 1920er- und 1930er-Jahren stellte er sich unverblümt als Kritiker und Mahner des Nationalsozialismus heraus.

Wegen seiner politischen Veröffentlichungen im Ausland wurde er von den Nationalsozialisten angegriffen und der Verfolgung ausgesetzt. Erstmals wurde er im April 1940 in Bevergern von der Geheimen Staatspolizei (Gestapo) verhaftet. Es folgte eine Odyssee durch mehrere Gefängnisse in Salzburg, Traunstein, München, Hof/Saale, Plauen, Chemnitz, Halle/Saale, Dessau, Magdeburg, Berlin, Hannover, Hamm, Bielefeld, Münster. Im April 1943 wurde er im Rahmen einer Schutzhaft dem Konzentrationslager Sachsenhausen bei Berlin überstellt. Es folgten Verlegungen in das KZ Buchenwald und in das KZ Langenstein-Zweiberge bei Halberstadt. Wenige Tage vor der Befreiung des Lagers durch amerikanische Einheiten wurden 3000 Häftlinge auf den Transport geschickt, der für 2500 Männer tödlich enden sollte.

Anton Hilckman, der sich mit anderen Gefangenen unter dem Boden einer Baracke versteckt hatte, konnte sich so dem Evakuierungsmarsch – vermutlich in das KZ Auschwitz in Polen – entziehen. Schließlich wurde das Lager am 11. April 1945 durch US-Truppen befreit, und Anton Hilckman hatte wie durch ein Wunder „Dantes Hölle“ überlebt.

Er kehrte nach fünf Jahren Haft in 20 Gefängnissen und drei Konzentrationslagern im Mai 1945 schließlich nach Bevergern zurück – physisch und psychisch gezeichnet von den Strapazen der Lagerhaft in deutschen KZ.

Ich kann es nachempfinden, dass Hilckman seine KZ-Bekleidung in seinem Hauseingang zur Schau stellte für alle, die sie sehen wollten – zum Nachdenken und zur Mahnung für alle Zukunft.

Prof. Dr. Dr. Anton Hilckman hatte sein Elternhaus am 2. November 1965 seiner Geburtsstadt mit der Verpflichtung übergeben, „dass die Stiftung die Aufgabe hat, der Pflege des Heimatgedankens und der Traditionsverbundenheit in jeder Weise zu dienen, insbesondere durch die Einrichtung eines Heimathauses.“ Mit den Worten „Hier is de Slüetel von düt olle Hus – niemt em an – et is nu jue – gii sind nu Heer in’t Hus!“ übergab Prof. Hilckman das Heimathaus am 23. Juli 1966 anlässlich des Stadtjubiläums „600 Jahre Stadt Bevergern 1366/1966“ seiner neuen kulturellen Bestimmung.

Irgendwann Anfang der 1950er-Jahre erschütterte ein befremdliches Ereignis mich und meinen Glauben an meinen Vater. Noch wohnten wir in der

Kaplanei, als unser kranker und bettlägeriger Vater am Krankenbett von einem Polizeibeamten aufgesucht wurde.

Ich möchte vorausschicken, dass mein Bruder Ralf und ich nur wenig von unserem Vater über seine Kriegserlebnisse und die russische Gefangenschaft, Abb. 9, der die US-Kriegsgefangenschaft folgte, Abb. 10, erfahren hatten. Schon gar nichts wussten wir über seine politische Einstellung, und nun wurde er kriminologisch vernommen – einschließlich der Abnahme seiner Fingerabdrücke.

Wir erfuhren auch bald, dass es sich um eine Aktion der „Entnazifizierung" handelte. Da Vater auch nach diesem Ereignis keinerlei Angaben, Begründungen oder gar entschuldigende Ausreden zu seiner damaligen Mitgliedschaft in der Nationalsozialistischen Deutschen Arbeiterpartei (NSDAP) machte, hielt ich es auch mit Rücksicht auf den schwerkranken Vater für angebracht, von Fragen oder gar von Kommentaren Abstand zu halten. Leider – denn ich hätte dazu gerne seine Motivation erfahren.

Abb. 9, 10. Mein Vater Herbert Wolf während des Krieges in Russland und als US-Kriegsgefangener in Frankreich

Erst einige Zeit später wagte ich es, ihn zum Thema „Nazimitgliedschaft" vorsichtig anzusprechen. Das war ihm ganz offensichtlich peinlich, doch schließlich gab er mir eine Erklärung dazu. Wie viele seiner Arbeitskollegen bei der Reichsbahn habe auch er dem Drängen eines Vorgesetzten nachgegeben – mit Rücksicht auf seine zukünftige Karriere als Beamter bei der Bahn. Ein wirklicher Anhänger der NSDAP sei er nie gewesen.

Kapitel 2 (1950er- und 1960er-Jahre) Mein bescheidenes Elternhaus in Bevergern und die Gelegenheitsjobs meines Vaters

1. Die Reifeprüfung von „Lupus“ Wolf in Rheine mit der Topnote in der Sportausbildung

Ich stamme aus einem einfachen Familienhaus. Wir lebten in ärmlichen Verhältnissen. Mutter war Hausfrau und jobbte gelegentlich in einer nahen Fabrik in Bevergern. Vater erhielt die „Frührente“ als Deutsche-Bundesbahn(DB)-Beamter des mittleren Dienstes, da er aufgrund seiner in Russland und Frankreich entstandenen schweren Erkrankung nie mehr dienstfähig werden konnte. Seine frühere Leidenschaft für das Motorradfahren als Amateurrennfahrer, Abb. 11, veranlasste ihn aber – ohne Bedenken und ohne Rücksicht auf seinen Gesundheitszustand – zuzugreifen,

Abb. 11. Mein Vater Herbert Wolf als Amateurrennfahrer mit dem Motorrad

als er in den 1950er-Jahren erfuhr, dass die Familie Rosemeyer in Lingen ein altes Motorrad – eine 500er-BMW – von Bernd Rosemeyer verkaufen wollte. Es war die Maschine, mit der Bernd Rosemeyer zu Beginn seiner Autorennfahrerzeit die Gegend um Lingen herum unsicher gemacht hatte. Mit dem Rennwagen war er der erfolgreichste deutsche Rennfahrer vor dem Krieg mit vielen Siegen und erreichten Weltrekorden von über 400 km/h. Seine kurze Karriere endete bei einem erneuten Weltrekordversuch am 23. Januar 1938 auf der Reichsautobahn Frankfurt/Main – Darmstadt bei Mörfelden-Walldorf. An die 500er-BMW habe ich eine besondere Erinnerung – mein Vater hatte mir damals damit das Motorradfahren beigebracht.

Trotz seiner Krankheit – einem Blasen- und Nierenleiden – nutzte mein Vater die wenigen Phasen mit geringen Schmerzen zur Aufbesserung unseres Lebensunterhalts. Er arbeitete zeitweise als Staubsaugervertreter für die Firma Vorwerk. Er brachte mit seiner alten BMW plus Beiwagen Teppiche von einer Fabrik aus dem 20 km entfernten Lengerich zur Endkontrolle mit Ausbesserungsarbeiten per Hand durch meine Mutter in unser Haus in der 1956 neu entstandenen Siedlung Bevergern-Saltenwiese.

Den Hausbau hatten sich meine Eltern geleistet, da sie das Grundkapital dafür vom sogen. Lastenausgleich für unser zweistöckiges Mehrfamilienhaus in Schlesien erhalten hatten – ganze 20 000 DM!

Da es in der neuen Siedlung „Saltenwiese“ keine Einkaufsmöglichkeit gab, stellte sich mein Vater einer kaufmännischen Prüfung bei der zuständigen Handelskammer. Nach bestandener Prüfung errichtete er umgehend einen Verkaufsladen in unserem neuen kleinen Haus ein, der zumindest eine kleine Aufbesserung des Haushaltsgeldes einbrachte.

Da mein Vater ein geistig reger Mensch mit politischen Ambitionen war, bewarb er sich Mitte der 1950er-Jahre als Angehöriger des „Bundes Heimatvertriebener und Entrechteter“ (BHE) erfolgreich um einen Sitz im Bevergerner Stadtrat, dem er bis zu seinem Tode 1963 angehörte – leider wurde er nur 50 Jahre alt.

Ich scheue mich nicht, auch über das Negative dieser Ehrentätigkeit zu berichten. Wegen seiner Krankheit mied mein Vater grundsätzlich alkoholische Getränke. Leider brach er häufig nach Tagungen des Stadtrats in der anschließenden „gemütlichen“ Runde diesen Grundsatz. Und selbst wenn er nur wenig getrunken hatte, musste er danach regelmäßig heftige Schmerzen erdulden. Leider war mein Vater auch noch Raucher – wider besseren Wissens, denn er litt immer wieder an Bronchialbeschwerden.

Es steht mir nicht zu, ihn deshalb zu kritisieren, zumal ich durch sein nicht gerade vorbildliches Verhalten ein absoluter Nichtraucher und ein fast genauso strenger Anti-Alkoholiker geworden bin, gemäß dem Volksspruch, dass auch ein schlechtes Beispiel ein Vorbild sein kann.

Sehr dankbar bin ich meinen Eltern, dass sie mich trotz dieser nicht gerade förderlichen Umstände 1949 auf das Gymnasium Dionysianum nach Rheine schickten. Sicherlich nicht ohne den „Schub" durch meine Volksschullehrerin, Fräulein Wiesner, die mich als Klassenbesten der Volksschule immer wieder für den Besuch einer höheren Schule empfohlen hatte. Trotz der hohen Einstufung als Bester der Volksschulabschlussklasse mit der Empfehlung meiner Klassenlehrerin für einen guten höheren Schulabschluss und meines relativ hohen Einstiegsalters von gut 11 Jahren schaffte ich 1958 ein eher mittelmäßiges Abitur, zu dem mir Studiendirektor Stobbe, unser Klassenlehrer, herzlich gratulierte, Abb. 12, 13.

Nicht zu vergessen: Es gab auch die Topnote „sehr gut" – natürlich im Sport. Schließlich war ich bei meinem ersten Einsatz als Unterprimaner bei den „32. Bannerwettkämpfen" der höheren Schulen Westfalens im Juli 1956 in Bochum bereits bester Athlet unseres Gymnasiums.

Abb. 12. Dr. Stobbe überreicht mir das „Reifezeugnis"

Abb. 13. Ein Tanz in Ehren beim Abi-Ball

Genauso wie ein Jahr später in Wanne-Eickel, wo ich, der „Lupus“ – wie ich von meinen Schulkameraden üblicherweise genannt wurde – ebenfalls als bester Punktelieferant unseres Gymnasiums den „Banner“-Fünfkampf abschloss.

Nachdem meine Mitschüler in jener Zeit auch mitbekommen hatten, dass ich Offizier werden wollte – mit dem Laufbahnziel „Jetpilot“ –, dauerte es nicht lange bis zur Aufforderung, eine relevante Mutprobe abzulegen.

Zur Kirmeszeit war es damals üblich, auf dem Marktplatz mitten in der Stadt Rheine eine besondere Kirmesschaukel – die sogen. Überschlagschaukel – aufzubauen, die von den meisten Kirmesbesuchern regelrecht gefürchtet wurde. So auch von meinen Mitschülern. Von einem zukünftigen Jetpiloten erwartete man aber schon, dass er das Risiko nicht scheute.

Und so stapften wir „Fahrschüler vom Lande“ zur Kirmeszeit nach dem Schulende auf den Kirmesplatz. Bis zur Abfahrt unserer Bahn nach Hause ließ ich mich dann schließlich auch zwei- oder dreimal in der Schaukel anschnallen, um danach einige Überschläge zu demonstrieren – sehr zur Freude meiner Mitschüler, die sich aber ein Gleiches nicht zutrauten.

2. Meinen Wunsch, Berufsoffizier zu werden, verschwieg ich auch vor meinen Lehrern nicht

Meine Berufswünsche waren schon lange vor dem Schulabschluss klar ausgeprägt. Ich wollte Jetpilot der Luftwaffe werden. Ein Jurastudium wäre die

Alternative gewesen, sollte es mit der Bewerbung bei der Bundeswehr (Bw) nicht klappen. Meine Absicht, die Offizierslaufbahn einzuschlagen, habe ich meinen Lehrern gegenüber auch ohne Scheu zum Ausdruck gebracht. Den Berufswunsch, Offizier in der Bundeswehr zu werden, sprachen in jener Zeit längst nicht alle Abiturienten offen aus. Es war die damalige „Ohne uns"-Bewegung, die manch einen lieber zur Unehrlichkeit verleitete. Ich habe im Übrigen keinerlei Ablehnung seitens der Lehrerschaft feststellen können. Und so nahm das Ganze seinen Lauf – ich wurde Berufsoffizier.

Ich war schon als junger Bursche ein Flugzeugfan – mit einer ausgeprägten Freude, die vorbeifliegenden Flugzeuge zu beobachten. Und damit kam mein Wunsch auf, selbst einmal ein Pilot zu werden. Warum aber ein Jetpilot bei der Bundesluftwaffe?

Ich vermute, als eigentliches Motiv wirkten die schlimmen Erlebnisse während der letzten Kriegszeit, als da waren:

- Die Flucht mit den Soldaten bis ins Sudetenland,
- die folgenden Hungerjahre zuhause in Schlesien,
- die erbärmliche Vertreibung aus der Heimat durch die Russen bzw. die Polen.

Meine Entscheidung, Bundeswehr-Soldat zu werden, war schließlich auch geprägt durch meinen Glauben an die berechtigte Selbstverteidigung für jedermann und für ein ganzes Volk. Ganz nach dem Grundsatz der Römer: „Si vis pacem, para bellum", frei übersetzt „Wenn du in Frieden leben willst, bereite dich auf den Krieg vor!"

Handelte ich nicht auch als Jugendlicher analog, als ich „nach dem Weglaufen mit anschließendem Beinbruch" zur Einsicht kam: „Niemals mehr weglaufen, sondern das Boxen lernen – für alle später auf mich zukommenden Notfälle!" (s. Kapitel 1, Episoden 4, 5, Seiten 25, 27).

3. Die Todesfahrt von Hitlers Stabschef Lutze und das gleiche Schicksal seines Sohnes Addi

Hitlers Stabschef Lutze ließ sich Ende der 1930er-Jahre am Rande des historischen Städtchens Bevergern – seinem Heimatort – ein grandioses Herrenhaus als Wohnstätte für seine vierköpfige Familie errichten. Der Wohnkomplex – am kleinen Flüsschen Aa gegenüber dem Gebiet „Saltenwiese" gelegen – konnte 1938 bezogen werden. Unabhängig vom drohenden Weltkrieg II währte die Freude am idyllisch im Buschgelände versteckten Herrenhaus nur wenige Jahre. 1944 verunglückten der Stabschef Lutze und seine mitfahrende Tochter tödlich mit seinem Pkw.

Fortan bewohnten die Witwe Lutze und ihr Sohn Adolf allein das übergroße Anwesen, den „Saltenhof" – nicht weit entfernt von unserem Siedlungshaus im Ortsteil „Saltenwiese".

Adolf Lutze, genannt Addi, legte 1957, ein Jahr vor mir, sein Abitur am Gymnasium Dionysianum in Rheine ab. Zum Abitur schenkte ihm seine Mutter einen Porsche-Flitzer – nicht ahnend, dass damit der zweite Teil der Familientragödie bevorstand. Es war eine Sensation in unserem beschaulichen Städtchen – Addi Lutze fährt einen Porsche!

Wenn Addi und ich auch keine persönlichen Freunde waren, so doch gute Bekannte, halt Schulkameraden. Und so lud er mich eines Tages – nachdem er gerade stolzer Besitzer des Reifezeugnisses und eines Sportwagens geworden war – zu einer Spritztour nach Rheine ein. Ich sagte natürlich als junger Bursche von 19 Jahren – und älter war auch Addi nicht – begeistert zu, nicht ahnend, auf was ich mich da einließ.

Addi „bretterte" mit seinem Porsche über die sehr enge Kreisstraße nach Rheine, wo er mich zu einem Eis in einem Café einlud – ein kaltes Eis nach einer heißen Autofahrt. Nach der Heimfahrt bedankte ich mich bei Addi für die Einladung zu einer Spritztour mit gutem Ende. Ich sagte ihm aber auch mit vollem Ernst, dass ich ein zweites Mal nicht mehr mit ihm mitfahren würde, da mir das Risiko zu hoch erschien.

Und Addi sollte nicht mehr für lange Zeit Freude an seinem schnellen Auto haben – das Unglück nahm seinen Lauf. Nur wenige Wochen später fuhr Addi mit seiner Freundin, einer Tochter des Bürgermeisters von Wettringen, erneut nach Rheine. Auf der Landstraße zwischen Wettringen und Rheine knallte er mit seinem Porsche mit hohem Tempo auf ein am Straßenrand haltendes Auto –, beide Insassen waren offensichtlich auf der Stelle tot.

Kapitel 3 (1958 – 1960)
Militärische Ausbildung und Besuch der Offizierschule mit der Höchstnote in der Sportausbildung

1. Mein Albtraum wegen der Mathearbeit beim Abitur und unser Kompaniechef, ein ehemaliger Holzfäller

Ich bewarb mich erfolgreich bei der Bundesluftwaffe. Das Auswahlverfahren an der Offizier-Prüfzentrale in Köln und die entsprechenden körperlich-medizinischen und psychologischen Untersuchungen und Tests verliefen positiv.

Mitte April 1958 fuhr ich mit der Eisenbahn – wie viele andere junge Männer auch – in einen neuen Lebensabschnitt. Es begann mit der militärischen Grundausbildung in der 6. Kompanie des Luftwaffen-Ausbildungsregiments 4 (LwAusbRgt) in Wunstorf. Mit 1,80 m gehörte ich zu den Mittelgroßen, die in den zweiten Zug der Kompanie eingeteilt wurden – mit Leutnant Würfel, einem vorbildlichen Zugführer. Wir, die „Offizieranwärter" (OA) wurden zusammen mit den „Soldaten auf Zeit" (SaZ) und den Wehrpflichtigen als Rekruten ausgebildet.

Die rein militärischen Ausbildungsgänge – wie für einen Heeresrekruten – verliefen für mich als angehender Leistungssportler problemlos, um nicht zu sagen, „wie ein hartes Training".

Nicht verschweigen möchte ich allerdings meine gelegentlichen Albträume zu Beginn der Ausbildung. Diese waren der Mathematikaufgabe während des schriftlichen Abiturs geschuldet. Eine schwache Vornote, eine noch schwächere Abiturarbeit und der heimliche Rat meines Mathematiklehrers hatten mich gezwungen, bis zur mündlichen Abiturprüfung „Mathe bis zum Erbrechen" zu pauken. Obwohl es mir damit gelungen war, mich aus dem Sumpf zu retten, hatte mich das ganze Dilemma offensichtlich doch so viel Nervenkraft gekostet, dass ich mehr als einmal während der Grundausbildung aus beklemmenden Träumen schweißgebadet aufwachte.

Das nächtliche Aufwachen empfand ich als Erlösung, auch wenn es manchmal durch ein schrilles Pfeifen mit dem Ruf des „Unteroffiziers vom Dienst" (UvD), „Nachtalarm!", verursacht worden war. Aber was war schon ein Nachtalarm – selbst mit möglichem anschließendem Nachtmarsch – gegen die Mathearbeit eines angehenden Abiturienten – zumal die Mathematik nicht gerade sein Lieblingsfach war?

Doch es gab auch ein für mich einschneidendes Erlebnis, in dem ich meine Ehre angegriffen fühlte.

Beim morgendlichen Antreten der Kompanie wurden neben anderen dienstlichen Obliegenheiten auch die am Tag zuvor eingegangenen Briefe an die jeweiligen Empfänger verteilt. Beim Aufrufen des Namens durch den diensthabenden UvD musste man „Hier" rufen und zur Entgegennahme des Briefes vortreten.

Bei einer solchen Gelegenheit glaubte ich meinen Namen gehört zu haben, rief „Hier" und trat vor, obwohl ich gar nicht gemeint war. Der UvD erkannte mich und schrie mich an. Ich wollte mich mit den Worten „Ich dachte, ich sei aufgerufen worden" quasi entschuldigen. Doch in seiner Überheblichkeit und im Glauben, er könne sich als Unteroffizier gegenüber den Rekruten alles erlauben, schrie er mich an: „Überlassen Sie gefälligst den Pferden das Denken, die haben einen größeren Kopf!" Natürlich hatte er die Lacher auf seiner Seite – wenn auch nicht mehr sehr lange.

Bis zum Abend hatte ich genügend Zeit zum Nachdenken. Mein Entschluss stand fest, dass ich mir dieses Benehmen nicht gefallen lassen würde. Der betreffende Unteroffizier hatte Dienst als UvD. Ich wartete den Zeitpunkt ab, als außer ihm sich niemand mehr im UvD-Zimmer oder im Flur befand, und betrat den Raum.

Ohne mich von ihm unterbrechen zu lassen, sagte ich ihm, dass ich sein Verhalten bei der morgendlichen Briefeverteilung mir gegenüber als eine Beleidigung empfunden hatte, die ich mir nicht ein zweites Mal bieten lassen würde. Ich kannte die Wehrbeschwerde-Ordnung (WBO), nach der ich dann handeln würde. Und da kein Zeuge dabei war, riet ich ihm abschließend, sich zukünftig mir gegenüber korrekt zu verhalten, da ich noch ganz anders reagieren könne.

Danach verließ ich den Raum – und hatte gar kein schlechtes Gewissen wegen der indirekt angedeuteten Warnung.

Der an die Grundausbildung anschließende Fahnenjunker-Lehrgang während des heißen Sommers 1958 beim Luftwaffen-Ausbildungsregiment 4 in Bückeburg war um vieles härter, aber auch interessanter als die militärische Grundausbildung. Dafür war auch unser Kompaniechef (KpChef) ein Garant. Wir erfuhren schon bald, dass der etwas bullig wirkende Hauptmann nicht nur sehr kräftig aussah, sondern dass er auch „etwas drauf" hatte und entsprechende Leistungen von uns verlangte. Wer erwartet aber als junger Bursche schon, dass sich ein kriegsgedienter Offizier auf einen Wettkampf mit seinen jungen Soldaten, den „Bürgern in Uniform", einlässt?

Beim morgendlichen Antreten zum bevorstehenden Ausmarsch ins Gelände schauten wir verwundert drein. Nicht nur wir, die Offizieranwärter, sondern auch unser KpChef war mit dem alten K98-Wehrmachtskarabiner angetreten. Er stand standesgemäß „vor der Front“ und erklärte uns, dass vor dem Ausmarsch erst einmal ein Kraftausdauertest zu bestehen sei. Mit ausgestreckten Armen – das Gewehr mit beiden Armen in Vorhalte – galt es, so lange auszuhalten, bis die waagerechte Armhaltung nicht mehr gehalten werden konnte.

Es begann ein unbarmherziger Kampf gegen den inneren „Schweinehund“, um mit eisernem Willen bis zum Ende durchzuhalten. Der Wettkampf endete schließlich durch „Abbruch in der letzten Runde“ durch den KpChef. Es gab noch drei „Überlebende“:

- einen Topturner aus Bremen,
- mich selbst, den leichtathletischen Mehrkämpfer und Werfer und
- den Hauptmann, einen Mann „wie ein Kleiderschrank“ und – wie wir später erfuhren – mit einigen Jahren „Kraftarbeit“ als Holzfäller in Kanada während der Jahre nach dem Zweiten Weltkrieg bis zum Wiedereinstieg als Offizier in die Bundeswehr.

2. Ein Marathonmarsch nach Sanssouci im Weserbergland und das Verschwinden einer Pistole im „Bermuda-Dreieck“

Im heißen Sommer 1958 erlebte ich den härtesten Marsch meiner gesamten Bundeswehrzeit. Bei Mittagstemperaturen von weit über 30 °C hatten wir Anfang August im leicht gebirgigen Umland von Bückeburg einen 42 km langen „Marathonmarsch“ zu bewältigen. Bei noch erträglichen Temperaturen starteten wir am frühen Morgen in voller Montur mit Gepäck und Gewehr aus der Kaserne in Bückeburg in Richtung Weserbergland. Das Ziel war der Fernsehturm – vorbei an der bekannten Windmühle „Sanssouci“ auf den Anhöhen des Weserberglands – mit der eingeplanten Mittagspause.

Bei sengender Hitze waren bis dahin bereits einige Ausfälle bis hin zum kleinen Hitzschlag zu verzeichnen. Die Hitzeopfer – ausnahmslos lange Kerle aus dem 1. Zug – hatten allerdings einen Vorteil: Sie wurden in den am Ende der Kolonne fahrenden Lkw geladen. Für sie war damit der Marsch noch vor Erreichen des Halbzeitziels beendet. Für alle anderen „Überlebenden“ war die Schinderei erst am frühen Abend in Bückeburg vorbei. Das letzte Stück Weges bis zur Kaserne fanden wir gar noch die Kraft, ohne Befehl eines Ausbilders ein Marschlied zu singen.

Wie das, wo wir doch alle am Ende unserer Kräfte waren? Ich glaube, wir waren trotz allem stolz darauf, es geschafft zu haben.

Ein besonderes Erlebnis war der Aufenthalt vom 25. bis 27. August 1958 auf dem Truppenübungsplatz Sennelager mit Schießübungen mit dem Gewehr, dem Maschinengewehr und mit der US-amerikanischen Panzerfaust Bazooka.

Nach einem Pistolenschießen war eine Pistole offensichtlich unauffindbar. Unser KpChef ließ die gesamte Kompanie – Offizieranwärter und Stammpersonal – antreten. Er trat wutentbrannt vor die Front und hielt eine „Standpauke", in der er Unverständnis über den Verlust der Pistole aussprach. Eine so wertvolle Waffe – insbesondere für die Selbstverteidigung in einem Ernstfall – müsse man behandeln „wie eine Geliebte". Da es feststand, dass dieses Wunderwerk keinesfalls wirklich verloren gegangen sein konnte und auch nicht „im Bermuda-Dreieck verschwunden" war, bot unser Hauptmann (Hptm). schließlich einen unglaublichen Kompromiss an: Er sehe von weiteren Nachforschungen nach dem Schuldigen ab, wenn er am nächsten Morgen die Pistole vor seiner Tür in der Kompanie auffinden sollte.

Und so kam es, und es herrschte wieder „Frieden" in der Kompanie.

3. Erfolge bei Sportmeisterschaften der Luftwaffe und das härteste Rennen meiner Sportlerlaufbahn

Trotz zum Teil knochenharter Anstrengungen bei der Geländeausbildung und bei Ausmärschen waren wir, die kleine Gruppe von Leistungssportlern, im dienstlichen Wettkampfsport der Lw sehr erfolgreich. Dabei sei nicht verschwiegen, dass wir viele Stunden vom normalen Dienst befreit wurden, um für die Meisterschaften „zum Ruhme des Regiments" zu trainieren. Ach ja, die Belohnung für die Trainingsschinderei und die erzielten Erfolge waren auch „nicht ohne" – etliche Tage Sonderurlaub!

Bei den Regimentsmeisterschaften in Wunstorf Anfang Juni 1958 wurde ich Rgt-Meister im Kugelstoßen und jeweils Zweiter im Dreikampf und 400-m-Lauf. Mit unserer Kp-Mannschaft gewannen wir zweimal Gold

- in der 4-x-400-m-Staffel und
- in der Team-Gesamtwertung sowie
- Silber in der 3-x-1 000-m-Staffel.

Auch auf der höheren Ebene – nämlich bei den Nord-Meisterschaften des Kommandos der Schulen (KdS) Mitte Juni 1958 in Faßberg gewannen wir als Rgt-Mannschaft die 4-x-400-m-Staffel.

Bei der Siegerehrung erlebte ich meinen ersten Kontakt mit General Trautloff, dem Kommandeur des „Lw-Kommandos der Schulen Nord“ (KdS Nord).

Es sollten noch einige Ehrungen durch ihn bei Sportmeisterschaften der Luftwaffe folgen und einige persönliche Kontakte während meiner späteren Kompaniechefzeit als Hauptmann. Und selbst viel später als Stabsoffizier im Militärischen Abschirmdienst (MAD) führte uns das Schicksal zusammen.

Doch dazu komme ich später.

Nach dem „härtesten Marsch meiner Bundeswehr-Zeit“ Anfang August 1958 folgte Ende August – es herrschten immer noch höllisch heiße Temperaturen – der härteste Lauf meiner Läuferkarriere überhaupt.

Bei den 1. KdS-Lw-Meisterschaften am 30./31. August 1958 in Fürstenfeldbruck/Bayern stand als letzte Disziplin der Endlauf in der 4-x-400-m-Staffel auf dem Zeitplan. Ich hatte bereits einige Disziplinen hinter mich gebracht – das Kugelstoßen und den Dreikampf, jeweils mit dem Gewinn einer Silbermedaille – und war nach den Anstrengungen bei der großen Hitze schon ganz schön „kaputt“.

Und dann kam der 4-x-400-m-Staffelendlauf. Wir galten zwar nur als Mitfavorit, aber im Stillen gab es doch die Hoffnung auf den Sprung auf das oberste „Treppchen“.

Im Vorlauf am Tag zuvor hatten wir mit 3:34 min auch die zweitschnellste Zeit „hingelegt“, aber die favorisierte Mannschaft war halt mehr als 2 s schneller gelaufen.

Während unsere Staffel mit vier relativ gleich schnellen Läufern antrat, hatte unser Hauptgegner ein absolutes 400-m-Ass namens Rodday o. ä. als Schlussläufer aufzubieten. Er war bei den Deutschen Jugendmeisterschaften des Jahres 1958 mit einer 49er-Zeit Deutscher Jugendmeister geworden. Da ich als unser Schlussläufer höchstens eine Zeit von unter 52 s laufen konnte, hätte ich für den erträumten Sieg einen Vorsprung beim Staffelwechsel von ca. 20 m erhalten müssen. Das Rennen verlief von Beginn an fast wunschgemäß für uns. Jeder meiner Vorläufer vergrößerte den Vorsprung auf unseren „Angstgegner“ auf den für einen möglichen Sieg erhofften Abstand von 15 bis 20 m – so genau konnte ich das in der Anspannung vor dem bevorstehenden Lauf natürlich nicht einschätzen.

Mein Adrenalinspiegel war sicher auf der höchsten Stufe, als ich losrannte, Abb. 14. Ich lief für mein Potenzial – das spürte ich selber bald – viel zu schnell an. Auf der Gegengeraden hatte ich noch ein gutes Gefühl, aber bereits in der zweiten Kurve wurden meine Schritte immer kürzer. Mitte der Zielgeraden hörte ich – der gejagte „Hase“ – bereits den jagenden „Fuchs“ ein Stück hinter mir keuchen.

Abb. 14. Dieter Wolf beim Staffelwechsel in der 4-x-400-m-Staffel bei den Lw-Meisterschaften im August 1958 in Fürstenfeldbruck/Bayern

In der Hoffnung, das Ziel doch noch als Erster zu erreichen, lief ich wie „um mein Leben“. Das mag sich übertrieben anhören, es kam der Realität aber sehr nahe.

Ganz kurz vor der Ziellinie konnte ich gerade noch wahrnehmen, dass mein Gegner mich erreicht hatte, dann wurde mir schwarz vor Augen. Ich sah bei meinen letzten paar Schritten nichts mehr und stürzte völlig kraftlos über die Ziellinie. Ob als Erster oder doch nur als Zweiter, erfuhr ich erst viele Minuten später. Nachdem man mich auf den Rasen geführt hatte, blieb ich recht lange dort liegen, um allmählich wieder zu Kräften zu kommen. Noch bei der folgenden Siegerehrung stand ich auf wackeligen Beinen, als General Trautloff, der Kommandierende General des KdS der Luftwaffe, uns zum Gewinn der Silbermedaille gratulierte.

4. Ein gelungener Anfang auf dem Weg zur erfolgreichen Offizierkarriere

Vom Herbst 1958 bis zum Frühling 1959 – also sechs Monate lang – hieß es wieder „Büffeln“ und „Pauken“ in einem Hörsaal, Abb. 15, 16. Nach dem Abitur am Gymnasium, nach der militärischen Grundausbildung und nach Bestehen des Fahnenjunker-Lehrgangs galt es, die Offizierschule der Luftwaffe (OSLw) in München-Neubiberg mit möglichst gutem Diplom abzuschließen, um Offizier der Bundeswehr werden zu können.

Das Studieren war manchmal sehr anstrengend, aber doch anders als auf der „Penne". Schließlich wussten wir, worum es ging – ein Ansporn, der in der Schulzeit gelegentlich fehlte. Ich schloss das Offizier-„Studium" mit der Gesamtnote „Ziemlich gut" ab – und verpasste im Sport mit der Note „Sehr gut" leider ganz knapp die Traumnote „Ausgezeichnet"!

Abb. 15. Offizierschüler im Hörsaal und, Abb. 16, bei der Winterkampfausbildung an der Kampenwand

Neben den Sportstunden in der Halle mit Turnübungen und verschiedenen Ballspielen – die allesamt für die Sportnote bewertet wurden – gab den Ausschlag für die Endbenotung der „OSLw-Fünfkampf". Diesen Mehrkampf mit den Disziplinen 100-m-Lauf, Weitsprung, Steinstoßen, 3 000-m-Lauf und 300 m Schwimmen absolvierte ich mit 89 Punkten, womit ich Bester des gesamten Offizier-Lehrgangs wurde – vor unserem besten Skiläufer, Horst Fürst aus Bayern, und vor dem Fähnrich Keller, dem ehemaligen Deutschen Juniorenmeister im 3 000-m-Hindernislauf.

Nach Aussage unseres Sportlehrers, Herr von der Planitz, war meine „Schwachstelle" das Schwimmen. Mit nur wenigen Sekunden schneller und der Punktzahl 90 im OSLw-Fünfkampf hätte ich die Höchstnote im Sport erreicht. Schwimmen gehört halt nicht zu den Übungen eines Leistungssportlers der Leichtathletik.

Ich war zu jener Zeit – zumindest für einen Leichtathleten – ein relativ guter Freistilschwimmer, allerdings nur über 50 m, weil Kraft und Luft bei meinem „unkonventionellen" Schwimmstil sehr schnell am Ende waren. Über die lange Strecke von 300 m ohne jegliche Erfahrung war ich viel zu schnell angegangen, sodass ich größte Mühe hatte, überhaupt heil ins Ziel zu kommen.

5. Mitflieger beim „Bruchpiloten“ von München-Neubiberg sowie kulturelle und sportliche Ereignisse

Während meiner Zeit an der Offizierschule (OSLw) 1958/1959 in Neubiberg träumte ich weiterhin vom Fliegen – wie bereits schon zuvor in der Oberprima am Gymnasium im Rheine. Da der Standort der OSLw einen kleinen Flugplatz für zivile und militärische Kleinflugzeuge hatte, hielt ich mich an den freien Sonntagen häufig dort auf, um Flugzeuge starten und landen zu sehen. Eines Sonntags – im Herbst 1958 – entdeckte ich auf dem Vorfeld des Flugplatzes einen gar seltenen „Vogel“, nämlich einen historischen Doppeldecker – ich glaube, eine Stieglitz – die mir aus der Fliegerliteratur bekannt war. Ich beobachtete einen offensichtlichen Mechaniker, der an dem Flugzeug herumhantierte. Ich begab mich zu ihm, und wir kamen ins Gespräch. Er war Flugingenieur bei den bayerischen Flugzeugwerken Messerschmitt-Bölkow-Blohm (MBB), aus denen später der Flugzeugbaukonzern European Aeronautic Defence and Space Company – EADS (heute Airbus Group) hervorgehen sollte. Der Ingenieur und Pilot machte gerade den „Pre flight check“, da er noch am Vormittag mit dem MBB-Doppeldecker einen kleinen „Aus-Flug“ machen wollte.

Mir war bekannt, dass die „Stieglitz“ eine Zweisitzermaschine war. Da der Pilot ganz offensichtlich allein starten wollte, fragte ich ihn ganz frei darauf los, ob es möglich sei, mit ihm zu fliegen, ohne wirklich zu hoffen, dass er „ja“ sagen werde.

Eine Stunde später hoben wir ab – welch eine Hochstimmung in mir; es war schließlich mein allererster Flug. Ich war begeistert von dem Rundflug über die südlichen Vororte von München. Die Minuten vergingen leider viel zu schnell. Dem Ingenieur-Piloten gelang eine einwandfreie Landung auf der „Runway“ des Flugplatzes Neubiberg. Die Fahrt wurde langsam abgebremst und der Doppeldecker, die „Stieglitz“, rollte gemütlich über die „Taxiway“ in die Richtung des MBB-„Shelter“.

Da tat es einen fürchterlichen Schlag, und das Flugzeug blieb mit gefährlicher Seitenlage auf der Stelle stehen.

Wir sprangen beide aus der Maschine und entdeckten sofort das Malheur: Das rechte Vorderrad lag neben dem Flugzeug, die Achse hatte noch eine kurze Schramme in den Belag der Taxiway gezogen, ehe die Maschine zum endgültigen Stillstand gekommen war.

Was war geschehen?

Die Räder dieses alten Flugzeugs waren tatsächlich lediglich mit splintähnlichen Stiften an der Achse befestigt. Aus welchem Grund auch immer, diese Arretierung hatte sich verselbstständigt, was unweigerlich zum Unfall geführt hatte.

Nach dem ersten Schock, den wir beide erlitten, waren wir erleichtert, dass der technische Fehler nicht bei der Landung auf der Runway mit viel höherer Geschwindigkeit passiert war.

Mit einem „herzlichen Dankeschön" verabschiedete ich mich von dem „Bruchpiloten" und begab mich zum Mittagessen. In meinem Kopf kreisten wilde Gedanken. War dieser Unfall ein „Omen" oder gar eine Warnung an mich und meine angestrebte Laufbahn als Jetpilot?

In den langen sechs Monaten im Winter 1958/1959 holte ich meinen Bedarf an kultureller Fortbildung mit hoher Intensität nach, was wohl erforderlich war nach den Jahren der Schulzeit auf dem „flachen Lande".

Ich besuchte in München mit Begeisterung Theater-, Operetten- und Opernaufführungen – in Luftwaffenuniform mit dem stolzen Dienstgrad „Gefreiter O. A." (Offizier-Anwärter). Und das führte einmal zu einer grotesken Verwechselung.

Vor Beginn der Aufführung der Oper „Zar und Zimmermann" hielt ich mich im Foyer vor dem Eingang ins Theaterinnere wartend auf – mit einem Programmheftchen in der Hand. Es war die Zeit, als Bw-Soldaten in Uniform nur recht selten in der Öffentlichkeit zu sehen waren, vermutlich bedingt durch die damalige Ablehnung der Bundeswehr durch große Teile unserer Gesellschaft. Ist es dann eigentlich verwunderlich, dass eine ältere Dame mit ihrem Portemonnaie in der Hand auf mich zukam, um sich bei mir ein Opernprogramm zu kaufen?

Zwar war ich seit meiner Jugend ein interessierter und begeisterter Leistungssportler. Von den großen Sportereignissen in Deutschland und in der weiten Welt hatte ich nur Kenntnis bekommen durch Presseorgane und das Radio. Endlich war in München und Umgebung die Zeit gekommen, einen Teil davon auch vor Ort live zu erleben. So sah ich hautnah das damalige Boxidol Bubi Scholz im Kampf gegen Tuzo Portuguez im Dezember 1958.

Ich bewunderte die Kraftprotze im Gewichtheber-Länderkampf Deutschland gegen Polen am Tag darauf.

Im Februar 1959 war ich Zuschauer im Münchener Eishockeystadion beim Spiel Deutschland gegen Lokomotive Moskau. Und beim Arlberg-Kandahar-Skirennen in Garmisch-Partenkirchen bestaunte ich die Skiläufer bei Eiseskälte an der Piste.

Als letztes internationales Sportereignis tat ich mir im März 1959 eine völlig neue Sportart an – als Zuschauer beim Länderkampf im Freistilringen Deutschland gegen Bulgarien. Sportlich endete die Zeit an der Offizierschule mit einem einwöchigen Skiaufenthalt in Aschau an der Kampenwand.

Nach den Abschlussprüfungsarbeiten Anfang März 1959 wurden uns von der Offizierschule noch einige Ausflugsfahrten geboten, so

- eine Besichtigung des Fliegerhorstes bzw. der Flugzeugführerschule „A" in Landsberg/Lech und
- eine „Urlaubsfahrt" nach Füssen und Hohenschwanstein.

In den letzten Tagen genossen wir den Flug in einer Klemm 135 mit Start und Landung im Fliegerhorst Neubiberg.

Nach erfolgreichem Studienabschluss wurden wir übrigens mit der Beförderung zum „Fahnenjunker" belohnt.

Kapitel 4 (1959–1960)
Propeller-Screening im Fluganwärter-Regiment und Jet-Ausbildung in der Flugzeugführerschule „A"

1. Mein erster Flug mit der Piper L-18 und meine gesundheitlichen Bedenken

Nach Absolvierung der Offizierschule Ende März 1959 erhielt ich die Versetzungsverfügung zum Fluganwärter-Regiment (FAR) der Lw nach Uetersen, nördlich von Hamburg. Da für uns – die Neuen von der OSLw – noch kein Platz für die Fliegerausbildung vorhanden war, mussten wir noch für zwei Monate auf die Sprachenschule, um „Flight-English" zu lernen, zum Glück mit zusätzlich vielen Stunden Sportausbildung.

Bereits bei der Begrüßung der neu angekommenen Offizieranwärter am nächsten Morgen – durch den Kommandeur des Fluganwärter-Regiments (FAR), Oberstleutnant von Arnim – erlebten wir eine Ansprache „der besonderen Art". Der Kdr mit dem altehrwürdigen Namen „von Arnim" empfahl uns für unsere weitere militärische Laufbahn ein Denken und Handeln getreu seinem preußisch-militärischen Wahlspruch „Wer auf Preußens Fahne schwört, hat nichts mehr, was ihm selbst gehört". Wie wir später erfuhren, stammte von Arnim aus einem alten märkischen Adelsgeschlecht, das im 16. Jahrhundert auf Schlössern in der Uckermark ansässig war. Zu seinen Vorfahren zählten u. a. der preußische Generalmajor Hans von Arnim (1861–1931) und der Generaloberst Hans-Jürgen Theodor von Arnim (1889–1962), ein Armeekommandeur während des 2. Weltkrieges.

Mitte Juni 1959 begann endlich die heiß ersehnte Phase der fliegerischen Ausbildung mit dem amerikanischen Propellerflugzeug, der Piper L-18. Hauptzweck dieser kurzen Periode war das „Screening", die Überprüfung bzw. das „Aussieben" von nicht geeigneten Flugaspiranten, positiv ausgedrückt: das Austesten auf Flugtauglichkeit.

Es war ein warmer Sommer, ich war gesund, und das fliegerische Ausbildungsprogramm bereitete mir keine Probleme. Als einer der Ersten unserer Gruppe durfte ich bereits nach drei Wochen Flugausbildung mit insgesamt 12 Flugstunden und 70 Landungen meinen ersten Soloflug bestreiten. Es war ein herrliches Gefühl, und es erfüllte mich mit Stolz und Genugtuung. Danach folgten nur noch wenige weitere Flüge mit und ohne Fluglehrer, Abb. 17.

Abb. 17. Die Landung nach meinem ersten Soloflug

Abb. 18. Flight Cadet Dieter Wolf (3. v. l.) mit FAR-Kameraden vor der Piper L-18

Zum Abschluss durften wir Flight Cadets, Abb. 18, noch einige sogen. Navigationsflüge mit der Piper L-18 durch Schleswig-Holstein absolvieren, natürlich in Begleitung des Fluglehrers.

Die letzten Navigationsflüge erfolgten dann mit den etwas größeren Maschinen – mit der Piaggio und der DO 27 –, dieses Mal allerdings saß der Fluglehrer am Steuerknüppel. Und damit war Ende Juli nach insgesamt 25

Flugstunden die fantastische Fliegerei in Uetersen beendet. Nachdem ich das „Screening“ – also die Prüfung auf fliegerische Tauglichkeit – mit Bravour bestanden hatte, gab es eigentlich kaum einen Grund, der weiteren fliegerischen Ausbildung skeptisch entgegenzusehen.

Und doch befiel mich ein gewisses Unbehagen, wenn ich an die nächste fliegerische Ausbildungsstation dachte – an die Flugzeugführerschule „A“ in Landsberg/Lech im kommenden Winter 1959/1960.

Ich hatte schlimme Erinnerungen an die Winter der letzten Schuljahre mit häufigen Erkältungen und grippalen Infekten und mit heftigen migräneartigen Kopfschmerzen. Aufkommende Zweifel verwischte ich möglichst schnell aus meinen Gedanken. In der Hoffnung – es wird schon gutgehen!

2. Bester im Regiment mit der Kugel und besser als Willi Holdorf mit dem Diskus

Natürlich beteiligte ich mich bis zur Versetzung an die Flugzeugführerschule „A“ (FFS „A“) in Landsberg am Lech im Oktober 1959 – ganz befreit von beruflich-fliegerischen Sorgen – an Lw-Sportmeisterschaften. Bei den Regimentsmeisterschaften des FAR Anfang August gewann ich das Kugelstoßen. Außerdem war ich am Sieg unserer 4-x-400-m-Staffel in 3:38,1 min beteiligt.

„In Anerkennung der Leistung“ überreichte mir der FAR-Kommandeur, Oberst Mauer, als Preis ein Buch mit dem Titel „Die Wurzeln des Himmels“.

Platz 2 erreichte ich im Diskuswerfen, und jeweils Dritter wurde ich im leichtathletischen Dreikampf und im Militärischen Fünfkampf (75-m-Lauf / Handgranatenweitwurf / Weitsprung / Gewehrschießen / 50 m Schwimmen).

Bei den 2. KdS-Lw-Meisterschaften Ende August in Fürstenfeldbruck war ich beteiligt am 2. Platz des FAR in der 4-x-400-m-Staffel. Als Einzelkämpfer belegte ich Platz 3 im Kugelstoßen.

Während der Monate im Fluganwärter-Regiment startete ich an den Wochenenden bei mehreren Sportfesten in Hamburg und in Schleswig-Holstein. Bei Kreismeisterschaften im Volksparkstadion Ende Mai 1959 gewann ich das Kugelstoßen und das Diskuswerfen.

Noch vor dem ersten Flug mit der Piper L-18 wurde ich im Juni mit dem Team vom Elmshorner MTV Bezirksmeister mit der 4-x-100-m-Staffel in Itzehoe.

Bei den Landesmeisterschaften Anfang Juli in Kiel reichte es immerhin zu Platz 5 im Kugelstoßen der aktiven Männerklasse. Den größten Erfolg feierte ich mit dem Elmshorner Männer-Turn-Verein von 1860 – EMTV – bei den Landesmeisterschaften des Turnerbundes am 16. August 1959 in Rendsburg. Wir gewannen die Mannschaftswertung im leichtathletischen Dreikampf der Männerklasse.

Auf einigen dieser Sportveranstaltungen lernte ich den angehenden Spitzensportler Willi Holdorf (* 17. Februar 1940; † 5. Juli 2020) kennen und schätzen – ein hervorragender Mehrkämpfer mit Bestwerten im Sprint und im Weitsprung.

Sein Glückstädter Sportverein veranstaltete am Donnerstag, 20. August 1959, auf dem Marinesportplatz in Glückstadt ein Abendsportfest, zu dem er mich besonders einlud. Meine beste Platzierung war der zweite Rang im Speerwerfen. Im Diskuswerfen wurde ich mit 35 m zwar nur Dritter, aber ich war besonders stolz auf diesen dritten Platz, denn hinter mir landete Willi Holdorf, der damalige Deutsche Juniorenmeister im Zehnkampf, der bekanntlich 1964 – also fünf Jahre später – Olympiasieger im Zehnkampf in Tokio wurde. Zugegeben, das Diskuswerfen war nicht gerade seine Stärke!

3. Der Beinahe-Crash am Kirchturm im bayerischen Penzing ein „Zeichen des Himmels" zur Änderung meines Lebens

Die zweite Station meiner fliegerischen Ausbildung war die Flugzeugführerschule „A" in Landsberg/Lech. Nach einigen Tagen Unterricht in theoretisch-fliegerischen Belangen begann die Praxis mit dem ersten Flug am 27. Oktober 1959.

Unser Schulflugzeug war der französische Jet „Fouga Magister" CM-170, ein Zweisitzer – für den Fluglehrer und den Flugschüler, den „Flight Cadet". Ein ziemlich „gefährliches" Flugzeug, wie wir sehr bald erfuhren. Zwar gab es für den Notfall den rettenden Fallschirm, aber keinen Schleudersitz mit entsprechender Technik zum automatischen Hinausschleudern, Abb. 19.

Die „Fouga" war berüchtigt wegen ihrer Schwanzflügelkonstruktion in V-Stellung. Wir erfuhren als „Frischlinge", dass Piloten nach dem „Outbailing" mit dem Fallschirm an den Flügeln hängengeblieben und damit zu Tode gekommen waren.

Kein vielversprechender Anfang für mich als „Flight Cadet".

Es war Winterzeit, eine Zeit, in der ich mich häufig mit Erkältungskrankheiten herumzuplagen hatte. So auch in Landsberg, wo ich wegen einer Anginageschichte und einer schweren Mandelentzündung mit heftigen Kopfschmerzen am Ende des Jahres vier Wochen lang nicht geflogen war. Ich verbrachte diese Zeit im „Revier", der Krankenstation des Fliegerhorstes. Die Mandeln wurden mir übrigens fast ein Jahr später im Stader Krankenhaus entfernt.

Abb. 19. Das französische Schulflugzeug „Fouga Magister" CM-170

Mein letzter Flug in Landsberg – insgesamt der 35. – am 28. März 1960 wäre nach Beurteilung meines Fluglehrers beinahe auch mein letzter gewesen.

Die Einflugschneise vom Süden her zum Flugplatz Landsberg lag direkt über der kleinen Dorfgemeinde Penzing mit dem „Checkpoint Kirchturm", relativ kurz vor dem Landeanflug. Wenn ich dem Fluglehrer Glauben schenken kann, war der Abstand zwischen der „Fouga" und dem Kirchturm-Hahn so gering, dass er – neben den mangelnden fliegerischen Leistungen – letztlich den Ausschlag dazu gab, für mich die „Board-Verhandlung" einzuberufen.

4. Die Board-Verhandlung am Ende meines Fliegertraums am Tag nach dem Absturz einer Fouga-Magister

Bis Ende März 1960 hatte ich noch zwei zusätzliche „Auszeiten“ von jeweils zwei Wochen aus Gesundheitsgründen. Dass es unter diesen miserablen Umständen keine entsprechenden Fortschritte in meinem fliegerischen Status gab, bedarf sicher keiner weiteren Erläuterung, Abb. 20.

Abb. 20. Dieter Wolf im Cockpit

Die Board-Verhandlung, bei der zu entscheiden war, ob ich weiterhin in der fliegerischen Ausbildung bleiben konnte oder ob eine Ablösung vom Fliegen bevorstand, tagte am 1. April 1960. Am „Board“ nahmen die folgenden Personen teil:

- der Kdr der Flugzeugführerschule,
- der Staffelkapitän und der Fliegerarzt,
- der Leiter der Fluglehrer,
- mein Fluglehrer und weitere Experten.

Ich hatte während der gesamten Verhandlung das ungute Gefühl, als „Angeklagter ohne Rechtsbeistand“ vor einem Tribunal zu stehen. Welche Gegenargumente hätte ich selbst auch vortragen können?

Für mich war das Ganze eine schwere Enttäuschung. Ich spürte gar Versagensängste, obwohl ich eigentlich hätte aufatmen können.

Zu allem Unglück war am Tag zuvor einer meiner Flugschüler-Kameraden zusammen mit seinem Fluglehrer tödlich abgestürzt. Auch dabei war es zu einem Hängenbleiben an den kriminellen Schwanzflügeln gekommen.

Die Beförderung zum Leutnant – wenige Tage nach der Board-Verhandlung – war zu dem Zeitpunkt kaum ein Trost für mich. Nur langsam wurde aus dem „Leider“ ein „Zum Glück“ in meinen Gedanken. Mir blieb somit ein mögliches „F104-Starfighter“-Schicksal erspart, dem bekanntlich mehr als 100 deutsche Piloten zum Opfer gefallen sind.

Kapitel 5 (1960 – 1961)
Zugführer beim Luftwaffen-Ausbildungsregiment 2 in Stade und Staffeldienst-Offizier im Jagdgeschwader 73

1. Die lachende Kuh des Landkreises Stade und die Mandeloperation mit der „Liebe auf den ersten Blick“

Mit meinem gebraucht gekauften Opel-Kadett machte ich mich Anfang Mai 1960 auf die weite Fahrt von Landsberg nach Norddeutschland. Die letzte Pause machte ich auf der Landstraße nach Stade an der Elbe direkt neben dem Kreisschild Stade. Mein Interesse weckte allerdings ein danebenstehendes Schild – mit einem lustigen Kopf einer Kuh!

Das fängt ja gut an, dachte ich bei mir. Nicht nur, dass ich mich als Lw-Offizier mit der Aussicht, ein baldiger heeresähnlicher Rekrutenausbilder zu sein, eh schon ein wenig „degradiert“ fühlte, auch das noch – die Kuh, ein Symbol meines zukünftigen Jobs?

Bei der offiziellen Meldung beim KpChef der 6. Kompanie des LwAusbRgt 2 (LAR2) am nächsten Morgen, Montag, den 2. Mai 1960, wurde ich eines Besseren belehrt.

Der Hauptmann, ein ehemaliger Mitarbeiter der Presseabteilung des Bundesministerium für Verteidigung (BMVg), hieß mich herzlich willkommen. Er stellte mir meine neue Aufgabe als Zugführer als echte Herausforderung und herausragende Führungsaufgabe für einen jungen Offizier vor. Er wünschte mir ein gutes Gelingen und viel Glück dazu, Abb. 21.

Zu jener Zeit gab es außer dem alten Krankenhaus im Stadtzentrum von Stade bereits ein zweites Krankenhaus, das nach dem 2. Weltkrieg in einem Gelände der Lw-Kaserne am Stadtrand errichtet worden war. Dieses Gebäude war nur durch einen Metallgitterzaun von dem Militärgelände getrennt.

Der Wohnblock für die Offiziere des LAR2 lag direkt an diesem Zaun, vor dem ich üblicherweise meinen alten Opel mit den amtlichen Kennbuchstaben LL – für Landsberg/Lech – zu parken pflegte.

Im November machten mir wieder einmal meine entzündeten Mandeln schwer zu schaffen, wie bereits genau ein Jahr zuvor vor der Ablösung von der fliegerischen Ausbildung in Landsberg. Die längst fällige operative Entfernung meiner Mandeln wurde endlich am 28. November 1960 im Stader Krankenhaus neben der Lw-Kaserne vorgenommen. Für die assistierende OP-Schwester Bärbel, Abb. 22, und mich war dieser Tag ein ganz besonderer – er führte nicht nur zu unserem ersten Kontakt, sondern bedeutete für uns beide auch so etwas wie die „Liebe auf den ersten Blick“. Wir waren fast 60 Jahre verheiratet – mit Höhen und Tiefen wie in einer ganz normalen Ehe. Leider verstarb sie am 25. September 2021 nach einer langen Demenzkrankheit.

Bärbel hat mir später einmal erzählt, dass sie, lange bevor sie mich kennen lernte, aus ihrem Schwesternzimmer den am Kasernenzaun geparkten LL-Pkw immer wieder einmal betrachtet habe.

Abb. 21. Leutnant Wolf, Zugführer im LwAusbRgt 2 in Stade a. d. Elbe

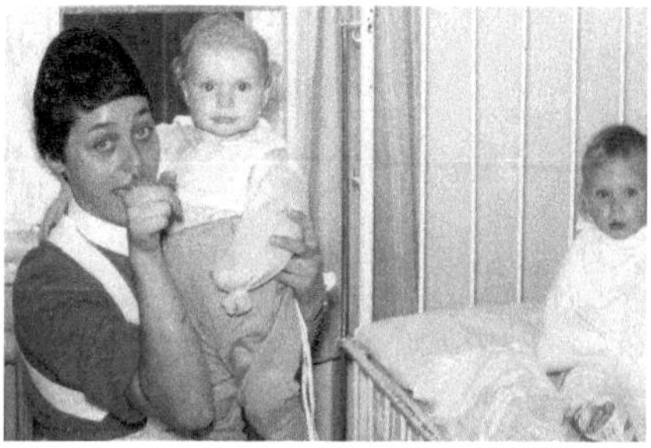

Abb. 22. Die examinierte Krankenschwester Bärbel

2. „Ich war noch niemals auf Helgoland“ und das Gefechtsschießen in Putlos

Am Mittwoch, 18. Mai 1960, stand im Rahmen der sogen. „Truppenbetreuung“ eine Tagestour für die 6. Kompanie auf dem Dienstplan. Da ich noch niemals auf Helgoland gewesen war, hatte ich mich voller Begeisterung ohne Bedenken als Kommandoführer für die Seefahrt nach Helgoland gemeldet.

Mit einer Handvoll Unterführer zu meiner Unterstützung und gut 130 Rekruten starteten wir am frühen Morgen mit der berühmten „Wappen von Hamburg“, Abb. 23, am „Stader Sand“ die Elbe abwärts Richtung Helgoland – voller Erwartungen auf eine tolle Abwechslung vom üblichen Ausbildungsdienst.

Die Hinfahrt und der Aufenthalt auf dem Urlauberschiff verliefen „ohne besondere Vorkommnisse“, noch recht problemlos, auch wenn der billige, steuerfreie Alkohol auf Helgoland nichts Gutes ahnen ließ. Und tatsächlich hatten wir, das Aufsichtspersonal, auf der Rückfahrt alle Hände voll zu tun, um Schlimmeres als den Verlust einiger Militärmützen zu verhindern, die bei dem Fahrtwind und bei den nicht mehr ganz nüchternen Soldaten unfreiwilligerweise über Bord gegangen waren.

Abb. 23. Mit dem Luxusdampfer „Wappen von Hamburg“ elbabwärts nach Helgoland

Wir legten am Abend wieder am „Stader Sand“ an, wo wir mit Bussen abgeholt wurden. Aus organisatorischen Gründen war vor der Abfahrt ein „Abzählen“ der gesamten Truppe natürlich unmöglich. In der Kaserne angekommen, überließ ich die Abzählkontrolle auf dem Vorplatz der Kompanie dem Kp-Feldwebel – Spieß genannt.

Wie ein Blitz schlug das Ergebnis ein – es fehlten ganz offensichtlich zwei Rekruten.

Was macht man in solch einer Situation? Na klar, man kann sich doch vertan haben. Also zum zweiten Mal zählen.

Leider erbrachte die Wiederholung des Nachzählens die gleiche Misere – es fehlten noch immer die beiden Rekruten.

Da kam der UvD aus dem Kp-Gebäude herausgestürzt und schrie: „Die beiden Rekruten sind im Schiff geblieben und treffen in Kürze in Hamburg ein!“ Ein Aufatmen! Was war passiert?

Die beiden waren Fußballfans und Anhänger des FC Kaiserslautern. Sie hatten sich im Unterdeck das Fußballspiel des FCK gegen Braunschweig im TV angesehen und dabei den Ausstieg in Stade verpasst. Außer dem Bahnpreis für die Fahrt nach Stade blieb die Geschichte für die beiden FCK-Fußballfans ohne dienstliche Folgen.

Ich hatte nur wenig Zeit, meinen Vertreter, meine Gruppenführer und die Rekruten näher kennenzulernen, denn bereits in der dritten Maiwoche ging es mit der gesamten Truppe nach Putlos zum Gefechtsschießen bei Oldenburg in Schleswig-Holstein. Unsere Kompanie verließ die Kaserne mit Bussen bereits am frühen Morgen. Warum auch immer – mein Chef, der Hauptmann, hatte mich ausgesucht, ihn mit einem DKW-Jeep nach Putlos zu fahren.

Unterwegs erfuhr ich den Grund: Er wollte als ehemaliger „Bürosoldat“ in Bonn endlich auch einmal ein echtes Geländefahrzeug steuern – allerdings erst nach Beendigung des Schießens auf der Heimfahrt nach Stade. Er werde mich entsprechend darauf hinweisen.

Das Gefechtsschießen verlief ohne Probleme. Sogar ein Nachtschießen mit Leuchtmunition auf schwimmende Leuchttonnen in der Ostsee gehörte zum Programm des Gefechtsschießens.

Der Aufenthalt in Putlos war für mich eine herzerfrischende Aktion nach den trüben Gedanken in Landsberg am Lech.

Am Tag der Abreise mit dem KpChef als Beifahrer hatte unser alter Jeep erste Macken; er sprang nur schlecht an und begann zu stottern. Wir stiegen aus und überließen das Fahrzeug dem Kfz-Meister, einem Oberfeldwebel unserer Kompanie. Nach sachkundiger Überprüfung und wenigen Handgriffen übergab der Kfz-Experte mir den Jeep mit den Worten: „Alles wieder in Ordnung – gute Fahrt nach Stade.“

Der Hauptmann und ich stiegen ein, ohne einen – wenn auch „laienhaften“ – Check vorgenommen zu haben. Und das wäre beinahe ins Auge gegangen.

Kaum hatten wir das Stadtgebiet von Oldenburg verlassen, konnte ich auf freier Landstraße auf Reisetempo gehen. Die Gegenrichtung war frei, die Straße ging geradeaus, sodass ich einen langsam fahrenden Lkw leicht überholen konnte – dachte ich zumindest. Gerade waren wir auf Höhe des Lkw, da knallte die Haube des Jeeps mit Donnergetöse gegen unsere Frontscheibe – und wir waren im Dunkeln. Natürlich war es ein Schock für uns beide, aber mein aktivierter Adrenalinspiegel ließ mich die Ruhe wahren, abzubremsen und auf dem rechten Fahrbahnrand zum Stillstand zu kommen.

Was war passiert?

Der Kfz-Experte hatte ganz offensichtlich nach dem gelungenen Motorencheck vergessen, die beiden Haltevorrichtungen der Kfz-Haube einzuspannen. Zum Glück war weder den Insassen noch dem Jeep „Schlimmes“ widerfahren. Nicht ganz – mein guter KpChef hat auf der weiteren Fahrt nach Stade völlig „vergessen“, auch einmal das Lenkrad zu übernehmen wie vorgesehen.

3. Der Bataillonskommandeur mit Hund und „Flachmann“ und ein Leutnant mit Alkoholabstinenz

An einem schönen Juni-Sommertag war unsere Kompanie zu einer eintägigen Geländeübung in der Gegend südlich von Stade. Zur Mittagszeit war ein Besuch unseres Bataillonskommandeurs (BtlKdr) angesagt. Klar, dass dabei alle drei Offiziere der 6. Kompanie mit im Gelände waren. Es gab eine strenge Aufgabenzuteilung für uns Drei für den hohen Besuch.

Der KpChef ließ es sich nicht nehmen, den ganzen Vormittag bei der Truppe im Waldgelände als „Aufsichtsperson“ zu fungieren.

Der Zugführer des zweiten Zuges – ein Leutnant wie ich – hatte sich rechtzeitig vor dem Mittagessen von seinem Zug zu entfernen, um als „Empfangs-Offizier“ auf dem zentralen Kompanieplatz – einem Ausflugsplatz mit einfachen Holzbänken für Wochenendausflügler – zu sein, falls der Kdr vor Eintreffen der gesamten Kompanie sich dort einfinden sollte. Die schwierigste Aufgabe war mir zugeteilt worden, wie sich bald herausstellen sollte. Ich hatte mich außerhalb des Waldes auf einem Parkplatz rechtzeitig aufzuhalten, um den zu einer vereinbarten Zeit mit einem Auto ankommenden Kdr zu begrüßen und zum Kompanieplatz zu führen. Zur Orientierung hatte ich eine gute Landkarte bei mir, die ich aber wohl kaum benötigen würde, da mir die Waldwege zum Ziel einigermaßen geläufig waren.

Welch ein Irrtum, glaubte ich doch, der Kdr würde den einfachen Weg wählen!

Sein Jeep kam zur vereinbarten Zeit, und der Kdr verließ den Wagen mit seinem Jagdhund und mit seinem S3/AusbOffz. Nach der formellen Meldung und Begrüßungszeremonie wies der Kdr und Hobbyjäger mich an, ihn – frei nach Hemingway – „über den Fluss und in die Wälder“ zur Kompanie zu führen.

Als „Greenhorn“ – was Orientieren in unwegsamem Gelände angeht – ahnte ich Schlimmes. Ich marschierte nach meinem „inneren Kompass“ in die ungefähre Richtung und tat so, als wüsste ich nach jeweiligem Kartenstudium Bescheid – womit ich ihn aber überhaupt nicht täuschen konnte. Irgendwann einmal machte er eine süffisante Bemerkung über den offensichtlichen Unterschied des Orientierens im Gelände und der Navigation in der Luft. Wie Recht er hatte!

Mehr durch Zufall, vielleicht aber mehr noch zum Glück „schlug mir die Stunde“ – und ich war plötzlich am Ziel meiner Führung.

Die Kompanie war noch nicht eingetroffen. Der Kdr bat uns, auf einer der Bänke Platz zu nehmen. Als eingefleischter Jägersmann zog er aus seiner Jackentasche den wohlbekannten Flachmann. Als Erstem bot er mir, seinem „Pfadfinder", wie er sagte, den mit Schnaps gefüllten Schraubverschluss seiner Buddel zum Trinken an. Nach dem ersten Schreck bedankte ich mich und sagte gleichzeitig mit den Worten ab, „dass ich als Leistungssportler grundsätzlich keinen harten Alkohol trinke". Seine Entgegnung: „Alle Achtung! Das hätte sich zu meiner Zeit in der Wehrmacht kein junger Leutnant erlaubt. Wir mussten in solchen Fällen schon einmal „mitsaufen", bis wir unter den Tisch fielen." Ich wusste beim besten Willen nicht, was er mit „Alle Achtung!" gemeint haben könnte. Ich tippte auf Anerkennung für die gezeigte Courage und sagte prompt: „Gott sei Dank, dass wir heute in einer anderen Welt leben." Er nickte, offenbar zufrieden mit sich und der „anderen Welt" – und schenkte den beiden anderen Offizieren und sich selbst – jeweils ein Schnäpschen aus seinem Flachmann ein.

4. Lehrgang für die Meisterschaften des Conseil International du Sport Militaire und ein Vergleichskampf gegen das FAR

Im August 1960 nahm ich am Sonder-Auswahllehrgang für die im Herbst stattfindenden Wettkämpfe des „Conseil International du Sport Militaire" (CISM) an der Sportschule der Bundeswehr in Sonthofen/Allgäu teil. Ich war schon ein wenig stolz darauf, dass ich aufgrund meiner Leistungen zumindest an dieser Auswahl teilnehmen durfte. Auch wenn ich mir bewusst war, dass ich kaum eine Chance hatte, in das Bw-Team aufgenommen zu werden.

Unser Lehrgangsteam wurde in diesen Tagen von Graf Werner von Moltke eingeladen, am Internationalen Japaner-Sportfest in Ellwangen teilzunehmen.

Das Sportfest war insbesondere für die in Deutschland weilende japanische Leichtathletikmannschaft veranstaltet worden – als letzter Test für die Teilnahme an den Olympischen Spielen 1960 in Rom.

Zur Einladung kam es aufgrund der Freundschaft zwischen unserem Sportlehrer Schmeling und Werner von Moltke, der uns in Ellwangen hervorragend betreute.

Werner von Moltke war in den 1950er- und 1960er-Jahren ein erfolgreicher Spitzenathlet mit mehreren Deutschen Meistertiteln im Zehnkampf. Auf internationaler Ebene gewann von Moltke 1966 in Budapest die Europameisterschaft im Zehnkampf, und er war Olympiateilnehmer 1968 in Mexico City.

Die Sportschule war eine historische Burg, auf einer leichten Anhöhe am Rande der Stadt Sonthofen gelegen. Die „Burg“ hatte auch eine weniger rühmliche Vergangenheit hinter sich, bevor sie Ende der 1950er-Jahre in den Besitz der Bundeswehr überging. Sie war eine der 40 sogenannten „Nationalpolitischen Lehranstalten“ – im Jargon „Napola“ genannt –, in denen während der NS-Zeit zahlreiche junge Menschen mit oft brutalen Erziehungsmethoden körperlich und geistig-politisch zur „Elite des Führers Adolf Hitler“ ausgebildet wurden. Unberührt vom anrüchigen historischen Hintergrund der Sportschule, verlief unser Trainingslehrgang unter der Leitung des Sportlehrers Schmeling zur Zufriedenheit der Teilnehmer.

Eine Pointe am Rande. Von Karl-Heinz Buß († 2019), einem der Seniorensportler beim TSV Bayer Dormagen, erfuhr ich später, dass der Sportlehrer Schmeling Mitte der 1980er-Jahre für kurze Zeit sogar unserem Verein in Dormagen angehört hatte. Damals hatte Schmeling das TSV-Team als guter Diskuswerfer beim DAMM-Finale verstärken können.

Während des Spezial-Sportlehrgangs wurden drei Wettkämpfe mit Einladungen an die regionalen Sportvereine durchgeführt. Ich lief in den beiden siegreichen Sprintstaffeln mit, in der 4-x-100-m- und in der 10-x-200-m-Staffel.

Abb. 24. Unsere Sprintstaffel mit Guido Müller (2. v. r.) und Dieter Wolf (1. v. l.)

Das Ass in unseren Staffeln war übrigens der einzige Wehrpflichtige unserer Truppe, Guido Müller. Er war auch der einzige Spitzensportler des Lehrgangs, der insbesondere über die 400-m-Hürdenstrecke zur absoluten deutschen Spitze gehörte und noch bis zu seinem Karriereende im Juli 2019 ein Ausnahme-Leichtathlet bei den Senioren war, Abb. 24.

Natürlich gingen wir abends nach dem harten Training auch schon mal „an Land", d. h. in das Städtchen Sonthofen, um gemeinsam in einem Restaurant das Abendessen einzunehmen und in gemütlicher Runde zusammenzusitzen.

Einmal hatte ich meinen Pkw mit vier Kameraden beladen – darunter auch den wehrpflichtigen Gefreiten Guido Müller. Was zunächst niemand beachtete, war der Umstand, dass er der Einzige von uns war, der noch dem 22-Uhr-Zapfenstreich unterlag.

Erst als wir am späten Abend gegen 23 Uhr zur Fahrt in die Kaserne aufbrachen, fiel Guido ein, dass er ohne Ausgangsschein Schwierigkeiten bekommen könnte. Das Problem wurde schnell gelöst. Bei der Eingangskontrolle am Kasernentor wiesen sich die vier im Autoinneren sitzenden Personen mit ihren Dienstausweisen aus – den Gefreiten Müller hatten wir – für den Wachtposten unsichtbar – im Kofferraum versteckt.

Erst gut 30 Jahre danach begegneten wir uns wieder – als noch immer aktive Seniorensportler. Guido Müller war mittlerweile mit über 100 Titeln bei nationalen und internationalen Meisterschaften zum vermutlich erfolgreichsten Senioren-Leichtathleten weltweit avanciert.

Während des Lehrgangs fanden die 3. Sportmeisterschaften des Kommandos der Lw-Schulen in Fürstenfeldbruck statt, zu denen ich ausnahmsweise fahren durfte. Während ich in Einzeldisziplinen nicht ganz vorne landen konnte, war ich Teilnehmer in den beiden erfolgreichen Staffeln. Wir – das LAR2-Team – gewannen die 4-x-100-m-Dienstgradstaffel und wurden Vizemeister in der 4-x-400-m-Staffel.

Im Herbst 1960 wurde meine Idee eines Sportwettkampfes des LAR2 gegen das fast benachbarte Fluganwärter-Regiment (FAR) endlich realisiert, nachdem auch das auf der anderen Seite der Elbe gelegenen FAR in Uetersen den Plan hervorragend fand. Und so kam es Ende September 1960 zu einem leichtathletischen Vergleichskampf der beiden Lw-Regimenter in Stade. Für mich bedeutete dieser Wettkampf gegen die FAR-Athleten eine wehmütige Erinnerung an meine fliegerische Ausbildung in Uetersen knapp ein Jahr zuvor. Im Wettkampf waren diese Gefühle aber schnell vorbei.

Wir gewannen den Vergleichskampf recht klar. Ich startete in den Einzeldisziplinen Diskuswerfen und Kugelstoßen jeweils mit einem Sieg und war auch am Gewinn der 4-x-100-m-Staffel beteiligt.

5. Bürodienst und Sporttraining der Piloten mit einem Personallehrgang in Hamburg

Ende Januar 1961 trat ich meinen Dienst als Staffeldienst-Offizier bei der 2. Fliegenden Staffel des Jagdgeschwaders 73 (JG 73) in Oldenburg i. O. an. Mein Job umfasste Verwaltungsaufgaben, also überwiegend Bürodienst. aber auch die Durchführung und Leitung der Sportausbildung und der – seltenen – militärischen In-Form-Haltung der Piloten. Dazu gehörten Geländeübungen, die so gestaltet waren, dass es den „Herren Piloten“ gar Spaß machte, sich mit ihren Kampfanzügen richtig schmutzig zu machen.

Anders sah es schon aus, als ich ihnen einmal eine Stunde „Formalausbildung“ zumutete, wofür ich sogar Verständnis hatte. Ganz offensichtlich hatten sie vor, sich für diesen ungeliebten Drill zu rächen und mich zu verärgern. Die Übungen wurden auf einem asphaltierten Platz durchgeführt. Der angrenzende Rasen war nach einem Regenschauer aufgewühlt und sehr matschig. „Meine Piloten“ marschierten im Gleichschritt voran und „überhörten“ scheinbar mein Kommando zum Abbiegen vor dem verschmutzten Rasengelände. Sie hatten die Rechnung ohne mich gemacht – ich ließ sie einfach weitermarschieren. Beim späteren Stiefelputzen fanden sie das vermutlich gar nicht mehr so lustig.

Es war eine Zeit mit vielen neuen Erfahrungen, vom Job her aber hoffentlich nur eine bloße Übergangslösung.

Wie Recht ich hatte!

Bereits in Mai 1961 begann ich einen zweimonatigen Lehrgang für Personal-Offiziere an der „Truppenschule der Bw“ in Hamburg-Osdorf, den ich mit Bravour bestand – zumal er die mich sehr interessierenden Themen aus den Bereichen Menschenführung, Psychologie und Rechtskunde umfasste.

6. Siebenmal Meister beim Geschwader in Oldenburg und zweifacher Meister der 4. Division in Aurich

Nachdem mich der Kommodore, Oberst Schröter, gleich zu Beginn meiner Zeit in Oldenburg zum „nebenamtlichen“ Sport-Offz des Geschwaders bestimmt hatte, war ich auch verantwortlich für die Aufstellung und das Training einer Auswahlmannschaft des Geschwaders, um für die bevorstehenden Divisionsmeisterschaften gewappnet zu sein.

Ein erster Test für die Anwärter des Geschwaderteams waren die am 5. August 1961 durchgeführten 1. Geschwader-Meisterschaften des JG 73 in Oldenburg. Ich erwies mich als der Goldmedaillensammler par excellence. Ich gewann siebenmal in den Spezialdisziplinen eines Mehrkämpfers,

- im Sprint (100 m, 200 m, 400 m),
- im Sprung (Hoch- und Weitsprung),
- im Stoßen (Kugelstoßen) sowie
- im leichtathletischen Fünfkampf.

Als Teamleiter war ich besonders stolz auf unsere schnellen Piloten im Offizierrang, die sich für unsere Sprintstaffel für die Divisionsmeisterschaften qualifiziert hatten.

Der sportliche Höhepunkt des Jahres waren die am 22./23. September 1961 in Aurich/Ostfriesland stattfindenden 1. Divisionsmeisterschaften der 4. Luftverteidigungs-Division (LV-Div.). Ich wurde Divisionsmeister im Kugelstoßen und Fünfkampf und zusammen mit drei weiteren Offizieren des JG 73 in der 4-x-100-m-Staffel.

In den drei weiteren Mannschaftswettbewerben, der 4-x-100-m-Dienstgradstaffel, der Olympischen Staffel und im Team-Fünfkampf belegten wir zusätzliche Podiumsplätze. Das JG 73 Oldenburg war damit der erfolgreichste Verband der 4. LV-Division – mit dem ad hoc kreierten Kampfruf: „J-G-Sieben-Drei – immer dabei!"

Die drei Staffelwettbewerbe der Div.-Meisterschaften fanden am Samstagvormittag, dem 23. September 1961, statt. Vermutlich eine Einmaligkeit in der Luftwaffe bzw. in der ganzen Bundeswehr war unser Sieg in der 4-x-100-m-Staffel, die mit vier Offizieren an den Start gegangen war. Außer mir starteten in dieser Offizierstaffel drei Jetpiloten des Jagdgeschwaders 73.

Einer der drei Piloten war Gunnar Holtgreve, später einer meiner Sportfreunde. Ein anderer war Oberleutnant (Olt), Alfred Witzmann (fiktiver Name), der Fröhlichste von uns Vieren, der immer zu einem Scherz aufgelegt war. Vielleicht lag diese Lebensart begründet in seiner Herkunft und Erziehung. Er war Sohn eines Hoteliers mit der Aussicht, nach seiner BO 41-Dienstzeit das Hotel seiner Eltern zu übernehmen. BO 41 ist das Kürzel für die Sonderlaufbahn der Jetpiloten, die als Berufsoffiziere (BO) mit Erreichen des 41. Lebensjahres ausscheiden konnten. Er hatte dazu allerdings noch eine interessante Berufsalternative.

Wenn alles nach Plan und seiner Gesundheit verlief, hatte er eine gewisse Zusage vom Flugzeugwerk MBB erhalten, nach Ablauf seiner Zeit bei der Luftwaffe als Testpilot weiter ausgebildet und eingestellt zu werden.

7. … und auch unsere Sprintstaffel mit vier Offizieren konnte den Divisions-Dekan mit „Senf im Mus“ nicht düpieren

Zum Mittagsmahl gab es für die teilnehmenden Sportler im Offiziersrang die Möglichkeit, im sauberen Trainingsanzug im Offizierheim am gemeinsamen Essen des Stabes der 4. LV-Division teilzunehmen.

Um unseren 4-x-100-m-Staffelsieg angemessen zu feiern, beschlossen wir, im Offizierheim ein Siegerbier zu trinken und danach auch dort unser Mittagessen einzunehmen. Keiner von uns drei Offizieren ahnte, was der vierte Staffelkamerad, OLt Witzmann, im Sinn führte.

Wir waren einige Minuten vor Beginn der offiziellen Mittagsstunde im Speisesaal. Uns Sportlern hatte man einen Extratisch bereitgestellt, an dem wir Platz nahmen. Die Tische waren bereits gedeckt, so auch mit der Nachspeise an jedem Platz – es gab Apfelmus.

In allen Offizierheimen hatten die Speisesäle eine ähnliche Aufbaustruktur. Die Tische waren in einer offenen Rechteckform aufgestellt. An der Kopfseite stand grundsätzlich eine ungerade Anzahl von Stühlen und der mittlere Stuhl war immer der Platz für den Kommandeur.

Ehe wir uns versahen, ging unser „Spaßvogel“, OLt Witzmann, an die Tischreihe für den Divisions-Kdr und sein „Gefolge“ und machte sich am Platz rechts neben dem Kdr-Stuhl zu schaffen. Blitzschnell fertigte er in das Apfelmus der entsprechenden Schale mit einem Löffel ein Loch, in das er mit demselben Löffel aus dem Senfschälchen ein gutes Häufchen des scharfen Senfs füllte. Das Ganze wurde mittels einer Gabel wieder mit Apfelmus zugedeckt und so verrührt, dass es aussah wie alle anderen Apfelmusschälchen auch. Von einem Besteckbüfett brachte er einen sauberen Löffel und eine saubere Gabel an den Platz – und setzt sich seelenruhig zurück an unseren Tisch.

Keine Minute später kam der Kommandeur mit seinen Offizieren und dem Divisions-Dekan, dem katholischen Geistlichen.

Wir erhoben uns von unseren Stühlen, der Kdr grüßte und wünschte allen einen guten Appetit.

Der Kommandeur ging schnurstracks zu „seinem“ Stuhl und setzte sich. Um den „Ehren“-Platz rechts neben ihm entstand ein Höflichkeitsgerangel zwischen dem Chef des Stabes, einem Oberst, und dem Militär-Dekan. Die Entscheidung fällte schließlich der Oberst, indem er unmissverständlich „Hochwürden“ Platz nehmen ließ.

Gespannt harrten wir der Dinge, die da kommen mussten – beim oder nach dem „gewürzten“ Nachtisch.

Dem Dekan gelang gleich beim ersten Happen ein Volltreffer. Er verzog nur fast unmerklich seinen Gesichtsausdruck – und schaute sofort zu den externen Offizieren in Trainingsanzügen. Danach verspeiste er das gesamte Apfelmus genüsslich – ohne mit der Wimper zu zucken.

Nach der Essenseinnahme standen wir alle auf – das war so Sitte in der damaligen Luftwaffe –, der Kommandeur und seine Begleiter gingen an unserem Tisch vorbei, der Herr Dekan wünschte uns lächelnd ein schönes Wochenende, und alle verließen den Speisesaal.

Wir atmeten auf – vermutlich auch der Veranlasser der Peinlichkeit –, der Kelch war noch einmal an uns vorübergegangen. Was wäre passiert, hätte der Chef des Stabes den „rechten Stuhl“ genommen und nicht der milde und nachsichtige Dekan der katholischen Kirche?

Kapitel 6 (1961 – 1965)
Verlegung des Geschwaders nach Pferdsfeld und Personaloffizier in der Technischen Gruppe

1. Das Vorkommando auf dem Autobahn-Transport und mein Stabsfeldwebel, „der brave Soldat Schwejk“

Anfang Oktober 1961 überführten einer meiner Offizier-Kameraden und ich das Vorkommando für die folgende Verlegung des Geschwaders von Oldenburg nach Sobernheim-Pferdsfeld in der Pfalz. Das Kommando umfasste außer uns ein gutes Dutzend Feldwebel und Unteroffiziere, die die gesamte Lkw-Flotte des Geschwaders zu überführen hatten. Es kam, wie es kommen musste.

Unterwegs streikten einige dieser Altfahrzeuge, die in den Jahren zuvor kaum einmal bewegt worden waren. Unseren Kfz-Experten gelang es zwar stets, die alten „Mühlen“ wieder flottzumachen – unsere Überführungsfahrt dauerte aber eine kleine „Ewigkeit“. Das gesamte Geschwader trudelte erst einige Wochen später in der Pfalz ein.

Ich besetzte den Dienstposten „Personal-Offizier“ in der Technischen Gruppe des Jagdgeschwaders, das in Oldenburg eigentlich nur aus der „Fliegenden Gruppe“ mit den beiden Jagdflieger-Staffeln bestanden hatte. Die anderen Aufgaben waren von der in Oldenburg ansässigen Lw-Waffenschule wahrgenommen worden.

Dies bedeutete für die Technische Gruppe wie auch für die Fliegerhorst-Gruppe einen völligen Neuaufbau mit Personal aus anderen Verbänden der Luftwaffe – eine Pionierarbeit für alle Beteiligten.

So auch für mich, den verantwortlichen Personaloffizier der Technischen Gruppe. Ich war nicht nur der Personalverantwortliche für die Technische Gruppe, sondern damit auch der Disziplinvorgesetzte aller Feldwebel, Unteroffiziere und Mannschaftsdienstgrade, die dem Stab der Technischen Gruppe angehörten – ein Personalkörper von ungefähr 25 Soldaten. Die Offiziere des Stabes Technische Gruppe unterstanden disziplinarisch dem Gruppenkommandeur, Oberstleutnant (OTL) Haller, der mich auch bald zu seinem „Adjutanten“ machen sollte. Zur Technischen Gruppe gehörten die Wartungs-, Instandsetzungs- und Nachschubstaffel sowie Elektronik- und Waffenstaffel. OTL Haller war ein Offizier der „alten Schule“, der energisch seine Meinung durchsetzen konnte – und auch kräftig zuschlagen konnte. Die Power dazu hatte er – schließlich hatte er zum erweiterten Kreis der Ruderathleten für den „Deutschland-Achter“ der Olympischen Spiele 1936 in Berlin gehört.

Im JG 73 gab es damals die Einrichtung eines „Stabsoffiziers vom Dienst“ – eine Telefonbereitschaft für „große Fälle“. Ein solcher Fall war während Hallers Bereitschaftsdienst eingetreten. Weder der diensthabende Offizier vom Dienst (OvD) noch seine Wachmannschaft waren in der Lage, einen volltrunkenen Soldaten zu bändigen.

Das Drama spielte sich im Wachlokal ab, in das Haller nach seiner Benachrichtigung voller Tatendrang stürmte.

Als der tobende Soldat Anstalten machte, sich auf Haller zu stürzen, packte dieser die auf einem Herd stehende Bratpfanne und schlug sie dem Angreifer auf den Kopf. Dem auf dem Boden liegenden, leicht benommenen Rakehler konnten vom Wachteam Fesseln angelegt werden, um ihn in die Arrestzelle zu transportieren. Nach diesem entschlossenen Eingreifen stieg Hallers Ruhm um Stufen nach oben.

Nach Hallers baldiger Pensionierung wurde der Haudrauf von einem sanftmütigen Stabsoffizier aus Bayern abgelöst. Aufgrund meines Dienstpostens „Personaloffizier“ war ich natürlich auch bald sein „persönlicher Adjutant“, dem OTL Westphal seine persönlichen Empfindungen und Bedrängnisse antrug.

Er führte eine Wochenendehe, da er mit Rücksicht auf seine vor dem Abitur stehende Tochter nicht nach Sobernheim umziehen wollte, zumal sein Einsatz im JG73 auf zwei Jahre begrenzt war.

Irgendwie tat OTL Westphal mir leid, und ich vergesse nie seinen immergleichen Stoßseufzer mit den Worten „Das Leben ist ja so maßlos traurig!“

Einem der mir disziplinarisch unterstellten älteren Feldwebel-Dienstgrade – ein alter Ostpreuße mit dem Rang eines Stabsfeldwebels (StFw) und der Spezialverwendung „Technischer Prüfer“ – war ein Malheur passiert. Er war mit erhöhtem Promillespiegel in eine Polizeikontrolle geraten mit der Folge: Führerscheinentzug, eine saftige Geldstrafe durch das Amtsgericht Hadamar und ein bevorstehendes disziplinargerichtliches Verfahren vor der entsprechenden Kammer in Mainz.

Dabei hatte ich als sein Disziplinarvorgesetzter die Verpflichtung, am Gerichtsverfahren im Frühjahr 1962 teilzunehmen. Für Beamte und Soldaten hat der alte römische Rechtsgrundsatz „Ne bis idem“ – man darf für eine Tat nicht zweimal bestraft werden – nicht unbedingte Gültigkeit.

Das Truppendienstgericht kann allerdings auch nur beurteilen, ob eine Schädigung des Bw-Ansehens vorliegt.

Liegen dafür entsprechende Anhaltspunkte vor, kann das Truppendienstgericht eine disziplinargerichtliche Strafe aussprechen. Bei dem Verfahren in Mainz hatte ich als Disziplinarvorgesetzter des StFw über ihn Aussagen zu machen. Da es keine zu klärenden Widersprüche gab und ich ihn wahrheitsgemäß als einen zuverlässigen, ehrlichen und sympathischen Menschen beschrieb, gab es eine relativ kurze Verhandlung. Der „Delinquent" kam mit einer recht geringen Disziplinarstrafe davon.

Wir machten uns erleichtert auf den Weg zum Hauptbahnhof, um den frühen Nachmittagszug nach Bad Kreuznach noch zu erreichen. Da wir letztlich noch Zeit genug hatten, begaben wir uns in das Bahnhofsrestaurant, um einen kleinen Imbiss einzunehmen. Um mit meiner Frau zu telefonieren, verließ ich meinen Begleiter nach kurzer Zeit – meinen Uniformmantel ließ ich bei ihm zurück. Ich erwischte auch gleich eine freie Telefonkabine. Kaum war das Gespräch mit meiner Frau zustande gekommen, stellten sich zwei junge Männer voller Ungeduld vor meine Kabine. Schon bald begannen sie, an die Glastür zu klopfen, und mich „den miesen Offizier" zu beschimpfen. Lautstark forderten sie mich auf, das Telefongespräch zu beenden. Da ich ihrer Forderung nicht gleich nachkam, riss einer der beiden Studenten – wie sich später herausstellte – die Tür auf und versuchte, mir den Telefonhörer aus der Hand zu reißen.

Er hatte sich den Falschen ausgesucht!

Mit dem Rücken gegen die Wand gelehnt, hatte ich zwar nur wenig Spielraum, mich mit Händen oder Fäusten gegen die Attacke zu wehren, umso trittfester war aber mein Stand. Ehe sich der Bursche versah, rammte ich ihm mein linkes Bein in den Unterkörper. Er fiel rücklings auf den Boden und war Sekunden später von der herbeigeeilten Bahnpolizei „vorläufig festgenommen".

Da die beiden Polizeibeamten den Vorgang offensichtlich von Anfang an beobachtet hatten, wurde ich nur kurz befragt, zumal ich keinen „körperlichen Schaden" davongetragen hatte.

Wegen der knapp werdenden Zeit begab ich mich umgehend in das Bahnhofsrestaurant zu meinem dort wartenden Stabsfeldwebel. Ich informierte ihn knapp über das überstandene Vorkommnis, nahm meinen über einen Stuhl gelegten Mantel und wollte gehen. Da hatte ich meinen eingefleischten Ostpreußen falsch eingeschätzt! Er holte tief Luft, und es sprudelte nur so aus ihm heraus: „Herr Leutnant, leider konnte ich das Restaurant nicht verlassen, da ja Ihr Mantel noch hier hing. Wegen der knapp gewordenen Zeit wäre ich sonst zu Ihnen gekommen."

Und nach tiefem Durchatmen sagte er – der kleine, schmächtige Mann – mit voller Überzeugung zu mir: „Sie können mir wirklich glauben, ich hätte Herrn Leutnant geholfen." Mein braver Soldat Schwejk!

2. Zu jung als Verbindungsoffizier in Nigeria und Leutnant Würz aus Berlin, ein MdB „in spe"

Irgendwann in den Jahren 1963/1964 flatterte mir eine Mitteilung der Luftwaffengruppe Süd auf den Tisch des Personaloffiziers. Es war eine Ausschreibung für einen Dienstposten der Bundeswehreinheit in Nigeria. Die neu geschaffene Stelle eines Verbindungsoffiziers mit zusätzlicher Zuständigkeit für Öffentlichkeitsarbeit war mit der Dotierung A11/Hauptmann ausgestattet und sollte primär von der LwGrpSüd besetzt werden.

Ich hatte sofort großes Interesse daran, eine solche Auslandsverwendung anzutreten. Nach langen Gesprächen mit meiner Frau Bärbel und meinen Schwiegereltern, die während der zweijährigen Auslandsverwendung meine Frau und unseren Sohn – oder auch nur das Enkelkind – bei sich hätten aufnehmen müssen, hatten wir Einigkeit erzielt – und ich durfte mich melden.

Ich bewarb mich umgehend um die ausgeschriebene Stelle, wenngleich mir klar war, dass meine Chancen, genommen zu werden, sehr schlecht standen. Schließlich konnte ich als junger Oberleutnant nach den Beförderungsrichtlinien frühestens 1966 – also mit 29 Jahren – zum Hauptmann befördert werden, aber vielleicht klappte es als Ausnahmefall trotzdem.

Leider nein. Man teilte mir mit, dass man aus repräsentativen Gründen nur einen Offizier mit dem Dienstgrad Hauptmann auf diesen Dienstposten in Nigeria versetzen könne.

Anfang Juni 1964, am Tag nach einem sog. Herrenabend im Offizierheim, hatten zwei meiner Offizierkameraden und ich beim Kommodore des Geschwaders, Oberst Schröter, im Dienstanzug mit dem damals noch üblichen Innenhelm aus Plastik – dem sog. „Knitterfreien" – anzutreten.

Wir ahnten zu Recht Schlimmes. Nach der offiziellen Feier im Offizierheim hatten wir uns noch zu einer kleinen „Bierrunde unter Freunden" in unserer Offizierunterkunft zusammengefunden. Als die Flaschen „leer" und wir schon ein wenig „voll" waren, waren wir auf eine tolldreiste Idee gekommen.

Als aktiver Kugelstoßer hatte ich immer eine 7,26 kg schwere Kugel in meinem Zimmer liegen. Einen von uns stach offenbar der Hafer. Er nahm die Kugel und die drei leeren Bierflaschen in die Hände und rief zu einer fröhlichen „Kegelrunde“ auf. Die „Kegel“ bzw. die Flaschen wurden am Ende des Flurs aufgestellt, und schon rollte die Kugel mit Getöse durch den Flur auf die Flaschen zu.

Es war ein Volltreffer, alle Flaschen kippten um – erstaunlicherweise ohne zu bersten. Natürlich wussten wir, dass am „anderen Ende des Flurs“ unser Kamerad, Leutnant (Lt) Würz, sein Zimmer hatte. Wir wussten auch, dass er – wie gewöhnlich – die große Offizierrunde schon relativ früh am Abend verlassen hatte. Ob wir allerdings gezielt die „Kegelrunde“ auf ihn angesetzt hatten, ist mir nicht mehr erinnerlich. Unbestritten war allerdings, dass er wegen seiner Sprüche und politischen Einstellung im Offizierkreis nicht gerade gut gelitten war. Einmal hatte er gar behauptet, dass er quasi im Auftrag seiner Partei, der SPD, Offizier auf Zeit geworden war, um die damals überwiegend rechtsgerichtete politische Gesinnung im Offizierkorps aufzuspüren.

Nach dem Gepolter der rollenden Kugel und dem Einschlag in die Flaschen riss Würz seine Tür auf und begann wütend zu schimpfen. Dann trug er in ein Notizbuch bewusst provokativ unsere Namen ein. Das reizte einen meiner Kameraden zum Ausruf: „Du Sozi-Schwein!“ Dann ergab ein Wort das andere. Das ganze „Theater“ geriet vollends „aus dem Ruder“, als einer meiner Kameraden den im Flur aufgehängten Feuerlöscher zur Hand nahm und wild mit dem Wasser um sich herumspritzte. Natürlich war der Hauptbetroffene unser Kamerad, Lt Würz. Er notierte fleißig auch diese Wasserattacke in sein Notizbuch, bevor wir uns in unsere Zimmer zurückzogen.

Bei unserem Kommodore, Oberst Schröter, kassierten wir drei Oberleutnante – ich war kurz vorher zum OLt befördert worden – erwartungsgemäß einen gehörigen „Anschiss“ mit der Aufforderung, uns in seinem Beisein bei Lt Würz zu entschuldigen.

Wir trafen alle gemeinsam nach einiger Zeit erneut bei ihm ein, entschuldigten uns jeder mit Handschlag bei Lt Würz und waren letztlich darüber erleichtert, dass unser mieses Benehmen ein relativ beruhigendes Ende genommen hatte.

Da Lt Würz als Zeitoffizier bereits nach wenigen Monaten seine Dienstzeit beendet hatte, verschwand er bald aus unserem Umfeld.

Erst Jahre später traute ich meinen Augen nicht: In einem TV-Interview mit einem Vertreter des Verteidigungsausschusses erkannte ich in dem Bundestagsabgeordneten unseren ehemaligen Kameraden, Lt Würz.

3. Der Flug nach Sylt, ein Abschiedsgeschenk, und die Degradierung von zwei Chaos-Piloten

Das erste Quartal 1965 – insbesondere die letzten vier Wochen – standen ganz im Zeichen der Verabschiedung von Bekannten aus Sobernheim und Bad Kreuznach, wo ich in den letzten Jahren – außer beim Geschwader – mein sportliches Zuhause hatte.

Noch am letzten Märzwochenende startete ich beim ersten Werfertag des Jahres 1965 in Bad Kreuznach und hinterließ mit einem 13-m-Stoß und dem Sieg eine sportliche Spur, bevor ich am Montag die Reise nach Roth/Nürnberg zu meiner neuen Aufgabe antrat.

Doch noch einige Wochen vor meiner Abreise machte mir einer meiner Sportfreunde aus dem Geschwader ein völlig unerwartetes Abschiedsgeschenk. Der Oberleutnant Gunnar Holtgreve, Jetpilot und einer der Topsprinter aus meiner Geschwader-Sportmannschaft, lud mich zu einem Trainingsflug nach Westerland auf der Nordseeinsel Sylt ein. Ich war hell begeistert und sagte selbstverständlich zu.

Es war mein erster Flug seit fünf Jahren nach meiner Ablösung von der fliegerischen Ausbildung im März 1960. Der Flug mit dem Propellerflugzeug DO27 war ein wahrhaftes Erlebnis und großartiges Geschenk für mich.

Eines Tages, Anfang März 1965, wurden alle Offiziere des Geschwaders zum „Rapport“ auf das Vorgelände der Flugzeughallen im Fliegerhorst Pferdsfeld befohlen. Bis auf das höhere Führungspersonal und die Piloten der beiden Fliegenden Staffeln kannte wohl niemand den Grund für diese Aktion. Militärisch geordnet – in einem Karree mit einer offenen Seite – waren schließlich alle Offiziere angetreten, als Generalmajor Aldinger, der Kommandeur der 1. Lw-Division, in Begleitung seines Adjutanten und unseres Kommodore, Oberst Schröter, den Platz betrat. Er ging an das Pult vor den angetretenen Offizieren. Der Kommodore gab den Befehl an die Oberleutnante Holtgreve und Thieme, vorzutreten. Spätestens jetzt ahnte auch ich nichts Gutes, denn zu einer Beförderung kommt kein Divisionskommandant in ein Geschwader.

Strammen Schrittes gingen bei beiden aufgerufenen Offiziere auf den General zu und salutierten vor ihm in der Position „Stillgestanden“.

Natürlich kannte ich die beiden Offiziere aus der 2. Jagdflieger-Staffel – einen der beiden sogar sehr gut. Es war Gunnar Holtgreve, einer meiner Sportfreunde und ein Klassesprinter, mit dem wir 1961 die 4-x-100-m-(Offizier)-Staffel bei den 1. Div.-Meisterschaften der 4. LV-Div. in Aurich gewonnen hatten. Er war auch der Pilot, der einige Woche zuvor mit mir als Gast mit einer DO27-Propellermaschine zu einem „Ausflug“ mit gemütlichem Kaffeetrinken nach Sylt geflogen war.

Abb. 25. Der US-Düsenjäger F-86 „Sabre“ des Jagdgeschwaders 73 – ein „corpus delicti“ der besonderen Art

Gunnar hatte mir als Freundschaftsbeweis außerdem von einem seiner fliegerischen Trainingsaufenthalte in Decimomannu/Sardinien einen prächtigen Kaktus mitgebracht – und jetzt das!

Der General hielt eine kurze Rede, in der er den Grund für die Aktion kundtat. Die beiden Piloten waren zu einem Übungsflug mit ihren Düsenjägermaschinen nach Norddeutschland geflogen, Abb. 25. Während des Überfluges der Nordseeküste in Richtung Meer setzten sie zum verbotenen Tiefflug an.

Zu dieser frühen Jahreszeit waren kaum Touristen an der Küste, sodass das entstehende Malheur keine Menschen gefährdete oder gar verletzte. Der Jetstrahl und der „wahnsinnige Fahrtwind“ der beiden Düsenflugzeuge kippten ein am Strand aufgestelltes WC um und fegten es einige Meter über den Sandstrand – zum Glück ohne menschliche Insassen.

Nach seinen Erläuterungen sprach der General für beide Offiziere die vom Truppendienstgericht ausgesprochene Laufbahnstrafe „Degradierung um einen Dienstgrad“ aus. Dann knüpfte er ihnen die auf den Schulterstücken steckenden OLt-Rangabzeichen ab und ließ ihnen von seinem Adjutanten Lt-Abzeichen aufstecken.

Das Schicksal wollte es, dass Gunnar Holtgreve und ich uns zufällig 15 Jahre danach in Sobernheim beim Jagdbomber-Geschwader 42 wiedersahen. Mehr dazu später.

4. Bärbels Job in der Geschwader-Sanitätsstaffel und mein Unfall am Meer in Italien

Mitte des Jahres 1963 erhielten meine Frau Bärbel und ich erstmal eine eigene Wohnung in Sobernheim, nachdem wir einige Wochen notdürftig „möbliert" dort gewohnt hatten. Bärbels Bewerbung um eine Stelle als Krankenschwester im katholischen Sobernheimer Krankenhaus scheiterte gleich bei der Vorstellung an der leidigen Religionszugehörigkeit – als evangelische Christin!

Da erfuhr ich, dass die zur Fliegerhorst-Gruppe gehörende Sanitätsstaffel noch eine freie Krankenschwesterstelle hatte. Aber eine entsprechende Bewerbung gab zunächst auch Probleme. Die personalbearbeitende Dienststelle, die Standortverwaltung Sobernheim, musste erst eine Sondergenehmigung von der Wehrbereichsverwaltung IV (WBV) in Mainz einholen, ehe meine Frau eingestellt werden konnte. Hinderungsgrund war mein Status als Offizier in derselben Bundeswehr-Dienststelle. Zum Glück erteilte die WBV eine Sondergenehmigung, da wir beide nicht derselben „Gruppe" des Geschwaders angehörten. Meine Frau Bärbel schwärmte noch lange Zeit vom zufriedenstellenden Job in der Sanitätsstaffel, in der sie insgesamt 18 Monate Dienst leistete – genau so lange wie die damals wegen der Kuba-Krise erhöhte Wehrpflichtzeit von W12- auf W18-Monate.

Das Jahr 1963 bescherte uns vier besondere Ereignisse:

- Wir bezogen erstmals eine eigene Wohnung
- Bärbel erhielt die Anstellung als Krankenschwester in der San-Staffel des Jagdgeschwaders 73
- Ich wurde zum Oberleutnant befördert
- Mein Vater starb mit knapp 50 Jahren.

Einen harmonischen Jahresabschluss erlebten wir im Dezember 1963 mit der Fete im großen Saal des Offizierheims – dem Jahresball der Offiziere des JG 73, Abb. 26, 27.

Ein weniger angenehmes Vorkommnis erlebte Bärbel in dieser Zeit in Bad Kreuznach.

Wir beide saßen zum Abendessen in einem gemütlichen Restaurant – mit „drei kleinen Italienern" am Nachbartisch. Nach der Essenseinnahme begab sich meine Frau Bärbel in den Basisbereich des Restaurants, um sich „zu erfrischen". Während ich mit dem Kellner die Abrechnung machte, bemerkte ich, dass einer der drei „Gastarbeiter" ebenfalls die Treppe in den Basisbereich hinabstieg. Ich ahnte Schlimmes. Nach der Bezahlung ging ich schleunigst aus dem Speisesaal nach unten. Am Ende der Treppe kam mir meine Frau völlig aufgelöst – fast weinend – entgegen. Voller Aufregung sagte sie mir, dass einer der drei Tischnachbarn ihr bis in die Damentoilette gefolgt sei und sie sich gerade noch habe einschließen können. Mein Adrenalinspiegel war im Nu „auf 100". Da kam der „Typ" aus einer Ecke auf uns zu. Ich packte ihn mit voller Kraft an seiner Kleidung und hob ihn in die Höhe, indem ich ihn nicht gerade mit höflichen Worten lautstark attackierte. Er war verängstigt und offenbar zu keiner Aussage fähig.

Abb. 26. Der Kommodore des Geschwaders, Oberst Schröter, mit seiner Ehefrau, der „Kommandeuse". Mitte: OTL Wolf

Abb. 27. Bärbel und Dieter „wagen ein Tänzchen" beim Jahresball der Offiziere im Dezember 1963

Ich weiß nicht, wozu ich noch fähig gewesen wäre. Zum Glück aber stürmte der Chef des Hauses die Treppe herunter, sodass ich den „Typen" nach der „Rüttelattacke" fallen ließ. Er stürzte zu Boden, raffte sich schnell auf und rannte davon.

Da außer dem Schrecken – besonders natürlich für meine Frau Bärbel – kein körperlicher Angriff stattgefunden hatte, verzichteten wir auf die Einschaltung der Polizei mit entsprechender Anzeige. Wir begaben uns auf der Stelle nach Hause – wohl wissend, dass das erlebte Vorkommnis uns nicht so schnell zur Ruhe kommen lassen würde.

Das Negativerlebnis mit einem Italiener hinderte uns allerdings keineswegs daran, einige Jahre später Italien als bevorzugtes Urlaubsland kennen und schätzen zu lernen. Unseren ersten Italienurlaub verbrachten wir in Rimini am Adriatischen Meer als Hotelgäste – leider mit einer ganzen Regenwoche gleich am Beginn unseres 1968er-Urlaubs.

Trotz der für das Mittelmeer niedrigen Wassertemperaturen lernte unser 6-jähriger Sohn Matthias in kurzer Zeit das Schwimmen. In den 1970er-Jahren genossen wir an der Adria mehrere Male das Campingleben in Cavallino und in Rosalina – mit gelegentlichen Besuchen von Venedig.

Ein besonderes Erlebnis in einem der Italienurlaube hätte mich um ein Haar das Leben gekostet. Meine Frau, mein Sohn und ich hielten uns auf einem der typischen Stege auf, die im flachen Uferbereich relativ weit ins Meer hinausreichen. Während der obere Teil dieser Stege fußgängergerecht angelegt worden war, bestanden die beiden ins Wasser ragenden Seitenteile aus teilweise riesigen ineinander „verankerten“ Felsbrocken. Trotz einer Warnung meiner Frau bestieg ich einen dieser Steine, der sich zunächst auch nicht bewegte, sodass ich mich dort niederließ, Abb. 28, 29, 30.

Abb. 28. Der „Stein des Anstoßes“. Bärbel schoss ein „historisches Foto“ – ohne es zu ahnen

Aufgrund einer Gewichtsverlagerung bemerkte ich plötzlich eine leichte Bewegung des Brockens. Ich konnte gerade noch aufstehen, als der Stein langsam nach unten rutschte. In allerletzter Sekunde gelang es mir mit viel Glück, vom abrutschenden Stein auf einen festliegenden Nachbarfelsen zu springen und mich nach oben auf den Steg zu retten. Fast im Unterbewusst-

Abb. 29. Bärbel und Matthias

Abb. 30. Bärbel am Adriatischen Meer

sein hörte ich noch, wie der Felsbrocken eine Etage tiefer im Wasser aufschlug. Auf dem Rücken liegend, verharrte ich zum Entsetzen meines Sohnes Matthias reglos auf dem Steg, sodass er voller Angst rief: „Pappi, Pappi, lebst du noch?“ Zum Glück konnte ich aufstehen und feststellen, dass ich die „Horrorgeschichte“ ohne Verletzung überlebt hatte. Das Ganze war für mich eine Lehre fürs Leben. Wäre ich nämlich wegen meines Leichtsinns vor oder unter den rollenden Felsbrocken gefallen, hätte mich niemand mehr retten können.

5. Vielfacher Geschwader- und Divisionsmeister und die Niederlage gegen die 8. US-Infanterie-Division

Während der vierjährigen Zugehörigkeit zum JG 73 in Oldenburg und in Sobernheim nahm ich auch viermal an den Sportmeisterschaften des Geschwaders teil – mit großem Erfolg. Ich erkämpfte insgesamt 27 Geschwader-Titel:

- bei den 1. Geschwadermeisterschaften 1961 in Oldenburg waren es 7 Titel,
- bei den 2. und 3. Meisterschaften 1962 und 1963 in Sobernheim gewann ich jeweils 5-mal.
- und bei den 4. Sportmeisterschaften 1964 heimste ich gar zehn Meistertitel in folgenden Disziplinen ein:
    - im 200-m-Lauf
    - im Hoch- und Weitsprung
    - im Kugel- und Steinstoßen
    - im Diskus- und Speerwurf
    - und in den Mehrkämpfen Dreikampf, Werferdreikampf und Fünfkampf.

Ähnlich erfolgreich war ich bei Sportmeisterschaften auf der höheren Ebene der Luftwaffe. Bei sieben Meisterschaften von Lw-Divisionen und der Lw-Gruppe Süd errang ich insgesamt 15 Mal die oberste Stufe des Siegerpodests:

- Wie bereits geschildert, wurde ich bei den 1. Divisionsmeisterschaften der 4. LV-Division im September 1961 in Aurich dreimal Divisionsmeister.
- Bei den 5. Div.-Meisterschaften der 1. Lw-Division im Juli 1962 im Dantestadion von München, Abb. 31, gewann ich mit dem Geschwaderteam den Mannschaftswettbewerb im Fünfkampf, Abb. 32.

Abb. 31. Flaggenhissen im Dantestadion in München bei den Divisionsmeisterschaften
Abb. 32. OTL Wolf beim Kugelstoßen; Sieger im Fünfkampf bei den Divisionsmeisterschaften 1963 in München

- Bei den 6. Div.-Meisterschaften der 1. Lw-Division im Juni 1963 im Münchener Dantestadion holten wir uns gar beide Teamwettbewerbe, die 10-x-200-m-Dienstgradstaffel und den Mannschaftsfünfkampf.
- Zwei Einzeltitel holten sich der Gefreite Nilges im 1 500-m-Lauf und ich im leichtathletischen Fünfkampf.

Hier die weiteren Siege bei Sportmeisterschaften der Luftwaffe:

- Bei den Ausscheidungswettkämpfen der Gruppe „Trier“ zur LwGrp-Süd-Meisterschaft Anfang August 1963 in Trier siegte ich im Hochsprung und Kugelstoßen und mit der Geschwadermannschaft in der 4-x-400-m-Staffel und in der 10-x-200-m-Dienstgradstaffel und im Teamfünfkampf.

- Bei den 2. Sportmeisterschaften der LwGrpSüd in Karlsruhe am 27. August 1963 – meinem 26. Geburtstag – belegten wir in beiden Staffeln, der 4-x-400-m-Staffel und der 10-x-200-m-Dienstgradstaffel, jeweils den zweiten Platz.
- Beim Ausscheidungssportfest der Gruppe „Trier" zur Meisterschaft der LwGrpSüd Anfang Juni 1964 in Sobernheim gewann ich alle vier Stoß- und Wurfdisziplinen:
  - Das Kugel- und Steinstoßen sowie den
  - Diskus- und Speerwurf.
  - In den Staffeln 4 x 100 m und 4 x 400 m belegten wir jeweils Platz 2.
- Bei den 3. Sportmeisterschaften der LwGrpSüd Ende Juni 1964 in Fürstenfeldbruck sprang für unsere Mannschaft nur ein einziger Podiumsplatz heraus: Wir belegten Platz 3 in der beliebten 10-x-200-m-Dienstgradstaffel.

Der Kommodore des Geschwaders, Oberst Schröter, war ein sportbegeisterter Vorgesetzter mit offenen Ohren für Vorschläge, die sportliche Aktivitäten und Öffentlichkeitsarbeit miteinander verbinden. So begrüßte er meine Idee, einen „Leichtathletikvergleichskampf gegen eine Auswahl des Kreises Bad Kreuznach" ins Leben zu rufen. In Gesprächen mit Funktionären des Leichtathletikkreises Bad Kreuznach fand ich schnell Gleichgesinnte, und so traten am 29. Mai 1962 im Moebus-Stadion von Bad Kreuznach zwei begeisterte Teams zu einem noch nie zuvor stattgefundenen Wettkampf an.

Bei zwei gleichwertig starken Mannschaften entwickelte sich ein bis zum Ende spannender Wettkampf. Erst der Gewinn der 4-x-100-m-Staffel, die üblicherweise stets zum Abschluss eines Vergleichskampfes gestartet wird, verhalf unserer JG-73-Mannschaft zu einem knappen Sieg über die Bad Kreuznacher Kreisauswahl.

Ich gewann das Kugelstoßen und wurde jeweils Zweiter im Steinstoßen sowie im Diskus- und Speerwerfen. Beteiligt war ich zudem am Sieg der Sprintstaffel und am 2. Platz der 4-x-400-m-Staffel.

Im September 1963 präsentierte das Geschwader Teil zwei des Themas „Sport und Öffentlichkeitsarbeit". Wir veranstalteten eine „Sportwoche" mit Einladung an die jeweiligen Sportverbände des Kreises Bad Kreuznach. Die einzelnen Sportveranstaltungen fanden regen Zuspruch bei unseren Soldaten und genauso bei unseren Gastsportlern. Im Angebot standen die Sportarten Leichtathletik mit Einzel- und Staffeldisziplinen, Luftgewehrschießen, ein Handballturnier und ein Tischtennisturnier.

Teil drei der Öffentlichkeitsarbeitskampagne startete im Jahr 1964. Ich nahm Kontakt mit dem Sport-Offizier der beiden US-Bataillone der 8. US-Infanteriedivision auf, die in Bad Kreuznach stationiert waren. Wir waren uns relativ schnell darüber einig, einen „Sportvergleichskampf zwischen den Leichtathletikmannschaften des JG73 und der beiden Bad Kreuznacher US-Bataillone“ durchzuführen.

Ich war damals Mitglied im Gymnasium-Sportverein Bad Kreuznach, und so war es kein Problem, die anfallenden organisatorischen Themen aufeinander abzustimmen, die da waren:

- Zeit und Ort der Veranstaltung
- Sportgeräte und sonstige Utensilien
- das Kampfrichterteam sowie
- die Auswahl der Disziplinen, die Punktebewertung und die Anzahl der teilnehmenden Athleten.

Der Vergleichskampf fand am 27. Mai 1964 im Moebus-Stadion von Bad Kreuznach statt. Ich belegte zweimal Platz zwei (Kugel und Diskus) und zweimal Platz drei (Speer und Keule). Und auch im 4-x-100-m-Staffellauf wurden wir nur Zweiter.

Wir verstanden die Welt nicht mehr. Trotz überwiegend guter Leistungen belegten wir meistens nur Plätze hinter US-Athleten. Das Rätsel löste sich erst am Abend bei der Siegerehrung mit Empfang im US-Offizierclub.

Wir hatten nicht wie vereinbart gegen ein Team der Bad Kreuznacher US-Bataillone gekämpft, sondern gegen eine Auswahl der 8. US-Infanterie-Division aus dem südwestdeutschen Raum. Wir feierten trotzdem den Sieg der US-Amerikaner und unsere Niederlage mit sportlicher Fairness und geziemender Würde.

Ach ja, das Ergebnis mit 136 zu 102 Punkten war unter diesen Umständen zwar verständlich, letztlich aber doch ein wenig beschämend.

6. Sportleiterlehrgang an der Sportschule der Bundeswehr und bester Athlet der Luftwaffe im Soldaten-Sportwettkampf

Mit Genehmigung meines Kommandeurs meldete ich mich zur Teilnahme an einem Sportleiterlehrgang an der Sportschule der Bundeswehr. Der fünfwöchige Lehrgang fand im November/Dezember 1964 statt und schloss – bei Bestehen der Abschlussprüfung – mit zwei Lehrberechtigungen ab:

- mit dem „Allgemeinen Übungsleiterschein" und
- mit dem „Leichtathletik-Übungsleiterschein".

Damit bekam ich auch die Berechtigung zur Abnahme des Sportabzeichens, den sog. „Prüferausweis".

Ich absolvierte zusätzlich zu meinem bereits als Schüler erworbenen DLRG-Grundschein die Prüfungen für den DLRG-Leistungsschein und den DLRG-Lehrschein.

Die Mitschüler waren überwiegend Unteroffiziere und Feldwebel. Außer mir nahmen noch zwei weitere Offiziere teil.

Einer von ihnen hatte einen berühmten Namen. Leutnant Guderian war ein Sprössling aus einer Offizierdynastie. Sein Vater war Oberst im Heeresamt in Köln zu der Zeit, als ich im „Amt für Sicherheit der Bundeswehr" (ASBw) meinen MAD-Dienst begann. Sein Großvater, Generaloberst Guderian, hatte die deutsche Panzerwaffe aufgebaut und im zweiten Weltkrieg gegen Polen, Frankreich und Russland geführt. General Guderian war neben General Rommel der zweite Panzergeneral der Wehrmacht, dessen Name auch jungen Bw-Offizieren noch geläufig war.

In unserem Lehrgang wusste das bald auch jeder Teilnehmer. Schließlich renommierte der Leutnant ganz offen mit dem Ruhm seines Großvaters. Weniger rühmlich allerdings sein nicht gerade vorbildliches Verhalten im Kameradenkreis der Sportler, was zum großen Ärgernis wurde. In einer solchen Gruppe hat jeder die gleichen Rechte und Pflichten – unabhängig vom Dienstgrad.

Nicht so der Lt Guderian, der es offensichtlich nicht mit seiner Offiziersehre vereinbaren konnte, nach Beendigung der Sportstunde mit anzupacken, wenn es für uns alle galt, die benutzten Sportgeräte wieder wegzuräumen. Trotz mehrfacher Aufforderung durch den Sportlehrer oder durch Lehrgangskameraden fand er immer wieder Gründe, um sich schleunigst abzusetzen.

Mir ist nicht bekannt geworden, welchen weiteren Weg seine Offizierlaufbahn genommen hat.

Mit einem der Lehrgangsteilnehmer, einem Sportkameraden jüdischen Glaubens, hatte ich mich ein wenig angefreundet. Am Ende des Lehrgangs lud er mich ein, mit ihm nach Israel zu fahren, wo wir beide am traditionsreichen jüdischen Großsportfest 1965, vergleichbar dem deutschen Turnfest, teilnehmen könnten. Ich konnte leider nicht zusagen, da ich wusste, dass ich im April 1965 Kompaniechef im LwAusbRgt 3 in Roth/Nürnberg werden sollte.

Schade drum – denn damit fehlte mir ein möglicher Eintrag in meine Sporttagebücher über einen Start in Asien.

Zum Abschluss des Jahres 1964 erhielt ich zu meiner Überraschung und Freude die Mitteilung, dass ich im „Soldaten-Sportwettkampf der Bundeswehr", der erstmals auch in der Luftwaffe zum sportlichen Pflichtprogramm gehörte, mit 87 Punkten in der Altersklasse II (26 – 32 Jahre) die höchste Punktzahl aller teilnehmenden Soldaten der Luftwaffe erzielt hatte. Die Auszeichnung dafür war die „Ehrenurkunde des Generalinspekteurs der Bundeswehr".

Kapitel 7 (1965 – 1967)
Mit der Versetzung zum Luftwaffen-Ausbildungsregiment 3 wurde ich jüngster Kompaniechef der Luftwaffe

1. Zwei Jahre Kompaniechef als Oberleutnant mit einer Ein-Jahres-Besoldung als Hauptmann

Im April 1965 wurde ich als OLt mit 27½ Jahren jüngster KpChef im LAR 3 in Roth bei Nürnberg.

Den „Lehrgang für künftige Einheitsführer“ an der Truppenschule der Luftwaffe in Hamburg-Osdorf – vom 17. September bis 31. Oktober 1965 – und den anschließenden „Kompaniechef-Lehrgang“ an der Schule für Innere Führung in Koblenz – vom 16. November bis 10. Dezember 1965 – absolvierte ich merkwürdigerweise erst, als ich bereits fünf Monate als Kompaniechef tätig gewesen war.

Zum KpChef-gerechten Dienstgrad „Hauptmann“, Abb. 33, wurde ich erst am 8. August 1966 befördert – dem erstmöglichen Zeitpunkt gemäß den Beförderungsbestimmungen, also mit 29 Jahren. Entsprechendes Gehalt nach Stufe A11 erhielt ich allerdings bereits seit April 1966.

Abb. 33. Der Kompaniechef, Hptm Wolf, und sein Stammpersonal mit jungen wehrpflichtigen Rekruten

Noch als Oberleutnant erlaubte ich mir den Spaß oder die „Frechheit“, meine Konchefs des Regiments, die überwiegend den Dienstgrad „Hauptmann“ trugen, außerhalb der Kaserne – also im Bw-Wohnbereich – mit „Herr und Namen“ anzureden.

Obwohl es rechtens war, in der „freien Umwelt“ so zu handeln, wurde ich – natürlich hinter meinem Rücken – von einigen dieser „Kameraden“ gemaßregelt.

Nach Bw-Vorschrift waren Hauptleute und höhere Dienstgrade nur im Dienst und in der Kaserne formell Vorgesetzte eines Oberleutnants, der sie mit Dienstgrad anzusprechen und zu grüßen hatte – eine Vorschrift, die in der „wirklichen“ Luftwaffe, also in einem Geschwader, niemanden interessierte.

Es kam tatsächlich noch besser. Anlässlich des sehr frühen Starts des Regiments-Wettbewerbs „Militärpatrouille“ an einem schönen Sommertag, an dem alle 12 Kompanien eine Mannschaft zu stellen hatten, kam der Rgt-Kdr, Oberst Knauth, mit einem „kleinen Anschiss“ auf mich zu. Er sagte mir, dass sich der Leiter der Standortverwaltung (StOV) im Rang eines Amtmannes bei ihm beschwert habe, weil ich ihn, den ranghöheren A11-Beamten, mit Namen und nicht mit seinem Rang angesprochen habe.

Ich schaute den Oberst verdutzt an und fragte, wieso ich einen Beamten mit seinem Rang anzusprechen hätte. Das sei in dem Geschwader, in dem ich vier Jahre gedient hatte, nicht üblich gewesen. Seine Antwort: „Herr Wolf, es bricht Ihnen doch kein Zacken aus der Krone, wenn Sie ihn mit „Herr Amtmann“ ansprechen. Er war immerhin in der Wehrmacht ein Offizier mit dem Dienstgrad Rittmeister.“

2. Die rücksichtsvolle Behandlung eines Kriegsdienstverweigerers durch den Rechtsberater der Luftwaffengruppe Süd

Gleich zu Beginn meiner Chefzeit beim LAR3 meldete sich einer der neuen Rekruten als „Kriegsdienstverweigerer“ („KDV’ler“). Dieses habe er beim zuständigen Kreiswehrersatzamt (KWEA) auch gemeldet, es sei aber zu keiner Anhörung gekommen, vielmehr habe er völlig unerwartet den Einberufungsbescheid erhalten, weshalb er jetzt hier sei. Natürlich gelang es mir nicht, ihn in seiner Einstellung umzustimmen. Er blieb in der ihm zugeteilten Stube sitzen und harrte der Dinge, die da kommen mussten, während seine Stubenkameraden im Keller des Gebäudes ihre Bw-Klamotten empfingen und sich von „Zivilisten“ in „Bürger in Uniform“ umzogen. Trotz mehrfacher Aufforderungen durch Gruppen- und Zugführer änderte er sein Verhalten nicht.

Ich erstattete daraufhin Meldung beim Bataillonkommandanten, OTL Fleischmann, der mich anwies, zunächst abzuwarten. Man werde sich an den Rechtsberater (RB) der übergeordneten Lw-Gruppe Süd wenden, um entsprechende Verhaltensregeln zu ordern. Nach etwa einer Stunde kam der Ratschlag des Rechtsberaters, der offensichtlich auch nicht klüger war als wir – mit einem merkwürdigen Vorschlag.

Wir sollten den KDV samt seiner militärischen Ausrüstung in einen leeren Raum setzen und abwarten, bis er seine Meinung vielleicht doch noch änderte. Da wir keinen einzigen leeren Raum hatten, ließen wir ihn dort, wo er bisher auch war. Und, siehe da! Manchmal mahlen die Mühlen der Beamten auch schnell. Schon kurz darauf rief der RB erneut an, nachdem er offensichtlich mit dem zuständigen KWEA telefoniert hatte.

Der noch nicht anerkannte „Kriegsdienstverweigerer" durfte umgehend seine Siebensachen packen und sich auf den Heimweg machen. Wir haben nie mehr etwas von ihm gehört.

3. Besuch eines Nachkommen von Otto Lilienthal und die „Kaiserkrone", das Geschenk eines Rekruten

Im Sommer 1966 veranstaltete das LwAusbRegiment 3 (LAR) im Rahmen der Öffentlichkeitsarbeit einen „Tag der Offenen Tür" – oder besser gesagt, „des Offenen Tores" des Fliegerhorstes „Otto Lilienthal".

Unerwartet viele Besucher kamen bereits am frühen Vormittag in den Fliegerhorst im Rother Stadtteil Kiliansdorf. In dem Besucherstrom befanden sich neben den Eltern auch viele Verwandte der jungen Rekruten, die überwiegend als Wehrpflichtige ihren Grundwehrdienst im LAR 3 ableisteten.

Eine Gruppe der Besucherschar wurde in Begleitung vom Bataillons-Kommandeur, OTL Fleischmann, in meine Kompanie geführt. Ich war natürlich darauf vorbereitet worden, dass es sich dabei um den Ehrengast des Regiments mit einigen Verwandten handelte. Sie waren allesamt Nachkommen des deutschen Flugpioniers Otto Lilienthal, der am 10. August 1896 mit einem von ihm gebauten Flugapparat tödlich abgestürzt war.

Was ich bis dahin nicht wusste, war die Tatsache, dass einer meiner Rekruten – wenn auch mit anderem Nachnamen – ebenfalls zur Großfamilie der Lilienthals gehörte.

Ich empfing den alten Herrn Lilienthal mit seinen Leuten sehr höflich und vermutlich ein wenig aufgeregt. Ich führte ihn durch die 9. Kompanie in das Zimmer seines jungen Verwandten und schließlich in den großen Unterrichtsraum. Der Kommandeur hatte meine Kompanie natürlich wegen ihrer Besonderheit als Besichtigungsobjekt für den hohen Besuch ausgemacht – mit Darbietung von Elementen der Nahkampfausbildung durch Ausbilder und Rekruten. Herr Lilienthal war darüber offensichtlich erstaunt und erfreut. Er bedankte sich bei der Verabschiedung für den offenherzigen Empfang in meiner Kompanie.

Abb. 34. Der KpChef, Hptm Wolf, vor seinem Kompaniegebäude

In den zwei Jahren meines Dienstes als KpChef bewarben sich drei wehrpflichtige Rekruten für die Laufbahn als Reserveoffiziere. Aufgrund der gezeigten guten Leistungen während der dreimonatigen Grundausbildung konnte ich einen, den Gefreiten Martin, als stellvertretenden Gruppenführer in der Kompanie behalten und somit weiter an seinem weiteren Vorhaben mitwirken.

Als meine Frau Bärbel und ich vor einer bevorstehenden Tanzveranstaltung des Offizierkorps unseres Regiments Probleme hatten, einen „Aufpasser“ für unseren vierjährigen Sohn zu finden, sprach ich schließlich den Gefreiten Martin an. Erleichtert waren wir, als dieser ohne Bedenken zusagte.

Abb. 35. Vorbeimarsch der 9. Kompanie zum Gelöbnis der Rekruten 1965

Monate später, im März 1967, bereitete ich mich langsam auf mein Weggehen aus Roth vor. Ich hatte bereits die Versetzungsverfügung zum MAD in der Tasche, und es war kein Geheimnis beim Stammpersonal der 9. Kompanie, dass ich nach dem ersten Quartal 1967 die Kompanie verlassen würde, Abb. 34, 35.

Da lief mir eines Tages der Gefreite Martin über den Weg, und ich hatte den Eindruck, nicht zufällig. Ich fragte ihn, ob es Probleme gebe, bei deren Lösung ich ihm helfen könnte. Er druckste ein wenig herum, fasste in seine mitgeführte Tasche und zog einen offensichtlich alten Militärgürtel heraus. Es war ein Gürtel aus der deutschen Kaiserzeit mit der ins Leder eingeprägten Jahreszahl „1915“ und mit einem Koppelschloss aus edlem Messing, versehen mit der „Kaiserkrone“ und der Aufschrift „Gott mit uns“. Martin überreichte mir das „antike“ Prachtstück mit den Worten: „Herr Hauptmann, dieser Militärgürtel ist ein Erbstück meines längst verstorbenen Großvaters. Ich möchte Ihnen den Gürtel als Abschiedsgeschenk und als Erinnerungsstück an Ihre KpChef-Zeit übergeben. Ich hoffe, er gefällt Ihnen.“

Peinlich berührt und gar ein wenig verlegen fragte ich nach dem „Warum“, und er entgegnete mir: „… weil Sie ein toller Kompaniechef waren!“

Ich drückte ihm mit beiden Händen seine Hand und verabschiedete mich mit einem „Herzlichen Dankschön“.

4. Dreimal Bronze bei den Militärmeisterschaften in Frankreich und Gewinn des Wanderpokals in Bamberg

Die zwei Jahre in Roth als KpChef waren im Militärsportbereich angefüllt mit vielen Großereignissen und – ohne Übertreibung – mit noch mehr herausragenden Erfolgen als Einzelsportler und mit den Mannschaften der Kompanie und des Regiments.

Es begann am 22. Mai 1965 kurz nach meiner „Eingewöhnungszeit“ als KpChef mit den Rgt-Meisterschaften am 22. Mai 1965 in Roth. Ich gewann den 100-m-Lauf, das Diskuswerfen und das Kugelstoßen, zusätzlich reichte es noch zu vier weiteren Podiumsplätzen.

Bereits drei Tage später, am 25. Mai 1965, gewannen wir – das Regimentsteam – in Karlsruhe die Gruppenausscheidung zur LwGrpSüd-Meisterschaft in der 10-x-200-m-Dienstgradstaffel mit neuem LwGrpSüd-Rekord von 3 : 58,6 min.

Dann ging es zum Start auf die internationale Militärbühne. Am 13. Juni 1965 fanden in Haguenau-Drachenbronn im Elsass die II. Internationalen Militärsportwettkämpfe statt. Beteiligt waren die französischen Sportsoldaten vom Sport-Btl. in Thionville, Athleten der US Air Force in Deutschland und ein Team der LwGrpSüd. Bei der „profihaften" Konkurrenz war es schwer für uns, einigermaßen mitzuhalten. Ich war beteiligt am Bronzeplatz unserer Schwedenstaffel, und auch als Einzelkämpfer gewann ich mit persönlichen Bestleistungen zwei Bronzemedaillen: im Kugelstoßen mit 14,00 m und im Diskuswerfen mit 40,20 m. Der Sieger in beiden Disziplinen war ein farbiger Sportsoldat aus dem Sport-Btl in Thionville – ein Hüne von Kerl mit Spitzenleistungen und überlegenen Siegen.

Wir beide hatten uns ein wenig angefreundet, und so erfuhr ich, dass er aus Neukaledonien, dem französischen Überseeterritorium im südwestlichen Pazifischen Ozean, stammte. Er hatte es in der französischen Armee bereits bis zum Rang eines „Sergent" gebracht, als sein damaliger Kompaniechef und seine Bärenkräfte ihm „einen Strich" durch die weitere Militärkarriere machten.

Nach einem gewaltigen „Anpfiff" durch seinen Chef fühlte er sich zu Unrecht angegriffen und dreht dabei durch. Er packte sich den „Beleidiger" und warf ihn durch das offenstehende Bürofenster hinaus auf die „grüne Wiese". Zum Glück war es ein „Fenstersturz" aus dem Parterregeschoss, sodass der Kompaniechef ohne größeren Schaden davonkam – während der hitzköpfige Unteroffizier zum einfachen Soldaten degradiert wurde.

Bei unserer Verabschiedung schenkte er mir – warum auch immer – eine Gedenkmedaille aus seiner Heimat Neukaledonien.

Was war das Motiv für ein solches Geschenk? Vielleicht die deutsch-französische Freundschaft oder einfach nur eine echte Freundschaft zwischen zwei Sportlern.

Bereits am 25./26. Juni 1965 gingen wir mit einer starken Rgt-Mannschaft bei den 4. Sportmeisterschaften der LwGrpSüd in Fürstenfeldbruck an den Start. Wir wurden in der 4-x-400-m-Staffel Vizemeister. Und auch in der 10-x-200-m-Staffel, in der wir bei den LwGrpSüd-Ausscheidungswettkämpfen vier Wochen zuvor noch mit 3:58,6 min LwGrpSüd-Rekord gelaufen waren, wurden wir trotz neuer Bestzeit von 3:55,1 min von einem schnelleren Team geschlagen.

Als Einzelstarter gewann ich das Diskuswerfen und Kugelstoßen – dieses mit einem höchst merkwürdigen Ergebnis. Nicht meine Weite von 12,72 m war das Erstaunliche am Wettkampf, sondern die Einmaligkeit der drei Podestplätze.

Wir hatten alle Drei genau das gleiche Endergebnis von 12,72 m. Dass ich trotzdem als Sieger aus dem Wettkampf hervorging, lag einfach an meinem zweitbesten Stoß von 12,68 m, der damit den Wettkampf entschied, weil die anderen nicht mehr ein zweites Mal so weit gestoßen hatten.

Das Einmalige errang noch ein i-Tüpfelchen, denn die Plätze vier und fünf wurden mit jeweils 12,67 m erreicht.

Dieses gesamte Kuriosum, das es wohl noch nie vorher gegeben hatte und auch kaum nochmals geben dürfte, versetzte nicht nur Generalleutnant Trautloff bei der Siegerehrung in ungläubiges Staunen und Kopfschütteln.

Ohne großen Erfolg nahm im Mai 1965 eine Rgt-Mannschaft am „16. Domreiter-Großstaffellauf für Militär-Mannschaften" um den Wanderpokal des Verteidigungsministers in Bamberg teil.

Ich lief natürlich in dieser Staffel über 10 x 200 m mit – und ganz erfolglos waren wir ja auch nicht. Von fast zwanzig Mannschaften der US Army, der französischen Streitkräfte und der Bundeswehr belegten wir immerhin den vierten Platz.

Ein Jahr später – ich war längst auch Sportoffizier des Regiments – hatten wir allerdings größeren Ehrgeiz. Beim „17. Domreiter-Großstaffellauf für Militär-Mannschaften" um den Wanderpokal des Bundesministeriums für Verteidigung (BMVg) am 15. Mai 1966 in Bamberg sollte es schon das „Treppchen" sein, also mindestens Platz drei.

Unsere Besetzung war allerdings auch viel besser als im Vorjahr – warum sollte der Gewinn des begehrten Wanderpokals dann nicht unser eigentliches Ziel sein, zumal in diesem Jahr mit Jürgen Kahlfelder, ein Spitzensportler und Mitglied der deutschen 4-x-400-m-Nationalstaffel, zu unserem Team gehörte?

Deshalb träumten viele unserer Läufer von einem Sieg gegen starke Mannschaften der Bundeswehr und der internationalen Konkurrenz – natürlich auch ich als einer der Läufer und als Mannschaftskapitän.

Wir lieferten den anderen Spitzenteams auch von Beginn an ein beherztes Rennen voller Spannung.

Am Ende aber nahmen wir – freudestrahlend und „stolz wie Oskar" – den Pokal des Bundesverteidigungsministers Kai-Uwe von Hassel in Besitz.

Im Spätherbst wurden die letzten Sportmeisterschaften des Jahres veranstaltet. Es waren die Staffelmeisterschaften des III. Bataillons, die am 15. September 1965 auf dem Fliegerhorst-Sportplatz ausgetragen wurden. Meine Vorausschau über die Favoritenrolle unserer Mannschaft täuschte mich nicht; dazu kannte ich meine Sprintersoldaten zu genau. Die Meisterschaften wurden eine Beute der 9. Kompanie.

Meine „Supersprinter“ gewannen mit mir alle drei Staffeln,

– die 4-x-100-m-Staffel in 46,6 s,
– die 10-x-100-m-Dienstgradstaffel in 2:01,0 min und
– die 4-x-400-m-Staffel in 3:43,0 min.

Waren diese Leistungen gar die Basis für ein Neidintermezzo? Aus welchen Gründen auch immer – jedenfalls trudelte danach „hinter meinem Rücken“ eine Meldung gegen mich beim Bataillon ein. Ohne Namensnennung sprach mich eines Tages Hptm Brach, der zuständige S3/Ausbildungs-Offizier im Btl-Stab, darauf an. Es sei mir vorgeworfen worden, dass ich zu viele Sportstunden zulasten der „ungeliebten“ Formalausbildung mit meinen Soldaten durchführe. Meine Frage an den S3-Offizier, ob er diese infame Verleumdung bereits anhand der im Stab vorliegenden Dienstpläne überprüft habe, verneinte er zu meiner Verwunderung. Ich bat, dieses umgehend nachzuholen und veranlasste das Gleiche in meiner Kompanie. Mein Stellvertreter und der für die Erstellung der Dienstpläne zuständige Ausbildungs-Fw machten sich unverzüglich an die Überprüfungsarbeit.

Das Ergebnis legten sie mir am nächsten Morgen vor: Die Anzahl der Sport- und der Formalausbildungsstunden erfüllten exakt die Anforderungen des vorgeschriebenen Ausbildungskatalogs. Für mich keine Überraschung, da ich mich grundsätzlich an derartige Vorschriften hielt und meine Ausbilder auch.

Dann ergibt sich doch die Frage, warum gewinnen wir eigentlich in einem Btl-Staffelwettbewerb überlegen alle drei Staffeln? Ganz einfach:

– Der KpChef ist selbst ein „Sportverrückter“.
– Er verfügt über entsprechenden Sportverstand mit Übungsleiterausbildung.
– Er trainiert auch gelegentlich seine talentierten Athleten in freiwilligen Trainingsstunden außerhalb der normalen Dienstzeit.

Das Überprüfungsergebnis der Dienstpläne und die tiefere Begründung für unsere Siege teilte ich am nächsten Tag dem S3-Offizier mit innerer Genugtuung mit. Ich bat ihn, den Verleumder – wer immer es auch gewesen war – davon zu unterrichten und ihn „herzlich“ von mir zu grüßen.

5. Soldaten-Sportwettkampf der Luftwaffen-Gruppe Süd meine Kompanie in der Teamwertung und ich in der AK II

Bei den Handball- und Faustballmeisterschaften des Regiments im Sommer 1966 erkämpfte ich mit meinen Spielern jeweils die Vizemeistertitel.

Es sollte aber noch viel besser kommen. 1966 wurde der Soldaten-Sportwettkampf (SSW) in der Luftwaffe zum dritten Mal durchgeführt – und dieser Pflichtwettkampf wurde das absolute Highlight für meine Kompanie.

Erstmals wurden nicht nur die Leistungen jedes einzelnen Teilnehmers ausgewertet und bei entsprechenden Leistungen auch belohnt – ab 40 Punkten mit einer Urkunde des jeweiligen BtlKdr und ab 50 Punkten mit der Ehrenurkunde des Generalinspekteurs der Bw.

Es gab eine zusätzliche Mannschaftswertung auf der Ebene einer Kompanie/Staffel und vergleichbarer Einheiten. Dabei musste jeder gesunde Soldat den SSW – einen Mehrkampf mit vier leichtathletischen Disziplinen – absolvieren. Alle Leistungen wurden bewertet, um damit den Durchschnittswert einer Einheit erhalten zu können.

Ohne zu wissen oder auch nur zu ahnen, was aus den Trainingsmühen letztlich herauskommen würde, wurde in meiner Kompanie fleißig daran gearbeitet, optimale Leistungen aller Teilnehmer – Stammpersonal wie Rekruten – zu erreichen.

Bis Anfang September mussten alle Sportergebnisse der LwGrpSüd zur Auswertung vorgelegt werden. Wir erhielten schließlich Mitte September die Aufforderung, mit einer kleinen Gruppe zur „Siegerehrung der besten Mannschaften der LwGrpSüd“ nach Landsberg am Lech zu fahren. Noch wussten wir nicht, was diese Einladung wirklich zu bedeuten hatte. Trotzdem war unser kleines Team bei der Hinfahrt nach Landsberg voller Erwartungen. Und es kam tatsächlich besser, als wir es uns hätten je erträumen können.

Bei der Siegerehrung wurde unsere Kompanie mit dem Durchschnittswert von 45,74 Punkten als Sieger der LwGrpSüd von GenLt Trautloff, dem Kommandierenden General der LwGrpSüd, geehrt.

Mein persönlicher Beitrag zu der Gesamtsumme waren übrigens 90 Punkte, mit denen ich den 3. SSW in der Altersklasse (AK) II (26 – 32 Jahre) der LwGrpSüd gewonnen hatte. Dabei waren mir zwei persönliche Bestleistungen gelungen: 11,2 s im 100-m-Lauf und 14,12 m im Kugelstoßen.

Trotz aller Freude und eines gewissen Stolzes gelang es mir in Landsberg/Lech nicht vollständig, meine bösen Erinnerungen an meine gescheiterte Pilotenausbildung von 1959/60 zu verdrängen.

6. Nahkampfausbildung und mein Kampf gegen einen Rekruten und mein Schleuderballduell gegen Generalleutnant Trautloff

Kompaniechef zu sein, ist sicher eine der schönsten und am meisten zufriedenstellenden Aufgaben in einer Armee. Wo sonst haben junge Offiziere einen solchen Kontakt zu jungen Menschen, insbesondere, wenn wie damals im LAR 3 die Mehrheit aus wehrpflichtigen Rekruten bestand.

Mir machte es Freude, sie zu unterrichten – insbesondere im juristischen Sachgebiet der sog. „Jedermanns-Rechte“ – und aktiv an der „Nahkampf“-Ausbildung mitzuwirken.

Warum „Jedermanns-Rechte“ und gar „Nahkampf“-Ausbildung in einer Lw-Rekrutenkompanie?

Meines Wissens gab es eine Nahkampfausbildung nur für Spezialeinheiten des Heeres und der Marine. Unsere Nahkampfausbildung wurde von einem Fähnrich des Heeres und „Profi“ in dieser Disziplin mit harten Methoden durchgeführt – besonders hart für jene, die sportlich nicht topfit waren.

Nach dem Crashkurs für die Ausbilder standen schon bald die ersten Ausbildungsstunden für die Rekruten auf dem Dienstplan. Sie umfassten neben reinem Konditions- und Krafttraining Fallübungen und Würfe sowie Abführ- und Befreiungsgriffe.

Während die beiden anderen Bataillone des LAR 3 – das I. Btl. und das II. Btl. – die „Intelligenzler“ des Wehrdienstjahrganges zugeteilt bekamen – nämlich grundsätzlich junge Leute mit einer technischen Berufsausbildung, um entsprechend in den technischen Lw-Einheiten nützlich eingesetzt werden zu können –, waren die Kreiswehrersatzämter angewiesen worden, kräftige Wehrpflichtige ohne oder mit Ausbildung in sonstigen handwerklichen Berufen an das III. Btl des LAR 3 zu überstellen.

Unser Bataillon war als erstes und einziges von der LwGrpSüd ausgesucht worden, ab dem Rekrutenlehrgang II/1966 Sicherheitspersonal auszubilden, das zur Absicherung von Kampfeinheiten der LwGrpSüd – also Lw-Geschwader, Raketenstellungen und ähnlich sicherheitsempfindliche Dienststellen/Einheiten – benötigt wurde.

Im März 1966 wurden zunächst alle Ausbilder der Kompanie in einem Schnellverfahren mit der Kunst des Nahkampfes und der Selbstverteidigung vertraut gemacht. Für mich war es eine Selbstverständlichkeit, dass an diesem 30 Stunden umfassenden Crashkurs nicht nur meine Gruppen- und Zugführer teilzunehmen hatten, sondern natürlich auch ich, der 29-jährige KpChef.

Mein Entschluss, auch als KpChef an der Nahkampfausbildung teilzunehmen, war reiner Eigennutz. Ich wollte damit auch diese Variante der Selbstverteidigung kennenlernen. Nachdem ich als Jugendlicher – neben den Aktivitäten in der Leichtathletik – zumindest in den Wintermonaten der Jahre 1954 bis 1957 auch intensives Boxtraining betrieben hatte, konnte ich mich danach gegen körperliche Attacken erfolgreich verteidigen. Und bei der Nahkampfausbildung unterstellte ich, dass ich in meinem späteren Leben mit einer ebensolchen Nutzanwendung rechnen konnte – in Fällen der „Notwehr“ gem. §32 StGB. Mehr dazu später.

Da ich zu jener Zeit vermutlich der am besten trainierte Athlet meiner Kompanie war – mit Kraftwerten von 130 kg im Bankdrücken – wurde ich nach dem Erlernen der neuen „Kunst“, dem Nahkampf, offenbar übermütig, um nicht zu sagen, „größenwahnsinnig“. Auch dazu später mehr.

Dass nur die Rekruten des III. Btl zu „Sicherheitspersonal“ ausgebildet und später eingesetzt werden sollten – diesen Hintergrund kannte natürlich keiner der Rekruten. Um sich aber nicht gegenüber den Kameraden der beiden anderen Bataillone zurückgesetzt zu fühlen, machte sogar unser BtlKdr, OTL Fleischmann, bei der Begrüßung der Rekruten „Werbung“ für die besondere Ausbildung in seinem Btl. Als „Sicherheitspersonal“ hätten sie demnächst in der Lw-Truppe Millionenwerte zu schützen, wofür sie auch entsprechend ausgebildet würden.

Den Gesichtern meiner Rekruten sah ich keine aufkommende Begeisterung an; sie ahnten offensichtlich, dass ihnen der Job „Wacheschieben“ schmackhaft gemacht werden sollte.

Nach dem Weggang des Kdr versuchte ich daher, die Stimmung meiner Rekruten mit einem „irren“ Vorschlag anzuheben. Zunächst pries ich die Ausbildung auch als einen Gewinn für das tägliche Leben, indem ich auf den Wert der Selbstverteidigung hinwies, und dann ließ ich die „Bombe“ los. Ich empfahl, gerade in der Ausbildung zum Nahkämpfer voll bei der Sache zu sein. Ich bot ihnen an, am Ende dieser Ausbildung gegen den stärksten der gesamten Rekruten zu einem Zweikampf anzutreten. Die Auswahl sollten die Rekruten selber treffen.

Ich hatte den „Nagel auf den Kopf" getroffen. Was dem Kdr nicht gelungen war, hatte ich mit dieser Ankündigung voll erreicht.

Zuerst Erstaunen, dann strahlende Gesichter voller Begeisterung, darauf wartend, was da auf sie zukommen würde.

Wir KpChefs erfuhren Mitte August 1966, dass Generalleutnant Trautloff, der „Kommandierende General" der LwGrpSüd, im Laufe des Monats zu einem Dienstaufsichtsbesuch ins III. Btl kommen würde – insbesondere, um die neue Form der Ausbildung der Rekruten zu „Sicherheitspersonal" zu inspizieren. Natürlich wurden wir deshalb vom Kdr angewiesen, besonderes Augenmerk auf die Nahkampfausbildung zu richten.

Zu diesem Zeitpunkt hatte ich – wie den Rekruten zu Beginn ihrer Ausbildung versprochen – bereits einen Nahkampf gegen einen von den Rekruten ausgewählten „Kraftprotz" mit Erfolg bestanden. Warum nicht auch dieses Mal, bei einem „Schau"-Kampf, falls der GenLt Trautloff meine Kompanie dafür auswählen sollte.

Der Besuch fand in der dritten Septemberwoche 1966 statt. Ich wurde am Mittwoch vom BtlKdr gebeten, in sein Büro zu kommen, da der GenLt Trautloff mit mir etwas besprechen wollte.

Der General teilte mir mit, dass er am folgenden Vormittag gegen 8 Uhr in meiner Kompanie sein werde. Er beabsichtige, eine Nahkampfausbildung der Rekruten zu besichtigen, um sich ein Bild vom Stand der Ausbildung zu machen. Wir sollten uns entsprechend vorbereiten, damit wir pünktlich mit der Ausbildung im großen Unterrichtsraum beginnen könnten.

Er, Trautloff, habe nämlich noch ein persönliches Anliegen. Er unterstellte, dass ich von seinen gelegentlichen sportlichen Aktivitäten bei Truppenbesuchen wusste. Dem stimmte ich zu. Er habe den Wunsch, noch rechtzeitig vor dem Mittagessen mit mir einen kleinen Sportwettkampf auf dem bei meiner Kompanie gelegenen Sportplatz zu starten. Wörtlich sagte er: „Natürlich nicht in Ihrer Paradedisziplin, dem Kugelstoßen, sondern in meiner Lieblingswurfdisziplin, dem Schleuderballwerfen. Was halten Sie davon, Herr Hauptmann?" Ich konnte meine Begeisterung kaum verbergen, grinste ihn an und musste mit einem Mal tief durchatmen: „Herr General, ich fühle mich sehr geehrt, dass Sie mit mir eine Trainingsstunde – und gar einen kleinen Wettkampf durchführen wollen. Dafür werde ich alle erforderlichen Vorbereitungen treffen!"

Der General verabschiedete sich mit den Worten: „Ich freue mich auf die Sportstunde mit Ihnen, dem Topathleten meiner Kommandos, der LwGrp Süd."

Gleich nach dem Gespräch mit dem General habe ich eine Gruppe von Rekruten zusammenstellen lassen, die nach den Erfahrungen der letzten zweieinhalb Monate die neue Materie „Nahkampf" am besten beherrschten. Darunter befand sich natürlich auch mein potenzieller „Gegner", falls es zu dem geplanten Zweikampf kommen sollte.

Der General betrat am nächsten Morgen pünktlich um 8 Uhr die 9. Kompanie – in Begleitung seines „Adjus" und der beiden Kommandeure, dem RgtKdr, Oberst Knauth, und dem BtlKdr, OTL Fleischmann. Nach der Begrüßung unterrichtete ich den General über mein persönliches Nahkampfvorhaben. „Wenn Sie sich stark genug fühlen – nur zu!", war seine Antwort mit einem verschmitzten Gesichtsausdruck.

Meine Ausbilder und die jeweils agierenden Rekruten zeigten eine fast vollendete Demonstration mit allen im Nahkampf möglichen Varianten.

Nach Abschluss dieser Vorführungen bedankte sich der General und lobte den Eifer und Einsatz der Ausbilder und der jungen Rekruten. Dann gab er mir das Wort und das Kommando.

Mit meiner Körpergröße von 1,80 m und dem Körpergewicht von 85 kg wirkte ich gegen den bayerischen „Bullen", den die Rekruten zum Gegner für mich ausgesucht hatten – ich vermutete allerdings auch, dass meine Ausbilder daran „beteiligt" waren –, nicht gerade sehr überzeugend. Mein Kampfpartner, ein Bauernbursche aus den bayerischen Alpen, brachte es mit seinen 1,90 m leicht auf 110 kg Körpergewicht.

Nach einem Vorgeplänkel gelang es mir, ihn durch meine Beinarbeit zu Fall zu bringen. Das half mir allerdings kaum; ehe ich mich versah, hatte er mich im „Schwitzkasten". Mir gelang es, ihn trotzdem seitlich so wegzudrehen, dass er mit voller Wucht auf den mit Judomatten gepolsterten Boden knallte. Eigentlich eine Methode, die ihn hätte zwingen müssen, mich loszulassen, um seinen Kopf zu schützen. Hätte, hätte … er tat es aber nicht. Für mich wurde die Lage allmählich brenzlich. Nicht nur meine Luft, sondern auch meine Kräfte schwanden immer mehr dahin.

Was hatte uns der Fähnrich – unser Nahkampflehrmeister – für den Notfall beigebracht: Kräftige Hände an der Halsschlagader bewirken mehr als die Hände des Gegners im Schwitzkasten.

Mein Griff an die Halsschlagader war zunächst noch „freundschaftlich". Als er allerdings ohne Wirkung verpuffte, packte ich mit voller Kraft zu. Ich weiß nicht, wie lange, ich merkte aber sehr bald: Es war die richtige Kampfmethode.

Plötzlich war ich frei, mein Gegner warf sich auf den Boden und japste nach Luft. Wir standen beide abgekämpft auf und reichten uns sportlich-fair die Hände. Wir erhielten den verdienten Applaus – und der „Schau"-Kampf war ohne Verletzungen über die Bühne gegangen.

Nach dem Nahkampfspektakel gingen der General und die ihn begleitenden Offiziere in das Stabsgebäude des Regiments.

Noch am Nachmittag des Vortages hatte ich die benötigten Gerätschaften besorgt: Schleuderbälle, Bandmaß und Stecktafeln. Dann besichtigte ich mit zweien meiner Unterführer, die uns am nächsten Tag als Helfer zur Verfügung stehen sollten, den Sportplatz.

Der Platz genügte den erforderlichen Ansprüchen: mit kurzgeschnittenem Rasen, eingezeichneten Linien am Sportplatzrand und in der Mitte – genau 45 m.

Voller Anspannung und Begeisterung machte ich mich nach der Nahkampfauseinandersetzung gegen 10 Uhr auf den Weg zum Fliegerhorst-Sportplatz.

Unser erneutes Zusammentreffen auf dem Sportplatz war für 11 Uhr geplant, und der General traf dort – nur begleitet von seinem Begleit-Offizier – im Sportdress gekleidet, pünktlich ein. Bevor wir mit dem Aufwärmen begannen, trug ich ihm meinen „Fairness"-Vorschlag vor: „Herr General, da ich nicht nur Kugelstoßen kann, wie Sie ja selbst schon seit Langem wissen, sondern auch mit dem Sportgerät „Schleuderball" recht gut umzugehen verstehe, mache ich Ihnen folgenden Vorschlag: Der Fairness halber sollten wir gemäß den Wettkampfbestimmungen mit unterschiedlich schweren Bällen werfen. Der meinem Alter von 29 Jahren entsprechende Schleuderball wiegt 1,5 kg, während der Ball für die etwas älteren Herren ab 60 Jahren nur noch 1 kg wiegt." Er begrüßte meinen Vorschlag, und wir gingen ans Werk.

Zunächst bereiteten wir uns in der Aufwärmphase durch gymnastische Übungen auf das Werfen der Bälle vor. Dann warf jeder mit Drehung – ähnlich dem Diskuswurf – einige Male seinen Schleuderball in das Fußballfeld. Bereits da erkannte ich, dass der General – ein großgewachsener, kräftiger Mann – ganz offensichtlich von Technik und Kraft her mit dem Ball gut umzugehen verstand.

In dem anschließenden „Wettkampf" mit jeweils 6 Würfen überließ er mir den ersten Wurf. Bei einer Bestleistung von gut 60 m knallte ich das Gerät weit über die 45-m-Linie hinaus, wo der „Kampfrichter“ eine Stecktafel in den Rasen rammte.

Mein Wettkampfpartner zog seinen Schleuderball nach einer eleganten Drehung ebenfalls gut über die 45-m-Marke.

Am Ende des Wettkampfs stand fest, dass der General für sein Alter eine respektable Leistung erzielt hatte und mit Freude – und vielleicht auch mit etwas Stolz – den Platz des „Duells“ ehrenhaft verlassen konnte.

GenLt Trautloff reichte mir seine Hand und bedankte sich bei mir mit den Worten: „Hauptmann Wolf, Sie waren mir ein guter Trainingspartner und Sportfreund. Ich wünsche Ihnen viel Glück und Gesundheit für Ihre weitere Sportkarriere. Vielleicht bis auf ein weiteres Wiedersehen!“

Und es kam tatsächlich zu einem weiteren Wiedersehen nach gut 10 Jahren – dann allerdings unter völlig anderen Umständen. Doch dazu später mehr.

Kapitel 8 (1967–1973)
Hörsaalbester im nachrichtendienstlichen Basislehrgang und Dezernat-3-Stellvertreter im Amt für Sicherheit

1. Eine Kurzeinweisung beim ASBw in meinen Auswertungsjob beim MAD

Am Freitag, den 31. März 1967, war die offizielle Übergabe der Kompaniegeschäfte an meinen Nachfolger, die ich mit ein wenig Wehmut über mich ergehen ließ, wenn ich auch bereits voller Erwartungen auf meine bevorstehende MAD-Verwendung war.

Während meiner KpChef-Dienstzeit in LAR 3 in Roth hatte ich mich im Laufe des Jahres 1966 um eine Verwendung im MAD beworben.

Anlässlich eines Dienstbesuchs eines MAD-Offiziers der MAD-Gruppe VI, München, in meiner Kompanie hatte ich endlich die Gelegenheit, einen seit Jahren – genauer gesagt, seit 1960 nach meiner Ablösung von der fliegerischen Ausbildung – gehegten Wunsch anzugehen und einen kompetenten Offizier anzusprechen, um ihn nach den Modalitäten für eine MAD-Bewerbung zu befragen. Er machte sich Notizen über meine persönlichen Daten und meinen Wunsch und versprach mir, die Sache ins Rollen zu bringen.

Am frühen Montagmorgen, den 3. April 1967, machte ich mich auf den Weg von Roth bei Nürnberg nach Köln am Rhein. Freudig erregt stieg ich in mein Auto in der Rother Bundeswehrsiedlung, wo meine Frau Bärbel und ich mit unserem Sohn Matthias wohnten.

In meiner Tasche hatte ich die langersehnte Versetzungsverfügung ins MAD-Amt, damals noch unter dem Namen „Amt für Sicherheit der Bundeswehr“ (ASBw) firmierend, Abb. 36.

Ich meldete mich vorschriftsgemäß nach Ankunft in Köln beim Personalstabsoffizier des ASBw. Dieser begleitete mich in die Abteilung II, in die Spionage-Auswertungsabteilung.

Der Abteilungsleiter, Oberst Glasmachers, hieß mich willkommen und informierte mich darüber, dass ich bereits Anfang der folgenden Woche an der „Schule für Nachrichtenwesen der Bundeswehr“ (SNBw) in Bad Ems für eine dreimonatige nd-Grundausbildung anzutreten habe.

In den verbleibenden Tagen der ersten Aprilwoche hatte ich noch die Gelegenheit, in dem Auswerte-Dezernat, dem ich zugeteilt worden war, ein wenig von der für mich völlig neuen Materie „Spionageabwehr" zu schnuppern.

Abb. 36.. Das Heeresamt und das Amt für Sicherheit der Bundeswehr (ASBw) in Köln

2. Eine achtmonatige nd-Ausbildung in Bad Ems an der SNBw in Theorie und Praxis

Die SNBw war die zentrale Ausbildungsstätte für das gesamte MAD-Personal, die ich in den Monaten April bis Juni 1967 besuchte. Im nd-Grundlehrgang werden die angehenden MAD-Ermittler in die Grundbegriffe eines abwehrenden Nachrichtendienstes eingewiesen. Wir lernten, dass der „Militärische Abschirmdienst" (MAD) der für die Bundeswehr zuständige Dienst ist mit den drei Hauptsachgebieten

- der Sicherheitsüberprüfung von Bundeswehr-Angehörigen, die für eine sensitive Verwendung vorgesehen sind,
- der Aufklärung und Abwehr extremistischer, zersetzerischer und terroristischer Bestrebungen gegen die Bundeswehr und
- der Spionageabwehr, insbesondere gegen entsprechende Aktionen von Nachrichtendiensten aus dem „Kommunistischen Machtbereich", an vorderster Front die Dienste der DDR, das „Ministerium für Staatssicherheit" (MfS) – oder auch Stasi genannt – und der „Militärische Nachrichtendienst" (MilND).

Die Unterrichtung fand überwiegend im Hörsaal statt, aber zum Teil auch im Bereich der nd-Technik. Ich war sehr begierig, während der Ausbildungsstunden ein Optimum des dargebotenen Wissens aufzunehmen und ernsthaft bei der Sache zu sein. Ich konnte es mir trotzdem bei einer der Abschlussarbeiten nicht verkneifen, die nd-Frage „Was ist ein Container?“ zweigleisig zu beantworten: „Ein Großbehälter, besonders für den Überseetransport“ und „ein unauffälliges Verbringungsmittel/-gerät, mit dem konspirativ nd-Dinge oder Informationen überbracht/übersandt werden können.“

Der Oberstleutnant, unser Hörsaalleiter, „was not amused“ über meinen kleinen Scherz, es hinderte ihn aber nicht daran, mir zum Abschluss des Lehrgangs den honorigen Titel „Lehrgangsbester“ zu erteilen.

Ich möchte der Vollständigkeit halber nicht unerwähnt lassen, dass ich im Laufe der folgenden Jahre in MAD-Diensten fast alle Speziallehrgänge, die die SNBw zu bieten hatte, absolviert habe:

- Anfang 1969: den Lehrgang „Befragungen und Ermittlungen“ (zwei Wochen)
- Anfang 1970: den Lehrgang „Op-Bearbeitung, Teil I“ (drei Wochen)
- September 1971: den Lehrgang „Op-Bearbeitung, Teil II (drei Wochen)
- Januar 1972: den Lehrgang „MAD-Stellenleiter“ (drei Wochen)
- Januar 1979: das „Psychologisch-sozialwissenschaftliche MAD-Seminar“ (drei Wochen)
- September 1979: Staatsschutzseminar an der Landespolizeischule Freiburg (eine Woche)
- Dezember 1979: Speziallehrgang I für Stabsoffiziere (zwei Wochen)
- November/Dezember 1984: Speziallehrgang II für Stabsoffiziere (drei Wochen).

Damit umfasste die gesamte MAD-Ausbildung, einschließlich des Grundlehrgangs, einen Zeitraum von ca. acht Monaten. In diesen Lehrgängen/Seminaren wurde uns ein fundiertes Wissen und Können vermittelt, sodass wir mit großem Selbstvertrauen an die auf uns zukommenden Aufgaben herangehen konnten.

Zusammenfassend wurden folgende Themenbereiche geboten:

- Grundwissen über nd-Methodik und Technik,

- Informationen über die Nachrichtendienste der BR Deutschland sowie die Spionagedienste der DDR und der Sowjetunion,
- Psychologie und Soziologie,
- Führungslehre,
- Rechtliche und gesetzliche Grundlagen,
- Befragungen und Ermittlungen,
- Durchführen von Observationen,
- Operationsbearbeitung in Verdachtsfällen,
- Führen von Gegenoperationen.

Zwar war ich formell bereits ab April 1967 Angehöriger des MAD-Amtes, meinen Dienst in der Abteilung II „Spionageauswertung" trat ich allerdings erst nach Abschluss des „MAD-Grundlehrgangs" an der SNBw in Bad Ems Anfang Juli 1967 an. Der Dezernatsleiter wie auch die Kameraden und Kollegen des Dezernats nahmen mich von Anfang an als einen der Ihren an und waren darauf bedacht, mich so schnell wie möglich – und trotzdem sachgerecht – in die neuen Aufgaben einzuweisen. Ich erlernte sehr schnell das „Kleine Einmaleins" der Auswertung von Spionagefällen. Diese Arbeit bedeutete überwiegend stundenlanges Lesen von Op-Akten, um die nd-relevanten „Rosinen" herauszufischen, die dann nach einer bestimmten „Nomenklatur" im Archiv des Amtes abgelegt bzw. verkartet und später verfilmt wurden. Eine DV/IT-Bearbeitung gab es damals natürlich noch nicht. Bei der Auswertearbeit war analytisches Denken gefordert – mit der Fähigkeit, Wichtiges von Unwichtigem zu unterscheiden. Über das im MAD-Grundlehrgang erlernte Wissen hinaus erfuhr ich, dass Spionageabwehr nicht nur bedeutet, Agenten ausfindig zu machen, sondern auch im Rahmen der Prävention tätig zu werden

- durch Beratung von Kommandeuren und Einheitsführern,
- mit Empfehlungen über richtiges Verhalten bei möglichen nd-Ansprachen durch gegnerische nd-Offiziere
- und mit einer „Werbeaktion" des Amtes, die in der Truppe als Plakataushang unter dem Titel „MAD – der bessere Weg" bekannt wurde.

Dabei sollten betroffene Bw-Angehörige ermuntert werden, sich nach einer nd-Ansprache oder gar mit einer nd-Verstrickung dem MAD zu offenbaren, damit ihnen geholfen werden konnte. Eine ehrenvolle Aufgabe ist es auch, einen zu Unrecht in nd-Verdacht geratenen Bw-Angehörigen durch eine Fallbearbeitung – nötigenfalls auch mit operativen Mitteln und Methoden – zu rehabilitieren. Zugegeben, so interessant die Auswertearbeit letztlich auch sein mochte, insbesondere in den warmen Sommermonaten, wenn die Sonne den ganzen Nachmittag mein nach Süden ausgerichtetes Büro aufheizte, nickte ich beim Lesen der Akten manchmal im Sitzen ein. In mir stiegen langsam erste Zweifel auf, ob das eine Arbeit war, die mich wirklich befriedigen konnte. Da kam mir ein Spruch des TV-Historikers Sir Christopher Clark in den Sinn, der da lautet: „Wende dein Gesicht der Sonne zu, dann fallen die Schatten hinter dich“ (Afrikanischer Aphorismus).

3. Mein Praktikum in der MAD-Gruppe VI in München mit MAD-Ermittlungen im Alpenurlaubsland

Für mich, den Bewegungsmenschen, kam die Erlösung von der Büroarbeit endlich im Herbst 1967 mit der Kommandierung zur MAD-Gruppe VI in München. In einem dreimonatigen Praktikum vom November 1967 bis Januar 1968 wurde ich in die Aufgaben einer MAD-Gruppe eingewiesen. Ich wurde einem Trupp zugewiesen, dessen Truppführer ein ehemaliger Kriminalbeamter im Sittenkommissariat war. Er wie auch seine Ermittler nahmen mich mit auf ihre Dienstreisen im zuständigen Alpenbereich. Die Hauptaufgaben waren Befragungen im Rahmen der Sicherheitsüberprüfung

- von Menschen innerhalb und außerhalb der Bw zu relevanten Komplexen und
- mit Dienstreisen in die Region, in der man sonst den Urlaub verbringt.

Natürlich war ich anfangs als Praktikant nur der Beisitzer und Zuhörer, aber recht bald durfte ich auch selbstständig und allein Befragungen durchführen. Auch wichtig, als Anfänger und „Lehrling“ hatte ich gelegentlich auch andere Aufgaben zu übernehmen. Dazu zwei Beispiele von einer viertägigen Dienstreise im Dezember 1967 in die Städte und Bw-Standorte Landsberg, Kaufbeuren, Altenstadt-Schongau, Garmisch-Partenkirchen, Mittenwald und Brannenburg im Bayerischen Wald.

Meine „Lehrmeister“, drei junge Feldwebel, machten sich eines Abends beim Gang zum Abendessen in Garmisch-Partenkirchen den Spaß, mich auf meine „Eignung zur Kontaktaufnahme“ zu testen. Meine Aufgabe bestand darin, eine von ihnen ausgesuchte Person zu kontaktieren und in ein Gespräch zu verwickeln. Natürlich fanden sie für mich als Ansprechperson erwartungsgemäß – eine junge Dame. Ich verdarb ihnen den Spaß nicht und „bestand“ den Test, auch, wenn die drei Schlitzohren grinsend an mir und meiner Kontaktperson vorbeischlichen. Der Abend in einem urigen bayerischen

Speiselokal verlief gemütlich und zumindest für meine drei Freunde auch recht feucht-fröhlich, denn für sie stand an dem Abend bereits fest, dass ich am nächsten Tag zum Pkw-Fahrer gemacht wurde. Und genau so kam es auch. Bereits auf unserem Weg in unser Hotel setzte ein gewaltiger Schneefall ein und am nächsten Morgen hieß es, den Wagen aus den Schneemassen zu befreien.

Ich als einziger mit „klarem" Kopf durfte dann das Fahrzeug auf der zum Teil mit Schnee bedeckten Alpenhochstraße nach Mittenwald, unserem nächsten Einsatzort, steuern.

Am Tag zuvor, noch ohne Schnee, statteten wir einem Außenposten des „Bundesnachrichtendienstes" (BND) in der Nähe von Murnau eine Stippvisite ab, um uns eine konspirative Methode der Nachrichtenüberbringung durch Schafe vorführen zu lassen. Unterm Strich: Der MAD-Trupp hatte sich alle Mühe gegeben, um dem Praktikanten des ASBw aus dem Rheinland eine interessante Dienstreise im Urlaubsland Bayern zu bieten.

Kapitel 9 (1968 – 1969) Studium an der Offizierschule der Luftwaffe in München und an der Stabsakademie der Bundeswehr in Hamburg

1. Der Stabsoffizier-Auswahllehrgang in Neubiberg und ein folgendes „Fernstudium“ in der Truppe

Nach dem MAD-Praktikum bei der MAD-Gruppe VI konnte ich gleich in München bleiben, da sich der erste Teil des „Ersatz“-Studiums unmittelbar Anfang Februar 1968 daran anschloss. Der Stabsoffizier-Auswahllehrgang von knapp fünf Wochen an der Offizierschule der Luftwaffe (OSLw) in München-Neubiberg war ein knallharter Prüfungslehrgang für die Stabsoffizieranwärter. Er beanspruchte uns bis in die späten Abende und zum Teil an den Wochenenden mit „geistiger Arbeit“ zu Hause. Ich wohnte zu der Zeit noch immer mit meiner Familie in Roth bei Nürnberg, sodass die Wochenendfahrerei unproblematisch war. Erst Ende März 1968 zogen wir nach Köln-Rodenkirchen um.

Abb. 37. Unser „Hörsaal“ auf dem StOffz-Lehrgang an der Offizierschule in München-Neubiberg (Oberste Reihe, 1. v. r.: Hptm Wolf)

Teil zwei unserer Stabsoffizier-Ausbildung bestand aus einem gewissen „Fernstudium“ in den Folgemonaten. Bei sog. „Zusammenziehungen“ bei ausgewählten Truppenteilen der Luftwaffe wurden wir mit Besichtigungen in die Hauptaufgaben dieser Dienststellen eingewiesen. Bis zum nächsten Meeting unserer Studiengruppe hatten wir entsprechende schriftliche Berichte zu erstellen, die danach bewertet wurden, Abb. 37, 38.

Abb. 38. Unser „Hörsaal" auf dem StOffz-Lehrgang während einer Pause (3. v. r.: Dieter Wolf)

2. Das Studium an der Stabsakademie in Hamburg, Keimzelle der späteren Bundeswehr-Universität

Der dritte Teil war schließlich das Studium im vierten Quartal 1969 an der Stabsakademie der Bundeswehr in Hamburg, der Keimzelle der späteren Hamburger Bw-Universität. Das Studiengebiet „Philosophie der Naturwissenschaft" umfasste insgesamt

- die Wissenschaftslehre mit den Themen
    - Pädagogische Anthropologie
    - Sowjetische Deutschlandpolitik
    - Einführung in die Theorie des Staats- und Völkerrechts
    - Sozialökonomische Modellanalysen
    - Militär und Staat im 20. Jahrhundert
- das Seminar „Zum Begriff der Freiheit"
- und meine Seminararbeit „Der Sinn der moralischen Anstrengung" in von Weizsäckers 3. These.

Neben dem Studium im Hörsaal wurden uns zur Auflockerung auch Studienausflüge geboten, um unseren militärischen Horizont zu erweitern. Wir besichtigten Anfang November 1969 zunächst zwei Heereseinheiten in Oldenburg i. O., ein Fm- und ein PzGrenBtl.

Am nächsten Tag waren wir zu Gast bei der Marine in Wilhelmshaven, um das Versorgungsschiff „Freiburg“ zu besichtigen. Zum Abschluss des Studiums veranstaltete die Stabsakademie ein Hallenhandballturnier. Ich spielte im Team unseres Hörsaals Nr. 6, das ungeschlagen Turniersieger wurde.

Kapitel 10 (1970 – 1973)
Stellvertreter im Dez 3, der Spionageauswertung im Amt und Koordinator zwischen Auswertung und Operative

1. Mein Nebenjob als „Begleitoffizier“ des Amtschefs und meine planmäßige Beförderung zum Major

An den ersten Amtschef (AC) während meines Dienstes in ASBw, Brigadegeneral Eck, habe ich keine Erinnerungen mehr – außer der fettgedruckten Überschrift in der „Bild“-Zeitung: „Eck muss weg!“ Was auch sehr bald geschah. Sein Nachfolger wurde im April 1972 Brigadegeneral Scherer, der mir sehr bald Sonderaufgaben zuteilte.

Ich war einer der ersten jungen Hauptleute, die sich der Amtschef als „Begleitoffizier“ für seine Dienstaufsichtsbesuche bei den MAD-Gruppen und MAD-Stellen ausgesucht hatte. Der Begleitoffizier hatte die klassischen Aufgaben eines früheren Adjutanten, wie

- Vorbereitung von Dienstreisen,
- Erstellen von Protokollen und
- Unterstützung des AC in jeglicher Weise.

Dieser Job diente selbstverständlich auch dazu, dem AC eine Grundlage für seine Stellungnahme zu einer Beurteilung durch den zuständigen Disziplinarvorgesetzten zu geben. Wir besuchten als erste Dienststelle die MAD-Stelle 51 in Karlsruhe, die für den Bereich Nord- und Südbaden zuständig war. Ich denke, dass der Dienstaufsichtsbesuch insgesamt gut verlief – für den AC, den Stellenleiter und auch für mich. Es gab aber dennoch einige „Kinken“:

- Der AC war „stinksauer“, dass wir am Kasernentor nicht von einem Angehörigen der MAD-Stelle empfangen und zur Stelle geleitet wurden. Stattdessen irrten wir ein wenig im Kasernenbereich umher. Ich kannte mich leider auch nicht aus.
- Bei den Dienstgesprächen wurde gleich zu Beginn, wie es sich gehört, von der Chefsekretärin der obligatorische Kaffee serviert, sehr zum Ärger des AC. Weder ich noch der Stellenleiter hatten es vorher unternommen, uns sachkundig zu machen: Der Herr General war nämlich ein Teetrinker!
- Bei der späteren Frage des AC an den Stellenleiter, wie viele Bw-Personen sein Betreuungsbereich umfasste, nannte der Stellenleiter sicher den annähernd korrekten Zahlenumfang – nur konnte er da-

mit den AC nicht zufriedenstellen; der Amtschef hatte auf seine Frage die genaue Anzahl erwartet.

– Nach den Ausbildungsphasen von 1968 und 1969 erfolgte planmäßig im Mai 1970 im ASBw meine Beförderung zum Major.

2. Besetzung des neuen Dienstpostens „Koordinator" nach einer Entscheidung des MAD-Amtschefs

Nach einer längeren Phase der Einarbeitung in die Auswertungsarbeit empfahl mich mein Abteilungsleiter dem Amtschef als den geeigneten Offizier für den im Sommer 1972 neu geschaffenen Dienstposten des „Koordinators" zwischen der Auswerteabteilung II und der Spionageabwehr-Abteilung I.

Die Aufgabe bestand darin, in kritischen Diskussionsfällen zwischen einem Leitdezernat der Abt. I und einem Ausw-Dezernat der Abt. II zu vermitteln bzw. entsprechendes Hintergrundmaterial aus dem ASBw-Archiv zu erstellen.

Nicht lange nach Einrichtung dieses Postens bestellte mich der Amtschef (AC) zu einem Gespräch in sein Büro. Er berichtete mir von Dienstbesprechungen auf der Ebene der Leiter des Bundesamts für Verfassungsschutz (BfV) und des ASBw, wo er gelegentlich den Eindruck habe, dass der Präsident des BfV mit seinen Spionageabwehr-Erfolgszahlen, also mit den gefassten Agenten und mit gegnerischen Anwerbungsversuchen – zu „blenden" versuchte.

Die entsprechenden Zahlen aus den Abteilungen I und II betrafen – wie er erfahren hatte – offensichtlich nur die „harten" Fälle von verhafteten Agenten und nd-Anwerbungen, die zu Abwehroperationen geführt hatten.

Er beauftragte mich deshalb, eine Studie zu erstellen, die alle Ereignisse zusammenführte, die aufgrund unserer Erfahrungen Indizien für eine nd-Ansprache in der DDR oder während einer Transitreise nach West-Berlin erkennen ließen. Er bat mich um sofortige Aufnahme und zügige Erledigung dieser Bearbeitung.

Ich war erfreut und ein wenig stolz, einen solchen Auftrag direkt vom AC erhalten zu haben, und machte mich flugs an die Arbeit.

Ich stellte bald fest, dass es zwar keine Aufstellung nach Anzahl der gesuchten Fälle gab, sehr wohl aber brachte mich die bereits erwähnte „Nomenklatur" des Spionagearchivs bei der Nachforschung problemlos in die relevanten Ablagebereiche. Nach einigen Wochen spannender Lektüre und analytischer Auswertung konnte ich die von mir erstellte Studie – geordnet nach nd-Ansprachen in der DDR und nach solchen auf dem Transitweg durch die DDR nach West-Berlin – dem Amtschef übergeben.

Ich erinnere mich nicht mehr genau an die Zahlen der recherchierten Fälle – es waren aber mit Sicherheit einige Dutzend.

Der General zeigte sich sehr erfreut über das Ergebnis meiner Arbeit, was mich erst recht stolz machte – zumal ich nicht ahnen konnte, was er damit vorhatte –, der Herr General mit seinen vielen Agenten.

Eine der großen deutschen Tageszeitungen veröffentlichte einige Zeit später einen umfangreichen Artikel über die Spionageangriffe der Hauptverwaltung Aufklärung des MfS (HVA) mit dem Chef Markus Wolf gegen die BR Deutschland.

Dabei wurden auch konkrete Zahlen über erkannte Stasi-Agenten genannt, die von den Spionageabwehrdiensten BfV und MAD stammten.

Aufsehen erregten die Informationen des MAD, der als „kleinerer" Dienst mit einer höheren Anzahl enttarnter Agenten aufwartete als der „Größere Bruder", das BfV. Damit hatte sich der General – wissentlich oder leichtfertig – erheblichen Ärger des BfV-Präsidenten eingehandelt.

Ich jedenfalls, der ihm zu diesen Zahlen verholfen hatte – zwar unter völlig anderen Prämissen –, bin nie von ihm wegen dieser „Panne" angesprochen worden.

3. Meine USA-Dienstreise, eine Belohnung des Amtschefs, und der Empfang in der US-Botschaft in Bonn

Nur wenige Wochen vor meiner Versetzung zur MAD-Gruppe V in Stuttgart erhielt ich eine Nachricht, die mich schier zum Jubeln brachte.

Offensichtlich wurde auf Weisung des Amtschefs als Teampartner für einen Ermittler der Abt. I kein Kollege aus der eigenen Abteilung für eine USA-Dienstreise bestimmt, sondern es traf mich – den Auswertungsoffizier und „Koordinator" der Abt. II.

Ich habe nie genau erfahren, was meine Verdienste für meine Belohnung gewesen sein könnten:

– War es meine vermutlich gute Arbeit als Auswertungsoffizier?
– Waren es meine persönlichen sportlichen Leistungen und die als Sport-Offizier während meiner ASBw-Dienstzeit?
– Oder waren es gar meine auch kritisch zu betrachtenden Ergebnisse der „Agenten"-Analyse/-Studie,

die den Amtschef bewogen haben, mir zum Abschied ein dickes „Bonbon" mit auf den Weg nach Stuttgart zu geben?

Wie dem auch sei, ich durfte einen Ermittler der Abt. I zu einer Befragung eines Feldwebels des Militärattachés in der Deutschen Botschaft in Washington begleiten. Dabei sollte ich den Ermittler, einen jungen Feldwebel, bei der Befragung und bei möglichen weiteren Ermittlungen in der Botschaft unterstützen. Zudem schien es opportun, ihm als „zweiten Mann" jemanden an die Seite zu geben, der der englischen Sprache mächtig war.
Wir flogen am Dienstag, 3. April 1973, vom Flughafen Köln-Wahn mit einem Bw-Transportflugzeug nach Washington/DC – beide bester Laune und voller Erwartungen.

Nach der Landung in Washington wurden wir von einem Oberstleutnant, dem Sicherheits-Stabsoffizier des Militärattachés, abgeholt. Er war in den Tagen in Washington unser Ansprechpartner; jemand, der sich rührend um uns kümmerte.

Am Tag nach unserer Ankunft befragten wir den Feldwebel (Fw) zu den uns vorliegenden Informationen. Er war selbstverständlich vom MAD sicherheitsüberprüft worden, bevor er den Dienstposten in der Botschaft angetreten hatte.

Er war mittlerweile VS-ermächtigt worden und durfte damit als Geheimnisträger auch nicht mehr in die DDR reisen.

Und genau zu einer solchen Reise war er von einem Onkel aus Ost-Berlin brieflich eingeladen worden, nachdem er bereits Angehöriger des Militärattaché-Stabes geworden war. Das Ungewöhnliche an dem entstandenen Briefkontakt war die Tatsache, dass der Feldwebel niemals zuvor persönlichen Kontakt zu seinem Onkel gepflegt hatte. Angeblich hatte dieser seine Briefanschrift in Washington aus dem weiteren Verwandtenkreis – ohne Namensnennung – erhalten.

In einem Antwortbrief hatte er seinem Onkel mitgeteilt, dass er ihn aus beruflichen Gründen leider nicht besuchen könne. In einem zweiten Brief hatte ihm sein Onkel angedeutet, dass es auch die Möglichkeit gebe, sich irgendwann einmal in West-Berlin zu treffen. Dieser Brief veranlasste den Feldwebel schließlich dazu, Meldung beim S2, dem Sicherheitsoffizier, zu machen. Dieser unterrichtete vorschriftsgemäß das für den Militärattachédienst zuständige ASBw.

Wir nahmen Einblick in den Briefverkehr zwischen Neffen und Onkel – insbesondere natürlich in die Briefe aus Ost-Berlin. In den weiteren Gesprächen mit dem Feldwebel verpflichteten wir ihn zu absolutem Stillschweigen über den Briefkontakt zu seinem Ost-Berliner Verwandten. Wir erläuterten ihm, dass wir die Kontaktaufnahme durchaus als einen möglichen Versuch einer nd-Anbahnung beurteilten. Er wurde zur Geheimhaltung verpflichtet und angewiesen, den Briefkontakt einzustellen und sich bei weiteren Aktionen durch seinen Onkel an die ihm übergebene ASBw-Adresse zu wenden.

Abschließend dankten wir ihm dafür, dass er das Vorkommnis über seinen S2-Offizier dem MAD zur Kenntnis gegeben hatte.

Die weiteren Tage bis zu unserem planmäßigen Rückflug mit der Bw-Maschine verbrachten wir als „Touristen" in Washington und im Nachbarstaat Maryland – zeitweise mit sachkundiger Führung durch den S2-Oberstleutnant.

Abb. 39. Major Wolf vor dem Brighton-Hotel in Washington

Für die zweite Hälfte der Woche wurde uns von der Botschaft ein Pkw zur Verfügung gestellt, um die etwas weitere Umgebung der US-Hauptstadt selbstständig zu erkunden, Abb. 39 bis 41.

Empfohlen wurde uns eine Tour nach New York oder – als bessere Alternative – eine Fahrt „ins Grüne" an der Ostküste. Wir entschieden uns für eine Reise nach Virginia, wo wir die Hafenstadt Norfolk – mit problemloser Zufahrt in den US Navy-Stützpunkt mittels unserer Dienstausweise – besuchten.

Nach einer ereignisreichen Dienstreise mit vielen neuen Eindrücken flogen wir am 11. April 1973 wieder zurück nach Köln. Hinter mir lag im Übrigen meine erste Befragung eines Bw-Angehörigen mit einem – zumindest möglichen – nd-Hintergrund.

Noch bevor das Jahr 1972 zu Ende ging, hatte ich erfahren, dass ich mit großer Wahrscheinlichkeit im Frühjahr 1973 nach Stuttgart versetzt werden würde – als Stellvertr. Dezernatsleiter 3/Spionageabwehr der MAD-Gruppe V – eine erfreuliche Nachricht für mich.

Es gab eine weitere erfreuliche Mitteilung.

Mr. Windmoeller, der Verbindungsoffizier der US-Botschaft in Bonn, hatte die Offiziere des Führungskreises der MAD-Gruppe III zu einem vorweihnachtlichen Empfang in die Botschaft nach Bonn eingeladen – und auch ich gehörte in diesem Jahr zusammen mit meiner Frau zu den geladenen Gästen.

Abb. 40. Im Marinehafen von Norfolk in Virginia

Abb. 41. Historische Segelschiffe in Jamestown Park

Ich erlebte zum ersten Mal eine Veranstaltung auf dieser Ranghöhe.

Unser Gastgeber, Mr. Windmoeller, ein Gentleman erster Güte, bedankte sich in seiner Begrüßungsrede für die Unterstützung durch den MAD in vielen Feldern des gemeinsamen Handelns ihm gegenüber, aber auch gegenüber den Dienststellenleitern des Militärischen US-Dienstes in der Bundesrepublik Deutschland. Er betonte die Notwendigkeit enger Zusammenarbeit der deutschen und der US-Dienste, um dem gemeinsamen Gegner, den Spionagediensten des kommunistischen Machtbereichs, erfolgreich Paroli bieten zu können.

Wir erlebten einen feierlichen, stimmungsvollen Abend – angepasst an die besinnliche Adventszeit.

Nichtsdestotrotz wurde natürlich auch Alkohol – vornehmlich Bowle – in den gemeinsamen Stunden getrunken, der zu einer lockeren Smalltalkrunde in deutscher und englischer Sprache beitrug. Es wurde ein reichliches und vielseitiges Diner der „großen Küche" geboten – ich bekam die Gelegenheit, erstmals in meinem Leben schwarzen Kaviar zu genießen.

Meine Frau Bärbel und ich gehörten zu den letzten standhaften Gästen, die zur Verabschiedung von unserem Gastgeber, Mr. Windmoeller, mit einem letzten Toast und den Worten „Just one for the road" entlassen wurden.

4. Gewinner des MAD-Fünfkampf-Pokals – in der Einzelwertung und mit unserem Team

Selbstverständlich war der Sport auch im Nachrichtendienst der Bw, dem MAD, ein wichtiger Teil der Gesunderhaltung der Mitarbeiter. Nach der zentralen Dienstvorschrift zum Sport in der Bw waren zwei Stunden Sport ein wöchentliches Pflichtpensum für den dienstlichen Breitensport.

Aber auch der Leistungssport hatte im gesamten MAD – also auch in der Zentrale, dem ASBw – einen hohen Stellenwert, was die MAD-Sportmeisterschaften beweisen.

Aufgrund meiner verschiedenen Ausbildungsphasen

- der MAD-Lehrgänge an der SNBw in Bad Ems,
- dem Praktikum bei der MAD-Grp VI in München,
- und dem Studium an der Offz-Schule der Lw in München und an der Stabsakademie in Hamburg

bin ich erst 1969 in das dienstliche Leistungssportgeschehen des Amtes eingestiegen. Auf Vorschlag des ASBw-Sportoffziers, eines älteren OTL, ernannte mich 1969 der Amtschef zum Sportoffizier des Amtes. Was natürlich ganz in meinem Sinne war. Schließlich hatte ich meinen Vorgänger in diese Richtung „gesteuert".

Im September 1969 beteiligte ich mich erstmals als Faustballer am 2. MAD-Turnier im Fuß- und Faustball bei der MAD-Grp IV in Mainz. Unserer erst kurz zuvor aufgestellten Mannschaft gelang es nicht, über die Vorkämpfe hinauszukommen.

Wir beteiligten uns im Mai 1970 mit einer Faustballmannschaft am 1. Faustballturnier des BfV, an dem Mannschaften des BfV und des Kölner Zolls beteiligt waren. Das Endspiel verloren wir gegen die 1. Mannschaft des BfV.

Auch beim 3. MAD-Faustballturnier im September 1970 bei der MAD-Grp IV in Mainz bekleckerten wir uns mit Platz 5 nicht gerade mit Ruhm, nachdem wir bereits Ende Mai 1970 „im Rahmen der Öffentlichkeitsarbeit" am Faustballturnier des Heeresamtes mit noch weniger Fortune teilgenommen hatten. Da war auch wirklich die Teilnahme wichtiger als eine vordere Platzierung. Schließlich waren wir eigentlich noch Anfänger im Vergleich zu vielen der teilnehmenden Teams des Truppen-Amtes, des Lw-Amtes, des Personal-Stammamtes, des Lufttransportgeschwaders 61 und der Kölner Polizei.

Um eine Leistungssteigerung im Faustball zu erreichen, nahmen wir als Team der „Polizei Köln" an der Hallen-Faustballrunde 1970/1971 des Bezirks Köln teil. Wir verloren alle Spiele und mussten uns mit einigen Satzgewinnen zufriedengeben. Trotzdem hatten wir den Eindruck, dass wir immer besser geworden waren.

Beim 2. BfV-Faustballturnier im Juni 1971 reichte es allerdings – wie bereits ein Jahr zuvor – wieder nur zum 2. Platz.

Beim 4. MAD-Sportfest am 24. September 1971 im Müngersdorfer Stadion von Köln schafften wir endlich die Wende mit dem 2. Platz im Faustballturnier. Im Endspiel besiegte uns das Team der MAD-Gruppe II, Hannover, mit 35:26 Punkten. Warum auch immer, offensichtlich aber war ein „Kampfname" für den „Schlagmann" unseres Faustballteams erforderlich. Und sehr bald war er auch gefunden. Die Anfeuerungsrufe unserer Zuschauer, nämlich der Name eines Westernhelden aus einer US-TV-Serie, „Manolito!", galten tatsächlich mir.

Wir schafften aber trotzdem einen Mannschaftssieg. In der 4-x-100-m-Dienstgradstaffel landeten wir auf dem Siegertreppchen ganz oben.

Meinen ersten Erfolg als Einzelsportler im MAD-Sport erreichte ich im abschließenden 400-m-Lauf mit dem 2. Platz.

Während meiner fast sechsjährigen Dienstzeit im ASBw war ich in den jährlich durchgeführten „Soldaten-Sportwettkämpfen" (SSW) in den betreffenden Altersklassen stets bester Mehrkampfathlet des Gesamt-MAD. Der SSW umfasste die vier folgenden Leichtathletikdisziplinen: den 100-m-Lauf, den Weitsprung, das Kugelstoßen und den 5000-m-Lauf. Das beste Ergebnis mit 86,5 Punkten erzielte ich im 6. SSW 1970.

Das absolute sportliche Highlight beim ASBw verschaffte mir aber dann das 5. MAD-Sportfest am 4. Oktober 1972 im Müngersdorfer Stadion von Köln.

Für mich, den „Allrounder“ in den unterschiedlichen Sportarten, war der ausgeschriebene Wettkampf wie auf den Leib geschrieben. Um den vom Amtschef gestifteten Wanderpokal im „Militärischen Fünfkampf“ zu gewinnen, musste man eigentlich in drei Sportarten gleich gut sein: in der Leichtathletik, im Schwimmen und im Pistolenschießen. Wie erwartet, gewann ich auch alle fünf Einzeldisziplinen, und zwar

– das 50-m-Freistil-schwimmen in 35,0 s
– das Pistolenschießen mit der PKK und der P1 mit 94 Ringen
– den Weitsprung mit 6,25 m
– das Handgranatenwerfen mit 65,50 m
– und den abschließenden 400-m-Lauf in 53,0 s.

Den „Wanderpokal im Militärischen Fünfkampf“ gewann ich damit überlegen mit 3 776 Punkten. Mit unserem Dreierteam gewannn wir zusätzlich die Mannschaftswertung mit 9 394 Punkten Der Militärische Fünfkampf sollte nach dem Willen des Amtschefs eine ständige Einrichtung bei zukünftigen MAD-Sportfesten sein – schließlich hatte er einen „Wander“-Pokal gestiftet.

Ausrichter des 6. MAD-Sportfestes sollte die MAD-Gruppe II, Hannover, werden. Dem machte der damalige Terrorismus der Roten Armee Fraktion (RAF) einen Strich durch die Rechnung. Der Präsident des Bundeskriminalamts (BKA), Herold, hatte den Amtschef ersucht, dem BKA im Rahmen der Amtshilfe „operative Unterstützung“ nach Artikel 35 Grundgesetz im Kampf gegen die RAF zu gewähren. Das geschah dann auch – im Rahmen von entsprechenden Observationen.

Und dass diese operative Unterstützung schließlich auch von Erfolg gekrönt war, teilte mir an einem Wochenende im Juni 1972 ein Nachbar und Berufskollege vom ASBw freudestrahlend mit.

Wir trafen zufällig auf unserem Parkplatz in Rodenkirchen-Rondorf zusammen. Er berichtete mir, dass der MAD maßgeblich an der Observation der RAF-Verdachtsperson mitgewirkt habe, die schließlich zur Festnahme des Topterroristen Jan-Carl Raspe geführt habe. Man konnte später im Fernsehen miterleben, wie Raspe fast nackt abgeführt wurde.

Der BKA-Präsident Herold dankte später dem MAD – in persona dem Amtschef – für die erfolgreiche Unterstützung im Kampf gegen die RAF mit der Verleihung des BKA-„Ordens“.

Und danach fand das 6. MAD-Sportfest auch erst 3 Jahre später wieder statt. Es stand allerdings damals und auch später nie mehr ein „Militärischer Fünfkampf“ in der Wettkampfausschreibung eines MAD-Sportfestes. Und somit bin ich noch immer im Besitz des „Wanderpokals“ im Militärischen Fünfkampf.

Kapitel 11 (1973 – 1981)
Stellvertretender Dezernat-3-Leiter beim MAD V und General Trautloff als Zielperson des KGB

1. Die Aufgaben des Einsatzleiters im Dezernat 3 und meine erfolglose Bewerbung bei der Nato

Nach mehrmonatiger Ausbildung zum MAD-Offizier und Stabsoffizier mit anschließender Arbeit in der Auswertungsabteilung des ASBw, der Zentrale des MAD in Köln, über einen gut fünfjährigen Zeitraum, erfüllte sich endlich mein lange ersehnter Berufswunsch: Operative Ermittlungstätigkeit im Rahmen der Spionageabwehr im Dezernat 3 einer MAD-Gruppe.

Bereits bei der Meldung in der MAD-Gruppe V in Stuttgart am 24. April 1973 beim Dezernatsleiter 3 hatte ich das sichere Gefühl, genau zur rechten Zeit am rechten Ort, beim rechten Vorgesetzten „gelandet" zu sein. Er wies mich in den folgenden Tagen kompetent in die auf mich zukommenden Aufgaben ein und benannte dabei einen seiner erfahrensten Ermittler und Operationsbearbeiter, einen Regierungs-Amtmann (RA), zu meinem Teampartner.

Das Aufgabengebiet des Dezernats 3 umfasste die Spionageabwehr für die Bundeswehr im Wehrbereich V, Baden-Württemberg.

Ich besetzte als Major den Dienstposten des Stellvertretenden Dezernatsleiters und Einsatzleiters, Abb. 42.

Abb. 42. Major Dieter Wolf, Stellv. Dezernatsleiter

Zu meinen Aufgaben zählten – neben der gelegentlichen Vertretung des Dezernatsleiters – die folgenden Sachgebiete:

- Die Weiterbildung und Beratung der ca. 25 Ermittler des Dezernats,
- Die Kontrolle/„Revision" der Ermittlungsberichte und Meldungen an das ASBw – das spätere MAD-Amt,
- Die Zuordnung eingehender Meldungen aus der Truppe

und von anderen „Quellen" nach Abwägung der Inhalte und aufgrund von Dienstgraden der betroffenen Personen,

- Besprechungen und Entscheidungen über die Art der Bearbeitung als Verdachtsfall oder Operation (Abwehr-Op oder Gegen-Op),
- Besprechungen und Beratung mit dem zuständigen Leitdezernat oder der Abteilung der Spionageabwehr im ASBw.
- Wahrnehmung der Geschäfte des Verbindungsmannes zu den Sicherheitsbehörden des Landes Baden-Württemberg, Landeskriminalamt (LKA) und Landesamt für Verfassungsschutz (LfV) sowie zu den alliierten Mil-Nachrichtendiensten in BW:
  - dem französischen Dienst in Baden-Baden,
  - dem kanadischen Dienst in Lahr und
  - dem US-Verbindungsbeamten der US-Dienste im US-Generalkonsulat in Stuttgart

und – last but not least – durfte und musste ich mir selbst auch operative Arbeit zuteilen.

Dabei war es aus vielerlei Gründen auch manchmal notwendig, als MAD-Zweierteam zu operieren. Und so wurde bald ein Hauptmann, ein erfahrener MAD-Ermittler, mein Teampartner –, auch bei einigen Dienstreisen nach Frankreich – wie 1978 nach Paris.

So sehr mir die Aufgaben als Stellvertretender Dezernatsleiter auch zusagten und ich auch mit meinem Job im „Urlaubsland" Baden-Württemberg zufrieden war, so schnell reagierte ich trotzdem auf eine Stellenausschreibung des Bundesministeriums der Verteidigung (BMVg) vom Oktober 1973. Mit Schreiben vom 14. November 1973 bewarb ich mich beim BMVg um die ausgeschriebene Stelle als Sicherheitsbeamter bzw. Offizier – mit dem Aufgabenbereich Ausbildung – beim Nato-Generalsekretariat in Brüssel.

Mein heimlicher Wunsch war es tatsächlich seit Beginn meiner Bundeswehrzugehörigkeit, einmal eine Auslandsverwendung in meinem Berufsleben zu bekommen, und da musste ich bei dieser vermutlich lukrativen Gelegenheit einfach zugreifen – zumal ich davon ausging, dass ich die Bedingungen für diesen Posten durchaus erfüllen konnte:

- gründliche Kenntnisse und Erfahrungen in Sicherheitsfragen durch meine langjährige Tätigkeit im MAD-Amt,
- praktische Erfahrungen in der Ausbildung und Organisation durch meine Tätigkeit als Kompaniechef in einem Luftwaffen-Ausbildungsregiment,

- gründliche englische Sprachkenntnisse durch siebenjährigen Unterricht am Gymnasium und durch mehrere Lehrgänge an der Sprachenschule der Luftwaffe in Uetersen und am Bundessprachenamt in Hürth,
- und zumindest Grundkenntnisse in der französischen Sprache nach sechsjährigem Schulunterricht am Gymnasium.

Leider war meine Bewerbung erfolglos. Die Begründung dafür ist mir nicht mitgeteilt worden. Ohne Beweise zu haben, ging ich davon aus, dass das ASBw ein Veto eingelegt hatte. Zum einen stand meine relativ kurze Stehzeit im MAD – nach einer langen Ausbildungsphase – zu einer externen Verwendung in keiner vernünftigen Relation. Und zum anderen hatte man vielleicht eine völlig andere Personalplanung für mich erstellt.

Nach dem Misserfolg meiner Bewerbung um einen Dienstposten in Nigeria Anfang der 60er-Jahre musste ich mich ein zweites Mal bei einer Bewerbung um eine Auslandsverwendung geschlagen geben.

Was soll's – „Keine Panik auf der Titanic", und vermutlich war es gar gut so im Hinblick auf meine weitere Karriere im Militärischen Abschirmdienst der Bundeswehr (MAD).

À propos MAD-Karriere.

Einer der Offizierkameraden in der MAD-Gruppe V, ein OTL, wurde bald mein Freund. Ich erinnere mich noch gut an eine „Bergwanderung" auf dem Kappelsberg, einem Hügel zwischen Stuttgart und Fellbach, zu der meine Frau und ich eingeladen worden waren.

Dass dieser OTL später einmal Entscheidendes zu meiner Karriere zu sagen haben sollte, ahnte damals wohl keiner aus unserer Runde.

Nach meiner Versetzung im Oktober 1981 verloren wir uns „aus den Augen". Erst viele Jahre später saßen wir wieder zusammen. Er war zwischenzeitlich zum Oberst befördert worden und besetzte den hochrangigen Dienstposten eines Personalreferenten im BMVg – mit der Zuständigkeit für alle MAD-Offiziere.

Ich hatte Anfang Januar 1986 den Antrag auf vorzeitige Versetzung in den Ruhestand gestellt. Bereits am 13. Januar 1986 führte der Oberst im Personalamt des BMVg in Bonn ein Personalgespräch mit mir, in dem er mir die freudige Mitteilung machte, dass mein Antrag uneingeschränkt genehmigt worden war.

2. Der Bataillonskommandant des Panzerbataillons in Ulm und sein Erbstück von General Erwin Rommel

Im MAD gab es immer wieder Perioden, in denen die Anzahl der Sicherheitsüberprüfungen (SÜ) so sehr anstieg, dass es zu einer großen Staubildung kam. Um derartige Staus möglichst rasch wieder abzubauen, wurde auch das Spionageabwehr-Dezernat 3 angehalten, das SÜ-Dezernat 1 im Rahmen der „Amtshilfe" zu unterstützen. Voraussetzung war, dass es die operative Arbeit der Dez-3-Ermittler nicht beeinträchtigte, sondern dass die Arbeit anlässlich anderer Dienstreisen erledigt werden konnte.

Auch ich hatte mich dem Leiter des Dez 1 angeboten, gelegentlich SÜ-Befragungen von Stabsoffizieren – insbesondere von Kommandeuren – durchzuführen, um das Dez 1 zu unterstützen, aber auch mit der Absicht, die Zusammenarbeit mit dem Führungspersonal der Truppe zu optimieren – zum Nutzen des MAD und der Sicherheit der Bundeswehr.

Und so erhielt ich im Oktober 1973 den Auftrag, eine hochgestellte Referenzperson zu befragen. Es war der Kommandeur des Panzerbataillons in Ulm. In einer telefonischen Terminabsprache schlug er mir aus Zeitgründen den folgenden Sonntag vor, zum einen, da er mit seinem Btl kurz vor der Abfahrt zu einer Truppenübung auf dem Truppenübungsplatz Münsingen stehe, wo er jedoch am Sonntag – einem Ruhetag der Übung – genügend Zeit für mich haben werde, und zum anderen sei es bestimmt für einen MAD-OTL interessant, mal wieder das „einfache Leben im Feld" zu erspüren, und schließlich könne er mir eine nie erlebte, fast autofreie Autobahn garantieren. Es handelte sich nämlich um einen der vier Sonntage während der sogen. „Ölkrise", an denen aus ökonomisch-politischen Gründen ein allgemeines Fahrverbot auf allen Autobahnen der Bundesrepublik angeordnet worden war, das nur in Ausnahmefällen aufgehoben werden konnte. Der Typ eines Kommandeurs gefiel mir, und ich sagte sofort zu.

Es war ein fast irreales Gefühl, auf der fast menschenleeren bzw. autofreien A8 von Stuttgart bis zur Abfahrt Merklingen zu fahren, um auf dem schnellsten Weg auf den Truppenübungsplatz Münsingen zu gelangen.

Der ca. 30 km westlich von Ulm gelegene Truppenübungsplatz ist militärisches Sperrgebiet, das man nicht ohne Weiteres betreten kann. Ich wurde vom Eingangstor bis zur Unterkunft des Kommandeurs von einem Motorrad fahrenden Feldjäger begleitet. Der Kdr empfing mich in seiner „Hütte", in der man wirklich nur im unempfindlichen Kampfanzug hausen konnte.

Er präsentierte mir aus seinem Feldgeschirr einen Becher Kaffee, bevor er mir als Referenzperson Auskunft über einen seiner jungen Offiziere im Rahmen der Sicherheitsüberprüfung der Stufe II gab. Danach kamen wir sehr bald auf andere allgemein interessierende Themen zu sprechen.

So auch über die Traditionspflege der Bundeswehr, die gelegentlich bei der Namensgebung von Kasernen heftiger Kritik ausgesetzt war, wenn Namen hoher Wehrmachtsoffiziere als Symbol der militärischen Tradition verwendet wurden, obwohl deren Integrität durch ihre Verbindung zum Nazi-Apparat durchaus als fragwürdig beurteilt wurde. Natürlich kamen wir ganz konkret auf Erwin Rommel zu sprechen. Schließlich hatte die Panzerkaserne in Ulm den Traditionsnamen „Rommel" erhalten, obwohl der hochdekorierte Generalfeldmarschall Erwin Rommel in seiner glorreichen Zeit der Siege über englische Truppenteile auf dem afrikanischen Kriegsschauplatz Hitlers Aushängeschild gewesen war. Das änderte sich bekanntlich abrupt, als das Nazi-Regime von Rommels Beziehungen zur Widerstandsbewegung Kenntnis bekam. Um den Glorienschein Rommels für das Regime trotzdem aufrechtzuerhalten, wurde er nicht – wie all die anderen deutschen Widerstandskämpfer – hingerichtet, sondern 1944 von Hitler gezwungen, Selbstmord zu begehen – mit der grausamen Alternative, dass andernfalls seine Familie im Rahmen der Sippenhaftung entsprechend drangsaliert würde. Rommel, ein Mann der Ehre, zerbiss oder verschluckte eine Zyankalikapsel mit einer toxischen Dosis, um seine Familie zu retten (Quelle: Wikipedia).

Der Panzerkommandeur beendete den historischen Exkurs und lud mich dazu ein, ihn bei Gelegenheit in Ulm aufzusuchen, um ein Erbstück Rommels in seinem Büro in Augenschein zu nehmen.

Ich nutzte die erstbeste Gelegenheit einige Wochen später, um erneut OTL Franke als Referenzperson zu befragen – dieses Mal in seinem Büro in der Rommel-Kaserne in Ulm. Voller Stolz – aber auch mit der nötigen Bescheidenheit – zeigte er mir seinen Schreibtisch, ein Prachtstück, wie es das vermutlich in der ganzen Bundesrepublik nicht noch einmal gab.

Es war der ehemalige Schreibtisch des Generals Erwin Rommel, den sein Sohn, Manfred Rommel, der Oberbürgermeister der Stadt Stuttgart, der Panzerkaserne anlässlich der feierlichen neuen Namensgebung gestiftet hatte.

Der gewaltige Schreibtisch war aus Edelholz gefertigt. Seine prächtige, lederüberzogene Tischplatte war an den Außenkanten rundum mit großen silbernen Nagelköpfen versehen. Beim Anblick dieses Prachtstücks und eingedenk des traurigen historischen Hintergrundes der Familie Rommel hatte ich volles Verständnis für den Stolz und die Demut des Kommandeurs des Panzerbataillons in der Rommel-Kaserne in Ulm.

3. Der Fluchthelfer Späth überlistet im Tiefflug alle Kontrollen der Luftraumüberwachung

Ausnahmsweise berichte ich über ein Ereignis, das ich nicht selbst erlebt habe. Vielmehr war ich nur Befrager und Zuhörer wie in alten Zeiten, als es noch Erzähler von Sagen und Märchen gab. Die Geschichte ist so unglaublich und faszinierend, und so mutet es fast an wie ein modernes Märchen der berühmten Gebrüder Grimm aus Kassel – doch weit gefehlt, die Geschichte ist wahr. Sie begann und endete jeweils in Kassel.

Sie ist ein schauriges Spiegelbild der deutsch-deutschen Geschichte – mit einer fast unüberwindlichen Mauer mit Todesstreifen zwischen Ost und West und mit einem menschenverachtenden Regime in der DDR.

Irgendwann Mitte der 70er-Jahre teilte mir ein ehemaliger Unteroffizier der Bundeswehr namens Späth telefonisch mit, dass er als Fluchthelfer mit einem Privatflugzeug ein Kind aus der DDR geholt habe. Für ihn, als ehemaligen Bw-Angehörigen, sei der MAD der richtige Ansprechpartner für diese Geschichte.

In einer anschließenden Besprechung mit meinem Dezernatsleiter beschlossen wir, den Anrufer zu befragen, um danach ggf. dem Verfassungsschutz aus Zuständigkeitsgründen den Fall zu übergeben.

Wie abgesprochen, telefonierte ich mit dem angeblichen Fluchthelfer. Ich vereinbarte mit ihm einen Besprechungstermin in einem von ihm genannten Restaurant in seiner Heimatstadt im Württembergischen, in der er als Lehrer tätig war.

Er berichtete mir, dass er als junger Mensch aus der DDR in die Bundesrepublik geflüchtet sei, da das Leben in einer Diktatur nicht seinen Vorstellungen von Freiheit und Selbstbestimmung entsprach.

Nach seinem Bundeswehrdienst als Soldat auf Zeit habe er eine Pädagogische Hochschule besucht, um Lehrer zu werden. Das für ihn unerträgliche gesellschaftliche Klima in der DDR während seiner Jugendzeit habe ihn letztlich motiviert, für eine Fluchthelferorganisation tätig zu werden. Sein Freiheitsdrang und seine Begeisterung für die Fliegerei waren Anlass genug, selbst das Fliegen zu erlernen und den Flugschein, die Privatpilotenlizenz (Private Pilot License, PPL), zu erwerben.

Bei einem möglichen Fall der Fluchthilfe kämen für ihn beide Faktoren zusammen: seine nach Freiheit strebende Abenteuerlust und seine fliegerischen Möglichkeiten, gepaart mit einem gerüttelt Maß an Hass auf das DDR-Regime.

All das war für ihn Triebfeder genug, um ein mögliches lebensgefährliches Risiko auf sich zu nehmen.

Die vorgesehene Fluchthilfeaktion bedurfte selbstverständlich einer präzisen, wohldurchdachten Planung und Vorbereitung durch ihn und die Fluchthilfeorganisation. Zunächst einmal brauchte man ein kleines Propellerflugzeug. Ich erinnere mich nicht mehr daran, ob die Organisation über ein eigenes entsprechendes Flugzeug verfügte oder ob man ein Leihflugzeug verwendete. Auch weiß ich nicht mehr, ob das schließlich verwendete Flugzeug gelb angestrichen war oder ob es noch mit gelber Farbe bemalt werden musste. Die Farbe „gelb" deshalb, weil man wusste, dass die DDR für die Schädlingsbekämpfung ab 1967 das tschechische Mehrzweckflugzeug „Let Z-37 Čmelák" (deutsch: „Hummel") benutzte, Abb. 43.

Abb. 43. Eine Let Z-37 Čmelák, hier eine Z-37A-2. Foto: Alan Lebeda

Der Plan sah vor, dass der Fluchthilfepilot Späth frühmorgens vom Flughafen Kassel-Calden starten sollte, im Tiefflug die innerdeutsche Grenze zwischen Eschwege/Hessen und Mühlhausen/Thüringen überqueren und in der Nähe von Bad Langensalza am Rande eines Waldgeländes auf einer Wiese landen sollte. Im Tiefflug deshalb, weil seine Maschine dann kaum von der Radarüberwachung der DDR erfasst werden konnte. Der Radarschirm kann nämlich Flugobjekte erst ab einer gewissen Flughöhe detektieren.

Da er selbst aus Bad Langensalza stammte und man ihm für Flug und Landung gutes Kartenmaterial beschafft hatte, sah Späth kein Problem darin, den genauen Landeplatz am Waldrand zu finden.

Die gesamte Aktion war eine Familienzusammenführung. Es ging darum, den zehnjährigen Sohn eines vor Jahren geflüchteten Ehepaares von Thüringen nach Hessen zu bringen. Der Junge lebte seit der Flucht seiner Eltern bei seinen in Bad Langensalza wohnenden Großeltern.

Über einen Mittelsmann hatte die Organisation mit den Großeltern alle notwendigen Maßnahmen und die genauen Ort- und Zeitangaben für die Flucht per Flugzeug abgesprochen. Und so startete der waghalsige Pilot mit einem angeblichen „DDR-Pestizid-Sprühflugzeug“ an einem sonnigen Morgen gen Osten, mit dem Auftrag, ein Kind aus den Klauen des DDR-Unrechtsstaats seinen Eltern im Westen zuzuführen.

Bereits einige Kilometer vor der innerdeutschen Grenze brachte Späth seine Maschine in den schützenden Tiefflug. Sein pflichtgemäßes „look around“ ließ ihn aufatmen. Es war weit und breit kein anderes Flugzeug zu sehen. Schon bald überflog er die gut erkennbare Grenze. Den Gedanken, dass er sich ab da in „Feindesland“ befand mit dem Risiko, abgeschossen zu werden, verdrängte er sehr schnell.

Jetzt galt es, den vereinbarten Treffpunkt – besser gesagt: Landeplatz auf einer Wiese am Waldesrand – punktgenau zu finden, um so schnell wie möglich die Gefahrenzone erfolgreich wieder zu verlassen. Er hatte sich immer wieder mit Kartenmaterial und mit seiner Erinnerung an die Jugendzeit in dieser Gegend auf diese Situation vorbereitet.

Und tatsächlich: Bereits von weitem sah er an der vereinbarten Stelle im Gelände Personen stehen. Er landete problemlos in deren Nähe, ließ das Flugzeug bis dorthin ausrollen, sprang behände aus der Maschine, ohne den Motor abzustellen. Nach einer „Sekunden“-Begrüßung übergab ihm der ältere Herr seinen Enkelsohn, der umgehend auf dem hinteren Sitz im Cockpit angeschnallt wurde. Und schon startete der „tollkühne Pilot seine fliegende Kiste“ und drehte sie bald darauf im Tiefflug nach Westen. Nach einigen bangen Minuten, in denen allerdings nichts Schlimmes passierte, verließ er den Luftraum der DDR – mit dem jungen Passagier hinter sich.

Erst nach der Landung in Kassel-Calden bemerkte er, dass er schweißgebadet war – kein Wunder, nach dem lebensgefährlichen Abenteuer.

Im Osten war alles „wie am Schnürchen“ gelaufen, vor allem ohne die möglichen Probleme. Im Westen dagegen begannen die Probleme – völlig unverhofft und unvorbereitet.

Als er aus der Maschine stieg, wurde er bereits „hoheitlich“ empfangen. Er wurde von der Polizei wegen verbotenen Überfliegens der „Demarkationslinie“ vorläufig festgenommen, später polizeilich vernommen und darüber unterrichtet, dass ein strafgerichtliches Verfahren auf ihn zukommen werde.

Mir stockte beinahe der Atem. Ich wusste so recht nicht, ob er ein Held war, dem ich zu gratulieren hatte, oder ob ich ihm der Einfachheit halber nur danken sollte – für die gelungene Familienzusammenführung und für die Einschaltung des MAD. Natürlich musste ich ihn darüber unterrichten, dass wir aus Zuständigkeitsgründen den Fall an das Landesamt für Verfassungsschutz des Landes Baden-Württemberg (LfV/BW) übergeben würden. Bei der Verabschiedung beglückwünschte ich ihn für seinen Mut und bedankte mich für seine umfangreiche Berichterstattung. Schließlich wünschte ich ihm einen milden Richter, der seine Straftat mit seiner mutigen Hilfe für Menschen in Not gnädig verrechnen möge.

Wir wissen mittlerweile aus Veröffentlichungen der Medien von vielen Varianten der Flucht aus der DDR. Vermutlich aber dürfte die Aktion, die der Pilot Späth begangen hat, einmalig sein, auch wenn einem dabei unwillkürlich der Wahnsinnsflug des Piloten Rust mit der Landung auf dem Roten Platz in Moskau in Erinnerung kommt.

Bekanntlich war Mathias Rust mit einer Cessna-Maschine am 28. Mai 1987 auf der Großen Moskwa-Brücke in der Nähe des Roten Platzes in Moskau gelandet. Da auf dem Platz zu viele Menschen waren, musste er gegen 18:40 Uhr auf der nahen Großen Moskwa-Brücke landen. Auf dem Parkplatz für Reisebusse neben der Basilius-Kathedrale direkt am Roten Platz brachte er das Flugzeug zum Stehen, just an dem Tag, als in der UdSSR der „Tag des Grenzsoldaten" gefeiert wurde. Wie zum Hohn hatten ihn weder „Grenzsoldaten" noch Luftraumüberwachung und die sowjetische Luftwaffe an seinem „illegalen" Grenzüberflug hindern können.

Ich erstellte über die Späth-Geschichte einen detaillierten Bericht für unser MAD-Amt und für das LfV/BW. Von einem LfV-Kollegen erfuhr ich später, dass der damalige BW-Innenminister, Lothar Späth, mit Interesse den Bericht zur Kenntnis genommen habe. Ich konnte zu diesem Zeitpunkt nicht ahnen, dass der Innenminister und spätere Ministerpräsident des Landes Baden-Württemberg, Lothar Späth, mir nach 17 Jahren leibhaftig gegenüberstehen würde. Doch dazu später mehr.

Dem „Demarkationslinien-Überflieger" Späth, dem ich nicht mehr wiederbegegnete, musste nach unseren Gesetzen natürlich der Prozess gemacht werden. Er hatte aber einen milden Richter. Sein Strafmaß war sehr gering und zur Bewährung ausgesetzt.

4. Mein „Fahrdienst" für Krankenschwester Bärbel mit einem tatkräftigen Notwehreinsatz

Irgendwann Mitte der 70er-Jahre wollte ich wieder einmal meine Frau Bärbel am späten Abend von ihrem Dienst als Krankenschwester im Waiblinger Krankenhaus abholen.

Wie üblich parkte ich meinen Wagen auf dem Parkplatz direkt gegenüber dem Haupteingang. Ich blieb im Auto sitzen, von wo aus ich einen freien Blick auf die große Tür und die davor verlaufende mehrstufige Treppe hatte. Das heißt: Wir konnten uns gar nicht verfehlen. Da ein Schichtwechsel des diensthabenden Pflegepersonals nur selten minutengenau verlief, machte ich mich – wie meistens – auf eine längere Wartephase gefasst. Und diese Phase kam, auch wenn es keine Ruhephase für mich werden sollte.

Ich beobachtete, in meinem Pkw sitzend, wie sich vor der Eingangstür ein Pärchen aufgeregt auseinandersetzte. Der junge Mann – so dachte ich – hatte vermutlich seiner im Bademantel befindlichen Frau einen Krankenhausbesuch abgestattet. Weshalb dieser Besuch allerdings draußen vor der Tür andauerte, war nicht ersichtlich.

Da die Entfernung von meinem Beobachtungsposten bis hinauf zu dem Paar relativ gering war und da bereits abendliche Stille rundum herrschte, vermochte ich zwar einzelne Wortfetzen der beiden zu vernehmen, nicht aber den Inhalt der verbalen Attacken. Da sich beide lautstark anschrien und sich gegenseitig beschimpften, war eigentlich kein „Happy end" mehr zu erwarten.

Außer mir gab es mittlerweile einen zweiten Zeugen der schlimmen Auseinandersetzung. Ein älterer Herr war aus dem Krankenhaus getreten und hatte offensichtlich versucht, den Schlichter zu spielen – vergebens.

Ich saß noch immer als stiller Beobachter im Auto, mittlerweile angespannt und mit erhöhtem Adrenalinspiegel. Und was ich schon lange vorausahnte, passierte urplötzlich: Die Auseinandersetzung geriet vom verbalen in den tätlichen Zustand. Nach einem Hin- und Hergezerre gegeneinander schlug der Mann plötzlich mit seinen Fäusten auf die Frau ein.

Das war das Alarmzeichen für mich, blitzschnell zu handeln. Ich sprang aus dem Wagen und lief mit großen Sprüngen die Treppenstufen hinauf – dieses Mal nicht als „Wegläufer" vor einem aggressiven Verfolger wie 1948 beim schweren Sturz auf der Treppe unserer Volksschule, sondern als Beschützer der misshandelten Frau.

In wenigen Sekunden war ich am Tatort – und ich wusste genau, wie ich zu agieren hatte. Dieses Mal waren nicht meine Boxfertigkeiten gefragt, sondern meine vor fast zehn Jahren als Kompaniechef erlernten Nahkampfpraktiken.

Ich packte ohne Vorwarnung den wütenden Schläger von hinten mit einem brutalen Haltegriff und öffnete den Würgegriff-„Schwitzkasten" erst, als ich mir sicher war, dass der Wüterich am Ende seiner Kräfte und Wutausbrüche war. Als ich ihn losließ – immer gefasst darauf, auf einen möglichen Angriff auf mich unmittelbar reagieren zu müssen – passierte etwas ganz Unvorhersehbares.

Die beiden Streithähne fielen sich jämmerlich weinend in die Arme – und damit hatte meine „Notwehr-Handlung“ gemäß §32 StGB doch noch zu einem „Happy End“ beigetragen.

Abb. 44. Krankenschwester Bärbel auf dem Wochenmarkt in Waiblingen

Nach diesem für mich relativ leichten Einsatz im Rahmen einer „Notwehr-Handlung“ konnte ich nicht ahnen, dass mich nur ein Jahr später eine Notwehrsituation zwingen würde, die Selbstverteidigungsvariante „Nahkampf“ erneut anzuwenden – dann allerdings auf brutale Weise mit einem vermutlich beinahe tödlichen Ende für meinen Gegner. Näheres dazu später. Abb. 44 zeigt Bärbel auf dem Wochenmarkt.

5. Spionageabwehr-Tagung im Nato-Headquarter mit der Verleihung der CIA-„Ehrenmitgliedschaft“

Für die MAD-Gruppen gab es einen exakt strukturierten Verteilungsplan für die Zuständigkeiten des MAD in den einzelnen Nato-Staaten. So lag z. B. das Nachbarland Belgien im Zuständigkeitsbereich der MAD-Gruppe V. Dazu gehörten einerseits alle erforderlichen Ermittlungen, sofern Bw-Angehörige betroffen waren, aber auch Betreuungsmaßnahmen von Bw-Truppenteilen, die sich zu Übungen in Belgien aufhielten.

Einen besonderen Fall stellte das Nato-Hauptquartier in Mons bei Brüssel dar.

So erhielt die MAD-Gruppe V – als die zuständige MAD-Behörde – im Dezember 1980 eine Einladung des Nato-Geheimdienstes zu einer Spionageabwehr-Tagung vom 21. bis 23. Januar 1981.

Die Konferenzsprache war Englisch, und da mein damaliger Dezernatsleiter des Englischen nicht mächtig war, durfte ich als stellvertretender Dezernatsleiter an der Sicherheitstagung teilnehmen.

Da der Nato-Dienst, der de facto ein rein US-amerikanischer Dienst war, großen Wert darauf legte, dass sich die Tagungsteilnehmer in kameradschaftlicher Atmosphäre erst einmal kennenlernen sollten, begann die Veranstaltung mit einem nachmittäglichen Zusammentreffen in lockerer Runde und anschließendem gemeinsamen Abendessen.

Es war offensichtlich die erste Tagung dieser Art beim Nato-Dienst in Mons bei Brüssel, Belgien.

Eingeladen waren aus Deutschland der MAD und das Bundesamt für Verfassungsschutz (BfV) sowie die zivilen und militärischen Abwehrdienste aus Belgien, Frankreich und den Niederlanden. Die Vertreter der einzelnen Dienste waren offensichtlich auch aufgrund ihrer englischen Sprachkenntnisse ausgewählt worden.

Meine Schulkenntnisse im Englischen aus sieben Jahren am Gymnasium hatte ich während meiner Bw-Zeit recht gut reaktivieren können – mit sechs Wochen Flieger-Englisch an der Fliegerschule des Fluganwärterregiments in Uetersen 1959, durch die dienstlichen Kontakte während meiner Dienstzeit in Stuttgart zum französischen Militärischen Dienst in Baden-Baden, zum kanadischen Dienst in Lahr sowie zum US-Generalkonsulat in Stuttgart – und mit einem fünfwöchigen Auffrischungslehrgang am Bundessprachenamt im Frühjahr 1979 in Hürth, wo es zu einem deprimierenden Kontakt zu iranischen Offizieren gekommen war.

Nach dem Sturz des iranischen Herrschers Mohammad Reza Schah Pahlavi und der Machtübernahme durch Ajatollah Ruhollah Chomeini verstanden sie die Welt nicht mehr. Sie waren einige Wochen zuvor zu einem Deutschlehrgang kommandiert worden und befürchteten jetzt einen tiefen Fall ohne Gehalt und politischen Rückhalt im Iran. Wir zeigten Verständnis und Mitgefühl für ihre Situation – nur, wirklich helfen konnten wir nicht.

Doch zurück zur Spionageabwehr-Tagung bei der Nato in Mons. Der gesellige Teil am Abend des ersten Tages war angefüllt mit vielen neuen Kontakten, die für eine künftige Zusammenarbeit im Bedarfsfall sehr nutzbringend sein konnten.

Es war interessant festzustellen, dass wir eigentlich alle „auf einer Wellenlänge“ lagen – sicher bedingt durch die gemeinsame Aufgabe der Spionageabwehr gegen die Dienste des kommunistischen Machtbereichs.

Die Sicherheitstagung begann am nächsten Morgen mit der Begrüßung durch den Leiter des Nato-Dienstes, in der er zu gemeinsamen Anstrengungen in unserem Kampf gegen die kommunistischen Nachrichtendienste aufrief, ganz im Sinne der Nato-Maxime „Vigilia Pretium Libertatis“, nach der „unsere Wache der Preis für unsere Freiheit“ ist.

Nach einer Kaffeepause wurden die Tagungsteilnehmer gebeten, sich mit ihren jeweiligen speziellen Aufgaben in ihren Diensten vorzustellen. Anschließend wurden Grundsatzreferate zu den Tagungsthemen „Optimierung der Kooperation“ und „Offensivierungsmaßnahmen im Kampf gegen Spionageangriffe“ gehalten.

Wir wurden danach in „Brainstorming“-Gruppen aufgeteilt, in denen Teilaspekte der Hauptthemen herausgearbeitet werden mussten. Diese wurden in den folgenden Diskussionsrunden abgehandelt. Wir erlebten damit eine richtig anstrengende Arbeitstagung, zumal in der für alle Teilnehmer doch fremden Sprache Englisch, oder sollte ich besser sagen, Amerikanisch. Am Vormittag des dritten Tages wurden kurze Referate über aktuelle Fälle von den Tagungsteilnehmern gehalten.

Die Tagung wurde mit einem gemeinsamen Mittagessen abgeschlossen. Der Tagungsleiter, ein Lt Colonel, hatte mich gebeten, nach dem Mittagessen zu einer Besprechung mit ihm in seinen Dienstbereich zu kommen. Dort hatten es sich einige seiner Offiziere offenbar bei Kaffee und Kuchen gemütlich gemacht. Auch wir beide gesellten uns zur munteren Runde, um einen Nachmittagskaffee mit Kuchen zu genießen und miteinander zu plaudern.

Nach einiger Zeit stand der LTC (Lieutenant Colonel – Oberstleutnant) auf – und es herrschte absolute Ruhe. Einer seiner Offiziere übergab ihm einen größeren Umschlag, dessen Inhalt nicht zu erraten war. Der Oberstleutnant hielt eine kleine Rede, in der er mir für die aktive Mitarbeit in der Tagung dankte. Dann kam er auf meine engen Kontakte zum US-Generalkonsulat in Stuttgart – in persona zum dortigen Verbindungsmann zu den deutschen Diensten – zu sprechen. Er öffnete den ihm übergebenen Umschlag und verlieh mir mit Überreichung des prächtigen Nato-Wappens die Ehrenmitgliedschaft im Nato-Dienst „Allied Command Europe Counter Intelligence Agency“ (ACE CIA; Auslandsgeheimdienst der Vereinigten Staaten), Abb. 45 und Seite 6.

Von der überraschenden Ehrung war ich völlig überrumpelt. Ich brauchte schon einige Zeit, um mich in aller Form für die Ehrerweisung zu bedanken.

Als Ehrenmitglied, erläuterte der LTC weiter, sei ich bei jedem Besuch des ACE CIA als Gast zum Mittagessen im Offizierclub des Nato-Hauptquartiers in Mons bei Brüssel eingeladen. Leider bin ich nie in den Genuss dieser Ehre gekommen.

Abb. 45. Verleihung der „Ehrenmitgliedschaft“ im Nato-Dienst ACE-CIA in Mons

6. Ermittlungen zum Tod eines Offiziers in London im Auftrag des Bundesministers der Verteidigung

Im Sommer 1980 erhielt ich eine völlig artfremde Aufgabe zugeteilt, die zumindest vordergründig mit Spionage nichts zu tun hatte.

Im Auftrag des Bundesministers der Verteidigung galt es, Ermittlungen durchzuführen, um den Hintergrund des mysteriösen Todes eines Oberstleutnants in London aufzuklären.

Der Heeres-OTL Niemann (fiktiver Name) aus dem Raum Heidelberg – Teilnehmer einer zweitägigen Nato-Tagung in London – war am zweiten Morgen aus ungeklärten Gründen nicht im Tagungsraum erschienen. Schnell stellte sich etwas Schlimmes heraus: Er war tot in seinem Hotelzimmer aufgefunden worden.

Die Ermittlungen der Londoner Polizei erbrachten keine Anhaltspunkte für einen Tod durch Fremdeinwirkung. Nachdem es auch keine Hinweise auf einen Suizid gab, wurde der Fall mit der Beurteilung „Todesfall eines 40-Jährigen nach Herzinfarkt“ abgeschlossen. Seine Ehefrau gab sich mit dieser Entscheidung nicht zufrieden, da ihr Mann noch einige Wochen vor dem Todesfall die fällige ärztliche Routineuntersuchung „ohne Befund“ hinter sich gebracht hatte. Da seine Ehefrau aus der Großfamilie des schweizerischen Konzerns Nestlé stammte, nutzte sie entsprechende Verbindungen in der Hoffnung, weitere Aufklärung über den unerklärlichen Tod ihres Ehemannes zu erhalten.

Auf ihre Bitten hin wandte sich der Geschäftsführer (GF) von Nestlé Deutschland an den Bundesverteidigungsminister Wörner mit der Anfrage, ob der MAD durch eigene Nachforschungen behilflich sein könne, um zu neuen Erkenntnissen zu kommen. Der Minister sagte dem GF eine wohlwollende Prüfung zu. Über den Amtschef des ASBw landete die Anfrage schließlich als Auftrag beim Kommandeur der MAD-Gruppe V, Oberst Weigt. Dieser beauftragte mich damit, in Deutschland bei den zusätzlichen Teilnehmern an der Londoner Tagung entsprechende Befragungen durchzuführen.

Zunächst hielt ich es allerdings für notwendig, mit dem GF von Nestlé Deutschland in Frankfurt am Main zu sprechen, um mögliche weitere Hintergrunderkenntnisse über den verstorbenen OTL Niemann zu erlangen.

Ich besuchte ihn nach telefonischer Vereinbarung an einem späten Abend in seinem Haus in Bad Homburg/Taunus.

Wir führten ein offenes, längeres Gespräch über Niemann und seine Ehe mit einer Nestlé-Tochter, das aber zu keinen neuen Informationen führte, die den ungeklärten Todesfall hätten etwas mehr beleuchten können. Dem GF erschien der angebliche – oder mögliche Herzinfarkt als Todesursache allerdings auch mehr als fragwürdig, da er den ca. 40-jährigen Niemann als sportlichen, kerngesunden Offizier kennengelernt hatte.

Meine Recherchen ergaben, dass außer dem OTL Niemann noch drei weitere deutsche Stabsoffiziere an der Tagung teilgenommen hatten. Im üblichen Rahmen der „Amtshilfe“ bat ich die zuständigen MAD-Gruppe IV und VI in Mainz und München um Befragung der beiden Offiziere in deren Bereichen. Den dritten Offizier mit Standort in Baden-Württemberg befragte ich selbst.

Erwartungsgemäß führten alle Befragungen zum gleichen Ergebnis. Es stellte sich heraus, dass man am bewussten Abend des ersten Tages der Konferenz nach dem gemeinsamen Abendessen noch in gemütlicher Runde bis spät in die Nacht zusammengesessen hatte.

Demnach war niemand der deutschen Offiziere – also auch OTL Niemann nicht – an diesem Abend zu einem „Bummel“ in der Stadt gewesen. OTL Niemann hatte sich, wie sich zwei der befragten Offiziere erinnern konnten, eine nicht ganz ausgetrunkene Whisky-Flasche mit auf sein Zimmer genommen. Diese Flasche habe er offensichtlich noch vor dem Zubettgehen ausgetrunken. Zumindest wurde sie am nächsten Morgen leer in seinem Zimmer aufgefunden. Ob die relativ geringe Menge an konsumiertem Alkohol während des gesamten Abends mitverantwortlich für den festgestellten Herzinfarkt war, blieb unbeantwortet. Zumindest habe keiner der Befragten davon Kenntnis bekommen.

Ich erstellte über die erlangten Informationen einen detaillierten Ermittlungsbericht mit der Anfrage an das ASBw, wer die weitere Unterrichtung des Ministers und des GF von Nestlé Deutschland vornehmen solle. Diese Aufgabe wurde schließlich vom ASBw übernommen.

7. Bronze-Gewinn bei der ADAC-Militär-Rallye und Bundeswehr-Bester im Soldaten-Sportwettkampf

Während meiner Stuttgarter Zeit wagte ich einmal sogar, in völlig „abartige" Sportgefilde einzusteigen – in einen motorsportlichen Wettkampf. Vielleicht in Erinnerung an motorsportliche Aktivitäten meines Vaters erklärte ich mich im Frühjahr 1975 bereit, an der 11. Marbacher ADAC-Militär-Rallye des Allgemeinen Deutschen Automobil-Clubs teilzunehmen. Aus Erzählungen und von Fotos meines Vaters wusste ich, dass er vor dem Krieg Amateurrennfahrer gewesen war – allerdings nicht mit Autos, sondern mit Motorrädern.

Doch zurück zum Rallye-Abenteuer.

Wir meldeten uns als Teilnehmer in der Bw-Jeep-Klasse an; mich als den Fahrer und einen MAD-Feldwebel als Co-Piloten und Navigator.

Da wir beide Rallye-Anfänger waren, trainierten wir vorher einige der angegebenen Aufgaben, u. a. mit Unterstützung des hauptamtlichen Kfz-Meisters der MAD-Gruppe. So schafften wir letztlich z. B. den „Radwechsel" wie im Schlaf.

Die gesamte Rallye bestand aus mehreren Teilen, die jeweils einzeln bewertet wurden und nach der Addition zum Endergebnis führten. Die einzelnen Komponenten waren

- zügiges Fahren über mehrere Kilometer auf Landstraßen mit Zielfindungen und exakten Zeitvorgaben,
- Radwechsel auf Zeit,
- die Bewältigung eines knochenharten Parcours in einem Truppenübungsplatz mit dem Höhepunkt Durchfahrt eines tiefen Grabens, an dem zwei Lastkräne standen, um im Graben festgefahrene Autos wieder herauszuholen.

Bei der vorherigen Besichtigung des Cross-Kurses am Samstagmorgen war mir klar, dass man die Durchquerung des Grabens nur mir „full power“ schaffen konnte.

Die Rallye wurde im Großraum Marbach a. N. – Heilbronn veranstaltet. Außer den Bundeswehr-Teams beteiligten sich französische, kanadische und US-Mannschaften an der Militär-Rallye.

Wir machten so einige Fehler, blieben zum Glück allerdings nicht im „Graben“ liegen und waren in einer Disziplin in der Bw-Jeep-Klasse sogar Zeitbeste – im Radwechsel. Trotzdem waren wir von unserer Leistung ein wenig enttäuscht. Umso mehr kam bei der Siegerehrung Freude auf – wir gewannen die Bronzemedaille in der „Kleinen Jeep-Klasse“.

Auch bei der MAD-Gruppe V hatte der Leistungssport einen hohen Stellenwert. Dabei genossen die Mannschaftsbewerbe Faustball und Fußball eine gewisse Priorität. Insbesondere der Faustball lag mir am Herzen, zumal der Dezernatsleiter häufig in unserem Team mitkämpfte.

- Im Oktober 1973 gewann das Dezernat 3 beim Sportvergleichskampf gegen den MAD-Trupp 503 und die MAD-Stelle 5 das Endspiel im Faustball. Auch das Team-Pistolenschießen gewannen wir klar. Ich überzeugte mit 95 Ringen und dem 1. Platz mit den Pistolen PPK und P1.
- Beim Faustballturnier des Wehrbereichskommandos V (WBK) im September 1974 belegte unser MAD-Team nur den 4. Platz. Anfang August 1976 besiegte unsere Faustballmannschaft aber das Team des WBK V.
- Einen Rückschlag erlitten wir beim WBK-V-Faustballturnier Ende August 1976, wo wir nur auf Platz 10 landeten – verständlich gegen Topteams, gegen die wir als „blutige Amateure“ keine Chance hatten.
- Eine Wende erbrachte die Teilnahme am Faustballturnier des 7. MAD-Sportfestes am 24. September 1976 in Köln. Nach mehreren Titeln in der Leichtathletik gewann ich endlich mit der Mannschaft der MAD-Gruppe V auch den Meistertitel im Faustball.

  Im Endspiel erlebten wir eine späte Revanche gegen das Team der MAD-Gruppe II, Hannover, das unsere ASBw-Mannschaft beim 4. MAD-Sportfest 1971 im Endspiel mit 35:25 geschlagen hatte. Wir besiegten die Hannoveraner im Endspiel dieses Mal mit 28:25.

- Und auch in der Leichtathletik erlebte ich 1975 und 1976 absolute Höhepunkte. Beim 6. MAD-Sportfest im September 1975 in München-Neubiberg gewann ich meine Lieblingsdisziplinen, das Kugelstoßen und den leichtathletischen Vierkampf mit den Disziplinen 100-m-Lauf, Weitsprung, Kugelstoßen und 1 500-m-Lauf – trotz aufkommender Achillessehnenbeschwerden. Außerdem wurden unsere Mannschaften jeweils Vizemeister – in der 4-x-100-m-Staffel und im Team-Vierkampf.
- Das gleiche Double – nämlich den Sieg im Kugelstoßen und im Vierkampf – gelang mir ein Jahr später. Beim 7. MAD-Sportfest am 24. September 1976 in Köln. Insgesamt war ich aber dieses Mal noch erfolgreicher, denn dieses Mal gewannen wir auch die beiden Mannschaftswettbewerbe – neben dem bereits erwähnten Faustballspiel auch den Team-Vierkampf. Zusätzlich gab es jeweils den 3. Platz für unsere 4-x-100-m-Staffel und für mich im Weitsprung.
- Offensichtlich sollte im Jahr 1977 zum zweiten Mal, erneut nach 1972, ein MAD-Sportfest mit dem „Militärischen Fünfkampf" durchgeführt werden. Zumindest gab es im August 1977 einen entsprechenden Qualifikationswettkampf, den ich mit 3 529 Punkten für mich entschied. Nur, ein MAD-Sportfest 1977 gab es nicht mehr – aus welchen Gründen auch immer.
- Der Soldaten-Sportwettkampf (SSW) gehört zum dienstlichen Pflichtprogramm für alle Soldaten der Bundeswehr. Er umfasst die folgenden vier Leichtathletikdisziplinen: den Sprint, den Weitsprung, das Kugelstoßen und den Langlauf über 5 000 m bzw. 3 000 m.
- Wie bereits erwähnt, hatte ich bereits alle SSW jeweils als AK-Bester der LwGrpSüd gewonnen, 1964 mit 87 Punkten sogar als Lw-Bester. Den gleichen Erfolg erzielte ich während meiner ASBw-Zeit von 1967 bis 1972 mit sechs Jahressiegen im MAD.
- Auch während meiner Dienstzeit in der MAD-Gruppe V wurde ich von 1973 bis 1980 jeweils MAD-Bester der jeweiligen Altersklasse.
- Eine besondere Ehrung erfuhr ich beim 13. SSW 1977, den ich mit der höchsten je von mir erreichten Punktzahl von 92 Punkten absolviert hatte. Als Bw-Bester der AK IV (40 – 46 Jahre) erhielt ich von General Wust, dem Generalinspekteur der Bundeswehr, die „Ehrenurkunde" 1977 und die „Sonderurkunde" vom 5. Mai 1978 „als Anerkennung für besondere Leistungen beim Soldatensportwettkampf 1977".

Natürlich habe ich mich über diese Ehre gefreut und war stolz darauf, einen solchen Sieg errungen zu haben. Eine gleich große Ehre war es für mich, als ich im Laufe des Jahres 1978 erfuhr, dass ich mit meinen 92 Punkten den Jahresbesten des SSW 1976 mit 2 Punkten übertroffen hatte – es war kein Geringerer als Hinrich John, der ehemalige Deutsche Meister im 110-m-Hürdenlauf. Wir beide lernten uns persönlich im Dezember 1979 auf der SNBw in Bad Ems kennen. Ich absolvierte einen Speziallehrgang der MAD-Lehrgruppe, und Fregattenkapitän H. John nahm an einem S2/-Sicherheitslehrgang der entsprechenden Lehrgruppe teil. Natürlich war der Sport unser Hauptgesprächsthema.

– In Sindelfingen wurden ab 1976 die sogen. „Soldaten-Olympiaden“ veranstaltet, zu denen neben der Bundeswehr auch die in Deutschland stationierten Soldaten der US-amerikanischen, der kanadischen und der französischen Streitkräfte eingeladen wurden.

  Ich beteiligte mich von 1976 bis 1981 an diesen „Soldaten-Olympiaden“. Dabei gewann ich insgesamt drei Silber- und drei Bronzemedaillen in den Wurfdisziplinen Kugelstoßen, Diskus- und Hammerwerfen.

8. General a. D. Trautloff – Zielperson des sowjetischen KGB

Als frisch beförderter Oberstleutnant saß ich an einem schönen Herbsttag des Jahres 1977 in meinem Büro in der Jäger-Kaserne in Stuttgart-Bad Cannstatt und blätterte routinemäßig in den Posteingängen des Tages. Mein Blick aus dem Fenster auf die gelb-goldenen Blätter der Bäume im „Indianersommer“ verführte mich zum Träumen und dazu, über mein Leben nachzudenken.

Ein Telefonanruf meines Kommandeurs riss mich abrupt aus meinen „Träumen“. Er sagte mir, dass ihm der General a. D. Trautloff soeben mitgeteilt habe, dass er vom Militärattaché der sowjetischen Botschaft eine vermutlich „unsittliche“ Einladung bekommen habe. Der General habe um den Besuch eines erfahrenen MAD-Ermittlers gebeten. Mein Kdr, bis vor kurzer Zeit mein direkter Vorgesetzter als Leiter des Dezernats 3 – und mein Sportkamerad in der Faustballmannschaft der MAD-Gruppe V – sagte mir abschließend „It’s your job, Mr. Wolf, Sie sind genau der richtige Mann dafür". So wie ich ihn kannte, konnte er sich dabei ein Schmunzeln kaum verkneifen.

Und ob es mein Job war, schließlich war der General a. D. Trautloff für mich kein Unbekannter.

Voller Euphorie vereinbarte ich umgehend mit General Trautloff für den nächsten Tag einen Besuchstermin. Auf der Fahrt über die Autobahn nach Baden-Baden konnte ich in herrlichen Erinnerungen schwelgen, die da waren:

- die KdS-Sportmeisterschaften von 1958 bis 1960 unter der Schirmherrschaft von Brigadegeneral Trautloff,
- die Sportmeisterschaften der Lw-Gruppe Süd 1965, wo mir der inzwischen beförderte Generalleutnant Trautloff als Kommandierender General der Lw-Gruppe Süd zur Goldmedaille im Kugelstoßen gratulierte,
- die „Soldaten-Sportwettkämpfe" (SSW) von 1964 bis 1966, die ich jeweils als Punktehöchster der Lw-Gruppe Süd in meiner Altersklasse gewonnen hatte,
- die Ehrung meiner Kompanie 1966 durch General Trautloff, als wir die die SSW-Teamwertung der Lw-Gruppe Süd für uns entschieden hatten,
- das „Privatduell" im Schleuderballwerfen mit dem General im Sommer 1966 in Roth,
- und die Vorführung der Nahkampfausbildung durch meine Ausbilder und Rekruten sowie meinen Schaukampf gegen einen bärenstarken Rekruten – mit General Trautloff als Zuschauer.

Der General empfing mich an der Eingangstür seines Hauses in Baden-Baden. Er begrüßte mich freundlich mit den Worten „Guten Tag, Oberstleutnant Wolf, ich freue mich, Sie nach mehr als 10 Jahren wiederzusehen." Damit war das „Eis" gebrochen, ich wurde zu Kaffee und Kuchen eingeladen – und wir beide begannen natürlich zuerst einmal über die „alten, guten Zeiten" unserer Bekanntschaft zu plaudern.

Er berichtete mir schließlich, dass er auf einem Empfang des sowjetischen Militärattachés in Karlsruhe ein intensives Gespräch mit dem Attaché geführt habe. Es sei zunächst über allgemeine politische und militärisch-politische Themen ganz offen zu einem Gedankenaustausch gekommen. Später habe man auch über persönliche Angelegenheiten gesprochen.

Erst bei der abendlichen Verabschiedung habe der Attaché ihn unverfroren zu einem Besuch in der sowjetischen Botschaft in Bad Godesberg einladen wollen. Er habe dem Attaché höflich dankend eine Ablehnung erteilt, worauf dieser lächelnd entgegnete: „Vielleicht klappt es ja doch einmal, dass wir uns wiedersehen." Dann habe man sich verabschiedet.

9. Meine Sicherheitsberatung von General Trautloff und seine Abschiedsworte an seinen „lieben Sportfreund Wolf"

Ich sagte dem General, dass er damit klug gehandelt habe, da solche Kontakte und Einladungen erfahrungsgemäß eine Methode der „Anfütterung" für die sowjetischen Nachrichtendienste KGB oder GRU – den militärischen ND – seien. „Anfütterung" bedeutet, interessante – evtl. leichtgläubige – Menschen mit Einladungen und zunächst kleinen, harmlos erscheinenden Geschenken davon zu überzeugen, dass diese Kontakte nichts mit nd-Hintergedanken zu tun haben. Erst nach näherem Kennenlernen und „größer gewordenen Geschenken" wird um ein entsprechendes Entgegenkommen „harmloser" Art gebeten.

Die Gefahr besteht darin, dass man zu spät – oder gar nicht – erkennt, dass man sich dadurch u. U. erpressbar gemacht hat – für eine nd-Ansprache durch einen der sowjetischen Geheimdienste.

Der General erwiderte mir, dass er derartiges Handeln befürchtet und deshalb auch die Meldung beim MAD erstattet habe.

Ich vereinbarte mit ihm, dass er über die persönlichen Einladungen durch den sowjetischen Militärattaché Stillschweigen wahren solle und dass er sich bei erneuten Kontakten unmittelbar wieder an den Kdr der MAD-Gruppe V oder direkt an den Dezernatsleiter 3 oder an mich wenden solle.

Hatte der General mich bei der Begrüßung noch formell mit Dienstgrad und Namen angesprochen, so verabschiedete er sich – offensichtlich erleichtert und überaus freundlich mit den Worten: „Alles Gute und viel Glück im dienstlichen und privaten Leben, mein lieber Sportfreund Wolf!"

Kapitel 12 (1981 – 1984) Dezernatsleiter im Dezernat 3/Spionageabwehr bei der MAD-Gruppe III in Düsseldorf

1. Der Aufstieg zum Dezernatsleiter 3/MAD III – ein Traumjob für einen MAD-Stabsoffizier

Meine Versetzung von der MAD-Gruppe V, Stuttgart, zur MAD-Gruppe III, Düsseldorf, zum 1. Oktober 1981 und die weitere Versetzung zur MAD-Stelle 33, Iserlohn, zum 23. Januar 1984 sind für mich Anlass genug, mir Gedanken über die Personalführung des Personalamtes/BMVg zu machen.

Das Rätsel Nummer eins, das ich nicht lösen kann, war meine OTL-Beförderung am 1. Oktober 1977, obwohl ich bereits seit April 1973 entsprechenden Dienst verrichtete und seit dem 11. Februar 1976 die Planstelle mit der A14-Dotierung verfügt worden war.

Wie groß der finanzielle Nachteil der „verspäteten" Beförderung zum OTL tatsächlich war, lasse ich dahingestellt sein. Dass aber auf der Beförderungsurkunde vom 22. August 1977 die Ernennung zum OTL erst „mit Wirkung vom 1. Oktober 1977" ausgesprochen wird, ist mir unerklärlich.

Die Verfügung des Dienstpostenwechsels des BMVg/PV (3) vom 11. Februar 1976 von der Planstelle A13 auf die Planstelle A14/A13 erscheint mir noch verwirrender und für mich als ehemaligen Personaloffizier völlig unverständlich. Wenn ich nicht spätestens ab dem Verfügungsdatum 1. Februar 1976 befördert werden konnte – aus welchen mir unbekannten Gründen auch immer –, hätte ich doch zumindest nach Ablauf eines Jahres das A14-Gehalt bekommen müssen, also 7 Monate vor meiner Beförderung zum Oberstleutnant – analog meiner A11-Besoldung noch vor der Beförderung zum Hauptmann. Es sei denn, diese „Jahresregelung" gilt nicht bei Planstellen mit zweifacher – sog. „gebündelter" – Dotierung wie in diesem Fall mit A13/A14.

Das Rätsel Nummer 2 war für mich die Personalentscheidung, nach der nicht ich, sondern ein OTL vom ASBw auf dem Dienstposten des Dezernatsleiters 3 der MAD-Gruppe V versetzt wurde, als OTL Thomsen in Pension ging. Hoffnung auf die Nachfolge von OTL Thomsen hatte mir der Personalreferent des Personalamtes BMVg, Oberst Henselmann, anlässlich eines Personalgesprächs im November 1978 in Stuttgart gemacht. Nachdem im Herbst 1980 aber Gerüchte aufgekommen waren, dass die Stelle anderweitig besetzt werden sollte, und mir schließlich eine A15-Position im ASBw angeboten wurde, stellte ich mit Schreiben vom 7. Oktober 1980 einen Antrag – aus dienstlichen und persönlichen Gründen – auf Versetzung auf den A15-Dienstposten im Dezernat 3 der MAD-Gruppe V zum 1. April 1981.

Die persönlichen Gründe waren

- unser Umzug innerhalb von Waiblingen bei Stuttgart auf eigene Kosten im Jahr 1978 und
- die Absicht, meinen schwerkranken Schwiegervater in unser Haus aufzunehmen.

Selbstverständlich erwähnte ich auch die Andeutungen von Oberst Henselmann hinsichtlich einer möglichen Verwendung als Dezernatsleiter 3 in Stuttgart.

Der damalige Amtschef, Brigadegeneral Vollmer, teilte mir mit Schreiben vom 30. Oktober 1980 mit, dass man nach einem Abstimmungsgespräch mit BMVg/PV5 und weiteren Überlegungen im ASBw die Absicht, mich aus Förderungsgründen in das ASBw zu versetzen, zunächst zurückgestellt habe. Meine Behauptung, Oberst Henselmann habe mir am 9. November 1978 die Nachfolge auf den Dienstposten/Dezernat 3 in Stuttgart zum 1. April 1981 offiziell mitgeteilt, stehe im Widerspruch zu dem damaligen Aktenvermerk, den der AC mir als Kopie beifügte.

In diesem Vermerk heißt es u. a.: „Es sei auch denkbar, dass er in Stuttgart verbleiben könne. Die dabei gedachte Verwendung als Nachfolger von OTL Thomsen wurde unmittelbar nicht ausgesprochen."

Mein Kommentar dazu: „Sehr wohl aber mittelbar!"

Es stellte sich somit heraus, dass aufgrund meines Antrags vom 7. Oktober 1980 offensichtlich „der Schuss nach hinten losgegangen war", da ich erst sechs Monate später als vom ASBw ursprünglich geplant, auf einen A15-Posten versetzt wurde.

Rätsel Nummer drei ist die verspätete Einweisung in eine Planstelle der Besoldungsgruppe A15 – also die „Beförderung" zum OTL/A15. Diese erfolgte erst gemäß Schreiben des BMVg vom 18. März 1983 mit Wirkung zum 1. April 1983.

Rätsel Nummer vier betrifft die nicht praktizierte „Jahresregelung", derzufolge eine entsprechende Besoldung nach Ablauf eines Dienstjahres auch ohne die Beförderung rechtskräftig wird. In diesem Fall handelte es sich immerhin um sechs Monate unkorrekter Besoldung.

Lag es etwa daran, dass bei Offizieren die A15-Besoldungsstufe nicht zur „Beförderung“, sondern nur zur „Einweisung“ ausreicht? Und dass Offiziere denselben Dienstgrad – nämlich OTL – beibehalten, während Beamte vom Oberrat zum Direktor wechseln?

Das Rätsel Nummer fünf – in diesem Personalkarussell – kann ich nur selbst lösen. Warum eigentlich habe ich mich damals nicht beschwert – über so viele ungereimte Entscheidungen „höheren Orts“? Meine Antwort: „Ich weiß es nicht!“

Auch wenn ich verständlicherweise lieber zum 1. April 1981 Dezernatsleiter 3 in Stuttgart geworden wäre – wo ich immerhin fast achteinhalb Jahre Stellvertreter des Dezernatsleiters war –, so stand ich doch mit der Welt im Einklang, als ich die begehrte Position am 5. Oktober 1981 bei der MAD-Gruppe III in Düsseldorf erhielt.

De facto war ich damit der Chef der Spionageabwehr für die gesamten Bundeswehrdienststellen in Nordrhein-Westfalen – mit Ausnahme des BMVg in Bonn, das von der Sonder-MAD-Gruppe S / Bonn betreut wurde. Ein Dezernat 3 zu leiten, war für mich zwar kein so neuer Job, denn ich hatte in Stuttgart einen Chef, der häufig aus Gesundheitsgründen zurückstehen und mir die Chefaufgabe von Amts wegen überlassen musste.

Aber wirklich der Chef zu sein, ist halt doch etwas anderes. Im Übrigen hatte ich im Juli 1981 – vielleicht als Probezeit – in der MAD-Zentrale, dem Amt für Sicherheit der Bw (ASBw), eine Urlaubsvertretung für einen Dezernatsleiter in der Spionageabwehrabteilung wahrgenommen – nicht zu meinem Schaden. Ich bin zweifellos um einige Erfahrungen reicher geworden.

Da ich mit meiner Familie erst im Februar 1982 von Waiblingen bei Stuttgart nach Düsseldorf umzog, hatte ich neben der Wahrnehmung der aktuellen Dienstgeschäfte während der regulären Dienstzeit an den frühen Abenden genügend Gelegenheit, mich in die laufenden Fälle bzw. Operationen meiner neuen Mitarbeiter gründlich „einzulesen“. Dieses Aktenstudium war eine geeignete Grundlage für anschließende Gespräche mit jedem einzelnen meiner Ermittler.

Das Dezernat umfasste 25 Personen. Außer dem Stellvertreter gab es noch einen Stabsoffizier und noch drei oder vier weitere Offiziere, zwei Beamte und eine Beamtin des gehobenen Dienstes sowie ein gutes Dutzend weitere Ermittler aus der Gruppe der Feldwebel und der Beamten des mittleren

Dienstes. Selbstverständlich besaß das Dezernat auch Sekretärinnen, die u. a. unsere Berichte und Op-Meldungen an das ASBw zu fertigen hatten.

Neben der Führung meiner Mannschaft und den Besprechungen operativer Komplexe im Rahmen der jeweiligen Ermittlungen gehörte die Kontaktpflege zu den Sicherheitsbehörden des Landes Nordrhein-Westfalen zu meinen besonderen Aufgaben:

- zum Verfassungsschutz und
- zum Landeskriminalamt (LKA)

sowie zu den befreundeten militärischen Nachrichtendiensten

- Hollands in Den Haag und Breda,
- Belgiens in Köln, Troisdorf und in Brüssel,
- Großbritanniens in Düsseldorf und zum
- US-Verbindungsoffizier, Mr. Windmoeller, im Generalkonsulat in Düsseldorf und in der US-Botschaft in Bonn.

Selbstverständlich ließ ich es mir auch nicht nehmen, bei Zusammentreffen relevanter Hintergründe – wie Dienstgrad und Dienststellung einer zu befragenden Person sowie gewichtiger Fakten des zu ermittelnden Sachverhalts – selbst operativ tätig zu werden oder den ermittelnden Bearbeiter bei Dienstreisen zu begleiten.

Mein Kommandeur bei der MAD-Gruppe III, Oberst Kluss, machte von Beginn an keinen Hehl daraus, dass er die Spionageabwehr zu seinem bevorzugten Spezialgebiet in der MAD-Arbeit einstufte. Mehr als die drei Kommandeure, die ich vorher in der MAD-Gruppe V in Stuttgart erlebte, brachte er sich mit Besprechungen direkt in die Op-Arbeit ein. Das war einerseits fraglos zu begrüßen, andererseits aber auch manchmal hinderlich, denn nicht der Kommandeur einer MAD-Gruppe ist der fachlichkompetente Vorgesetzte in der operativen Arbeit, sondern der Abteilungsleiter I des ASBw bzw. seine regional zuständigen Dezernatsleiter.

Ich hatte allerdings nie wirkliche Probleme mit diesem „dualen“ Vorgesetztensystem, da sich Oberst Kluss – auch wenn wir manchmal unterschiedlicher Meinung waren – letztlich stets an das vorgeschriebene Reglement hielt, demzufolge der Kommandeur natürlich eine Mitverantwortung in dem System hatte – erkenntlich auch daran, dass er und sein Dezernatsleiter die Op-Meldungen an das Amt gemeinsam zu unterschreiben hatten. Seine gelegentlichen Einmischungen in die operative Arbeit störten auch keineswegs meine Vorstellung, dass der Chef eines Spionageabwehrdezernates einer MAD-Gruppe einen Traumjob zugeteilt bekommen hat. In einer Zeit, in der der aggressive Kommunismus – insbesondere durch die Dienste der DDR – unser größter Feind war, erschien mir kein anderer gleichrangiger Dienstposten so wichtig und zufriedenstellend wie gerade dieser.

Diese Meinung bestätigte mir Oberst Kluss auch einmal bei einer intensiven Op-Besprechung mit dem natürlich nicht so ganz ernst gemeinten „unsittlichen Angebot“, unsere beiden Jobs zu tauschen.

2. Mein illegaler Flug mit einer DO-27 und der Jetpilot, der eine Stasi-Verbindung abbrach

Im Sommer 1983 wurde mir nach mehr als zwei Jahrzehnten – sehr zu meinem Erstaunen – unerwartet wieder die Gelegenheit gegeben, am Steuerknüppel eines Flugzeugs zu sitzen. Einer meiner Nachbarn in Düsseldorf war einer der Fluglotsen der Flugsicherung des Airports Düsseldorf – mit der seltenen Kombination, auch selbst ein Pilot zu sein. Er war im Besitz der „Private Pilots License“ (PPL), dem privaten Flugschein.

Im Laufe unserer Bekanntschaft hatte ich ihn über meine missglückte fliegerische Ausbildung bei der Luftwaffe informiert. Daraufhin lud mich mein Nachbar eines Tages zu einem Mitflug in einer gemieteten DO-27-Propellermaschine ein, vermutlich, um mir einen Gefallen zu tun.

Natürlich sagte ich freudig erregt zu, und so saß ich am 23. August 1983 zum dritten Mal als Mitflieger in einer DO-27-Maschine:

– 1959 neben meinem Fluglehrer anlässlich eines Navigations- und Orientierungsflugs über Schleswig-Holstein und
– 1964 neben meinem damaligen Sportfreund, einem Jetpiloten des Jagdbomber-Geschwaders 42 in Sobernheim/Pferdsfeld, auf einem Flug von Pferdsfeld auf die Nordseeinsel Sylt und zurück.

Mein guter Nachbar hatte als Flugplan eine Tour über das Ruhrgebiet gebucht. Dieser Flug sollte für mich ein ganz besonderes Erlebnis werden. Der PPL-Pilot hatte offenbar ein großes Vertrauen in meine sehr lange zurückliegenden Flugerfahrungen, sonst hätte er mir bestimmt nicht während des Flugs angeboten, ihn für einige Zeit als „Refresher-Piloten“ zu vertreten. Ich war erstaunt über diese Bitte, da das Ganze weder gestattet noch risikolos war. Ich sagte trotzdem bedenkenlos zu, und nach einer kurzen Einweisung überließ der Pilot mir den Steuerknüppel seines Flugzeugs. Nach seiner Aussage „handelte“ ich die DO-27 problemlos – geradeaus und in Links- und Rechtskurven, bis er wieder als Pilot die Maschine übernahm.

Nach der Landung auf dem Flughafen in Düsseldorf bedankte ich mich für das tolle Geburtstagsgeschenk – 5 Tage, bevor ich 46 Jahre alt wurde.

Die Mitteilung des S2-Sicherheitsoffiziers des Jagdbomber-Geschwaders in Rheine-Hopsten über eine mögliche Kontaktaufnahme durch die Stasi mit einem Piloten des Geschwaders elektrisierte mich so sehr, dass ich den Fall selbst bearbeiten wollte. Schließlich lag dieser Luftwaffen-Fliegerhorst nicht sehr weit entfernt vom Haus meiner Eltern in Bevergern.

Bereits als Mitglieder unserer Jungen-„Bande" hatten wir per Fahrrad erste Ausflüge zur Start- und Landebahn der ehemaligen Wehrmacht-Luftwaffe gemacht, um unsere Neugier zu befriedigen.

Natürlich erlebten wir bald darauf auch, dass die inzwischen aufgebaggerte alte Startbahn für die neue Bundesluftwaffe zu einer Nato-genormten 4 km langen modernen Runway ausgebaut wurde.

Für mich, einen ehemaligen Flight Cadet, war es Ehrensache, den Fall einer möglichen Stasi-Kontaktaufnahme mit einem Piloten selbst zu bearbeiten.

Der Jetpilot berichtete mir, dass er aus Ost-Berlin von einem angeblichen entfernten Verwandten einen merkwürdigen Brief erhalten habe.

Dem mir überreichten Schreiben war zu entnehmen, dass der Briefschreiber von einem weiteren Verwandten seine Privatadresse bekommen habe und dass er daran interessiert sei, mehr über ihn für die Erstellung einer Familienchronik zu erfahren. Als DDR-Bürger sei es ihm leider nicht möglich, zu einem Besuch in die Bundesrepublik zu kommen. Sollte aber in einer weiteren Phase ihrer Bekanntschaft gegenseitiges Interesse aufkommen, sich persönlich kennenzulernen, gebe es sicherlich mehrere Möglichkeiten dazu. Man könne sich z. B. in Ost-Berlin treffen oder auch in West-Berlin, falls er aus beruflichen Gründen nicht nach Ost-Berlin reisen dürfe. Selbst ein Zusammentreffen in Jugoslawien sei eine Option.

Der Pilot sagte, dass er bisher nichts über verwandtschaftliche Beziehungen in Ost-Berlin oder der DDR gewusst habe. Das sei Grund, weshalb er misstrauisch geworden war und schließlich den S2-Offizier um Kontaktaufnahme mit dem MAD gebeten habe. Ich dankte ihm für diese Entscheidung, da auch ich den Brief des angeblichen Verwandten aus Ost-Berlin als einen möglichen Anbahnungsversuch des MfS der DDR ansah. Um Gewissheit darüber zu erlangen, müsse man allerdings mehr Hintergrunderkenntnisse bekommen, und dazu müsse er bereit sein, auf die Kontaktaufnahme brieflich zu reagieren.

Der Pilot sah keine Probleme dabei. Gemeinsam erarbeiteten wir einige Fragenkomplexe für einen solchen Antwortbrief, in dem er auch ganz offen angeben solle, dass er als Bundeswehrangehöriger genau so wenig in den Osten – wie der DDR-Briefschreiber in den Westen – reisen dürfe. Der Hauptmann machte sich entsprechende Notizen. Vor der Verabschiedung verpflichtete ich ihn unmissverständlich zur absoluten Verschwiegenheit über den Fall und über den Kontakt mit dem MAD.

Den S2-Offizier unterrichtete ich später darüber, dass ich den Piloten aufgesucht hatte und dass die Angelegenheit für ihn als den zuständigen Sicherheitsoffizier des Geschwaders zunächst einmal als erledigt gelte, es sei denn, ich käme erneut auf ihn zu.

Bereits nach zwei Wochen meldete sich der Hauptmann telefonisch bei mir und bat um einen Besprechungstermin. Ich ging davon aus, dass es Neues aus Ost-Berlin gegeben hat – doch weit gefehlt.

Bereits bei der Begrüßung hatte ich das sichere Gefühl, dass etwas nicht stimmte. Merklich verlegen gestand der Hauptmann mir, dass er dem angeblichen Verwandten in Ost-Berlin zwar geschrieben habe, allerdings anders als vereinbart. Er habe einige Tage mit sich gerungen, ehe er sich entschieden habe, die „Finger von der Geschichte" zu lassen, von einer Geschichte, deren weitere mögliche Entwicklung er unter Umständen nicht mehr beherrschen könne. Und das sei ihm als Ehemann und Vater zweier Kinder nicht zuzumuten, zumal er eventuell zusätzlich berufliche Probleme zu befürchten habe. Deshalb habe er dem Ost-Berliner eine eindeutige Absage erteilt mit dem Hinweis, dass er den MAD eingeschaltet habe. Dass er mit dieser Eigenmächtigkeit seine Zusage zur Verschwiegenheit gebrochen habe, tue ihm sehr leid. Letztlich aber sei mit diesem Bruch eine Last von ihm gefallen.

Ich war über diese Entwicklung zwar sehr enttäuscht, was ich ihm auch ungeschminkt mitteilte. Ich bat ihn eindringlich um sofortige Mitteilung, sollte sein angeblicher Verwandter – der vermutliche Stasi-Agent – erneut auf ihn zukommen. Auf seine Frage, ob ich über seine autonome Handlungsweise beim Geschwader Meldung machen würde, verneinte ich mit den Worten: „Cui bono – wem soll das nützen?" Ich verabschiedete mich von ihm. Zu einem späteren Wiedersehen kam es nicht mehr.

3. Die Zeit der Empfänge und sonstigen Feierlichkeiten und Tagungen der Spionageabwehr-Dezernatsleiter

Es war die Zeit der feierlichen Anlässe:

- Im März 1982 mit einem besonderen Highlight meines gesellschaftlichen Lebens: Mit der Einladung zu einem Empfang der Landeshauptstadt Düsseldorf für Kommandeure, Dienststellenleiter und Dezernatsleiter des Großraums Düsseldorf, Abb. 46.

- Am Sonntag, 16. April 1983, traf sich die Luftwaffencrew 04/58 in Kerpen/Rheinland, um das Jubiläum „25 Jahre bei der Bw“ zu feiern.
- Am 4. Juli 1983 wurden die Stabsoffiziere des sog. „Führungskreises der MAD-Gruppe III“ zu einem Empfang in das US-Generalkonsulat in Düsseldorf eingeladen.

Abb. 46. V.l.n.r.: Düsseldorfs OB Kürten, Gen.Lt Windisch, Kdr WBK III, und OTL Wolf, DezLtr 3 MAD III

Abb. 47. Wir Abi-Jubilare am „Edel“-Eingang des ehrwürdigen Gymnasiums Dyonysianum mit der lateinischen Inschrift „Introite, nam et hic dii sunt“ – „Tretet ein, denn auch hier gibt es Götter“

- Im September 1983 waren wir – nämlich der Kommandeur und seine Dezernatsleiter – erneut Gäste bei einem feierlichen Empfang eines befreundeten Nato-Dienstes. Der militärische Nachrichtendienst der britischen Rhein-Armee war Gastgeber im Offizierheim am Rande des Flughafens Düsseldorf.

- Kurioserweise fand das Jubiläumstreffen der „Abiturientia April 1958“ des Gymnasiums Dionysianum Rheine erst im Oktober 1983 in Rheine statt – mit 6-monatiger Verspätung. Dabei wurden uns nach 25 Jahren erstmals unsere Abiturarbeiten zur Kenntnisnahme vorgelegt.

  Mich interessierte dabei am meisten meine „Schreckensarbeit“ in Mathematik, mit der ich mir – das glaubte ich zumindest 25 Jahre lang – ein „Ungenügend“ eingehandelt hatte. Nun, ich hatte mich getäuscht, es war nämlich nur ein „Mangelhaft“, das ich zum Glück im mündlichen Abitur hatte ausgleichen können, Abb. 47.
- Last but not least gab es bereits Ende März 1983 ein lange erwartetes Ereignis – meine letzte Beförderung in der Bundeswehr, die Einweisung in die Besoldungsstufe Oberstleutnant A15.

Die letzten Monate meines Jobs als Dezernatsleiter in Düsseldorf waren ausgefüllt mit Tagungen der Spionageabwehrdezernenten:

- Ende Oktober 1982 in Bad Ems an der Bw-Nachrichtenschule
- Ende März 1983 in Kiel bei der MAD-Gruppe I
- und Ende 1983 in Berlin beim Verfassungsschutz-Amt von West-Berlin mit einer Besichtigung der schändlichen Mauer zwischen Ost- und West-Berlin.

4. Mein Einsatz auf dem deutschen Fliegerhorst in Beja/Portugal mit Personenschutz durch den „heimlichen Schatten“

In den 1980er-Jahren leistete sich die Bundesrepublik Deutschland bzw. die deutsche Luftwaffe die „Anmietung“ eines ganzen Fliegerhorstes in Portugal.

Der ca. 180 km südlich von Lissabon gelegene portugiesische Militärflugplatz des kleinen Städtchens Beja war ein idealer Standort für die Ausbildung deutscher Jagd- und Jagdbomber-Piloten. Deren Übungsflüge in einer recht dünn besiedelten Region trugen damit erheblich zur Minimierung der Lärmbelästigung in der dicht besiedelten Bundesrepublik bei.

Zum nahenden Ende meiner Zeit als Dezernatsleiter der Spionageabwehr in Düsseldorf ergab sich für mich noch einmal die Gelegenheit, eine Auslandsdienstreise durchzuführen. Dieses Mal nicht nur zu einer Dienstbesprechung in ein Nachbarland, sondern nach Portugal, das ebenfalls zum Zuständigkeitsbereich der MAD-Gruppe III gehörte, wenn dort Bundeswehrinteressen berührt waren.

Ich flog also mit dem regelmäßig verkehrenden Bw-Flugzeug am Montag, 10. Oktober 1983, von Köln-Wahn nach Beja/Portugal.

Mich interessierte der portugiesische Fliegerhorst mit deutscher Besatzung auch deshalb besonders, weil mein Bruder Ralf ein Jahr zuvor als Feuerwehrmann des Geschwaders in Rheine-Hopsten einige Wochen bei der Fliegerhorst-Feuerwehr in Beja im Rahmen einer Kommandierung Dienst geleistet hatte.

Nach der Landung in Beja wurde ich von meinem Gesprächspartner, dem S2-Sicherheitsoffizier, empfangen. Nach dem „Einchecken" im Zimmer der Offizierunterkunft und nach dem anschließenden Mittagessen führte er mich zur Besichtigung durch den Fliegerhorst.

Der eigentliche Zweck meiner Dienstreise, die Befragung eines jungen deutschen Luftwaffenoffiziers, fand am Dienstagvormittag statt.

Im Rahmen der Sicherheitsüberprüfung der Stufe II, die für seine weitere Verwendung in Beja erforderlich war, hatte der Leutnant sicherheitserhebliche Angaben gemacht, die durch eine MAD-Befragung geklärt werden mussten. Schmidts Familie stammte aus der DDR. Seine Eltern hatten sich mit ihm und seiner Schwester noch rechtzeitig vor dem Mauerbau in die Bundesrepublik absetzen können. Bevor er nach dem Abitur zur Bundeswehr eingezogen wurde, hatte er einen letzten Besuch seiner Verwandten in der DDR durchgeführt. Diese Reise sei zwar ohne Sicherheitsvorkommnisse über die Bühne gegangen, der spätere Briefverkehr mit seinen Verwandten habe ihn allerdings hellhörig gemacht, sodass er dem S2-Offizier des Fliegerhorstes gebeten habe, eine Verbindung zum MAD herzustellen. Er legte mir drei Briefe seines Onkels aus der DDR vor. Die Einladung, ihn doch mal wieder zu besuchen, wurde von Brief zu Brief eindringlicher. Sein Onkel wies dabei auf ehemalige Freunde aus seinen jüngeren Jahren aus der DDR hin, die ihn auch gerne mal wiedersehen wollten, zumal sie selbst nicht in die Bundesrepublik reisen durften.

Im letzten Brief erwähnte er gar einen ehemaligen Nachbarn, der ihn unbedingt in Bälde in seiner alten Heimat empfangen wolle. Da ihm der angeblich ehemalige Nachbar völlig unbekannt vorkam, schöpfte er endlich Verdacht, dass mehr dahinterstecken könnte als nur die Sehnsucht eines angeblichen ehemaligen Bekannten, ihn wiederzusehen.

Ich bestätigte seine Ansicht und bedeutete ihm, dass die gesamte „Einladungsmasche" mit Sicherheit einen Stasi-Hintergrund habe. Ich riet ihm deshalb, den Briefverkehr mit seinem Onkel völlig einzustellen, um auch diesen vor weiteren möglichen Aufforderungen der Stasi, seinen Neffen zu einer Besuchsreise in die DDR zu bewegen, zu bewahren. Erst recht dürfe er auf keinen Fall in die DDR reisen, zumal er nach seiner Sicherheitsüberprüfung der Stufe II als „Streng Geheim-VS-Ermächtigter" einem absoluten Reiseverbot in Länder des kommunistischen Machtbereichs unterliegen werde. Er sagte, dass er bereits von seinem S2-Offizier entsprechend belehrt worden sei und selbstverständlich nie mehr in die DDR reisen werde.

Der Leutnant wirkte auf mich uneingeschränkt glaubwürdig, sodass ich ihn in aller Freundschaft verabschieden konnte.

Da der Bundeswehrflieger erst am Freitagvormittag wieder zurück nach Köln-Wahn fliegen würde und ich meine dienstliche Aufgabe zufriedenstellend erledigt hatte, standen mir gut zwei „Touristiktage" zur Verfügung.

Am Dienstagnachmittag machte ich mir ein paar schöne Stunden in dem kleinen Garnisonsstädtchen Beja. Den Abend verbrachte ich im sog. „Deutschen Haus", in das ich den S2-Offizier, zum gemeinsamen Abendessen eingeladen hatte. Auf meinen Wunsch hin hatte er mir ein Bahnticket für eine Reise nach Lissabon und weiter an die Westküste beschafft. Zusätzlich hatte er für mich eine Hotelunterkunft von Mittwoch auf Donnerstag in Lissabon gebucht.

Abb. 48. Eine Dienstreise mit einem Urlaubstag am „Kap der Felsen", dem westlichsten Ort Kontinentaleuropas

Ich bestieg am frühen Mittwochmorgen frohgemut und frei von dienstlichen Belastungen den Zug Richtung Lissabon. Der Bahnwagen füllte sich von Station zu Station immer mehr – es war schließlich die „rush hour" für die arbeitende Bevölkerung. Am meisten verwunderte mich die lautstarke, freundliche Begrüßung der jeweils neu Zugestiegenen durch die Reisenden im Zug – offensichtlich kannten sich fast alle Leute, die Richtung Hauptstadt zur Arbeit fuhren. Ich erinnerte mich an vergleichsweise ähnliche Situationen in Morgenzügen in Deutschland – mit verschlafen wirkenden, vor sich hindösenden Frühaufstehern.

Portugal, eine fremde Welt mit offensichtlich zufriedenen, glücklichen Menschen!

Am frühen Vormittag erreichten wir Lissabon. Ich begab mich direkt in das am Rande der Altstadt gelegene Hotel, checkte mich ein und entledigte mich des Reisegepäcks. Im Zentralbahnhof stieg ich bald darauf in den Bummelzug nach Sintra am atlantischen Ozean, nur wenige Kilometer westlich der Hauptstadt. Mein Ziel war das berühmte „Cabo da Roca“, das „Kap der Felsen“, der westlichste Ort von Kontinentaleuropa, Abb. 48. Ich genoss als Urlauber den faszinierenden Ausblick von oben auf die am Fuße des felsigen Festlandes im Meer stehenden riesigen Felsblöcke und auf das weite Meer hinaus.

Wie es sich für einen begeisterten Touristen aus Deutschland geziemt, zahlte ich gerne meinen Obulus für das „Certificado da visita ao Cabo da Roca, Sintra-Portugal“.

Am frühen Nachmittag fuhr ich mit einem Bummelzug zurück Richtung Lissabon – mit einem Zwischenstopp in einer Bahnstation direkt am Meer gelegen, ganz in der Nähe der Stadt Estoril, bekannt durch ihre damalige Formel-1-Rennstrecke und ein Schloss. Ich begab mich an den herrlichen, menschenleeren Strand, um ein wenig im Meer zu schwimmen und mich anschließend in der warmen Sonne auszuruhen. Die Luft- und Wassertemperaturen erinnerten mich an vergleichbare Bedingungen an manchen sehr warmen Tagen in Deutschland während der Spätsommerzeit. Ich genoss am Strand liegend den späten Sommertag und machte mich auf den Weg, als wehmütige Gedanken in mir die Oberhand gewannen. Es waren Gedanken an die jüngsten Todesfälle in der Familie meiner Frau, es waren kurze Erinnerungen an den traurigen Urlaub wenige Wochen zuvor am spätherbstlichen Atlantik in Frankreich.

Meine Beurteilung möchte ich vorwegnehmend zusammenfassen, auch „Lissabon ist eine Reise wert“. Gut ausgeruht und voller Erwartungen begann ich nach meiner Ankunft in Lissabon ein rechtes Sightseeing, um in der kurzen Zeit viele Eindrücke zu sammeln, die da waren:

- das Denkmal „Heinrich der Seefahrer“ am Tejo-Ufer
- der Hafen mit dem „Turm von Belem“
- die gigantische, herrliche Hängebrücke über den Tejo
- die Zahnradbahn mit dem Anstieg auf einen steilen Hügel mitten in der Altstadt
- die über der Stadt thronende Festungsruine mit einem uralten, gewaltigen Baumstumpf, von wo man einen Großteil der riesigen Stadt überblicken kann

- und schließlich die Freitreppe am Ufer des Tejo, die nach Überquerung des riesigen Platzes zwischen der Altstadt und dem Tejo-Fluss zum Ausruhen einlud, Abb. 49, 50.

Auch ich war inzwischen ein müde gewordener Wanderer durch Lissabons Sehenswürdigkeiten geworden.

Kaum hatte ich mich auf einer der vielen Treppenstufen niedergelassen, wurde ich von einem jungen Mann, einem Österreicher, angesprochen, der mich offenbar unter den vielen dort sitzenden, miteinander schwatzenden Menschen als „Landsmann" erkannt hatte. Völlig verstört und nervös um sich schauend, erzählte er mir, was ihm vor Kurzem passiert war. Auch er habe sich – wie all die anderen müden Leute – in der Abendsonne auf der Treppe sitzend ausruhen wollen. Sein kleines Reisegepäck mit all seinen Habseligkeiten habe er vor sich abgestellt und sei wahrscheinlich kurz eingenickt. Als er aufwachte, war sein Gepäck verschwunden. Er bat mich flehentlich um Hilfe. Eine Anzeige hatte er noch nicht erstattet. Ich riet ihm, umgehend die österreichische Botschaft aufzusuchen, die in solchen Fällen zur Hilfeleistung verpflichtet sei. Er nickte dankend und machte sich von dannen.

Nachdem die Abendsonne allmählich zu verschwinden begonnen hatte und ich erheblichen Hunger verspürte, machte ich mich auf den Weg in die Altstadt, um in einem gemütlichen Lokal mein Abendessen einzunehmen.

In Lissabon, links, Abb. 49. Der Praça do Comércio am Flussufer mit der Reiterstatue von König José. Rechts, Abb. 50. Avenida da Liberdade am Praça dos Restauradores

Das Essen war hervorragend, und als Begleitmusik erklangen für mich befremdliche Melodien – wie ich später erfuhr, hörte ich erstmals die traditionellen Zarzuela-Klänge der iberischen Halbinsel.

Gesättigt und rundum mit dem geschenkten „Urlaubstag" zufrieden, schlenderte ich durch den warmen Herbstabend in Richtung des am Stadtrand gelegenen Hotels – nichts Böses ahnend, als mich ein vor dem Speiselokal stehender Mann anschaute und mir freundlich einen „Guten Abend" zunickte. Der Abend war mittlerweile recht dunkel geworden und ich müde. Zum Glück war es kein weiter Weg bis zum Hotel, und ich hatte mir am Morgen den Weg dorthin gut eingeprägt.

Die ziemlich außergewöhnliche Begegnung mit dem fremden Mann beim Verlassen des Speiselokals hatte mich schon nachdenklich gemacht.

Als der Menschenstrom auf dem Bürgersteig nach einiger Zeit immer übersichtlicher geworden war, blieb ich vor einem erleuchteten Schaufenster stehen und schaute unauffällig in die rückwärtige Richtung. Mein Gefühl – oder sollte ich sagen, meine Erfahrung – hatte mich nicht getäuscht.

Jetzt kam die professionelle Anspannung in mir auf, Abb. 51.

Ich war mir plötzlich sicher, dass diese Beobachtung mir galt. Ich erinnerte mich an Observationsübungen während der nd-Ausbildung an der Nachrichtenschule in Bad Ems und an reale Observationen während meiner langen Dienstzeit bei der MAD-Gruppe in Stuttgart.

Der Weg zum Hotel am Rande der Stadt ging die Straße immer geradeaus. Um mir Gewissheit zu verschaffen und meinen „Schatten" evtl. abzuschütteln, brauchte ich nur in eine der nächsten Seitenstraßen abzubiegen, mich dort in einem Hauswinkel, einem Türeingang oder einer ähnlichen Örtlichkeit zu verstecken – und schon hätte ich erkennen können, ob er mir wirklich folgte.

Gedacht, getan – allein, es passierte nichts. Er war mir also nicht in die „Falle" gegangen.

Nach einer Wartezeit ging ich zurück auf die Hauptstraße und musste feststellen, dass mein „Schatten" sich noch immer nicht weit entfernt von mir aufhielt. Mir kam das Ganze allmählich unheimlich vor:

Wer war der Mann? Was wollte er von mir? Warum war er mir nicht in die Nebenstraße gefolgt?

Ich fand keine befriedigende Antwort auf all die Fragen. War er jemand aus dem Rotlichtmilieu oder aus dem kriminellen Bereich? War er mir nicht in die falsche Straße gefolgt, weil er wusste, dass mein Ziel – das Hotel – immer geradeaus zu erreichen war?

Keine 100 m von mir entfernt, erkannte ich den jungen Mann, der ebenfalls stehen geblieben war und sich scheinbar interessiert einen geparkten Wagen anschaute – das war kein Zufall!

Abb. 51. Mein „Schatten" auf der Avenida da Liberdade (vorne links)

Nicht weit vom Hotel entfernt befand sich ein großer Kinopalast auf unserer Straßenseite. Ich startete einen erneuten Versuch, den Verfolger loszuwerden. Ich ging ins Foyer des Kinos und betrachtete die Bilder der aktuellen Filme. Ich weiß noch genau, dass im Hauptkino der US-Film „Ein Offizier und Gentleman" gezeigt wurde.

Ich hielt mich beim Betrachten der Filmbilder eine längere Zeit in der Hoffnung auf, dass der Verfolger ebenfalls das Foyer betreten würde, oder aber, dass er mittlerweile ganz verschwunden war.

Beides passierte nicht, vielmehr wartete er – draußen auf der Straße – offensichtlich noch immer auf mich.

Schnellen Schrittes legte ich die kurze Strecke bis zum Hotel zurück, holte mir beim Pförtner meinen Zimmerschlüssel und blieb noch ein Weilchen im Empfangsraum sitzen. Gespannt ging ich danach vor den Hoteleingang, wo ich meine Vermutung bestätigt sah – mein „Schatten" war tatsächlich verschwunden.

Trotz großer Müdigkeit konnte ich nicht gleich einschlafen. Die Geschichte mit der ständigen Verfolgung durch die abendliche Straße Lissabons ging mir immer wieder durch den Kopf, und ich versuchte vergebens, mir einen Reim darauf zu machen.

Den Vormittag des nächsten Tages verbrachte ich noch mit einem gemütlichen Bummel durch Lissabon, ehe ich mit dem Zug wieder zurück nach Beja fuhr, wo ich das Abendessen im „Deutschen Haus" einnahm.

Vor dem Abflug der Bw-Maschine am frühen Freitagvormittag besuchte ich den S2-Offizier in seinem Büro, um ihn über das positive Ergebnis der Befragung des Leutnants zu informieren und ihm für seine Unterstützung bei der „Urlaubsplanung" zu danken.

Ich verabschiedete mich von ihm, ohne auch nur andeutungsweise von meinem mysteriösen „Schatten" in Lissabon etwas zu erzählen, da ich unterstellte, dass er mir kaum eine Lösung des Rätsels hätte anbieten können.

Im Laufe der nächsten Jahre geriet das Ereignis bei mir fast in Vergessenheit – und erst 22 Jahre später gab es doch noch eine fantastische Lösung des bis dahin ungelösten Rätsels.

Erst anlässlich einer Dienstreise Ende 2004 mit dem MAD-OTL a. D. Korb (fiktiver Name) – meinem designierten Nachfolger bei der Firma Rheinmetall – zu den Rheinmetall-Tochterunternehmen, dem Mauser-Werk in Oberndorf am Neckar und dem Buck-Werk in Neuenburg am Rhein – kamen wir selbstverständlich als ehemalige MAD-Kollegen auf die „alten Geschichten" zu sprechen.

Es war im Übrigen die letzte gemeinsame Dienstreise zu Rheinmetall-Unternehmungen – im Rahmen meiner Verabschiedung und der Vorstellung meines Nachfolgers als den neuen Sicherheitsbevollmächtigten. Die anderen Firmen hatten wir bereits abgehandelt – und da passierte das Unglaubliche!

Mein Nachfolger bei Rheinmetall berichtete von seinen letzten Aufgaben im MAD-Amt als Dezernatsleiter der „Inneren Sicherheit" des MAD. Dabei habe er u. a. die meisten militärischen Nachrichtendienste der europäischen Nato-Staaten besucht – so auch den portugiesischen Dienst in Lissabon. Es gehörte zu den allgemeinen Vereinbarungen, dass sein Dezernat Dienstreisen von MAD-Ermittlern in diese Länder vorher dem jeweiligen Dienst mitzuteilen hatte. Gleiches galt für Dienstreisen ausländischer Ermittler aus Nato-Staaten nach Deutschland mit der Anmeldepflicht im ASBw, dem MAD-

Amt. Soweit Korb wusste, war Portugal das einzige Land, das sich zur Aufgabe gemacht hatte, die Besucher in Portugal durch einen unauffälligen „Begleitschutz“ vor möglichen kriminellen oder sonstigen Attacken zu schützen.

Natürlich berichtete ich ihm von meinem einschlägigen Erlebnis in Lissabon. Mit diesem neuen Wissen war mir klar, weshalb es mir nicht gelungen war, meinen „Schatten“ in Lissabon abzuschütteln. Alle „Ausweichmanöver“, die eine übliche Observation in die Irre hätte führen müssen, waren bekanntlich ins Leere gegangen.

Mein „Bodyguard“ hatte sicherlich gewusst, dass ich am späten Abend ohne Abweichungen auf kürzestem Weg ins Hotel unterwegs war – und ich bin mir sicher, dass er auch bemerkt hat, dass ich seinen „unauffälligen Begleitservice“ erkannt hatte.

Kapitel 13 (1984 – 1987)
Leiter der MAD-Stelle 33 in Iserlohn mit einer Jubiläumsfeier

1. Die missliebige Versetzung nach Iserlohn und meine Eingabe an den Wehrbeauftragten

Zunächst war es ein Gerücht, dann flatterte mir die Versetzungsverfügung des BMVg-PV5 vom 30. Dezember 1983 auf meinen Schreibtisch. Damit stand fest, dass ich am 23. Januar 1984 bei der MAD-Stelle 33 in Iserlohn den Dienst anzutreten hatte – und das bereits zwei Jahre und drei Monate nach Übernahme des Dienstpostens (DP) als Dezernatsleiter in Düsseldorf.

Auch wenn ich mittlerweile die Hintergründe kannte, traf mich dieser „Befehl“ wie ein Blitz. Für mich stand fest, dass ich mir solch eine Behandlung nicht wehrlos gefallen lassen sollte. Also schrieb ich noch im Dezember 1983 eine Eingabe an den Wehrbeauftragten des Deutschen Bundestages.

Hintergrund dieser vorzeitigen und voreiligen Versetzung war die tragische Familiengeschichte eines Fregattenkapitäns, der mit seiner Frau in einem Düsseldorfer Nachbarhaus von uns wohnte und Dienst im ASBw in Köln leistete. Die genauen Gründe und Abläufe der psychischen Krankheit seiner Ehefrau sind mir nicht bekannt, aber es gab damals eindeutige Hinweise aus dem nachbarschaftlichen und dienstlichen Bereich auf einen misslungenen Suizid seiner Frau. Für das BMVg und das ASBw lag es aus fürsorgerischen Gründen also nahe, ihm einen Dienstposten bei der MAD-Gruppe III in Düsseldorf zu besorgen. Für die MAD-Führung gab es einen zweiten wichtigen Grund dienstlicher Art, den zu versetzenden Offizier der MAD-Gruppe III auf den DP des Dienststellenleiters der MAD-Stelle 33 in Iserlohn zu setzen.

Der Führungsstil des dortigen Leiters und sein gesamtes Verhalten gegenüber der Mannschaft in Iserlohn waren Anlass für den überwiegenden Teil seiner Untergebenen, gegen ihn Beschwerden zu schreiben. Das erfuhr ich unter vorgehaltener Hand aus berufenem Munde. Deshalb musste er ganz offensichtlich ganz ohne Pardon seines DP enthoben werden. Mit der Folge für mich, dass ich den Posten als Dezernatsleiter der Spionageabwehr der MAD-Gruppe III – sehr zu meinem Missfallen – viel zu früh verlassen musste.

Es gab also zwei schwerwiegende Gründe, die meine Eingabe an den Wehrbeauftragten voraussichtlich von vorne herein ad absurdum führten. Ich fühlte mich trotzdem nicht als „Michael Kohlhaas“ und harrte der Dinge, die kommen mussten.

Ich trat also nicht gerade wohlgelaunt am Montag, 23. Januar 1984, meinen Dienst in Iserlohn an. Es passte zum Tag – mit einiger Verspätung wegen des riesigen Schneefalls in der Nacht von Sonntag auf Montag. Das war nur der Anfang.

In der zweiten Februarhälfte machte mich ein heftiger grippaler Infekt für zwei Wochen dienstunfähig, mit der Folge, dass ich auch in den folgenden Wochen nicht so recht auf die Beine kam. Zur Rekonvaleszenz schickte mich der Truppenarzt im Juni/Juli 1984 in einen vierwöchigen Kuraufenthalt in die Kurklinik Überlingen am Bodensee, Abb. 52.

Die Kur war mit viel dienstlichem Gesundheitssport verbunden,

- mit Gymnastik, Joggen und Schwimmen, aber auch mit privaten Ausflügen,
- mit einem Segeltörn unter der professionellen Leitung eines Fregattenkapitäns, der ebenfalls Kurteilnehmer war, Abb. 53,
- und mit einem kurzen Tripp in das nahegelegene Fürstentum Liechtenstein.

Die Genesung war bei dem Programm garantiert.

Abb. 52. Meine Kur in Überlingen …, Abb. 53. … mit einem Segeltörn auf dem Bodensee

Mitte Februar 1984 erhielt ich den Bescheid des Wehrbeauftragten Drescher auf meine Eingabe an ihn wegen meiner Versetzung nach Iserlohn nach einer viel zu kurzen Stehzeit bei der MAD-Gruppe III in Düsseldorf. Im Schreiben vom 14. Februar 1984 führte der Wehrbeauftragte – wie von mir erwartet – „zwingende persönliche Gründe“ für die Versetzungen an.

Neu für mich war die im Schreiben angeführte Begründung für die Neubesetzung des DP „Leiter der MAD-Stelle 33“ –, auch wenn der Wehrbeauftragte davon ausging, dass mir „die Gründe dafür bekannt sind“. Wörtlich heißt es weiter: „Für die Nachbesetzung des Dienstpostens konnte nur ein besonders qualifizierter Offizier in Betracht gezogen werden. Die Führung dieser MAD-Stelle bedeutet auch nach meiner Auffassung für jeden dafür geeigneten Offizier eine berufliche Herausforderung, für die ich Ihnen vollen Erfolg wünsche.“

Es warteten viele für mich zum Teil völlig neue Aufgaben auf mich, die es mit Überzeugung anzupacken galt.

Ich war plötzlich Disziplinvorgesetzter meiner mir unterstellten Soldaten und auch Vorgesetzter des zivilen Personals der MAD-Stelle, die offensichtlich allesamt einen gewissen Vertrauensbruch mit ihrem bisherigen Vorgesetzten erlebt hatten. Es galt also für mich ein gesundes Vertrauen wieder-aufzubauen, um eine gedeihliche Zusammenarbeit mit guten Arbeitsergebnissen zu erreichen.

Schließlich bestand der Auftrag der MAD-Stelle 33 darin, die Bundeswehr in ihrem Zuständigkeitsbereich – der den Regierungsbezirk Arnsberg mit seinen 13 500 Bw-Angehörigen umfasste – vor Sicherheitsgefährdungen durch gegnerische Nachrichtendienste (GND) und extremistische Bestrebungen zu schützen.

Eines der Hauptsachgebiete einer MAD-Stelle ist jedoch zweifellos die personelle Sicherheitsüberprüfung (SÜ). Eine Aufgabe, die von Dez-3-Angehörigen – also von Spionageabwehrermittlern – auch schon mal etwas despektierlich eingestuft wird, da es sich um eine „offene Ermittlung“ handelt, die mit den hohen Ansprüchen eines Geheimdienstes nichts oder nur wenig zu tun hat. Es war allerdings im MAD durchaus gängige Praxis, auch Dez-3-Ermittler bei ihrem Dienst gelegentlich mit Befragungen im Rahmen von Sicherheitsüberprüfungen zu beauftragen, um den Riesenstau in der anfallenden SÜ abzubauen. So waren auch mir als langjährigem Dez-3-Ermittler die Sicherheitsüberprüfungen mit entsprechenden Ermittlungen und Befragungen kein wirkliches Neuland, sehr wohl aber eine Wissensvertiefung.

Abb. 54. Unser Haus in Iserlohn

Ich konnte zum damaligen Zeitpunkt natürlich nicht ahnen, welch wichtige berufliche Fortbildung ich dadurch durchmachte, mit großem Gewinn für meine spätere Verwendung in der Industrie als Sicherheitsbevollmächtigter.

Eine weitere Aufgabe war das Aufnehmen, Gewinnen und Bearbeiten von Nachrichten, die die beiden Gefährdungssektoren für die Bundeswehr betrafen:

- Spionage durch gegnerische Nachrichtendienste (GND) und
- extremistische Bestrebungen gegen die Bw.

Einen bedeutenden Aspekt hatte zudem die Beratung und Unterstützung der Truppe im Zuständigkeitsbereich der MAD-Stelle 33. Das bedeutete ständigen Kontakt zu den Bw-Standorten und Staatsschutz-Polizeidienststellen – den 14. Kommissariaten der Polizeipräsidien in Hagen, Dortmund und Bochum. Damit war es möglich, regionale Lagebeiträge zu erstellen und die Bw-Kommandeure über aktuelle Sicherheitsgefährdungen und Verhaltensmaßnahmen zu beraten, und auch, um an relevante Nachrichten und Hinweise aus diesen Bereichen zu kommen.

Abb. 55. Die Bernhard-Hülsmann-Kaserne in Iserlohn

Bereits im Mai 1984 machte ich mit den Stellenangehörigen den ersten dienstlichen Betriebsausflug ins nahe Sauerland mit der Absicht, rechtzeitig persönliche Kontakte herzustellen, um das in der Vergangenheit abgerutschte Betriebsklima wieder anzuheben.

Meine Frau Bärbel und ich zogen endlich im August 1984 von Düsseldorf nach Iserlohn um, wo wir in einem prächtigen, rundum renovierten Haus aus den 20er-Jahren am Rande der Stadt

Iserlohn für die nächsten drei Jahre wohnten. Und das auch noch fußgängergerecht ca. 1 km von meiner Dienststelle entfernt, Abb. 54, 55.

Die MAD-Stelle befand sich in einem kleinen freistehenden Haus in der Bernhard-Hülsmann-Kaserne, die von der Truppendienstlichen Schule der Luftwaffe belegt war. Als Lw-Offizier fühlte ich mich deshalb sehr bald in Iserlohn zuhause.

Das Jahr 1984 ging schließlich für mich mit einem dreiwöchigen Fortbildungslehrgang für MAD-Stabsoffiziere an der Nachrichtenschule der Bundeswehr in Bad Ems kurz vor Weihnachten dienstlich zu Ende.

Da dienstlich durchgeführte Sportveranstaltungen mit Gästen eine sehr gute Möglichkeit sind, sich gegenseitig rasch kennenzulernen, luden wir die drei 14. Kommissariate – also die Staatsschutzpolizei – der Polizeipräsidien Hagen, Dortmund und Bochum zu einem Kegel-Vergleichskampf nach Iserlohn ein. Das gesellige Sportkegeln in der Kegelbahn des Offizierheims der Lw-Schule am 18. März 1985 war ein voller Erfolg, wie mir alle Gäste versicherten. Wir lernten einander kennen – eine gute Basis für die zukünftige Zusammenarbeit. Zugegeben – wir waren nicht gerade die „Super-Gastgeber", denn wir gewannen schamlos die Teamwertung vor den Kriminalbeamten des 14. K. Hagen. Dafür hatte unser Schützenteam zwei Monate später, am 14. Mai 1985, keine Chance gegen die „Profis" der Iserlohner Polizei, die in der Gesamtwertung mit Pistole und Maschinenpistole klar vor uns lagen, aber auch da war der Gedanke des gegenseitigen Kennenlernens vorrangig.

Aber auch vier Monate später, im September 1985, beim 7. Pokalschießen der MAD-Stelle 33, belegte ich als ausrichtender Chef im Pistolenschießen nur den 4. Platz, und auch unsere Mannschaft musste sich den Gästen der Staatsschutzpolizeien geschlagen geben.

Doch damit war der Tiefpunkt im Schießen erreicht, denn nach kontinuierlichem Training in der Folgezeit ging es sprunghaft nach oben.

Beim 8. Pokalschießen unserer Stelle im Mai 1986 lag unser Schützenteam bereits auf dem 2. Platz – hinter der Polizei Hagen und vor den anderen 14.-K.-Mannschaften.

Das Highlight aber war dann mein letztes Pokalschießen als Chef der MAD-Stelle im Juni 1987. Doch mehr dazu im Sportteil meines 2. Buches „Unser Sohn in der Hölle der Roten Khmer".

2. Der Ostermarsch mit einem Undercover-Einsatz in Dortmund und der Empfang zum Jubiläum der MAD-Stelle 33

Es gab immer wieder Behauptungen und Gerüchte, dass bei den Ostermärschen der Friedensbewegung in Dortmund auch Soldaten mitmarschierten – und zwar erkenntlich als solche im Bw-Arbeitsanzug mit Uffz.-/Fw-Dienstgradzeichen. Entsprechende Beobachtungen durch meine Ermittler vom Straßenrand aus hatten in den vergangenen Jahren keinerlei derartige Hinweise erbracht.

Da die Behauptungen auch von der Dortmunder Staatsschutzpolizei ausgingen, wollten wir „Nägel mit Köpfen" machen. Wir planten für Ostern 1985 einen „Undercover"-Einsatz mit technischer Unterstützung. Frei nach Mao Tse-tung marschierten wir als Zweierteam wie „der Fisch im Wasser" in der Menge mit. Ich wurde dabei von einem meiner Mitarbeiter und späteren Sportfreund begleitet, mit dem ich in den vergangenen Monaten viele Langlaufkilometer abgespult hatte – mit dem Ziel, einen Marathonlauf zu bestehen.

Doch zurück zum Ostermarsch. Natürlich waren wir eventgemäß gekleidet, wie viele andere auch: mit Bw-Parka und Blue Jeans. So konnten wir völlig unauffällig in der Menge hin- und hergehen, ohne damit aufzufallen.

Ziel der Aktion war es, entsprechend gekleidete Soldaten ausfindig zu machen – erkenntlich an ihren Dienstgraden. Im Erfolgsfall hätten wir sie unbemerkt bis zu dem Bereich begleitet, in dem unser Observationsteam sie von oben aus einer Wohnung heraus hätte fotografieren können.

Man kann es sehen, wie man will: Wir hielten den Einsatz für eine gelungene Aktion. Wie es sich für eine „Friedensbewegung" geziemt, war alles friedlich verlaufen. Und das Gerücht über mitmarschierende Zeitsoldaten hatten wir damit auch entkräftet.

Obwohl mir klar war, dass es problematisch werden könnte, am Tag vor dem Empfang zum 10-jährigen Jubiläum der MAD-Stelle 33 bei einem Marathonlauf zu starten, ging ich dieses „Abenteuer" einer Marathonpremiere ein.

Ich fuhr also am 2. Juni 1985 nach Dülmen im Münsterland, um die Härten eines ca. 4-Stunden-Langlaufs auf mich zu nehmen. Letztlich ging alles relativ gut – zumindest ohne Verletzungen oder gar einen Zusammenbruch. Ich schaffte gar meine zeitliche Zielvorstellung, unter vier

Stunden zu bleiben. Näheres zu diesem Marathonlauf erläutere ich im Sportteil von Buch 2.

Für Montag, den 3. Juni 1985, hatten „die Mitarbeiter der MAD-Stelle 33 und der Leiter Oberstleutnant Dieter Wolf sich die Ehre gegeben, zum 10-jährigen Bestehen der MAD-Stelle seine Gäste zu einem Empfang einzuladen" – so der Text der Einladungskarte.

Zu den honorigen zivilen Gästen gehörten u. a. Fritz Fischer, der Bürgermeister der Stadt Iserlohn, der SPD-Bundestagsabgeordnete Heinz-Alfred Steiner, der CDU-Landtagsabgeordnete Helmut Lindner und der Polizeichef von Iserlohn, Polizeirat Hochmannski. Ranghöchster militärischer Gast war Oberst Hambach, der Kommandeur der Luftwaffenschule, in dessen Kaserne meine Dienststelle Obhut gefunden hatte. Weitere geladene Kommandeure aus dem Bereich der Bundeswehr und der alliierten Streitkräfte konnten der Einladung nicht Folge leisten – wegen eines Nato-Alarms an diesem Tage.

Es war eine gelungene Veranstaltung, die ich trotz leichter Nach-Marathon-Beschwerden uneingeschränkt genießen konnte. Dass sich auch Pressevertreter eingefunden hatten, beweisen die positiven Artikel zum Thema

- in der „Westfalenpost" am 4. Juni 1985 mit dem Titel „MAD feiert 10. Geburtstag in Iserlohn"
- im „Iserlohner Kreisanzeiger und Zeitung" vom 4. Juni 1985 mit der Überschrift „Abwehrschirm des Iserlohner MAD reicht von der Ruhr bis zur Sieg"
- und in der „Westfälischen Rundschau" vom 4. Juni 1985 mit dem Titeltext „MAD-Stelle Iserlohn wurde jetzt zehn Jahre alt – Sicherheitsgefährdende Kräfte von Bundeswehr ferngehalten".

3. Unser Betriebsausflug ins Münsterland, in meine zweite Heimat und unser Familienfest mit der Rede eines Rüpels

Am 15. August 1985 erlebte ich meinen zweiten Betriebsausflug in der MAD-Stelle. Als Zielregion hatte ich Rheine und Umgebung ausgewählt, die Stadt, wo ich 1958 mein Abitur gemacht hatte.

Wir waren zu Gast beim Jagdbomber-Geschwader in Rheine-Hopsten, in Bevergern, wo meine Eltern sich nach dem Krieg niedergelassen hatten, und in Riesenbeck, wo wir im Schloss-Café Surenburg zum Mittagessen einkehrten. Am Nachmittag besichtigten wir die Schleusenanlage des Dortmund-Ems-Kanals in Bevergern-Bergeshövede, gelegen am Rande des Ausläufers des Teutoburger Waldes. Zum Abschluss folgten wir der Einladung meines Bekannten, Gert Kraatz, der nach seiner Beförderung zum Polizeihauptkommissar Dienststellenleiter des Wasserschutzpolizeipostens in Bergeshövede geworden war. Wir besuchten ihn und seine Dienststelle im „Kanaldreieck" Dortmund-Ems-Kanal und Mittellandkanal, Abb. 56. Er erläuterte uns die Zuständigkeit und Aufgaben der Wasserschutzpolizei im Allgemeinen und seiner Dienststelle im Besonderen.

Nach einem langen Betriebsausflugstag erreichten wir erst am späten Abend unsere Dienststelle in Iserlohn – müde und voller neuer Eindrücke.

Abb. 56. Zusammenfluss von Dortmund-Ems-Kanal (r. oben und unten) und Mittellandkanal (l.) in der Nähe von Hörstel-Bevergern, das „Nasse Dreieck". Blick nach Osten

Erst viele Jahre später – nämlich im September 2019 – besuchten wir anlässlich einer „therapeutischen Memoryreise" für meine demenzkranke Frau Bärbel erneut das historische Städtchen Bevergern. Dabei statteten wir Gert Kraatz einen Höflichkeitsbesuch ab.

Der ehemalige Polizeikommissar war natürlich längst in Beamtenpension – mit einem schweren Schicksal. Er war erheblich gelähmt und konnte sich kaum noch ohne Hilfe seiner polnischen Pflegekraft bewegen. Psychisch litt er sehr darunter, dass seine Frau Loni ein halbes Jahr zuvor nach einer Krebsoperation verstorben war.

Es war auch für mich ein Drama, als Gert und Bärbel auf ihre beiden menschlichen Verluste – er über den Tod seiner Frau Loni und sie über den Tod unseres Sohnes Matthias – weinend zu sprechen kamen.

Bei der Verabschiedung versprachen wir Gert, dass wir uns bemühen würden, ihn in naher Zukunft erneut in seinem Haus in Bevergern aufzusuchen.

Am 2. Juli 2020 erhielt ich zu meiner Überraschung ein kleines Paket von Gert – mit einem inliegenden Buch und einem bewegenden Brief an Bärbel und mich. Ich zitiere aus seinem Brief:

> „Es muss schon lange her sein, dass wir voneinander hörten. Aber mitunter gibt es unglaublich Zufälle. Als 81-jähriger Pensionär habe ich mich mal damit beschäftigt, meine umfangreiche Literatur durchzusehen. Dabei fiel mir das beiliegende Buch „Die Wurzeln des Himmels" von Romain Gary in die Hände, das ich gar nicht kannte. Wie erstaunt war ich, als ich das Buch aufschlug und anhand der eingeklebten Urkunde feststellte, daß Dir, lieber Dieter, das Buch als „Anerkennung für eine sportliche Top-Leistung" am 06. August 1959 vom Kommandeur des Fluganwärter-Regiments (FAR) in Uetersen überreicht worden war. Weil ich Loni nicht mehr fragen kann, vermute ich, daß Du ihr dieses Buch zu einer Zeit, als ihr euch gut kanntet, zum Lesen ausgeliehen hast."

Ich freute mich sehr über die späte Rückgabe des Buches, auch wenn ich mich an nichts mehr erinnern konnte,

- weder daran, dass ich seinerzeit diesen Buchpreis erhalten hatte,
- noch daran, dass ich das Buch danach meiner damaligen Freundin Loni ausgeliehen oder geschenkt hatte.

Das Buch ist für mich ein wertvolles Erinnerungsstück an meine Fahnenjunkerzeit und an Loni, die ich eigentlich bei meiner Septemberreise 2019 hatte besuchen wollen – doch ich kam leider zu spät! Wie sagte einst Gorbatschow: „Wer zu spät kommt, den bestraft das Leben."

Letztmals besuchte ich Gert Kraatz, meinen alten und neuen Freund, in seinem Haus in Bevergern am 1. August 2020. Ich nutzte dazu meinen „Kurzurlaub", in dem meine Frau Bärbel zur „Kurzzeitpflege" im Neusser Memory-Zentrum untergebracht war. Es war für mich ein trauriger Besuch im ständigen Gedenken an die beiden kranken Mitmenschen Gert und Bärbel.

Zu einem vereinbarten weiteren Zusammentreffen in naher Zukunft kam es leider nicht mehr, da Gert Kraatz am 17. Dezember 2020 verstarb.

Doch nun zurück zu meinem gedrängten Programm im Sommer 1985. Ich weilte am Dienstag und Mittwoch, 27./28. August 1985, in Bad Ems in der Bw-Nachrichtenschule – der SNBw – als Teilnehmer einer Dienststellenleiter-Tagung.

Und bereits am Donnerstag, dem 29. August 1985, veranstaltete meine Dienststelle den lange geplanten „Familientag“, den meine Frau angeregt hatte. Auch hier ging es darum, sich besser kennenzulernen – mit dem Hintergedanken, ein gehobenes Betriebsklima zu schaffen.

Wir setzten uns also am frühen Nachmittag zum „Kaffee und Kuchen“ in unseren Besprechungsraum mit den Ehefrauen gemütlich zusammen, um Gedanken auszutauschen, vielleicht auch, um dabei Vorschläge und Anregungen für zukünftige Veranstaltungen zu besprechen.

Der gemeinsame „Kaffeeklatsch“ war offensichtlich für alle ein harmonisches Familienfest – wenn das böse Ende nicht gekommen wäre.

Zufällig war jener Tag auch der Tag der Verabschiedung eines meiner Feldwebel. Er hatte als Zeitsoldat seine Bw-Zeit hinter sich gebracht und war auf dem Weg in die sog. „Dienstzeitbeendende Ausbildung“. Er hatte im letzten Jahr die Übernahme zum Berufssoldaten beantragt, die ich ein wenig wider besseren Wissens sogar befürwortet hatte – vergebens, seine Beurteilungsquoten reichten nicht aus.

Bevor ich zum Eklat dieses Abends komme, noch eine Begebenheit der jüngeren Vergangenheit.

Der Feldwebel hatte sich an der Sicherheitsschule für Bw-Abgänger in Hamburg beworben, um zur Sicherheitsfachkraft ausgebildet zu werden. Ob er im Hinblick auf seinen zukünftigen Beruf mit Boxtraining begonnen hatte, war mir nicht bekannt. Jedenfalls gab er auffällig mit seinen Boxkünsten an. Irgendwann einmal brachte er seine Trainings-Boxhandschuhe in die freitägliche Sportstunde in die Halle mit. Da keiner meiner Untergebenen jemals eine Boxausbildung absolviert hatte, war es für ihn natürlich schwierig, einen „Sparringspartner“ zu finden. Mir war nicht bekannt, ob jemand in der Runde wusste, dass ich offensichtlich der Einzige mit Boxkenntnissen war. Dass ich von dem Oberfeldwebel offen gefragt wurde, ob ich zu einer Trainingsrunde gegen ihn bereit sei, kann auch daran gelegen haben, dass ich halt als Topathlet des MAD bekannt war.

Natürlich sagte ich zu, obwohl ich schon viele Jahre kein Boxtraining mehr absolviert hatte. Angst musste ich trotzdem nicht haben, ich kannte schließlich meinen „Pappenheimer“, der viel zu dicklich und alles andere als ein guter Sportler war.

Um es kurz zu machen: Der „Scheinkampf" machte mir wenig Spaß. Ich war technisch und athletisch meinem Sparringpartner haushoch überlegen. Ich traf ihn nach Belieben – und er mich kaum einmal. Ich glaube, er war froh über den „Schlussgong", nicht aber über das Erlebte, das er sich bestimmt ganz anders vorgestellt hatte.

Zurück zu unserem Familienfest am Abend des 29. August 1985.

Ich hatte dem Oberfeldwebel noch am Nachmittag die Erlaubnis gegeben, am nächsten Vormittag seine Sachen zu packen, ohne an der vormittäglichen Routine-Dienstbesprechung teilnehmen zu müssen, damit er ab Mittag die Dienststelle hätte verlassen können. Dabei hatte er mich gefragt, ob er sich bei dieser Gelegenheit mit einer kleinen Rede von seinen Kameraden verabschieden dürfe. Nichts Böses ahnend, hatte ich ihm natürlich zugesagt.

Kurz vor dem ersichtlichen Ende des Festes ging er an das im Raum befindliche Rednerpult und begann seine Abschiedsrede, die bis zum vorletzten Satz als „normal" bezeichnet werden konnte. Dann stach ihn offensichtlich „der Hafer". Zu mir gewandt, polterte er heraus: „… dass es bei dem Chef schon zu befürchten war, dass man ihm frühmorgens die Hände zur Sauberkeitskontrolle vorzeigen muss. Deswegen bin ich froh, endlich abhauen zu können!" Danach verließ er mit seiner Frau schleunigst den Gemeinschaftsraum.

Unter den anwesenden Stellenangehörigen und deren Ehefrauen herrschte eine bedrückende Stille. Was hätte ich auch tun können?

Ich entschied mich ad hoc dazu, den ungezogenen, rüpelhaften Oberfeldwebel ohne ein Wort ziehen zu lassen und die Festgemeinschaft freundlich zu verabschieden.

Um meine Verärgerung über sein Verhalten bei der am nächsten Tag geplanten Zurechtweisung in Schranken zu halten, brachte ich noch am Abend meine beabsichtigten Worte fein säuberlich zu Papier. Dabei machte ich mir natürlich Gedanken darüber, was wohl in ihn gefahren sein mochte, sich so unverschämt danebenzubenehmen. Ich fand allerdings so recht kein Motiv für seinen Auftritt. Was es etwa die „Rache des kleinen Mannes" für die verweigerte Übernahme zum Berufssoldaten, für die ich wirklich nicht verantwortlich gemacht werden konnte? Schließlich hatte ich seinen damaligen Antrag mit einer wohlwollenden Stellungnahme und einer Beurteilung, die um eine Note höher lag als die vorhergegangenen Beurteilungen, weitergereicht. Oder war es gar die späte Rache für die vermeintliche Blamage im Boxkampf gegen mich, die er sich selbst eingebrockt hatte?

Am Freitagvormittag war der Oberfeldwebel mit seiner Frau schon sehr früh in der Dienststelle aufgetaucht, um seine „Siebensachen" einzupacken und zu seinem Wagen zu bringen.

Während der Dienstbesprechung mit allen Mitarbeitern beauftragte ich meinen Vertreter, den Oberfeldwebel umgehend in den Besprechungsraum zu holen. Nachdem beide den Raum betreten hatten, forderte ich den Oberfeldwebel auf, in der ersten Sitzreihe Platz zu nehmen.

Vor versammelter Mannschaft verpasste ich ihm die gehörige „Standpauke" mit der Aufforderung, nach dem Einpacken seiner Klamotten unverzüglich den Dienstbereich der MAD-Stelle zu verlassen. Er stand auf und ging wortlos aus dem Raum – und ward fortan nicht mehr gesehen!

In der ersten Septemberwoche veranstaltete die MAD-Stelle das 7. Pokalschießen in Iserlohn-Sümmern, zu dem wie gehabt Gäste aus dem zivilen Bereich – Polizei, Zoll und Verfassungsschutz – und aus dem militärischen Bereich der alliierten Dienste eingeladen waren.

Dieses Mal waren wir offensichtlich „gute Gastgeber", denn das Team der MAD-Stelle belegte in der Gesamtwertung nur einen bescheidenen mittleren Platz.

Nach insgesamt anstrengenden Tagen war für meine Frau Bärbel und mich die Zeit gekommen, Urlaub zu nehmen, um wieder ein wenig auszuspannen. Wir hatten zwar im Juni 1985 mit der Schwester meiner Frau und deren Ehemann bereits einen kurzen „geruhsamen" Inselurlaub auf Helgoland verbracht, bevor wir schließlich gemeinsam im September/Oktober einen langen, wunderschönen Urlaub an der Riviera und in der prächtigen Toscana erlebten.

4. Die Beratung des Generalmajors Jung und das Biwak der 7. Panzerdivision in Unna

Es war die Zeit des sog. politischen „Doppelbeschlusses" der Nato bzw. der „gehassten Nachrüstungsandrohung der Nato" in den Augen „friedensbewegter" Zeitgenossen. Es war auch noch die hohe Zeit der RAF-Terroristen in Deutschland, sodass die Kommandeure auch aus Eigennutz und Selbstschutz den engen Kontakt zum MAD schätzten.

Eine meiner persönlichen Betreuungspersonen war Generalmajor Jung, der Kommandeur der 7. Panzerdivision in Unna. Im Laufe der Zeit gab es des Öfteren die Notwendigkeit, miteinander zu sprechen über die sicherheitspolitische Lage und mögliche Sicherheitsgefährdungen durch extremistische Kräfte, insbesondere aus dem RAF-Terrorbereich. Aber auch Erfahrungen jeder Art aus dem militärischen Leben konnten zum Gesprächsstoff gehören.

Und so war eines guten Tages die Widerstandsbewegung gegen Hitler das bewegende Thema. Wir kamen auf die Pflichtveranstaltung bei der Bundeswehr zu sprechen, in der an jedem 20. Juli an das von Claus Schenk Graf von Stauffenberg am 20. Juli 1944 ausgeführte und leider misslungene Attentat gedacht werden sollte. Ich berichtete ihm von meinem Erlebnis an einem 20. Juli Anfang der 60er-Jahre im Jagdgeschwader 73 in Sobernheim/Pferdsfeld. Mein damaliger Kommandeur hätte nach dem Bw-Erlass die Pflicht gehabt, für die Angehörigen des Stabes/Techn. Gruppe eine Belehrung/Unterrichtung zum Thema „20. Juli" durchzuführen.

Diese Aufgabe übertrug er mir, dem damaligen OLt und Personaloffizier der Technischen Gruppe des Geschwaders, mit den Worten, dass er als damaliger Offizier nicht voll hinter dem Attentäter Graf Stauffenberg gestanden habe, der offenbar nicht den Mut gehabt habe, Hitler offen zu erschießen.

Ich ergänzte diese Geschichte mit einem Hinweis auf meinen Schwiegervater, einem ehemaligen Rittmeister bzw. Hauptmann der Wehrmacht, der mir gegenüber ähnliche Gedanken zum Ausdruck gebracht hatte.

Ich hatte mich so weit in die offizielle Materie hineingesteigert, dass mir ein peinlicher Fauxpas unterlief. Ohne über das Alter meines Gegenübers nachgedacht zu haben, sagte ich: „Herr General, vielleicht haben Sie als ehemaliger Offizier der Wehrmacht ein gewisses Verständnis für derartige Gedanken der kriegsgedienten Offiziere."

Abb. 57. Der Kommandeur der 7. Panzer-Division, Generalmajor Jung, und OTL Wolf beim Neujahrsempfang 1985

Nein, das konnte er gar nicht haben, da er vermutlich kaum zehn Jahre älter war als ich, d. h., er war ein sog. „selbstgestrickter" Offizier der Bundeswehr! Ich war zutiefst geschockt und entschuldigte mich für meine Dummheit bei ihm. Er lächelte und klopfte mir auf die Schulter mit den Worten, „Errare humanum est. Irren ist menschlich und deshalb auch verzeihlich."

Mein unaufdringlicher guter Kontakt zu Generalmajor Jung und sein Bedarf der Danksagung für meine Beratungsdienste veranlassten ihn offensichtlich, mich zu den beiden Großereignissen mit Öffentlichkeitscharakter der

7. Panzerdivision 1985 einzuladen. Zunächst war es der feierliche Neujahrsempfang im Offizierheim, auf dem ich mit dem General auf ein gutes Neues Jahr anstoßen durfte, Abb. 57.

Im Spätherbst 1985 wurden mein neuer Kommandeur und ich – nebst unseren Ehefrauen – zum traditionellen Biwak der 7. Panzerdivision nach Unna eingeladen. Wir saßen in froher Runde rund um das riesige Holzfeuer, das uns Licht und zugleich wohltuende Wärme an jenem kühlen Herbstabend spendete.

Die Sicherheitsvorschriften verlangten offensichtlich einen professionellen vorsorglichen Brandschutz für alle Fälle. Die eingeteilten Feuerwehrleute kontrollierten wachsam und für uns Gäste trotzdem unauffällig das Geschehen. Ich nahm es auch so zur Kenntnis – mehr nicht.

Da trat plötzlich aus dem Halbdunkel einer der Feuerwehrmänner auf uns zu und begrüßte offensichtlich voller Freude und Überraschung meine Frau und mich. Es war mein Bruder Ralf, einer der Angehörigen der Berufsfeuerwehr des Jagdbomber-Geschwaders in Rheine-Hopsten, das in jenem Jahr die Biwak-„Feuerwache“ übernommen hatte. Unser Zusammentreffen nach längerer Zeit ohne jegliche Absprache – war das reiner Zufall?

Ich stellte meinen Bruder und meinen Kommandeur nebst Gattin gegenseitig vor. Mein Bruder begrüßte daraufhin die „Gnädige Frau“ per Handschlag – unverfroren und frech, wie er nun einmal war – mit den Worten, „Guten Abend, schöne Frau!“ Für meine Frau und mich mutete die skurrile Vorstellungszeremonie durch meinen Bruder fast schon peinlich an.

Mein Kommandeur, der auf gute Umgangsformen höchsten Wert legte, schaute verdutzt drein – oder war es gar ein Erschrecken –, während ich Mühe hatte, einen Lachanfall zu unterdrücken. Nach dem Weggang meines Bruders hütete sich aber jeder von uns beiden, auch nur einen Satz zum Thema zu sagen.

Spät am Abend verabschiedeten wir uns aus der Runde, um die Heimfahrt nach Iserlohn anzutreten. Unser Zivil-Kraftfahrer (ZKF) war erstaunt, dass wir das Fest schon „so früh“ verlassen wollten. Irgendwann auf der Autobahn, die fast menschen- bzw. autoleer war, hatte ich das Gefühl, dass wir verdammt langsam vorankamen. Besorgt fragte ich den ZKF, ob am Fahrzeug etwas nicht in Ordnung sei oder ob es ihm selbst nicht gut gehe, da wir im „Schleichtempo“ nach Hause rollten.

Beides traf nicht zu – es waren lediglich die Dienstreisebestimmungen für ZKF, die ihn „nötigten“, nur so schnell zu fahren, dass wir erst kurz nach Mitternacht – nämlich an einem Sonntagmorgen in der heimatlichen Kaserne einträfen. Der ZKF war so ehrlich, uns diesen ZKF-Trick zu gestehen, mit dem er zusätzliche Punkte für sein „ZKF-Fahrkonto" einbringen konnte.

5. Die etwas andere Geheimdienst-Operation mit der Festnahme eines Doppelagenten

Das ereignisreiche Jahr 1985 ging im November mit einer letzten dienstlichen Veranstaltung zu Ende – mit einem Kegelwettkampf auf der Kegelbahn des Offizierheims der Luftwaffenschule in der Bernhard-Hülsmann-Kaserne in Iserlohn. Als Gäste und Gegner hatten wir Teams der regionalen militärischen Nachrichtendienste der Briten und Belgier eingeladen, zum Jahresausklang und zur Vertiefung der bestehenden Zusammenarbeit.

Meine persönlichen Sportaktivitäten des Jahres beendete ich zusammen mit unserem Sohn Matthias am 31. Dezember mit der Teilnahme am 5. Silvesterlauf 1985 im bergigen, verschneiten Gelände rund um den Danzturm in Iserlohn. Matthias lief die 10-km-Strecke übrigens mit 48 min gut eine Minute schneller als ich.

Als damaliger Leiter des Spionageabwehr-Dezernats der MAD-Gruppe III in Düsseldorf hatte ich nicht nur engsten Kontakt zum Referatsleiter der Spionageabwehr des Verfassungsschutzes, der Abt. 6 des Innenministeriums von Nordrhein-Westfalen, sondern auch zum verantwortlichen Referatsleiter der Extremismusbekämpfung, Ministerialrat (MinRat) Bonaventura. Unser gutes kollegiales Verhältnis nutzte er bedenkenlos aus für eine außergewöhnliche geheimdienstliche Operation, für die er offensichtlich meine Spionageerfahrungen genauso wie meine regionalen aktuellen Kontakte benötigte. Worum ging es dabei?

Ein ehemaliger CM – also ein Doppelagent im Dienst der Stasi und des NRW-Verfassungsschutzes – war „aus dem Ruder gelaufen" und wurde deshalb von der Spionageabwehr „abgeschaltet".

Diese Maßnahme geschah primär aus Sicherheitsgründen für den CM, aber auch, weil er als Mitglied der Deutschen Kommunistischen Partei DKP eine sehr wichtige Funktion als „Vertrauensmann" (VM) des Referates „Extremismusbekämpfung" übernehmen sollte. Zwar stimmte er beiden Maßnahmen zu, erlag aber trotz „Abschaltung mit Reiseverbot in die DDR" immer wieder mal den finanziellen Verlockungen der Stasi – und reiste nach Ost-Berlin mit anschließender Meldung an den Verfassungsschutz. Um dem einen Riegel vorzuschieben, fasste man in der Abt. 6 einen irrwitzigen, wenngleich Erfolg versprechenden Plan.

Der unsichere Kandidat musste bei passender Gelegenheit durch eine Festnahme aus dem Verkehr gezogen werden – um ihn für die Stasi als nunmehr nutzlosen Agenten aussehen zu lassen.

Da eine „Vorläufige Festnahme“ gemäß §127 Abs. 1 der Strafprozessordnung durch Polizeibeamte zwangsläufig die Abgabe an die Staatsanwaltschaft erforderlich gemacht hätte, sollte diese Aufgabe in „Amtshilfe“ vom MAD und von Feldjägern – der „Militärpolizei“ der Bundeswehr – wahrgenommen werden.

Der unbelehrbare ehemalige CM des Verfassungsschutzes hatte bei seinem letzten „unerlaubten“ Treff in Ost-Berlin von seinem Stasi-Führungsoffizier den Auftrag erhalten, bestimmte technische Einrichtungen auf dem Dortmunder Flugplatz zu fotografieren und mit einem übergebenen technischen Messgerät zu vermessen.

Der am östlichen Stadtrand von Dortmund gelegene Feldflugplatz wurde sowohl von zivilen Fluggesellschaften als auch von Militärflugzeugen der Bundeswehr und der Alliierten genutzt. Streifengänge der Feldjäger im Rahmen von Absicherungsmaßnahmen waren daher ein gewohntes Bild.

Der Referatsleiter, MinRat Bonaventura, hatte sein operatives Anliegen im Rahmen der Amtshilfe dem Kommandeur der MAD-Gruppe III in Düsseldorf, Oberst Maroldt, Anfang Dezember 1985 vorgetragen. Nachdem dieser keinen Einwand dagegen hatte, wurde eine Besprechung mit mir vereinbart. Bonaventura kam bereits am nächsten Tag zu dieser Besprechung in die MAD-Stelle nach Iserlohn.

Bonaventura erläuterte mir den Hintergrund seines Anliegens und bat mich darum, mit dem Leiter des Feldjägerkommandos in Unna Kontakt aufzunehmen, um festzustellen, ob man bereit sei, die erforderlichen Maßnahmen durchzuführen. Dabei sei absolute Geheimhaltung eine unabdingbare Voraussetzung.

Natürlich war der ehemalige Doppelagent über den Hintergrund der geplanten „fiktiven“ Festnahme genauestens eingeweiht worden.

Ich vereinbarte telefonisch gleich für den Folgetag ein Zusammentreffen mit dem Kommandoleiter der Feldjäger, Hauptmann Sommer, in dessen Büro in Unna. Er hörte mir interessiert zu und sah keine Probleme dabei, diese „Amtshilfe“ für den Verfassungsschutz zu übernehmen. Er unterstellte, dass seine Mitarbeiter eine solch seltene Gelegenheit, jemanden „vorläufig festzunehmen“, mit Begeisterung wahrnehmen würden. Nachdem ich ihn auf strikte Geheimhaltung der gesamten Angelegenheit belehrt hatte, bat er darum, seinen Vorgesetzten in Düsseldorf, den Kommandeur der Feldjägertruppe im Wehrbereichskommando III – identisch mit dem Bereich von

Nordrhein-Westfalen – nicht zu unterrichten – eine Begründung dafür gab er mir nicht.

Am Mittwoch der folgenden Woche fuhr ich mit meinem Privat-Pkw zum Dortmunder Flugplatz. Ich ging zu Fuß zur Station, in der sich üblicherweise die diensthabenden Feldjäger aufhielten. Ich wies mich gegenüber dem auf mich wartenden Zweierteam aus und informierte die beiden uniformierten Feldjäger noch einmal im Detail darüber, wie sie sich zu verhalten hatten.

Wir begaben uns in den vereinbarten Bereich des Flugplatzes, in dem der Agent nach Übersteigen des Zaunes den Auftrag der Stasi erledigen sollte.

Der Agent war zuvor von einem Mitarbeiter des Verfassungsschutzes genau eingewiesen worden; trotzdem warteten wir im nahen Gebüsch voller Anspannung und Hoffnung, dass alles auch wie abgesprochen ablaufen würde. Und so geschah es.

Fast genau zum festgelegten Zeitpunkt konnten wir aus unserem Versteck beobachten, wie ein offenbar sportlich geschickter Mann mittleren Alters mühelos den Außenzaun des Flugplatzes überkletterte. Er sah sich misstrauisch nach allen Seiten um und erst, nachdem er sich unbeobachtet fühlte, begann er die Startbahn und die in der Nähe stehenden technischen Vorrichtungen zu fotografieren.

Als er beim Vermessen dieser Gegenstände offenbar etwas abgelenkt war, gab ich den beiden Militärpolizisten das Kommando: „Zugriff!"

Sie verließen lautlos unser Versteck und liefen dann schnurstracks auf den Agenten zu, der erschreckt aufblickte, aber keine Anstalten machte zu entfliehen. Ich konnte beobachten, dass sie ihm die Kamera und das Vermessungsgerät abnahmen. Wie festgelegt, wurde er vorläufig festgenommen und zur Wachstation der Feldjäger abgeführt. Dort wurde er zu seinem Tun befragt.

Nachdem er ausweichende Antworten gegeben hatte und sich mit Personalausweis auch ausweisen konnte, wurde er aus der „Vorläufigen Festnahme" entlassen und konnte gehen – allerdings ohne die beiden abgenommenen Gegenstände, Kamera und Vermessungsgerät, die einbehalten wurden, um eine Auswertung vornehmen zu können.

Die „etwas andere Geheimdienst-Operation" war ein voller Erfolg für den NRW-Verfassungsschutz und ein gelungener Tiefschlag gegen die Stasi.

Unabhängig davon ereignete sich ein dienstinternes Debakel – zum Glück ohne Auswirkungen auf das Resultat der ungewöhnlichen Operation.

Zum Jahresende fand der traditionelle MAD-Empfang im Offizierheim der Bergischen Kaserne an der Bergischen Landstraße in Düsseldorf statt. Der Kommandeur, Oberst Maroldt, hatte wichtige, hochrangige Gäste aus dem zivilen und militärischen Leben eingeladen, so u. a.

- den Hausherren der Bergischen Kaserne, Oberst Richter, den Kommandeur der Feldjägertruppe des WBK III und
- den Referatsleiter des NRW-Verfassungsschutzes, MinRat Bonaventura.

Das „Unglück“ kam, wie es kommen musste.

Bevor die Gäste in den Stuhlreihen Platz nahmen, um die Begrüßungsrede des MAD-Kommandeurs zur Kenntnis zu nehmen, genoss man die übliche Stehparty mit Smalltalk und anderen wichtigen Gesprächen. So auch die beiden Kommandeure Oberst Maroldt und Oberst Richter. Ich begrüßte derweil den MinRat Herrn Bonaventura vom Referat „Extremismusbekämpfung“ des NRW-Verfassungsschutzes im Foyer des Offizierheims. Herr Bonaventura war ein aufgeschlossener, sehr höflicher Mensch mit einem kommunikativen Wesen. Er dankte mir erneut zutiefst für die optimale Zusammenarbeit in der außergewöhnlichen Operation, durch die aus einem unsicheren CM ein wertvoller VM geschaffen wurde.

Auf seine Bitte hin führte ich ihn in den Versammlungssaal zu meinem Kommandeur, Oberst Maroldt. der die beiden Gäste, den Feldjäger-Kdr und den Verfassungsschutz-Referatsleiter, gegenseitig vorstellte. Und da geschah das Unvermeidliche. Herr Bonaventura dankte dem Kommandeur der Feldjäger – wie es seine Art war – überschwänglich für die Amtshilfe seines Feldjägerkommandos in Unna. Der Oberst schaute ihn ein wenig verständnislos an mit den Worten, „Ich weiß gar nicht, wovon Sie reden!“ Herr Bonaventura reagierte spontan und hervorragend: „Nun, in einer praktizierten Amtshilfe durch den MAD in Iserlohn mit Unterstützung eines Feldjägertrupps sind wir – der Verfassungsschutz – zu einem sehr guten Ergebnis in einer diffizilen Angelegenheit gekommen. Und dafür möchte ich auch Ihnen meinen Dank aussprechen.“

Der Kdr, Oberst Richter, gab sich mit der Auskunft zufrieden, seinen drei Gesprächspartnern fiel ein Stein vom Herzen – und damit konnte der Empfang beginnen.

6. Die Kießling-Affäre mit Einfluss auf die MAD-Überprüfung und mein „Plädoyer" vor einem hochrangigen Gremium

Das Jahr 1986 war für mich und das Schießteam der MAD-Stelle nicht nur ein Jahr mit vielen sportlichen Highlights, sondern für mich und alle Ermittler ein Jahr konzentrierter, harter MAD-Arbeit, insbesondere im Sektor der Sicherheitsüberprüfung. Die 1983 entstandene Kießling-Affäre warf ihre Schatten bis in meine Zeit bei der MAD-Stelle voraus – doch dazu später mehr.

Ich wurde allerdings bereits viel früher mit der Kießling-Geschichte konfrontiert. Irgendwann im Spätsommer 1983 rief mich mein Kdr, der damalige Kommandeur der MAD-Gruppe III, Düsseldorf, in sein Dienstzimmer. Mit einem Schriftstück in der Hand, sagte er mir: „Ich habe hier eine ganz heiße Sache vorliegen. Ich bitte Sie, das Schreiben in aller Ruhe mit voller Konzentration zu lesen, zu bewerten bzw. zu beurteilen. Ich erwarte danach von Ihnen, einem erfahrenen Dezernatsleiter der Spionageabwehr, eine klare Aussage dazu, ob Sie eindeutige Anhaltspunkte für eine operative Bearbeitung durch Sie persönlich darin feststellen können."

Er übergab mir das Schreiben, das offensichtlich im Juli 1983 anlässlich anderer Dienstgeschäfte von einem MinRat des BMVg dem Ermittler der MAD-Gruppe III übergeben worden war.

In dem Schreiben aus dem Nato-Hauptquartier in Mons bei Brüssel wurde der Vier-Sterne-General Dr. Kießling, Stellvertreter des Oberbefehlshabers der Nato-Streitkräfte in Europa, Supreme Allied Commander Europe (Saceur), der homosexuellen Veranlagung bezichtigt.

Natürlich war ich von dem außergewöhnlichen Inhalt des Schriftstückes zunächst einmal zu sehr geschockt, um mir ad hoc eine eindeutige Beurteilung zuzutrauen. Nach erneutem Überfliegen der wenigen Zeilen und nach einer weiteren Denkphase standen meine Beurteilung und der entsprechende Entschluss fest. Ich entgegnete auf die Frage meines Kommandeurs ohne Umschweife: „Nein, Herr Oberst, das ist kein Hintergrund für das DDR-Ministerium der Staatssicherheit, um daraus einen Spionageangriff zu starten."

Nach einer kurzen Diskussion stimmte der Oberst mir unumwunden zu. Wir waren uns dabei einig, dass diese Geschichte ein Fall der „Personellen Sicherheit" darstellte, der wegen der Ranghöhe und Position der beschuldigten Person ohne weitere Ermittlungen unverzüglich dem Amtschef des ASBw vorgelegt werden musste.

Das war mein einziger direkter Berührungspunkt mit der Kießling-Affäre. Die indirekten Auswirkungen auf mich und meine Ermittler in der MAD-Stelle aber sollten noch mit Macht folgen.

Irgendwann zu Beginn des Jahres 1986 wurde mir in der MAD-Gruppe III vom neuen Kommandeur mitgeteilt, dass als Folge der Kießling-Affäre, die im MAD und im BMVg zu schweren Verwirrungen geführt hatte, eine außergewöhnliche Überprüfung des MAD bevorstehe. Dabei werde die gesamte Struktur, die Personalstärke und die Dienstpostenbesetzung sowie die materielle Ausrüstung des MAD auf den Prüfstand gestellt.

Das bedeutete eine entsprechende Überprüfung jeder einzelnen MAD-Teileinheit, angefangen bei den MAD-Stellen und regionalen MAD-Trupps bis hinauf in die Abteilungen und Dezernate des ASBw. Die bevorstehenden Check-ups würden also weit über das Maß der bisher in der Bundeswehr praktizierten STAN-Verhandlungen („Stärke- und Ausrüstungsnachweis" einer Bw-Dienststelle) hinausgehen.

In der Stabsabteilung des ASBw gab es damals einen Stabsoffizier, der den gesamten Vorgang beratend zu begleiten hatte. Die MAD-Stellen der MAD-Gruppen waren in drei Kategorien (A, B und C) aufgestellt – entsprechend der Größe des zu betreuenden Bereichs.

Die MAD-Stelle 33 gehörte als eine der kleineren Dienststellen zur Kategorie C. Der Überprüfungskalender sah vor, dass MAD-weit nur jeweils eine Dienststelle pro Kategorieeinteilung überprüft würde. Das Los für die Überprüfung einer C-Stelle war auf meine Dienststelle, die MAD-Stelle 33, gefallen.

Wir sollten gemäß Planung von den drei MAD-Stellen als letzte in die Überprüfung kommen, die voraussichtlich erst im ersten Quartal 1987 stattfinden würde. Ich war gewarnt und bereitete mich und die MAD-Stelle 33 gewissenhaft auf den Tag der großen Prüfung vor.

Ich nahm Kontakt zum „beratenden" Stabsoffizier im ASBw auf, der mir entscheidende Tipps zur Vorbereitung und Durchführung der Prüfung gab, die aufgrund der laufenden Untersuchungen durch die Prüfkommission von aktuellem Wert waren. Er riet mir u. a., im Rahmen der Vorbereitung auf die Prüfung bei der „Personellen Sicherheitsüberprüfung" (SÜ), dem Hauptsachgebiet einer MAD-Stelle, voll zuzugreifen. Da es bekanntlich MAD-weit aktuell einen großen Stau in diesem Bereich gab, sei es von Vorteil, alle Aufträge des Dezernats 1 – zuständig für die SÜ in jeder MAD-Gruppe – klaglos zu übernehmen.

Trotz einer Anhäufung von Arbeitsmaßnahmen sollten aber die anderen Teilgebiete nicht vernachlässigt werden. Nur so sei es möglich, mit statistisch hohen Werten bei der Prüfung zu überzeugen. Um den gewaltig angestiegenen Zeitaufwand zur Erledigung aller anfallenden Aufgaben in den Griff zu bekommen, habe ich zu Beginn des Jahres 1986 die folgenden Ausnahmeregelungen angeordnet:

– Vermehrte Privat-Pkw-Nutzung für Dienstfahrten im Rahmen von Ermittlungen auf freiwilliger Basis
– Die Zeit nach späten abendlichen Rückfahrten würden – entgegen den amtlichen Vorschriften – als sogenannte „Überstunden" anerkannt mit der Möglichkeit, diese in „ruhigeren" Zeiten als Freizeit bzw. Urlaubstage wieder auszugleichen
– In Sonderfällen konnte der dienstliche Sport an den üblichen Freitagnachmittagen gestrichen werden, um die Zeit für das Erstellen von Berichten und Meldungen zu nutzen.
– In solchen Fällen wird nach gemeinsamer Absprache an den Wochenenden – mit freiwilliger Teilnahme – ein entsprechender „Ersatzunterricht" im Sport geboten.

Zu meinem Erstaunen wurden diese Ausnahmeregelungen ohne Murren akzeptiert. Die anstehenden Aufgaben wurden damit – auch mit dem höheren Aufkommen als je zuvor – zeitgerecht bewältigt. Ein Sonderlob vom zuständigen Dezernatsleiter des Sektors „Sicherheitsüberprüfungen" gab es noch obendrein.

An den Prüfungstag und an den Ablauf der Prüfung kann ich mich genau erinnern, wenn ich auch den genauen Zeitpunkt nicht mehr im Gedächtnis habe. Ich meine, dass es irgendwann im Januar oder Februar 1987 passierte, dass die hochrangige Prüfkommission – natürlich nach vorheriger Terminankündigung – in der MAD-Stelle eintrudelte. Auch an die genaue personelle Zusammensetzung der Überprüfungsgruppe kann ich mich nicht mehr erinnern.

Meines Erachtens war der Leiter ein MinRat aus dem BMVg, der von einigen Offizieren und Beamten begleitet wurde. Weiterhin gehörten Beamte aus den Bundesressorts des „Inneren" und der „Finanzen" dazu. Ganz sicher weiß ich, dass aus dem ASBw der Vize-Präsident, Dr. Rudolf von Hoegen, und von der MAD-Gruppe III mein direkter Dienstvorgesetzter, der Kommandeur Oberst Maroldt, zugegen waren – mit der Funktion als „stille" Zuhörer und mögliche Unterstützer des „Prüflings".

Das Ambiente erinnerte mich fatal an die Boardverhandlung an der Flugzeugführerschule in Landsberg im Jahr 1959, als ich von der fliegerischen Ausbildung abgelöst wurde, mit dem großen Unterschied, dass ich mich dieses Mal von Beginn an nicht auf der Verliererseite fühlen musste. Ganz im Gegenteil – ich war mir sicher, dass ich gut gerüstet in die Prüfung einsteigen würde.

Nach den einleitenden Worten des Leiters der Prüfkommission wurde ich von ihm gebeten, aktuelle Fakten über die Arbeit der MAD-Stelle vorzutragen.

Mit einer kurzen Agenda gab ich einen Überblick über die Themenbereiche meines Vortrages. Ich begann mit der Darstellung der Maßnahmen, um den vermutlich allen bekannten Stau im Rahmen der „Personellen Sicherheitsüberprüfung" möglichst rasch abzubauen. Dabei scheute ich mich nicht, die von mir eingeführten „Ausnahmeregelungen" offen anzusprechen, die einer „besonderen Auslegung" der amtlichen Vorschriften bedurften, wie etwa

- die Zentrale Dienstvorschrift der Bw für den Bw-Dienstsport
- die Nutzung privater Pkw für Dienstfahrten und
- die Ansammlung von „Überstunden" bei dienstlich erforderlichen abendlichen Heimfahrten durch meine Ermittler.

Besondere Betonung gab ich dem Umstand des gelegentlichen Ausfalls der Sportausbildung – was mir als Leistungssportler nicht gerade leichtgefallen war.

Ich erläuterte die für mich unverständliche beamtenrechtliche Vorschrift, derzufolge die „späten", nachdienstlichen Heimfahrten nicht als Dienstzeit zu gelten hatten – mit der Wahrscheinlichkeit, dass meine Ermittler dann überwiegend ihre Rückfahrten „rechtzeitig" angetreten hätten. Dieses Verhalten hätte den flüssigen Stauabbau unnötig behindert und hätte zusätzlich Kosten für weitere Fahrten verursacht. Das waren meine Motive für wohlüberlegte „Übertretungen" von Vorschriften – „Hier stehe ich und kann nicht anders!"

Neben der Hauptaufgabe, der Bewältigung des SÜ-Staus, erwähnte ich natürlich auch die anderen wichtigen Aufgabenfelder, die trotz Zeitmangels nicht vernachlässigt werden durften. Dazu gehörte die Kontaktpflege

- zu den 14. Kommissariaten (14. K), den Staatsschutzpolizeistellen der Polizeipräsidien in Hagen, Dortmund und Bochum,
- zu den Nachrichtendiensten der Belgier, Briten und US-Amerikaner und
- zu den Kommandeuren der Bundeswehreinheiten.

Wir nahmen deshalb auch Einladungen aus diesen Bereichen gerne an und beteiligten uns an sportlich-geselligen Teambewerben im Kegeln und an einigen „Gästeschießen" mit jeweils ausgewählten Mannschaften.

Wir waren aber nicht nur gern gesehene Gäste, sondern traten auch – wie in all den Jahren zuvor – als Gastgeber auf. Beim 8. Pokalschießen der MAD-Stelle im Frühsommer 1986 – mit insgesamt 100 Teilnehmern und Teams der Staatsschutzkommissariate und der drei alliierten Nachrichtendienste – belegte unser Team in der Dreikampf-Gesamtwertung hinter dem 14. K. der Polizei Hagen den ehrenvollen zweiten Platz. Weit wichtiger erschien mir im Rahmen der Öffentlichkeitsarbeit die Teilnahme des Bürgermeisters von Iserlohn am Pistolenschießen.

Dazu veröffentlichten die lokalen bzw. regionalen Zeitungen u. a. ein Foto vom Bürgermeister und dem Leiter der Truppendienstlichen Fachschule Iserlohn, Oberst Hambach, beide mit der Pistole im Anschlag. Lobend wurde dabei hervorgehoben, „dass der MAD mit der Einladung an den Ratsvorsitzenden etwas Öffnung gegenüber der Öffentlichkeit bewiesen habe, die ansonsten von der in Iserlohn stationierten Einheit verständlicherweise nicht viel erfährt."

Neben den rein MAD-spezifischen Belangen nahm ich ausführlich Stellung zu den Themen „Betriebsklima" und „gegenseitiges Vertrauen", da beide Bereiche während der Dienstzeit meines Vorgängers einen tiefen Einbruch erlitten hatten.

Gewiss keine leichte Aufgabe – aber hatte der Wehrbeauftragte nicht gerade deshalb in seinem Bescheid auf meine Beschwerde gegen die Versetzung nach Iserlohn geschrieben: „Für die Nachbesetzung des Dienstpostens konnte nur ein besonders qualifizierter Offizier in Betracht gezogen werden."

Ich berichtete über unser „Familienfest", das wir auf Anregung meiner Frau im Sommer 1985 veranstaltet hatten – auch, um das ehemals desolate Betriebsklima auf ein noch höheres Maß anzuheben.

Das gegenseitige Vertrauen zwischen mir und der Mannschaft war da bereits gut verankert, und Beschwerden nach der WBO über mich hat es während meiner gesamten Dienstzeit nicht gegeben, sehr wohl aber eine unverschämte „Attacke" eines rüpelhaften Oberfeldwebels zum Abschluss der sonst so harmonisch verlaufenden Familienfeier. Natürlich wurde ich von einem Mitglied der Prüfungskommission gebeten, auch darüber zu berichten.

Danach gab ich den Zuhörern einen kurzen statistischen Überblick über unsere Arbeit in den vergangenen 12 Monaten.

Abschließend schilderte ich den Fall, in dem der NRW-Verfassungsschutz mich um Amtshilfe gebeten hatte. Dabei sollten meine langjährigen Erfahrungen in der Spionageabwehr und meine Kontakte als Dienststellenleiter in Iserlohn nutzbringend angewendet werden. Diese Zusammenarbeit führte zum uneingeschränkten Erfolg für den Verfassungsschutz, aber auch für den MAD – und zu einer Niederlage für die Stasi.

Aus der Reaktion aller Teilnehmer, die gespannt die Darstellung „der etwas anderen Geheimdienst-Operation mit der Festnahme eines Doppelagenten" im Rahmen einer optimalen Zusammenarbeit von Verfassungsschutz, MAD und Feldjägern verfolgten, konnte ich schlussfolgern, dass meine Darstellung offensichtlich ein voller Erfolg war.

Doch es kam noch besser!

Im Beisein von Oberst Maroldt drückte mir der Vize-Präsident des MAD, Dr. von Hoegen, die Hand mit den Worten: „Herr, Wolf, Sie haben den MAD hervorragend vertreten. Mein Glückwunsch und Dank dafür kommt von Herzen." Ich empfand ehrlichen Stolz und Genugtuung, doch ich konnte nicht im Entferntesten ahnen, was Dr. von Hoegen damit eigentlich sagen wollte – und musste mich bis zu meiner Entlassungsfeier Ende Juni gedulden, ehe das Rätsel gelöst wurde.

7. Mein Antrag auf vorzeitige Entlassung aus der Bundeswehr und das Topangebot vom Rheinmetall-Rüstungskonzern

Nach langem zähem Ringen auf der politischen Bühne zwischen CDU und SPD hat der Bundestag im Juli 1985 endlich das „Gesetz zur Verbesserung der Personalstruktur in den Streitkräften" (PersStruktGes) beschlossen. Damit konnten von 1986 bis 1991 insgesamt 1 200 Offiziere der Geburtsjahrgänge 1935 bis 1944 und ausnahmsweise auch die von 1932 bis 1934 auf ihren schriftlichen Antrag hin vorzeitig in den Ruhestand versetzt werden. Betroffen war die Gruppe der Stabsoffiziere vom Major bis zum Oberst.

Die besondere Entlassungsaktion sollte dazu dienen, den gewaltigen personellen Überhang abzubauen, der zu einem unerträglichen Beförderungsstau geführt hatte. Der betroffene Personenkreis wurde nach Inkrafttreten des Gesetzes am 8. August 1985 schriftlich über das Personalstrukturgesetz informiert.

Nach reiflicher Überlegung und nach intensiven Besprechungen mit meiner Frau stand meine Entscheidung fest: Ich stellte mit Schreiben vom 3. Januar 1986 den Antrag auf Versetzung in den Ruhestand im Laufe des Jahres 1987.

Mein Schreiben an den Kommandeur der MAD-Gruppe III zur „Weiterleitung an das BMVg a. d. D." („auf dem Dienstweg") trägt – wie ich später feststellen konnte – folgende handschriftliche Anmerkung meines Kommandeurs, Oberst Maroldt: „Ein Ausscheiden von OTL Wolf wäre ein Verlust für den MAD."

Dann ging es Schlag auf Schlag.

Oberst Birkholz, einer meiner Bekannten aus meiner Stuttgarter Zeit in den 1970er-Jahren, war mittlerweile der zuständige Personalreferent im BMVg für alle MAD-Offiziere. Er führte mit mir am 13. Januar 1986 ein Personalgespräch zum Thema „Versetzung in den Ruhestand" und bereits mit Schreiben vom 24. Februar 1986 teilte er mir mit, dass ich mit Ablauf des 30. September 1987 in den Ruhestand versetzt würde.

Meinen Antrag auf vorzeitige Zurruhesetzung vom 3. Januar 1986 stellte ich, ohne bereits eine Zusage für eine Anschlussverwendung im zivilen Berufsleben zu haben. Ich war mir jedoch zur damaligen Zeit sicher, dass es kein großes Problem wäre, mit meiner komplexen Ausbildung im MAD einen passablen Job im Sicherheitsbereich zu bekommen, zumal ich wusste, dass einige MAD-Stabsoffiziere zwischenzeitlich gute Anstellungen in deutschen Industrieunternehmen ergattert hatten.

Nach dem Tod meines Schwiegervaters im August 1982 hatte meine Frau ihr Elternhaus in Stade geerbt. Wir vermieteten es – leider mit viel Ärger, der uns im Laufe der Jahre mit den Mietern entstand. Mit der gesetzlichen neuen Möglichkeit einer vorzeitigen Pensionierung 1986/1987 trugen wir uns mit dem Gedanken, das Haus selbst zu beziehen, allerdings nur unter der Voraussetzung, dass ich im Einzugsbereich von Stade einen adäquaten Job im privaten Sicherheitsgewerbe bekäme. Dafür bot sich eigentlich nur die Hansestadt Hamburg an, wenngleich ich viel lieber Sicherheitsbevollmächtigter (SiBe) des Rheinmetall-Konzerns in Düsseldorf geworden wäre, dessen Dienstposten im Herbst 1987 zur Verfügung stehen würde, wenn der aktuelle SiBe in Rente gehen würde.

Mir war allerdings zu Ohren gekommen, dass ein ehemaliger Dezernatsleiter-Kollege der MAD-Gruppe III, große Chancen hatte, den lukrativen Job als Sicherheitsbevollmächtigter bei Rheinmetall in Düsseldorf zu bekommen. Mir war auch bekannt, dass dieser OTL aufgrund seines relativ hohen Alters zu den Ausnahmejahrgängen gehörte, die nur dann reelle Chancen hatten, wenn sich nicht genug jüngere Stabsoffiziere melden sollten. Das bedeutete für mich: „Die Hoffnung stirbt zuletzt".

Nachdem das Thema „Rheinmetall“ für mich völlig unsicher schien, war spätestens nach der positiven Mitteilung des Personalreferenten des BMVg im Februar 1986 die Zeit gekommen, mich um eine Anschlussverwendung zu bemühen.

Nachdem ich Anfang 1986 dienstlichen Kontakt zum Generalbevollmächtigten des Hoesch-Konzerns in Dortmund bekommen hatte, besuchte ich ihn Ende März 1986, um mich nach einer eventuellen Einstellung im Hoesch-Sicherheitsbereich zu erkundigen – leider erfolglos, denn der Chefposten war bereits von einem ehemaligen Oberstleutnant im Rahmen des Personalstrukturgesetzes in Beschlag genommen worden. Die Bewerbung bei Hoesch war übrigens die einzige, die ich selbst initiiert hatte.

Die beiden nächsten Stellen – bezeichnenderweise in Hamburg – wurden mir von den Unternehmen direkt angeboten, die offenbar Kenntnis über mich und meine „vorzeitige Zurruhesetzung“ von der „Zentralen Vergabestelle“ im BMVg bekommen hatten.

Zunächst meldete sich bei mir im April 1986 ein alter Bekannter aus meiner Dienstzeit im ASBw in den Jahren 1967 bis 1973. Oberst Schröder, ein Norddeutscher „von echtem Schrot und Korn“, war u. a. Abteilungsleiter im Amt und später Kommandeur der MAD-Gruppe VI in München. Nach seiner Pensionierung hatte er in der Sicherheitsfachschule den Posten als „Anwerber“ von ausscheidenden Bw-Soldaten angetreten, um diese im Rahmen der dienstzeitbeendenden Ausbildung als Aspiranten für die Ausbildung zur Sicherheitsfachkraft an der Hamburger Fachschule zu gewinnen.

Natürlich war das nicht sein Ansinnen an mich, er stellte mir vielmehr den Posten eines Geschäftsführers der Schule in Aussicht, der ab Juli 1986 frei werden würde. Das hörte sich verlockend an, wenngleich ich keine Ahnung hatte, was dahinterstecken könnte. Da meine Frau und ich im Rahmen der Verwaltung unseres Hauses in Stade und wegen eines Krankenbesuchs unseres Sohnes Matthias in der Tropenklinik in Hamburg eine „Nordreise“ in der ersten Maihälfte 1986 geplant hatten, bat ich Herrn Schröder um eine Terminplanung in dieser Zeit. Er freute sich offensichtlich über meine Zusage und antwortete mir auf meine Bitte in altbekannter Manier mit den fast „traditionellen“ plattdeutschen Worten: „Klar doch, Herr Wolf, mook wi!“ Und mit diesem Ritual hatte er sich MAD-weit seinen Spitznamen geschaffen – man sprach immer nur von Oberst „Mook wi“.

Anfang Mai 1986 meldete ich mich beim Leiter der Sicherheitsfachschule in Hamburg, in unmittelbarer Nähe des Hauptbahnhofs gelegen. Er sagte mir, dass man ab Juli 1986 einen Nachfolger für einen der drei Geschäftsführer benötige, da dieser Geschäftsführer aus Altersgründen ausscheide. Offensichtlich hatte der Leiter von Oberst a. D. Schröder erfahren, dass ich eigentlich die Nachfolge des Sicherheitschefs von Rheinmetall anstrebte. Sollte ich in Bälde diesen Posten bekommen, riet er mir ganz offen, zuzugreifen, selbst wenn ich dann halt nicht mehr mit meiner Familie nach Stade umziehen könne. Er überzeugte mich letztlich, da das Gehalt als Geschäftsführer an der Schule in Hamburg um einen Großteil geringer war – nämlich ca. 30 % – als in einem Großkonzern in Düsseldorf am Rhein. Sollte ich trotzdem lieber den Geschäftsführerposten übernehmen wollen, bat er mich um baldige Unterrichtung.

Die Sicherheitsfachschule war im Übrigen für mich kein absolutes Neuland. So wusste ich, dass bei der Gründung der Schule vor einigen Jahren einer meiner früheren Vorgesetzten zu den „Gründungsvätern“ gehörte – es war der ehemalige Amtschef des ASBw, Brigadegeneral a. D. Scherer.

Bekanntlich gab es an der Schule noch jemanden, mit dem ich in der Vergangenheit zu tun hatte. Es war der ehemalige Oberfeldwebel, der sich bei seiner Entlassung aus der MAD-Stelle 33 im August 1985 rüpelhaft danebenbenommen hatte. Er war einer der ehemaligen Zeitsoldaten, die an der Schule zur Sicherheitsfachkraft ausgebildet wurden.

Das nächste Angebot kam von der „Vergabestelle“ im BMVg und betraf die „Norddeutsche Affinerie“ im Südosten von Hamburg, ein Unternehmen der Metallindustrie mit Niederlassungen und Bergwerken in Afrika, in denen Erze zur Bearbeitung von Edelmetallen geborgen wurden.

Ich vereinbarte einen Besprechungstermin für Freitag, 19. September 1986, mit dem Personalchef der Affinerie – meine Frau Bärbel und ich weilten zu der Zeit wieder einmal für einige Tage in Stade, um unser Haus erneut zu vermieten.

Ich erhielt vom Personalchef eine umfassende Darstellung der geschäftlichen Unternehmungen und der Dienstobliegenheiten des Sicherheitschefs.

Der aktuelle Sicherheitschef – wie konnte es anders sein – war ebenfalls ein pensionierter Oberstleutnant der Bundeswehr, der krankheitsbedingt schon seit Wochen seinen Dienst nicht mehr verrichten konnte. Das erforderte verständlicherweise eine dringend notwendige, baldige Neubesetzung des Postens. Dieser umfasste die Leitung des firmeneigenen Werkschutzes samt der kleinen Werksfeuerwehr. Als Abteilungsleiter der Unternehmenssicherheit oblag ihm auch der Know-how-Schutz. Und – zu meinem Erstaunen – suchte man auch jemanden, der „schreiben und lesen“ konnte, um sich als Mitarbeiter der „Werkszeitung“ Verdienste zu schaffen.

Nach dem gemeinsamen Mittagessen im Firmenrestaurant fuhren wir beide zum „Sightseeing“ durch das riesige Firmengelände. Am späten Nachmittag setzten wir uns erneut zu einer Abschlussbesprechung zusammen.

Seine Frage, ob das ein Job für mich sein könnte, bejahte ich zwar, wenngleich ich mir dabei gar nicht sicher war. Ich hatte sogar ein schlechtes Gewissen, dass ich den Personalchef so lange hingehalten hatte. Zum einen entsprach das gesamte Aufgabenfeld kaum meinem bisherigen Aufgabenkatalog als MAD-Stabsoffizier, zum anderen hatte ich keine Ahnung vom Feuerwehrberuf, und – last but not least – drängte mich schon längst die Frage nach dem Gehalt. Hätte ich ihm diese Frage schon viel früher gestellt – was ich aus lauter Höflichkeit leider nicht tat –, wäre ich schon längst bei meiner Frau in Stade gewesen.

Die Antwort auf die Gehaltsfrage war für mich niederschmetternd, zumal er mir dazu sagte, dass sein Angebot um 500 DM über dem des aktuellen Sicherheitschefs liege.

Damit erschien mir ein Pokern um eine höhere Gage sinnlos – und ich verabschiedete mich von ihm mit der „Ausrede“, dass ich selbstverständlich erst mit meiner Frau darüber reden müsse.

Ich rief ihn am nächsten Morgen an, bedankte mich noch einmal für seinen geduldigen Vortrag – und erteilte ihm eine Absage.

Denn zwischen seinem Gehaltsangebot und dem, womit ich – sollte es mit der Anstellung bei Rheinmetall klappen – in Düsseldorf rechnen konnte, klaffte eine gewaltige Lücke – von gut 25 %. Und da stand ohne Bedenken für mich fest, dass ich das Risiko eingehen würde und statt auf „den Sperling in der Hand“ lieber auf die „Taube auf dem Dach“ warten würde.

Auf mein Bewerbungsschreiben vom 10. November 1986 folgte am 4. Dezember 1986 das Personalgespräch mit Herrn Beuchel, dem zuständigen Geschäftsführer für die Bereiche Personal, Finanzen und Sicherheit.

Bereits Ende Januar 1987 war ich im Besitz des Rheinmetall-Dienstvertrages als Sicherheitsbevollmächtigter und Abteilungsleiter Werkssicherheit mit Dienstbeginn am 1. Juli 1987 und mit der Einstufung als Außertariflicher Angestellter, als sogenannter ATler.

Da mein regulärer Entlassungstermin der 30. September 1987 war, musste ich mir etwas einfallen lassen, da Rheinmetall wegen der bevorstehenden Zurruhesetzung des Sicherheitschefs auf dem Termin 1. Juli 1987 bestanden hatte, um eine geordnete Einweisung und Übernahme der Dienstgeschäfte zu gewährleisten.

Vorsorglich hatte ich 1987 – bis auf drei Tage für einen Hollandurlaub – noch keinen Urlaub genommen, sodass ich vom 1. Juli bis 9. August 1987 die Zeit mit dem mir zustehenden Jahresurlaub abdecken konnte. Für die restliche Zeit vom 10. August bis 30. September 1987 beantragte ich beim BMVg „Sonderurlaub aus wichtigem Grund unter Wegfall der Geld- und Sachbezüge", der mir auch genehmigt wurde.

8. Mein letzter Urlaub als Offizier der Bundeswehr und die angebliche „Eigenmächtige Abwesenheit"

Mein letztes Jahr im Dienst der Bundeswehr begann mit einer Feier in unserem Haus in Iserlohn. Aus Anlass unseres 25-jährigen Hochzeitsjubiläums am 6. Januar 1987 hatten meine Frau Bärbel und ich Gäste aus dem Iserlohner Sportkreis und aus meiner Dienststelle eingeladen. Außerdem feierten mit uns Schwester und Schwager meiner Frau – und unser Sohn Matthias, der zur Feier aus Konstanz zu uns gekommen war, wo er seit Oktober 1986 an der Universität Jura studierte, Abb. 58.

Abb. 58. Unser Sohn Matthias zu Besuch in Iserlohn anlässlich der Silberhochzeit von Bärbel und mir

So sehr wir uns auch über sein Kommen gefreut hatten, so sehr waren wir enttäuscht darüber, dass er am Abend bei beginnendem Schneefall noch zurück nach Konstanz fahren wollte. Und das mit seinem Motorrad. Dabei blieb er auch – trotz unserer eindringlichen Bitte, erst am nächsten Tag zu fahren.

Ende März 1987 nutzten wir die 1986er-Resturlaubstage für einen zweiwöchigen Skiurlaub in Riezlern im Kleinwalsertal. Da meine Frau nur Skilanglauf „konnte", praktizierte ich abwechselnd Skilanglauf an einem Tag mit ihr und Ski alpin am anderen Tag allein, Abb. 59, 60.

Im April 1987 weilte ich im Bundeswehrkrankenhaus in Wildbad im Schwarzwald, um die routinemäßig anstehende Vorsorge- und zugleich Gesundheitsuntersuchung zu meinem baldigen Ausscheiden aus der Bw durchführen zu lassen. Am 29. Mai 1987 kam Oberst Maroldt, der Kommandeur der MAD-Gruppe III, noch einmal zur MAD-Stelle 33 zu einem sog. Dienstaufsichtsbesuch, um das Procedere für den 29. Juni 1987, den Tag der Kommandoübergabe und des Empfangs anlässlich meines Ausscheidens aus der Bundeswehr zu besprechen. Kurzfristig hatten meine Frau und ich den Plan für einen Kurzurlaub in der ersten Juniwoche gefasst. Vorausgesetzt, mein Chef, Oberst Maroldt, würde dieses Vorhaben auch ad hoc am Freitag genehmigen.

Abb. 59. Riezlern im Kleinwalsertal/Österreich

Abb. 60. Bärbel als Skilangläuferin

Und das tat er denn auch, wenn auch recht unwillig und nach einigen Einwänden. Ich hatte nämlich für die Urlaubszeit von Montag bis Freitag (1. Juni bis 5. Juni 1987) drei Tage meines wertvollen Jahresurlaubs und 2 Tage von meinem noch recht großen Konto der „Überstunden“ eingeplant. Und Letzteres „schmeckte“ dem Oberst überhaupt nicht!

Nach einem „Vortrag“ über seine Ansicht zu sog. „Überstunden“ im Generellen und zu solchen für sein „Führungspersonal“ im Besonderen genehmigte er schließlich meinen Urlaubsantrag mündlich, nachdem er meine Gegenargumente zur Kenntnis genommen hatte. Er bestand allerdings darauf, dass ich ihm erst meinen schriftlichen Urlaubsantrag vorzulegen habe, was logischerweise per Post frühestens am Montag, 1. Juni 1987, geschehen konnte.

Und da waren wir längst in unserem Hollandurlaub, in Amsterdam, Den Haag und an der Oosterschelde mit ihren riesigen Sperrwerken gegen die Fluten der Nordsee. Am Sonntag, 7. Juni 1987, traten wir nach einem erholsamen Urlaub die Heimreise an, Abb. 61, 62.

Ich hatte mich nicht getäuscht, schließlich kannte ich meinen „Pappenheimer“ recht gut. In der eingegangenen Post befand sich denn auch ein Brief von Oberst Maroldt. Er teilte mir mit, dass er meinen Urlaubsantrag erst am Montag, 1. Juni 1987 – um 11:13 Uhr – auf seinem Bürotisch liegen hatte.

Sein unmittelbarer Anruf in der MAD-Stelle, um mit mir das Urlaubsthema noch einmal anzusprechen, sei „ins Leere“ gelaufen, als er erfuhr, dass ich den Urlaub bereits angetreten hatte. Da ich noch nicht seine endgültige Urlaubsgenehmigung erhalten hatte, sehe er darin einen klaren Verstoß gegen §15 WStG „Eigenmächtige Abwesenheit“. Das Schreiben endete mit dem Befehl, mich am Montagvormittag, 8. Juni 1987, um 10 Uhr bei ihm zu melden. Ich meldete mich am Montag pünktlich um 10 Uhr bei Oberst Maroldt, meinem Disziplinvorgesetzten, in Düsseldorf. Selbstverständlich meldete ich mich bei ihm soldatisch korrekt – nämlich gekleidet mit meiner Luftwaffen-Uniform. Nachdem er mir Platz angeboten hatte, begann er mit einer langatmigen Erklärung über meine selbstständige Zuteilung von „Überstunden"-Ausgleich und über meinen noch nicht genehmigten Urlaub.

Abb. 61. Hölzerne Zugbrücke über die Amstel

Abb. 62. Urlaub bei Amsterdam

Das war für mich noch alles einigermaßen erträglich, wenn auch kaum verständlich, denn schließlich hatte er mir den Urlaub am Freitag, 29. Mai 1987, bereits mündlich genehmigt, woran ich ihn noch gerade erinnern konnte. Dann schoss Maroldt endgültig den „Vogel" ab, als er voller Anspannung hervorbrachte: „Ich habe lange mit mir gerungen und hin- und herüberlegt, ob ich den Fall am besten dem Staatsanwalt übergeben sollte. Ich bitte Sie jetzt, zu der ganzen Geschichte Stellung zu nehmen!"

Nichts lieber als das, wo ich doch in wenigen Tagen „vom Fenster weg" sein würde. Wohlerzogen, wie ich war, begann ich auch mit dieser Tatsache – wenn auch in vornehmer Form. Kaum hatte ich diesen Satz ausgesprochen, unterbrach Maroldt mich auf recht unhöfliche Weise mit einer Wiederholung seiner vorherigen Aussagen zum Thema. Dann forderte er mich erneut auf, meine Stellungnahme dazu abzugeben.

Da hatte er die Rechnung mit dem Falschen gemacht!

Eigentlich hätte ich am liebsten gelacht, doch ich hatte eine noch viel bessere Antwort auf Lager – ich sagte gar nichts und schaute ihn nur an.

Offensichtlich gar etwas wütend, sprach er mich mit den Worten an: „Ich bat Sie um Ihre Meinung." Ich antwortete: „Ich habe den Eindruck, dass Sie meine Meinung gar nicht interessiert, und um Ihre Meinung zu wiederholen, bin ich mir zu schade." Ich erhob mich, grüßte militärisch und verließ den Raum.

Oberst Maroldt war zu perplex, um zu versuchen, mich daran zu hindern.

Er sprach mich auch später nie mehr auf diese Geschichte an, also auch nicht am 29. Juni 1987, dem Tag meiner Verabschiedung.

9. Die Betreuung der „Ehemaligen" mit Meetings durch die neue MAD-Stelle 3 in Hilden

Nach der Kießling-Affäre im Sommer 1983 wurde der MAD einer gründlichen Umstrukturierung unterzogen.

So wurde die Führungsebene „MAD-Gruppe" aufgelöst mit Zuteilung der anfallenden Aufgaben sowohl an das ASBw – das spätere „Bundesamt für den Militärischen Abschirmdienst" (BAMAD) – als auch auf eine zentrale MAD-Stelle in der Region. Im Bundesland Nordrhein-Westfalen entstand dabei die „MAD-Stelle 3" in Hilden – mit der A15-Dotierung für den Stellenleiter. Bereits der erste Leiter der neuen MAD-Stelle 3 lud die ehemaligen Angehörigen der MAD-Gruppe III und deren MAD-Stellen zu einem Ehemaligentreffen in die Waldkaserne in Hilden ein.

Nach meiner Pensionierung im Jahr 1987 erhielt auch ich die Einladungen zu diesen jährlichen Meetings, denen ich gerne Folge leistete.

Ob ich beim ersten Besuch dieser Meetings 1987 meinen ehemaligen Kdr Oberst a. D. Maroldt überhaupt gesehen habe, weiß ich nicht mehr. Wenn dem aber so war, sind wir beide uns zumindest bewusst aus dem Weg gegangen. Schließlich hatten wir eine heftige Auseinandersetzung wegen meiner angeblichen „Eigenmächtigen Abwesenheit" im Juni 1987 hinter uns, die vermutlich beiden Seiten sehr an die Nerven gegangen war. Details dazu in Episode 8, S. 183.

Ich musste sehr lange warten, ehe sich mir eine günstige Gelegenheit bot, Oberst Maroldt darauf auf das Thema anzusprechen. Und die bot sich erst gut 25 Jahre später nach dem jährlichen Meeting der ehemaligen Angehörigen der MAD-Gruppe III im Herbst 2012 bei der neuen MAD-Stelle 3 in der Waldkaserne in Hilden.

Maroldt und ich verließen gemeinsam den Versammlungsraum – und der Zufall wollte es, dass wir unsere Pkw in einiger Entfernung nebeneinander geparkt hatten.

Auf dem Weg zu unseren Wagen hatte ich endlich die Möglichkeit, ihn nach langer Zeit unter vier Augen auf die damalige Geschichte der „Eigenmächtigen Abwesenheit“ anzusprechen: „Herr Maroldt, Sie können sich sicher noch daran erinnern, dass Sie mich kurz vor meiner Verabschiedung im Juni 1987 wegen angeblicher „Eigenmächtiger Abwesenheit“ der Staatsanwaltschaft melden wollten. Zum Glück aber hatten Sie sich noch vor einer großen Blamage gerettet und nichts Dergleichen unternommen. Auch wenn es mehr als 25 Jahre her ist, würde ich gerne wissen, was Sie sich damals dabei gedacht haben.“

Nach einem gewissen Zögern betonte er felsenfest, dass er sich nicht an ein solches Geschehnis erinnern könne. Ich „bohrte nach“ und sagte: „Bis heute habe ich keinen plausiblen Grund dafür gefunden, dass Sie wegen zweier Tage mit „Überstundenausgleich“ und wegen einer daraus abgeleiteten angeblichen „Eigenmächtigen Abwesenheit“ eine solche Aktion vom Zaun gebrochen hatten, zumal ich stets den Eindruck hatte, dass ich im Kreis der Stellenleiter und regionalen Truppführer „Ihr Mann“ gewesen war – mit gegenseitigem Vertrauen.“ Er entgegnete: „Damit haben Sie völlig Recht. Ich konnte mich stets auf Sie verlassen. Sie waren der ruhende Pol in der Runde des Führungskreises. Und ich bedauere aufs Äußerste, dass es damals anscheinend zu einer derartigen Konfrontation gekommen ist. Ich kann mich aber nur wiederholen, an ein solches Ereignis kann ich mich wirklich nicht erinnern.“

Nach einer freundschaftlichen Verabschiedung bestiegen wir unsere Pkw – und sind uns danach lange nicht mehr begegnet, da er in den nächsten Jahren – aus welchen Gründen auch immer – die Meetings der Ehemaligen der MAD-Gruppe III nicht mehr besuchte.

Beim bereits traditionellen „24. Ehemaligentreffen bei der MAD-Stelle 3“ am 19. Oktober 2017 in der Waldkaserne in Hilden kam die Wende. Wir lauschten gespannt der Begrüßungsrede des Dienststellenleiters –, insbesondere, als er über die wesentlichen neuen Entwicklungen unseres Dienstes Bericht erstattete, dem zufolge das MAD-Amt mit Wirkung vom 1. August 2017 zu einer Bundesoberbehörde umgewandelt worden war – mit der neuen Bezeichnung „Bundesamt für den Militärischen Abschirmdienst“ (BAMAD) und mit der direkten BMVg-Unterstellung.

In diesem Moment klopfte mir jemand – offenbar zur stillen Begrüßung – auf meine Schulter. Ich drehte mich um und traute meinen Augen nicht – es war tatsächlich mein ehemaliger Kommandeur, Oberst a. D. Maroldt, der am Tisch hinter mir Platz genommen hatte. Da ich das „heimliche“ Schulterklopfen als einen Akt der freundschaftlichen Begegnung deutete, ging ich unmittelbar nach der Rede des Stellenleiters auf Herrn Maroldt zu. Wir führten ein längeres Gespräch, in dem ich offen zum Ausdruck brachte, sehr froh darüber zu sein, dass er wieder „aus der Versenkung" aufgetaucht war.

Das Thema „Eigenmächtige Abwesenheit" ließen wir beide geflissentlich aus und versicherten uns gegenseitig der Wertschätzung, indem wir auch über die „guten alten Zeiten" sprachen, in denen wir eigentlich ein „gutes Team" waren – er als Kommandeur und ich als MAD-Stellenleiter und „ruhender Pol in der Runde des Führungskreises", wie er es einmal ausgedrückt hatte.

Der Dienststellenleiter der MAD-Stelle 3 schenkte mir zu Weihnachten das „Gruppenbild mit Dame" mit dem Sinnspruch des Gelehrten und Staatsmannes Wilhelm von Humboldt: „Im Grunde sind es immer die Verbindungen mit Menschen, die dem Leben seinen Wert geben".

10. Der feierliche Empfang zu meiner Verabschiedung mit hohen Gästen und meinem neuen Chef von Rheinmetall

Alles hat einmal ein Ende – so auch meine Bw-Dienstzeit bei der Luftwaffe und im MAD. Mit der förmlichen Einladungskarte bat „der Kommandeur der MAD-Gruppe III, Oberst Dieter Maroldt, anlässlich der Kommandoübergabe der MAD-Stelle 33 zu einem Appell am 29. Juni 1987 um 15 Uhr in das Offizierheim der Bernhard-Hülsmann-Kaserne in Iserlohn".

Ich bat in der Einladungskarte als Leiter der MAD-Stelle 33 im Anschluss an die Kommandoübergabe zu einem Empfang. Geladen waren viele Gäste. Und alle kamen zur Feier des Tages

- aus dem militärischen Bereich Kommandeure und Dienststellenleiter sowie die Regionalchefs der alliierten Dienste,
- aus dem Polizeibereich der Iserlohner Polizeichef und die Leiter der 14. Kommissariate der Polizeipräsidien Hagen, Dortmund und Bochum,
- und der Bürgermeister der Stadt Iserlohn, Herr Fischer, ein gern gesehener Gast.

Als besondere Gäste aus dem sportlichen Bereich hatte ich Burkhard Gehrmann, den Vorsitzenden des Iserlohner Triathlonvereins, und meinen Sportfreund, Hans Fahsl, den Sportlehrer der Lw-Schule in Iserlohn, eingeladen.

Aus der Verwandtschaft folgten die Schwester meiner Frau und deren Ehemann aus Stade der Einladung zu einem Kurzbesuch in Iserlohn, um an meiner Verabschiedungsfeier teilzunehmen.

Am meisten freute ich mich über den „Ehrengast“ aus Düsseldorf, den ich höflichkeitshalber eingeladen hatte, auch wenn ich bezweifelte, dass er kommen würde. Es war Herr Beuchel, ein Geschäftsführer des Rheinmetall-Konzerns und ab 1. Juli 1987 mein direkter Vorgesetzter. Seinen Besuch empfand ich als große Ehre.

Die Kommandoübergabe – die dritte während meiner Zugehörigkeit zum MAD in Düsseldorf und Iserlohn – verlief dieses Mal ohne Probleme. Beim anschließenden Empfang begrüßte ich die Gäste und erläuterte meine Beweggründe zum vorzeitigen „Aussteigen“ aus dem Dienst und zur Übernahme einer verantwortlichen Aufgabe in der Industrie als Sicherheitsbevollmächtigter und Leiter der Werkssicherheit im Rüstungsunternehmen Rheinmetall. Ich sprach über meine berufliche Erfüllung, die ich über viele Jahre im Dienst des MAD empfunden hatte, betonte aber schließlich, dass ich den Wechsel als berufliche Herausforderung betrachtete, die ich voller Hoffnung und Freude angehen würde.

Kapitel 14 (1987)
Die Verleihung des „Bundeswehr-Ehrenkreuzes in Gold“, der Höhepunkt meiner Verabschiedungsfeier

1. Oberst Maroldt, mein ehemaliger Kommandeur mit einer Rede voller Lob und Begeisterung

In der Abschiedsrede wuchs mein Chef, Oberst Maroldt, über sich hinaus. Er schlug Pfähle ein, wie ich sie in der späteren Abschlussbeurteilung wiederfand. Deshalb zitiere ich hier einige markante Aussagen über mich:

- „OTL Wolf ist ein ausgesprochen selbstständiger Offizier mit komplexer MAD-Erfahrung und organisatorischer Begabung, insbesondere bei der Abwehr gegnerischer Nachrichtendienste.“
- „Er war manchmal ein unbequemer Mitarbeiter, der „am lockeren Zügel“ die besten Leistungen vollbrachte.“
- „Als gefestigter, souverän auftretender Offizier – voller Tatendrang und Verantwortungsfreude – vermochte er Gleichgestellte mitzureißen und Untergebenen ein Beispiel zu geben.“
- „Er konnte durch persönliches Beispiel – auch in der Bearbeitung schwieriger Vorgänge – den Leistungs- und Ausbildungsstand der MAD-Stelle anheben.“
- „Er hat eine nicht einfache MAD-Stelle in den vergangenen Jahren so geführt, dass sie in jeder Hinsicht beispielhaft werden konnte. Es gelang ihm, unter nahezu allen Stellenangehörigen ein echtes Gemeinschaftsgefühl und Solidarität in der Pflichterfüllung zu erzeugen, sodass die MAD-Stelle ihre Aufgaben sehr gut erfüllte.“
- „Er vermochte an der Fortentwicklung des Auftragsverständnisses im MAD auch im übergeordneten Rahmen mitzuwirken.“
- „Sein Eifer und sein engagiertes Auftreten ermöglichten eine Intensivierung des Kontaktes zur Truppe wie auch zu den Zusammenarbeitspartnern.“
- „Hervorragender und vielseitiger Leis-

Abb. 63. Oberst Maroldt, Kdr. der MAD-Gruppe III

tungssportler, der auch mit seinem Sinn für Breitensport im dienstlichen Umfeld mitzureißen vermochte."

Abschließend bedauerte Oberst Maroldt meinen vorzeitigen Weggang, der einen großen Verlust für den MAD bedeute – aber auch einen ebenso großen Gewinn für die Industrie und den Rheinmetall-Konzern. Er bedankte sich bei mir für die vertrauensvolle Zusammenarbeit mit ihm und für die unermüdliche Pflichterfüllung in all den Jahren im Dienst des MAD. Er wünschte mir viel Glück und Zufriedenheit für die neue Aufgabe, Abb. 63.

2. Der Iserlohner Bürgermeister Fischer mit Wünschen für meine neue Verwendung

Nach Oberst Maroldt ergriff der Bürgermeister, Herr Fischer, das Wort. Er bedankte sich für mein Wirken als MAD-Chef in Iserlohn, inbesondere aber auch für die zulässige Öffnung des MAD gegenüber der Öffentlichkeit, die er u. a. erfahren habe,

– mit der Einladung 1985 zum 10-jährigen Jubiläum der MAD-Stelle in Iserlohn,
– mit der Einladung zum „Gäste-Schießen" 1986, an dem er sich fotogerecht mit dem Leiter der Luftwaffenfachschule, Oberst Hambach, „duellieren" durfte
– und mit der Einladung zu meiner Verabschiedung.

Auch er wünschte mir abschließend Erfolg für die neue Verwendung in der sog. „freien" Wirtschaft.

3. Noch ein Wort zur bereits erwähnten Abschlussbeurteilung durch Oberst Maroldt

Oberst Maroldt hatte den überwiegenden Teil der einzelnen Beurteilungsmerkmale mit der Note „2" versehen, und auch die zusammenfassende Beurteilung zur „Bewährung in der derzeitigen Dienststellung" wurde mit der Note „2" begutachtet.

Das besondere und für mich völlig überraschende Moment an der Beurteilung war die pflichtgemäße Stellungnahme des höheren Vorgesetzten, der in diesem Fall der Amtschef des MAD-Amtes, Generalmajor Senff, war. Seine Stellungnahme lautete: „Mit OTL Wolf verlässt ein erfahrener, kenntnisreicher MAD-Stabsoffizier die Bundeswehr, der für weitere förderliche Verwendungen infrage gekommen wäre."

Bevor sich die gesamte Feiergesellschaft an den anschließenden kleinen Imbiss heranmachte, trat Oberst Maroldt erneut an das Rednerpult und bat mich, zu ihm nach vorne zu treten.

Und dann kam der Höhepunkt der ganzen Veranstaltung.

Der Kommandeur trug den Text der Verleihungsurkunde des Bundesministers der Verteidigung vom 27. Februar 1987 vor, demzufolge mir „im Namen der Bundesrepublik Deutschland für beispielhafte Erfüllung der Soldatenpflichten das Ehrenkreuz der Bundeswehr in Gold" vom Verteidigungsminister Manfred Wörner verliehen wurde.

Dann übergab er mir die Urkunde und das „Ehrenkreuz der Bundeswehr in Gold", Abb. 64.

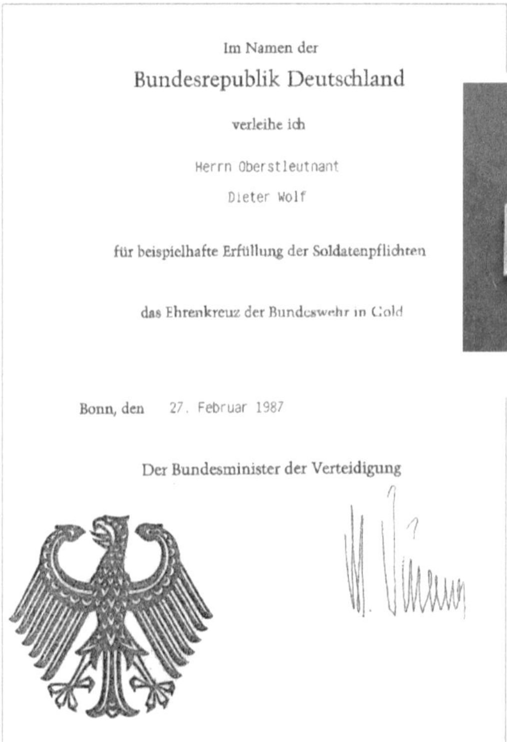

Im Namen der

Bundesrepublik Deutschland

verleihe ich

Herrn Oberstleutnant

Dieter Wolf

für beispielhafte Erfüllung der Soldatenpflichten

das Ehrenkreuz der Bundeswehr in Gold

Bonn, den 27. Februar 1987

Der Bundesminister der Verteidigung

Abb. 64. Das „Ehrenkreuz der Bundeswehr in Gold" (Foto: Hohenberg) und zugehörige Urkunde

Ich war sprachlos und bedankte mich höflich, bevor die große Gratulationscour der Gäste auf mich einprasselte.

Nur langsam begriff ich, dass vermutlich hinter beiden Phänomenen – der herausragenden Stellungnahme vom Amtschef, Generalmajor Senff, zu meiner Beurteilung und der Ordensverleihung durch den BMVg – nur der MAD-Vize-Präsident, Dr. von Hoegen, stecken konnte. Er hatte mir doch bei der Überprüfung der MAD-Stelle zu Beginn des Jahres 1986 „seinen Glückwunsch und Dank von Herzen" ausgesprochen, da ich „den MAD bei der Überprüfung hervorragend vertreten" hätte. Mit der Verleihung des „Ehrenkreuzes" schloss sich für mich der Kreis.

Meine zunächst ungeliebte Versetzung von Düsseldorf nach Iserlohn und die „leidige Kießling-Affäre" waren in Wahrheit reine Glücksfälle für mich:

- Wie hätte ich sonst eine Chance erhalten, vor einem hochrangigen Kreis damit zu glänzen, den Wiederaufbau einer offenbar völlig aus den Fugen geratenen Dienststelle geschafft zu haben, die der Kommandeur mit der Benotung einer „sehr guten Aufgabenerfüllung" gewürdigt hatte?
- Wie sonst wäre ich zu einer so guten Beurteilung durch den Kommandeur, Oberst Maroldt, gekommen, in der der Amtschef des MAD-Amtes mich indirekt wissen ließ, dass ich wohl zum Kreis der Aspiranten einer Beförderung zum Oberst gehörte?
- Wie sonst hätte es geschehen können, dass mir die höchste Auszeichnung der Bundeswehr – das „Ehrenkreuz der Bundeswehr in Gold" vom Verteidigungsminister Manfred Wörner verliehen wurde?
- Wie sonst wäre es dazu gekommen, dass ich bei Rheinmetall mit offenen Armen empfangen wurde – mit einem Anfangsgehalt, das gut 10% höher lag als das Endgehalt meines Vorgängers als Sicherheitsbevollmächtigter?

Zurückblickend kann ich ohne Übertreibung feststellen, dass die Überprüfung der MAD-Stelle 33 im Gefolge der Kießling-Affäre ganz offensichtlich erhebliche positive Auswirkungen auf meine berufliche Karriere der beiden letzten Jahrzehnte hatte.

4. „Zwei zusätzliche Generalsterne für den MAD", ein Satz von Oberst Kluss über die MAD-Reformen

In diesem Zusammenhang bietet es sich geradezu an, nach der „MAD-Maulwurf"-Story von Oberst a.D. Kluss einen weiteren Artikel von ihm mit der Überschrift „Zwei zusätzliche Generalssterne für den MAD" auszugsweise zu zitieren:

> „Während der Kießling-Affäre wurde so ziemlich alles falsch gemacht – und es hat Jahre gedauert, bis der MAD sich von den „Reformen" erholt hatte. Nachdem Ausschüsse und Kommissionen „personelle Inzucht" im MAD als eine der Ursachen für Fehler und Mängel festgestellt hatten, war abzusehen, dass im Dienst gewachsene Offiziere künftig keine Chance mehr haben würden, in Spitzenpositionen zu gelangen. Fachleute galten fortan als diskreditiert. Der nächste Amtschef würde, sagte ich voraus, ein Panzergeneral sein, der übernächste ein Düsenjägerpilot. Genau so kam es. Der Panzermann hieß Hubertus Senff, ihm folgte der Starfighter-Pilot Fred Schwenke. Das brachte dem MAD überraschenden Kollateralnutzen.
>
> Höheren Orts war die Erkenntnis gereift, dass man einen Nachrichtendienst nicht ganz und gar Amateuren anvertrauen darf. Deshalb wurde dem Panzergeneral ein Geheimdienstprofi zur Seite gestellt, kein Militär, um Himmels willen, sondern der Direktor beim Bundeskriminalamt, Dr. Rudolf von Hoegen, ein gelernter Verfassungsschützer. Der aber hatte Anrecht auf eine B-6-Stelle. Folglich musste der Amtschef, sein Vorgesetzter, auf B-7 angehoben werden, war also jetzt Generalmajor. Zugleich aber konnte ein Zivilist nicht gut disziplinare Befugnisse über Soldaten wahrnehmen, deshalb wurde eine neue Stelle für einen Brigadegeneral geschaffen.
>
> Unterm Strich hat also der MAD der Kießling-Affäre zwei zusätzliche Generalssterne zu verdanken."

Das war im Übrigen das letzte der Schriftstücke, die mir Heinz Kluss im Laufe der letzten Jahre immer wieder zur Kenntnisnahme zugeschickt hatte.

Leider verstarb Heinz Kluss im Januar 2019 und hinterließ für mich eine große Lücke – schließlich habe ich als Neu-Autor von ihm eine Menge gelernt.

Kapitel 15 (1987 – 2004) Leiter der Sicherheitsabteilung des Rheinmetall-Konzerns in Düsseldorf am Rhein

1. Die Aufgaben des Rh-Sicherheitschefs und SiBe in der heißen Phase der RAF-Bedrohung

Mein Dienstantritt bei Rheinmetall im Sommer 1987 fiel noch in die hohe Zeit des innerdeutschen Terrorismus durch die sog. „Rote Armee Fraktion" (RAF), die zu jener Zeit bereits einige schwere Attentate durchgeführt hatte – einschließlich der Ermordungen hochgestellter Persönlichkeiten wie die schändlichen Attentate auf den GBA Buback 1977 oder auf den Politiker Gerold von Braunmühl 1986.

Wenn auch mein Hauptaufgabengebiet als Sicherheitsbevollmächtigter (SiBe) der amtliche Geheimschutz (GS) in der Rheinmetall-Sparte „Rüstungstechnik"" war, so musste ich mich als Sicherheitschef mit gleicher Intensität um die Absicherung des Unternehmens gegen kriminelle Angriffe und vorbeugend gegen terroristische Bedrohungen kümmern.

Die amtliche Geheimschutzbetreuung der deutschen Rüstungstechnikunternehmen wird grundsätzlich vom Bundeswirtschaftsministerium (BMWi) wahrgenommen. Nach den Bestimmungen des BMWi benennt der Vorstand eines Rüstungstechnikunternehmens einen geeigneten Mitarbeiter als Sicherheitsbevollmächtigten (SiBe), der dem Vorstand unmittelbar unterstellt ist.

Die amtliche Bestellung als SiBe wird nach dessen Sicherheitsüberprüfung formell mittels der „Verschlusssachen(VS)-Ermächtigung" durch das BMWi ausgesprochen. Der SiBe wird mit entsprechenden Befugnissen ausgestattet, um die ordnungsgemäße Durchführung der vom Unternehmen übernommenen Geheimschutzverpflichtungen verantwortlich übernehmen zu können.

Dem SiBe obliegt die Planung, Durchführung und Kontrolle aller Maßnahmen zum Schutz von geheimhaltungsbedürftigen Angelegenheiten.

Als Haupt-SiBe der Rheinmetall Defence Technology AG (RhDeTec AG) war ich das zentrale Sicherheitsorgan insbesondere bei der Zusammenarbeit mit den Bundesbehörden wie BMWi, BMVg, BWB und den Bundessicherheitsbehörden BfV und BKA.

Als SiBe der RhDeTec AG an den Standorten Düsseldorf und Ratingen hatte ich Verbindung zu halten zu den Sicherheitsbehörden des Landes

NRW – zum Verfassungsschutz im NRW-Innenministerium, zum LKA in Düsseldorf und zum Staatsschutzkommissariat des Polizeipräsidiums Düsseldorf, Abb. 65.

Ähnlich der „dualen" Vorgesetztenstellung eines Dezernatsleiters einer MAD-Gruppe – einerseits die Befehlsbefugnis seines Kommandeurs und andererseits die Weisungsbefugnis des Leitdezernats der zuständigen Abteilung im MAD-Amt – verhält sich das Dienstvorgesetztenverhältnis eines SiBe. Es befindet sich ebenfalls in einer „dualen" Weisungssituation

– mit der unstrittigen Vorgesetztenbefugnis seines Arbeitgebers
– und der eindeutigen Weisungsbefugnis des zuständigen Referatsleiters des BMWi.

Dieser scheinbare Widerspruch hat allerdings in all den Jahren meiner SiBe-Tätigkeit niemals zu Problemen geführt.

Abb. 65. Der Rheinmetall-SiBe, Dieter Wolf, und die beiden KHK vom Polizeipräsidium Düsseldorf

Abb. 66. Wolf und Sohns (M.) – der neue und der alte SiBe – sowie Kremer, der Stellvertreter

Zur SiBe-Abteilung der RhDeTec AG gehörten neben meinem Vertreter, Johannes Kremer und der Abteilungssekretärin, Frau Kohnen, auch die beiden VS-Verwalter in der VS-Registratur. Frau Kohnen war eine resolute, manchmal eigensinnige Person, mit der ich auf Dauer vermutlich Probleme in der Zusammenarbeit bekommen hätte. Da ich aber in den ersten drei Monaten bei Rheinmetall – von Juli bis September 1987 – ein gewisses Praktikum mit Einweisung in die SiBe-Aufgaben unter meinem SiBe-Vorgänger, Herrn Sohns, Abb. 66, einem ehemaligen Lt Kriminaldirektor – zu absolvieren hatte, betraf mich diese Konstellation nur am Rande, zumal Herrn Sohns Ende September und Frau Kohnen mit Ablauf des Jahres 1987 in Rente gehen würden.

Ich hatte sehr bald festgestellt, dass es zwischen beiden in ihrer Zusammenarbeit immer wieder zu Auseinandersetzungen gekommen war. So wollte sie auch mich einmal belehren, dass ich die Aspiranten bei der Einweisung in die amtliche Sicherheitsprüfung nicht darüber informieren durfte, welche Überprüfungsmaßnahmen der Verfassungsschutz vornehmen darf.

Frau Kohnen „verabschiedete“ sich allerdings vor Herrn Sohns – sie verstarb völlig überraschend während eines Italienurlaubs Ende August 1987.

Abb. 67. Der Geschäftsführer, Manfred Beuchel, verabschiedet Herrn Sohns in den Ruhestand

Abb. 68. Die Runde der Abteilungsleiter bei meiner Feier zum Einstand

Erst nach ihrem Tod erfuhr ich das mögliche Motiv für ihr auffälliges, manchmal gar aggressive Verhalten im Dienst. Mein Chef, der Geschäftsführer Manfred Beuchel, sagte mir, dass sich Frau Kohnen einmal bei ihm regelrecht ausgeweint habe, da Herr Sohns sie nach dessen Dienstantritt drei Jahre zuvor quasi „entmachtet“ habe. Sie hatte nämlich den Vorgänger von Herrn Sohns – ebenfalls ein ehemaliger Polizeibeamter – während dessen längerer Abwesenheit aus Krankheitsgründen voll vertreten –, so auch bei der Zusammenarbeit mit dem NRW-Verfassungsschutz.

Auch ich war nicht traurig, als Herr Sohns Ende September Rheinmetall verließ. Ich konnte aufatmen, denn Herr Sohns hatte durchaus auch seine „Macken“, die er mich manchmal spüren ließ, Abb. 67, 68.

2. Meine Sekretärin Frau Kohlmann, „meine rechte Hand“, bildete zusammen mit mir bald schon ein „starkes Team“

Ich hatte das Glück, dass genau zum Zeitpunkt des Todes von Frau Kohnen die ehemalige Rheinmetall-Chefsekretärin, Frau Kohlmann, nach einer längeren Periode als Sekretärin eines Rechtsanwalts absprachegemäß wieder zu Rheinmetall zurückkam. Es war die Periode, in der Rheinmetall sich wegen undurchsichtiger Waffengeschäfte mit Argentinien in einem Strafverfahren nach §§ des „Außenwirtschaftsgesetzes“ (AWG) und des „Kriegswaffenkontrollgesetzes“ (KWKG) rechtfertigen musste. Als juristischen Beistand hatte man einen

Rheinmetall-Juristen als Rechtsanwalt „outgesourct" – und ebenso Frau Kohlmann als dessen Sekretärin auf Zeit.

Die dabei gewonnenen Rechtskenntnisse von Frau Kohlmann kamen auch mir manchmal zugute. Bei ihrer Rückkehr zu Rheinmetall bekam sie zwar keinen Posten als Chefsekretärin, sehr wohl aber das entsprechende Gehalt. Frau Kohlmann blieb noch viele Jahre meine Topsekretärin, bis sie Ende 1999 in Rente ging.

Abb. 69. Meine Sekretärin, Frau Kohlmann, und mein Stellvertreter, Johannes Kremer (M.)

Und ich weiß heute: „Ich hatt' eine Sekretärin, eine bessere findest Du nicht!" Sie war „meine rechte Hand", und wir beide waren „ein starkes SiBe-Team" in der deutschen Rüstungsindustrie, Abb. 69.

Zu meinem Aufgabenbereich als Haupt-SiBe der RhDeTec AG gehörten zeitweise 19 GS-betreute Rheinmetall-Tochterunternehmen von Kiel im Norden bis Zürich und Wimmis in der Schweiz mit insgesamt 18 Sicherheitsbevollmächtigten.

Meine Haupt-SiBe-Tätigkeit war wie folgt aufgeteilt:

- „Operative Bearbeitung" im Großraum Düsseldorf zusammen mit vier nebenamtlich tätigen „SiBe vor Ort".
- Hauptaufgaben waren die Einweisungen der Mitarbeiter in die durchzuführenden Sicherheitsüberprüfungen und die Sicherheitsbelehrungen bei den anschließenden VS-Ermächtigungen.
- Und „strategische Unterstützung" mit 14 hauptamtlich tätigen, eigenständigen SiBe bundesweit – einschließlich der Schweiz – durch Grundsatzweisungen und durch jährlich einmal veranstaltete SiBe-Tagungen.

Neben dem amtlichen Geheimschutz hatte ich als Sicherheitschef der RhDeTec AG die folgenden Aufgaben wahrzunehmen:

- Objektschutz für das Unternehmen in Düsseldorf und später in Ratingen durch personelle und organisatorisch-materielle Absicherungsmaßnahmen mit eigenem Werkschutz, aber auch mit Fremdpersonal eines Sicherheitsdienstleisters

- Know-how-Schutz von Firmengeheimnissen
- Personenschutz auf besondere Anforderung durch eigene Kräfte bzw. durch Mitarbeiter eines Sicherheitsdienstleisters
- Vorbeugender Brandschutz durch Erstellung einer Brandschutzordnung und durch Räumungsübungen
- Katastrophenschutz durch Erstellung einer betrieblichen Katastrophenschutzordnung (BKO)
- Durchführung von Ermittlungen bei besonderen Vorkommnissen in den Bereichen Spionage, Extremismus/Terrorismus und allgemeine Kriminalität ggf. durch Zusammenarbeit mit Verfassungsschutz- und Polizeibehörden.
- Beratung des Rheinmetall-Führungspersonals durch Erstellung von sporadisch erscheinenden „Sicherheitsinfos" über die aktuelle Gefährdungslage in den Bereichen Spionage, Extremismus/ Terrorismus und allgemeine Kriminalität.

Im Rahmen der Mitverantwortung für die Sicherheit der Rheinmetall-Tochterunternehmen habe ich als Sicherheitschef des Rheinmetall-Konzerns im Laufe meiner Dienstzeit „Sicherheitsanalysen" zu den Sachgebieten Objektschutz, vorbeugender Brandschutz, Katastrophenschutz und Know-how-Schutz für folgende Rh-Firmen erstellt:

- Buck NT in Neuenburg/Rhein und Fronau/Bayern
- Mausser-Werke in Oberndorf/Neckar
- Nitrochemie Aschau in Aschau/Inn
- STN Atlas Elektronik in Bremen
- MaK-S in Kiel.

Mein direkter Vorgesetzter, der GF Manfred Beuchel, hatte mir bei der Bewerbung um den Dienstposten „SiBe bei Rheinmetall" mitgeteilt, dass man nach dem Dienstende von Herrn Sohns – mit einer nur dreijährigen Verwendung bei Rheinmetall – nach einem geeigneten Nachfolger mit einer vorausschaubar längeren Dienstzeit Ausschau gehalten habe. Nachdem wir uns beide diesbezüglich einig waren, stand mir bei einem Hauskauf in der Region Düsseldorf/Neuss nichts mehr im Wege. Noch vor Ablauf des Jahres 1987 zogen wir in unser Reihenhaus in Neuss-Norf ein, Abb. 70. Das ist – nach einem Slogan der Stadt Neuss – genau „Dort, wo die Erft den Rhein begrüßt".

Natürlich blieb es den Medien nicht verborgen, dass „es traditionsgemäß enge Verknüpfungen und Zusammenarbeit zwischen der Wirtschafts- und der Ordnungsmacht gibt", so der TV-Sender SAT 1 am 24. April 1989 zum Thema „News und Stories".

Neben einigen Beispielen von ehemaligen Beamten aus dem Bereich der Polizei und des Verfassungsschutzes, die als Sicherheitsexperten in die Wirtschaft „abgewandert“ sind, werden folgende Fälle angeführt:

„Seit Januar 1988 arbeitet bei Siemens in München der ehemalige Direktor der Lübecker Schutzpolizei, Norbert Wolf. Bei Rheinmetall war bis vor Kurzem der ehemalige Kriminalpolizeidirektor Hans Sohns Chef der Sicherheitszentrale. Sein Ersatz kam mit dem früheren MAD-Offizier, Oberstleutnant Dieter Wolf. Auch der Ex-Chef des BfV und des BKA, Heribert Hellenbroich, zählt zu den Neueinkäufen der Industrie.“

Abb. 70. Unser Haus in Norf

Rückblickend kann ich ohne Übertreibung feststellen, dass ich für fast alle Aufgaben und Sicherheitsvorkommnisse während meiner gut 17-jährigen Dienstzeit bei Rheinmetall dank der guten umfassenden MAD-Ausbildung und langjährigen Erfahrungen im Dienst hervorragend vorbereitet war. Auch wenn ich im MAD überwiegend im Sachgebiet Spionageabwehr ausgebildet und eingesetzt war, so konnte ich in meiner letzten MAD-Verwendung als Dienststellenleiter in Iserlohn glücklicherweise auch in den anderen Fachbereichen Sicherheitsüberprüfung und Extremismus/Terrorismus – genügend Wissen und Erfahrungen sammeln, die für meine zukünftige SiBe-Tätigkeit bei Rheinmetall „Gold“ wert waren.

Die Ausbildung von Sicherheitsbevollmächtigten war eine Pflichtaufgabe des Bundesministeriums der Wirtschaft (BMWi).

Die entsprechenden Wochenseminare fanden allerdings nicht im BMWi in Bonn, sondern in einem Tagungshotel in Bad Neuenahr statt. Die gesamte Grundausbildung umfasste zwei Seminare in Bad Neuenahr. Notwendige Weiterbildungsmaßnahmen wurden zu gegebener Zeit in Bonn und in Berlin mit Tagungen oder Symposien abgewickelt.

Mein erstes Seminar absolvierte ich als SiBe-Anfänger im Oktober 1987.

Bei der üblichen persönlichen Vorstellung der einzelnen Teilnehmer stellte ich fest, dass ich als Oberstleutnant (A15) zwar der einzige ehemalige Angehörige eines deutschen Nachrichtendienstes war, es gab aber noch einen zweiten ehemaligen Beamten des höheren Dienstes mit der Besoldungsstufe A15, den ehemaligen Leiter der Lübecker Polizei, Norbert Wolf.

Wir beide freundeten uns schnell an, und ich ging davon aus, in ihm einen Unterstützer zu haben, sollte es seitens der BMWi-Dozenten in der Ausbildung einmal zu ungerechtfertigten Meinungen gegenüber Polizei und Nachrichtendiensten kommen. Auch wenn die Wahrscheinlichkeit eines solchen Disputs sehr gering war, es passierte früher, als es zu erwarten war.

In einer Unterrichtsstunde zum Thema „Die Methoden von Nachrichtendiensten" traute ich meinen Ohren nicht, als der Dozent, ein Referatsleiter des BMWi, global über zum Teil kriminelle – wenn auch politisch motivierte – Aktionen von Nachrichten- bzw. Geheimdiensten referierte.

Neben Attacken auf die gegnerischen Dienste der Sowjetunion und der DDR wurden auch entsprechende Beispiele über die westlichen sog. „befreundeten" Dienste dargeboten, wie z.B. die misslungene CIA-„Schweinebucht"-Affäre gegen Kuba und ähnliche Fälle aus der jüngsten Geschichte. Deshalb riet der Dozent den zum Teil verstört dreinschauenden, wenig mit Geheimdienstmethoden bewanderten SiBe-Anfängern zur Vorsicht im Umgang mit Angehörigen von Nachrichtendiensten. Ich wartete vergebens auf positive Hinweise zumindest in Richtung der deutschen Nachrichtendienste.

Über die kritische, überzogene Einschätzung von Geheimdiensten durch den BMWi-Dozenten hatte ich mir einige Notizen gemacht, da schon bald für mich feststand, darauf eine entsprechende Antwort zu geben.

Bevor ich mich zu Wort meldete, schaute ich zu meinem Berufskollegen aus Lübeck und musste feststellen, dass er offensichtlich wie alle anderen auch ein wenig geschockt war, aber zu einer Protestaktion nicht gewillt war.

Nachdem mir das Wort erteilt worden war, stellte ich mich erneut als ehemaligen Angehörigen eines deutschen Nachrichtendienstes vor und kritisierte die einseitige Darstellung des Themas durch den BMWi-Referatsleiter auf das Heftigste. Ich betonte, dass seine Ausführungen auf die Zuhörer gar kontraproduktiv gewirkt haben könnten, wo es meines Erachtens doch darauf ankam, Vertrauen in die Arbeit des Verfassungsschutzes zu schaffen, der zukünftig in unserer Arbeit für den Geheimschutz unserer Unternehmen unser Vertrauenspartner sein werde.

Ich hatte offenbar „den Nagel auf den Kopf" getroffen. Der Referatsleiter fühlte sich „erwischt" und beendete seine Unterrichtsstunde ohne Kommentar. Ich erfuhr später, dass er nach seiner späteren Ankunft im Ministerium wegen dieser „Geschichte" zum Abteilungsleiter zitiert wurde.

Und auch ich wurde nach dem Seminar gebeten, mich beim Präsidenten des BfV in Köln einzustellen, was ich gerne tat.

Der BfV-Präsident ließ sich den Vorfall, der ihm – von wem auch immer – „hautnah" mitgeteilt worden war, von mir darstellen und bedankte sich anschließend bei mir, dass ich das Wort für den Verfassungsschutz offen und ohne Rücksicht auf mögliche persönliche Nachteile ergriffen hatte.

3. Mein Vetter Gerhard Böhm als Abiturient und Vorbild und späterer DDR-Korrespondent bei der Nato

Die Erinnerung an meine Kindheit in Schlesien ist auch eng verbunden mit meinem Cousin Gerhard Böhm. Seine in Berlin lebende Mutter hatte ihn wegen der ständigen Bombardierungen Berlins während der letzten Kriegsjahre für einige Zeit in die Obhut meiner Mutter nach Schlesien gegeben.

Abb. 71. Mein Vetter Gerhard Böhm als Abiturient, der spätere DDR-Korrespondent bei der Nato in Brüssel

Er war sechs Jahre älter als ich und wurde gewissermaßen zum Vorbild für mich, da er in Berlin Schüler einer „höheren Schule" war. Das imponierte mir gewaltig und ich hielt es für nachahmenswert, ebenfalls Gymnasialschüler und Abiturient zu werden, Abb. 71.

Noch rechtzeitig vor dem Kriegsende holte ihn seine Mutter wieder nach Berlin zurück und damit endeten unsere Kontakte für eine sehr lange Zeit – von fast einem halben Jahrhundert. Erst nach der Wiedervereinigung sahen wir uns wieder, da wir beide in unterschiedlichen deutschen Staaten lebten und Berufe ausübten, die verwandtschaftliche Verbindungen unmöglich machten.

Anlässlich einer Dienstreise im Sommer 1990 begegnete ich in Berlin nicht nur Tiedge, dem ehemaligen Referatsleiter des BfV und späteren Überläufer zur Stasi, sondern ich besuchte zusammen mit meiner Frau Bärbel meinen in Berlin lebenden Vetter Gerhard Böhm. Dabei erfuhr ich, dass er und seine Frau einige Jahre als Korrespondenten im Dienst des DDR-Rundfunks in Ulan-Bator, der Hauptstadt der Mongolei, gelebt hatten.

Danach sei er bis zur politischen Wende für einige Zeit als DDR-Rundfunkkorrespondent in Brüssel tätig gewesen, um im Nato-Hauptquartier Mons bei Pressekonferenzen wichtige Informationen zu erhalten.

Natürlich waren sowohl seine Aufgabe in Ulan-Bator und erst recht sein Dienstposten in Brüssel für mich eindeutige Hinweise darauf, dass er in DDR-Zeiten ein politisch regimekonformer DDR-Bürger gewesen sein musste.

Bei unseren relativ wenigen Zusammentreffen bis zu meinem Ausscheiden bei Rheinmetall im Dezember 2004 war selbstverständlich nicht nur unsere Verwandtschaft das allgemeine Gesprächsthema, sondern genauso die politische Vergangenheit der beiden deutschen Staaten und die aktuelle Situation des wiedervereinigten Deutschland. Dabei spürte ich gelegentlich eine gewisse Zurückhaltung meines Vetters, wenn ich ohne Hemmungen kritische – vielleicht auch abfällige – Bemerkungen über den Kommunismus, die DDR und die Stasi machte. Natürlich offenbarte ich ihm meine frühere Tätigkeit als MAD-Offizier im Rahmen der Spionageabwehr – insbesondere gegen die Spionagedienste der DDR.

Bei einem derartigen Gespräch fragte ich ihn, ob er jeweils nach seinen „Westreisen“ von Stasi-Mitarbeitern befragt worden sei. Er bejahte meine Frage, ohne weitere Angaben zu seinen Stasi-Kontakten zu machen.

Die Frage, ob er jemals von der Stasi über mich befragt worden sei, verneinte er mit offensichtlichem Missbehagen. Ich glaubte ihm zwar nicht, denn ich wusste, dass die Stasi-Methoden ganz anders tickten.

Um unser eigentlich entspanntes Verhältnis nicht zu sehr zu strapazieren, hütete ich mich aber, weiter „nachzubohren“. Warum auch?

Wir luden Gerhard mit seiner Frau auch einmal zu einem Besuch bei uns in Neuss ein. Beide waren nach der Wende zwangsweise Rentner geworden, nachdem sie beide nicht vom West-Berliner Rundfunk übernommen worden waren. Nach meiner Entlassung bei Rheinmetall Ende 2004 beschränkten sich unsere Beziehungen auf Briefeschreiben und Telefonieren – insbesondere zu unseren jeweiligen Geburtstagen.

Dabei erfuhr ich, dass seine Frau – leider wie bereits schon seine erste und zweite Frau – verstorben war und dass er durch ein erhebliches Erbe von der US-Verwandtschaft seiner ersten Frau ein reicher Mann geworden war. Da er zu jener Zeit gesundheitlich noch recht stabil war, nutzte er die freie Zeit und das große Geld zu mehreren Kreuzfahrten rund um die Welt.

Doch dann teilte er mir mit, dass er eines Tages nach einem Schlaganfall gerade noch rechtzeitig auf der Straße liegend gefunden und gerettet worden war. Danach verließ er die Hektik der Großstadt und zog in eine kleine Wohnung im Brandenburgischen in der Nähe Berlins.

Ich glaube, es war anlässlich seines 80-jährigen Geburtstags im Sommer 2011, als ich weder brieflich noch telefonisch eine Verbindung zu ihm bekam. Unter seiner Telefonnummer meldete sich eine mir unbekannte Frau, die mir sagte, dass sie vor einigen Wochen in die Wohnung eingezogen sei, in der vorher ein älterer Herr gewohnt habe. Dieser sei offensichtlich aus Gesundheitsgründen in ein Altersheim verlegt worden.

Da ich aber keinerlei Informationen in jener Zeit von ihm oder über ihn erhalten hatte, konnte ich davon ausgehen, dass er vermutlich noch vor seinem 80. Geburtstag verstorben war. Ich denke noch häufig an meinen Vetter Gerhard, der leider im „anderen Deutschland" gelebt hat.

4. Die Urlauber-Busfahrten nach Südeuropa des angeblich schwerkranken Postwagenfahrers

Die Versuchung war einfach zu groß für den Fahrer des kleinen Rheinmetall-Postwagens, seine Berechtigung auszunutzen, mal wieder Fahrten mit großen Bussen „in die weite Welt" durchzuführen. Und da er das in seinem Job als Postwagenfahrer mit der Aufgabe, im Rheinmetall-Werk in Düsseldorf die täglichen Posteingänge an die Abteilungen zu verteilen, nicht verwirklichen konnte, nahm er sich persönliche „Auszeiten" als angeblich kranker Mann – natürlich mit offizieller ärztlicher Krankschreibung für die Rheinmetall-Personalabteilung –, um sich als Fahrer von Touristikbussen in Länder des „sonnigen Südens Europas" bei regionalen Busunternehmen zu bewerben.

Und er hatte ganz offensichtlich Erfolg mit dieser Idee. Nur gelang es ihm nicht, seine „geheimen" Urlaubsreisen völlig verdeckt durchzuführen.

Wie auch immer und wem auch immer aus dem Kollegenkreis dieses irgendwann einmal auffiel, ist mir nicht bekannt. Und wie sich später herausstellte, konnte er diesen „Nebenjob" wohl mehrere Male praktizieren, ohne dass es jemandem „sauer aufstieß" – denn seine reguläre Arbeit musste natürlich von seinen eigenen Kollegen immer wieder zeitweise zusätzlich übernommen werden. Und plötzlich gab es einen vergrämten „Whistleblower", der beim Personalchef Meldung machte. Um das unglaubliche Unternehmen zu verifizieren, wurde ich umgehend von Herrn Beuchel, dem zuständigen Rheinmetall-Geschäftsführer, beauftragt, entsprechende Ermittlungen aufzunehmen.

Ich war mir sicher, dass ich damit eine relativ leichte, wenn auch pikante Aufgabe übernommen hatte. Moralische Bedenken hatte ich allerdings keine, denn die Geschichte war schließlich keine „harmlose Schwarzarbeit", sondern ein knallharter Betrug an der Gesellschaft – sprich: am Finanzamt – wegen entgangener Steuern, an Rheinmetall und sogar an den eigenen ausgenutzten Kollegen.

Ich machte mich also mit meinem Stellvertreter, Johannes Kremer, auf den Weg, um den Fall zu klären.

Da der „Whistleblower“ bei seiner Meldung kein betroffenes Busunternehmen benennen konnte, galt es zunächst einmal festzustellen, welche Firmen im Rhein-Kreis Neuss, in dem der Busfahrer wohnte, in Frage kommen könnten.

Wir recherchierten und fanden nur einige wenige Busunternehmen, die ihr Geld mit Touristikreisen in die angrenzenden Länder im Süden Europas durchführten – in den Städten Neuss, Dormagen und Grevenbroich.

Wir starteten mit der Nachfrage in einem Dormagener Busunternehmen, stellten aber sehr schnell fest, dass diese Firma nicht betroffen war.

Da unser Busfahrer in der Nähe der mittelgroßen Stadt Grevenbroich zuhause war, nahmen wir als zweites Untersuchungsobjekt ein Reisebusunternehmen in Grevenbroich in Augenschein.

Um sicherzugehen, hatte ich mit dem Chef dieser Firma telefonisch einen Besprechungstermin vereinbart. Bei der Begrüßung zeigte er sich erfreut über unseren Besuch, zumal ich ihm nicht das leidige Thema als Hintergrund benannt hatte. Da ich mich am Telefon nur als „Bevollmächtigter“ des Rheinmetall-Konzerns vorgestellt hatte – mit Weglassen des Teilwortes „Sicherheits“ – hatte er wohl auch kaum Verdacht geschöpft, worum es mir wirklich ging.

Nach der Begrüßung ließ ich allerdings sofort die „Katze aus dem Sack“, stellte mich als Rheinmetall-Sicherheitschef vor und hielt ihm den entsprechenden Firmenausweis vor. In diesem Augenblick war ich mir sicher, dass wir in der richtigen Firma angelangt waren – sein erschreckter Gesichtsausdruck „sprach Bände“.

Ich trug dem Chef des Busunternehmens unser Anliegen vor, demzufolge wir wissen wollten, ob der bewusste Rheinmetall-Mitarbeiter für seine Firma als Busfahrer Urlaubsreisen durchgeführt hatte. Ich ergänzte diese Aussage, dass es Zeugen dafür gebe und entsprechende Anhaltspunkte, sodass wir mit ziemlicher Sicherheit unterstellen konnten, dass er während angeblicher Krankheitsphasen diesen illegalen „Nebenjob“ angenommen hatte.

Dem Busunternehmer hatte es „die Stimme verschlagen“, und nachdem er nicht bereit war, sich zu meinen Aussagen zu äußern, machte ich „Ernst“. Ich bot ihm – im Auftrag des Rheinmetall-Vorsitzenden – zwei Alternativen an, wie er aus dieser kriminellen Geschichte ohne großen Schaden zu nehmen, herauskommen konnte. Sollte er uns unumwunden die volle Wahrheit über das Beschäftigungsverhältnis des Rheinmetall-Mitarbeiters als einer seiner Busfahrer sagen, würde Rheinmetall von einer Anzeige bei der Staatsanwaltschaft Düsseldorf zulasten seiner Firma absehen. Andernfalls würde man ihn, den Busunternehmer, genauso wie den Rheinmetall-Busfahrer schonungslos bei der Staatsanwaltschaft wegen „Schwarzarbeit“ und Steuerhinterziehung anzeigen.

Das hat „gesessen“! Der Busunternehmer war ganz plötzlich zu voller Aussage bereit. Im Detail erfuhren wir alle Fahrten, die unser Mann in der Vergangenheit für dessen Busunternehmen durchgeführt hatte.

Ich machte mir die notwendigen Notizen, bevor wir uns verabschiedeten. Damit war die Geschichte des „gefallenen“ Postwagenfahrers, der der großen Versuchung nicht widerstehen konnte, geklärt. Er wurde auf der Stelle seines Dienstes enthoben und schließlich fristlos aus seiner Anstellung bei Rheinmetall entlassen.

5. Die vermeintliche „Verfolgung“ von Dr. Germershausen und der Betrugsverkauf seines Wagens durch seinen Fahrer

Zu Beginn meiner Dienstzeit bei Rheinmetall fand ich eine etwas merkwürdige Methode vor, mit der Dr. Germershausen, der Vorsitzende der Geschäftsführung von Rheinmetall-Rüstungstechnik, vor terroristischen Anschlägen geschützt werden sollte.

Vom Sicherheitsdienstleister DSW, der späteren Securitas, war ein Sicherheitsmitarbeiter angeheuert worden, der die Aufgabe hatte, in den Nachtstunden das Mehrfamilienhaus in Kaarst, in dem das Ehepaar Germershausen wohnte, abzusichern bzw. zu bewachen. Diese „Nachtschichtwache“ wurde abwechselnd von mehreren Wachleuten des Deutschen Schutz- und Wachdienstes (DSW) wahrgenommen. Für den jeweils Diensthabenden war ein Wohnwagen in der Nähe des Wohnhauses bereitgestellt worden, in dem der Wachposten sich aufhalten durfte, wenn er nicht gerade die vorgeschriebenen Kontrollgänge zu tätigen hatte.

Das Absicherungsverfahren war mit der lokalen Polizeistation abgesprochen worden, bei der der Wachmann sich routinegemäß ein- bis zweimal pro Nacht zu „melden“ hatte, um mögliche Vorkommnisse anzusprechen.

Unabhängig von diesen Maßnahmen wurde das Wohngebiet von Dr. Germershausen regelmäßig von der Polizei „bestreift“, da Dr. Germershausen eine polizeiliche Gefährdungseinstufung als „RAF-gefährdete Person“ erhalten hatte. Zu dieser amtlichen Einstufung war es gekommen, nachdem bei Hausdurchsuchungen von bekannt gewordenen „konspirativen Wohnungen“ (sog. KW) aus dem extremistischen bzw. terroristischen Untergrund auch Hinweise auf Dr. Germershausen gefunden worden waren.

Auch wenn es bei den aufgefundenen „gesammelten Werken“ der RAF keine direkten Anhaltspunkte auf einen bevorstehenden Anschlag gab, so reichten derartige Funde nach den einschlägigen Bundessicherheitsvorschriften aus, eine „positionsgefährdete“ Person in die polizeilichen Absicherungsmaßnahmen aufzunehmen, – „Positionsgefährdung“ allein deshalb, weil Dr. Germershausen als Chef der Rheinmetall-Wehrtechniksparte für die RAF zum verhassten „Rüstungskomplex“ gehörte.

Wenn ich auch das angewandte Bewachungsverfahren durch den DSW-Wachposten als sehr „renovierungsbedürftig“ ansah, so waren mir während meiner dreimonatigen Einarbeitungszeit „die Hände gebunden“, denn das Bewachungskonstrukt war die Idee meines Vorgängers, mit dem ich von Juli bis September 1987 mein „SiBe-Praktikum“ abzuleisten hatte.

Und just Anfang Oktober 1987 löste sich der „Gordische Knoten“ wie von selbst, und Dr. Germershausen befahl mir – außer sich vor Zorn – den Wachposten samt Wohnwagen umgehend „verschwinden zu lassen“.

Was war geschehen?

In der Nacht zuvor hatte es zwei für Dr. Germershausen „erschütternde“ Sicherheitsvorkommnisse gegeben. Ein neben der Eingangstür des Zweifamilienhauses abgestelltes Fahrrad der Nachbarn war über Nacht offensichtlich gestohlen worden. Außerdem war in jener Nacht von den Hausbewohnern des gegenüberliegenden Hauses ein Mann beobachtet worden, der über den mannshohen Zaun in den Vorgarten geklettert war.

Und beide Vorfälle waren vom Wachposten nicht wahrgenommen worden. Meinen Einwand, dass der Wachmann vielleicht gerade zu diesem Zeitpunkt seinen Gang zur nahegelegenen Polizei gemacht hatte, wischte Dr. Germershausen weg, und er bat mich, einen brauchbaren neuen Vorschlag zu seiner Absicherung zu machen.

Da ich mir längst schon Gedanken darüber gemacht hatte, wie ich aus der eingefahrenen Absicherung des Hauses Germershausen einen besseren Schutzplan für ihn persönlich erstellen konnte, war ich in der Lage, ihm ad hoc einen Vorschlag zum Personenschutz zu machen:

Der frühmorgens in unserer Düsseldorfer Sicherheitszentrale in Bereitschaft befindliche „Bodyguard“ würde nach rechtzeitiger telefonischer Benachrichtigung mit seinem Auto nach Kaarst fahren und ihn – nach einem kurzen Kontrollgang um das Haus herum – an der Haustür empfangen und ihn danach mit seinem Dienstwagen bis ins Rheinmetallwerk in Düsseldorf begleiten.

Dr. Germershausen war zu meinem Erstaunen sofort mit der „Bodyguard"-Lösung einverstanden, die bereits am nächsten Tag realisiert werden konnte. Wie vereinbart, holte ihn sein Bodyguard zuhause ab und begleitete Dr. Germershausen mit seinem Dienstwagen immer „dicht auffahrend", damit sich kein Unbefugter zwischen beide Fahrzeuge drängeln konnte.

Es lief also alles „wie am Schnürchen". Weit gefehlt, – kaum hatte ich an diesem Morgen mein Dienstzimmer betreten, bat mich Dr. Germershausens Sekretärin, umgehend in der „Belle Étage" zu erscheinen.

Ich weiß noch immer nicht, was Dr. Germershausen wirklich „über die Leber gelaufen" war. Er war genau so wütend wie einen Tag zuvor bei seiner Beendigung der Wachpostenlösung.

Anlass war offenbar, dass er sich von seinem Bodyguard regelrecht „verfolgt" fühlte, da dieser ihm ständig mit seinem dicht auffahrenden Fahrzeug bedrängt habe. Abschließend teilte er mir mit, dass er seine Schutzmaßnahmen zukünftig selber regeln werde.

Was sollte ich als Sicherheitsverantwortlicher dazu noch sagen?

Das Entlassungsverfahren des DSW-Mitarbeiters wurde problemlos geregelt.

Innerlich „kopfschüttelnd" begab ich mich in mein Büro und fertigte einen Aktenvermerk darüber, dass Dr. Germershausen ab sofort seine persönliche Absicherung selbst in die Hand nehmen wolle.

In einem folgenden Gespräch informierte ich meinen direkten Rheinmetall-Vorgesetzten, Herrn Beuchel, über die gesamte Geschichte „Absicherung von Dr. Germershausen" und legte ihm den dazugehörigen Aktenvermerk auf seinen Schreibtisch. Beim Verlassen seines Büros rief Beuchel mich zurück, da ich seiner Meinung nach den Vermerk auf dem Tisch versehentlich liegen gelassen hatte. Ich sagte ihm, dass ich den Aktenvermerk für ihn dort hingelegt hatte. Er grinste mich nur an, und ich verließ sein Büro.

Vor möglicher weiterer Verwunderung über die Verhaltensweisen von Dr. Germershausen bedenke: Schließlich sind „Big Bosse" auch nur Menschen.

Der Cheffahrer Müller des Rheinmetall-Vorsitzenden, Dr. Germershausen, war zusätzlich sein ständiger Personenschützer mit der amtlichen Berechtigung eines Waffenträgers und der Bescheinigung, ein strafrechtlich unbescholtener Bürger zu sein. Bei Ausübung seines nicht ungefährlichen Jobs galt er als zuverlässige und ehrliche „Haut".

Umso heftiger war der Schock, als wir erfuhren, welch raffinierten Ganoventrick er angewandt hatte, um sich mit krimineller Energie neben seinem Gehalt eine zusätzliche Geldquelle zu erschließen.

Im Jahr 1990 war der gepanzerte Pkw, mit dem Dr. Germershausen als „RAF-gefährdete Person“ von seinem Fahrer zu all seinen Zielen gefahren wurde, in die Jahre gekommen. Ein neuer Wagen musste her, und der alte „Panzer“-Wagen sollte zu einem günstigen Preis in Zahlung gegeben werden.

Mit dieser Aufgabe wurde der Cheffahrer Müller beauftragt, der sich in diesem Geschäftsfeld gut auskannte. Er kontaktierte den Geschäftsführer des entsprechenden Fachunternehmens in Ratingen, und man war sich handelseinig. Müller brachte das alte Fahrzeug in die große Inspektion, und nachdem der Wagen „runderneuert“ worden war, ließ er den Pkw von einem kompetenten Gutachter untersuchen und seinen Wert schätzen.

Wie sich erst später herausstellte, suchte Müller einen zweiten Kfz-Gutachter auf, um auch von diesem ein zuverlässiges Gutachten für den Verkauf zu erhalten.

In beiden Fällen gelang es ihm offensichtlich problemlos, jeweils ein preisliches Gutachten nach seinen eigenen Vorstellungen zu bekommen – mit einer gewaltigen Preisspanne von mehreren tausend DM. Das Gutachten mit dem hohen Preis legte er dem Ratinger Unternehmen zur Kenntnis vor, während das Gutachten mit dem niedrigeren Preisniveau für Rheinmetall bestimmt war. Bis dahin war sein kriminelles Kalkül aufgegangen. Und auch bei Rheinmetall hätte er nichts zu befürchten gehabt, aber er hatte die „Rechnung ohne den Wirt“ gemacht.

Dem „Wirt“ – nämlich dem Ratinger Geschäftsmann – kam das ganze Geschäft nicht koscher vor. Also machte er sich auf den Weg zu Rheinmetall in Düsseldorf, um mit Dr. Germershausen ein klärendes Gespräch zu führen. Da bei Rheinmetall die niedrigere Schätzquote für den gepanzerten Wagen vorlag, war der geplante Betrug ganz offenkundig.

Rheinmetall schaltete umgehend die Düsseldorfer Polizei und Staatsanwaltschaft ein, die sich ein Verfahren ausdachten, um den kriminellen Cheffahrer auf frischer Tat zu erwischen. Es wurde vereinbart, dass er das Fahrzeug auf Rheinmetall-Werksgelände dem Ratinger Geschäftsmann übergeben sollte – mit gleichzeitigem Austausch des inkriminierten, preishohen Gutachtens und der entsprechenden Summe. Mit verdeckter Beobachtung durch die Polizei wurde das Verfahren auch wie geplant durchgezogen – und der Cheffahrer von der Polizei vorläufig festgenommen.

Die Staatsanwaltschaft leitete umgehend ein Strafverfahren ein, und der „in die Versuchung geführte" Cheffahrer wurde von Rheinmetall auf der Stelle fristlos entlassen – leider ohne dass alle rechtlich erforderlichen Schritte eingehalten worden waren. Sein Rechtsanwalt legte Berufung ein – mit Erfolg.

Um den Straftäter trotzdem möglichst schnell loszuwerden, bat Herr Beuchel, der für die Sicherheitsabteilung zuständige Geschäftsführer, mich und meinen Vertreter, Johannes Kremer, nachzuforschen, ob es evtl. noch andere Ungereimtheiten im Zusammenhang mit dem Cheffahrer gegeben hatte. Das war die Stunde von Herrn Kremer, der vor geraumer Zeit mitbekommen hatte, dass der Cheffahrer eine neue Waffe bekommen hatte – quasi im Austausch die neue Pistole SIG Sauer Modell 228, 9 mm, gegen die alte Walther-Pistole 7, 65 mm Browning.

Vom Cheffahrer selbst hatte Johannes Kremer seinerzeit erfahren, dass dieser bei einem Düsseldorfer Waffenhändler die neue Waffe gekauft hatte. Dabei habe er die nicht mehr einwandfrei funktionierende alte Walther-Pistole dem Geschäftsmann ohne Gegenwert überlassen. Und das hatte J. Kremer stutzig gemacht, ohne dass er allerdings weitere Nachforschungen angestellt hatte. Und das galt es jetzt nachzuholen.

In den Unterlagen bei der Einkaufsabteilung fand Kremer die Aussagen des Cheffahrers bestätigt, und das war Anlass genug, jetzt „in die Vollen" zu gehen.

Wir machten einen Termin mit dem Chef des Waffengeschäfts unter dem Vorwand, dass auch wir von der Rheinmetall-Sicherheit interessiert daran seien, unsere veralteten Walther-Pistolen gegen moderne SIG-Sauer-Waffen einzutauschen. Und tatsächlich kaufte ich auch bei ihm die SIG-Sauer-228-Pistole, mit der ich später als Gast bei Pokalschießbewerben des MAD einige schöne Erfolge erzielen konnte.

Was der Verkäufer dieser Waffe nicht ahnen konnte, war unser eigentlicher Grund unseres Besuches bei ihm. Wie beiläufig kamen wir auf den Waffenkauf mit „Waffenaustausch" unseres ehemaligen Cheffahrers zu sprechen. Und ohne Verdacht geschöpft zu haben, zeigte er uns den damaligen Geschäftsabschluss in seinen Geschäftsunterlagen – mit einem Aufatmen von Kremer und mir. Wir waren fündig geworden!

„Schwarz auf weiß" konnten wir lesen, dass der Cheffahrer für seine alte Walther-Pistole immerhin noch zwei Hunderter in die Hand gedrückt bekommen hatte. Damit war der Weg frei für Rheinmetall, den kriminellen ehemaligen Mitarbeiter form- und fristgerecht des Dienstes zu entheben und „fristlos" zu entlassen.

6. Der Müllwagenfahrer und der „Bild"-Zeitungsartikel mit Hinweis auf VS-Unterlagen im Müllcontainer

Wie fast in jedem Winter jener Zeit hatte mich wieder einmal ein grippaler Infekt für einige Tage ans Haus und sogar ans Krankenbett gefesselt – und das kurz nachdem das gesamte Rheinmetall-Personal aus dem Werksgelände an der Düsseldorfer Ulmenstraße 125 nach Ratingen in das neue Verwaltungsgebäude in der Pempelfortstr. 1 umgezogen war.

Als ich nach Ablauf einer Woche am Montagmorgen, dem 9. November 1992, noch ein wenig „schwach um die Brust" – mein neues Büro in Ratingen betrat, wurde ich von Frau Kohlmann, meiner Abteilungssekretärin, mit einer Hiobsbotschaft begrüßt. Gerade hatte Dr. Raimund Germershausen, der Vorsitzende Geschäftsführer der Rheinmetall GmbH, sie recht unwirsch aufgefordert, mich nach meinem Erscheinen im Büro unverzüglich zu ihm zu schicken.

Anlass sei ein Artikel in der aktuellen Ausgabe der „Bild"-Zeitung, demzufolge in einem Rheinmetall-Müllcontainer „geheime Pläne und entsprechendes Material" gelagert und gefunden worden sei. Obwohl ich mir keiner Schuld bewusst war, musste ich mich wohl auf einiges gefasst machen. Sonderbarerweise kam es aber ganz anders.

Dr. Germershausen begrüßte mich sogar sehr höflich, fragte mich nach meinem Wohlbefinden nach der „Grippe"-Attacke und legte mir die „Bild"-Zeitung mit dem bewussten Artikel auf den Schreibtisch.

Nach Kenntnisnahme der ungeheuerlichen Behauptungen, die auch noch mit einem entsprechend großen Foto angereichert worden waren, fragte er mich: „Was halten Sie davon, und was ist zu tun?"

Sein ruhiges, besonnenes Auftreten mir gegenüber – trotz der wirklich Aufsehen erregenden „Geschichte" mit möglicher Schädigung des Rheinmetall-Ansehens in der Öffentlichkeit und gegenüber den relevanten Bundesbehörden BMVg und BMWi – konnte ich mir nur als Resultat unserer gemeinsamen Tage während der beiden Reisen zu den Militärmessen in Athen erklären. Da ich aus dem Zeitungsfoto lediglich ein mit dem Kürzel „VS-NfD" versehenes Papier klar erkennen konnte, vermutete ich, dass die Zeitungsangabe „geheime Pläne" eine typische journalistische Übertreibung war – entweder, weil man nicht wusste, dass „VS-NfD" nichts mit „VS-geheimer" Einstufung zu tun hatte, oder weil man diesen Fauxpas bewusst eingebaut hatte, um den Verkauf des Blattes zu optimieren.

Im Übrigen unterstellte ich, dass kein VS-ermächtigter Rheinmetall-Mitarbeiter wirklich „geheime“ Unterlagen in den Müll geworfen hatte, da er derartige in der VS-Registratur gegen Unterschrift entliehene „VS-vertraulich“- bzw. „VS-geheim“-eingestufte Unterlagen auch gegen Unterschrift wieder zurückzugeben hatte. Meiner „Lagebeurteilung“ und meiner Feststellung, dass ich umgehend sachdienliche Ermittlungen durchzuführen gedachte – mit gleichzeitiger Kontaktaufnahme mit dem BMWi –, stimmte Dr. Germershausen uneingeschränkt zu.

Die von mir ad hoc aufgenommenen internen Untersuchungen ergaben folgendes Bild: Obwohl allen Rheinmetallern bekannt war, dass der Umzug von Düsseldorf nach Ratingen aufgrund der zukünftig etwas kleineren zur Verfügung stehenden Bürofläche eine großzügige Vernichtungsaktion von veralteten Papieren und ähnlichen Unterlagen erforderlich gemacht hätte, waren ganz offensichtlich große Mengen von „liebgewonnenen alten Klamotten“ mit nach Ratingen genommen worden. Notgedrungen begann gleich nach dem Umzug das große Aufräumen und Aussortieren.

Die zur Vernichtung bestimmten Unterlagen waren von Rheinmetall-Mitarbeitern auf den jeweiligen Fluren „zwischengelagert“ worden, um sie später in die zur Verfügung stehenden abschließbaren „Sicherheitscontainer“ zu werfen. Irrtümlicherweise waren die mit der Aufschrift „Zur Vernichtung“ versehenen Kisten von Mitarbeitern der im Hause tätigen Reinigungsfirmen am Vormittag des 6. November 1992 in die offenen Container, die im Eingangsbereich des Verwaltungsgebäudes deponiert waren, geworfen worden. Dort wurden sie gegen Mittag desselben Tages entdeckt, vom Werkschutzpersonal sichergestellt und in die im Gebäude stehenden „Sicherheitscontainer“ umgeladen. Entgegen der Behauptung in der „Bild“-Zeitung befand sich nach der Umladung des Materials kein Schriftgut mehr in den am 6. November 1992 abtransportierten offenen Containern. Dieses wurde uns vom Niederlassungsleiter der Transportfirma „Schüte Umweltschutz GmbH“ in Essen, den ich zusammen mit meinem Stellvertreter Johannes Kremer noch am Nachmittag des 9. November 1992 aufgesucht hatte, bestätigt. Wir mussten also davon ausgehen, dass der Informant der „Bild“-Zeitung die im Artikel zitierten bzw. abgebildeten Unterlagen vorher in Besitz genommen hatte.

Um einer Wiederholung eines ähnlichen Vorfalls vorzubeugen, wurden noch am 9. November 1992 von Rheinmetall weitere organisatorische Sicherheitsmaßnahmen eingeleitet.

Ich unterrichtete zum Abschluss des ereignisreichen Tages noch telefonisch Herrn Klein, den für Rheinmetall zuständigen Sachbearbeiter im BMWi, über den „Bild“-Artikel und den Sachstand der bis dahin angefallenen Erkenntnisse.

Wenn ich mir auch sicher war, dass bei den zur Vernichtung freigegebenen Unterlagen außer offenem und VS-NfD-eingestuften Material keine VS-geheim eingestuften Papiere gewesen sein konnten, so wies ich zur Sicherheit meine beiden VS-Verwalter am frühen Dienstagmorgen, 10. November 1992, an, den Bestand aller zur damaligen Zeit ausgeliehenen Verschluss-Papiere zu überprüfen. Das Ergebnis verlief – wie erwartet – negativ.

Damit war der Beweis erbracht, dass sich in den offenen Containern tatsächlich keine geheimen Unterlagen – wie von der „Bild“-Zeitung behauptet – befunden hatten.

Die nächste schwierige Aufgabe, die es anzupacken galt, war es, den „Bild“-Zeitungsinformanten ausfindig zu machen, insbesondere, um durch entsprechende Ermittlungen festzustellen, was mit dem entwendeten Material aus den Containern geschehen war – auch wenn es nur offenes bzw. VS-NfD-Material gewesen sein konnte.

Ich suchte also meinen Kollegen – den ehemaligen Bundeswehr-Oberst Gehrke – von der Rheinmetall-Presseabteilung auf, um ihn evtl. bei der Düsseldorfer „Bild“-Redaktion, zu der er selbstverständlich engen Kontakt hatte, als „Türöffner“ zu benutzen. Er erklärte sich auch gleich bereit, mit mir noch am frühen Vormittag des 10. November 1992 mit mir dort hinzugehen, um entsprechende Nachforschungen zu betreiben.

Wie nicht anders zu erwarten war, rannten wir „offene Türen“ ein. Man verhielt sich uns gegenüber kooperativ – ganz nach den Worten Lenins „Ich liebe den Verrat und nicht den Verräter“. Und so erfuhren wir, dass dem Informanten zwar die von ihm geforderte „Prämie“ und die Zusage zum „Stillschweigen“ gegeben worden war, nichtsdestotrotz wussten wir auch bald, wer der Informant war und was er der „Bild“-Zeitung zum Fotografieren auf den Tisch gelegt hatte. Uns wurden alle von der Zeitungsredaktion gefertigten Fotos – einschließlich der Negative – übergeben.

Wir bedankten uns bei dem „kooperativen“ Journalisten und ich mich bei Oberst a. D. Gehrke, dem Pressesprecher der Rheinmetall GmbH, für seine Unterstützung.

Bei dem Informanten der „Bild“-Zeitung handelte es sich – wie wir von Beginn an vermuteten – um den Mitarbeiter der Firma „Schüte Umweltschutz GmbH“, der den Müll abzuholen hatte. Über meine Verbindungen zum Düsseldorfer Polizeipräsidium erfuhr ich darüber hinaus, dass der Informant ein mehrfach wegen Diebstahls und ähnlicher Delikte vorbestrafter Leichtkrimineller war.

Um diesen umgehend zu befragen, telefonierte ich noch am Dienstagvormittag mit dem Chef des Mülltransportunternehmens, der mir mitteilte, dass sich sein „gestern noch gesunder Mitarbeiter wegen einer schweren Erkältung krankgemeldet hat und sich deshalb zuhause aufhält".

Nachdem mir vom „Bild"-Journalisten auch die Adresse des Informanten übergeben worden war, galt es nun, den Schüte-Mitarbeiter zu befragen.

Bewusst hatte ich geplant, diese Befragung nach der bewährten MAD-Methodik nicht allein, sondern als Zweierteam durchzuführen. Außerdem erschien es mir wichtig, für alle Fälle einen Zeugen vor Ort zu haben, falls es zu möglichen Komplikationen kommen sollte, was gar nicht so abwegig war bei einem Vorbestraften und jemandem, der offensichtlich einer Gegenüberstellung bzw. Befragung bei seinem Chef mit einer „Krankmeldung" raffiniert-klug ausgewichen war.

Als meinen Teampartner begleitete mich mein Mitarbeiter und Stellvertreter Johannes Kremer, dessen ehemaliger Job mir sehr nützlich erschien – er gehörte nämlich zu den Feldjägern, der Militärpolizei der Bundeswehr.

Nach kurzem Suchen in einer Arbeitersiedlung fanden wir den Namen des Müllwagenfahrers auf der Klingelleiste eines alten Hochhauses. Auf unser Klingeln geschah zunächst einmal nichts.

Erst nach wiederholtem Male reagierte jemand im zweiten Obergeschoss, indem er das Fenster öffnete und uns etwas Unverständliches zurief. Ich antwortete, dass wir ihn sprechen wollten. Kurz darauf erscholl das bewusste Signal, um die Eingangstür öffnen zu können.

Beim Hinaufgang vermuteten wir, dass sich der „Delinquent" erst einmal hatte versichern wollen, dass seine Besucher weder jemand von der Firma Schüte noch von der Polizei war. Als wir im zweiten Obergeschoss anlangten, stand er vor seiner Wohnungstür. Er führte uns durch den großen Flur in sein Wohnzimmer, in dem sich seine Frau mit einem Kleinkind aufhielt. Damit stand für mich sofort fest, dass ich mit meinen Worten ganz vorsichtig sein musste und eine „harte" Befragung zumindest im Beisein seiner Frau völlig ausschied.

Also holte ich ein wenig aus, berichtete vom „Bild"-Zeitungsartikel, demzufolge bei der Firma Rheinmetall geheime Unterlagen in einem offenen Müllcontainer gelandet waren, und fragte den „Müllwagenfahrer", ob er uns evtl. Informationen über diese „Geschichte" geben könne, da er ja an jenem Tag die Müllcontainer ins Schüte-Werk gefahren habe. Selbstverständlich hatten wir uns nach der Begrüßung als die sicherheitsverantwortlichen Mitarbeiter der Firma Rheinmetall vorgestellt.

Der „Bild"-Informant nahm mein Angebot der „weichen Befragung" gerne an, indem er das „Rumpelstilzchen" spielte, von dem „niemand was weiß". Ich gab mich scheinbar mit seinem Nichtwissen zufrieden, bedankte mich und wir verließen mit ihm das Wohnzimmer. Er begleitete uns bis hinaus auf den Hausflur. Ich bat ihn, noch nicht in seine Wohnung zurückzugehen, da ich noch einiges mit ihm zu besprechen hätte.

Wie zufällig öffnete ich dabei meine Jackenknöpfe, sodass mein Gegenüber zu seinem Erstaunen feststellen konnte, dass ich ein Holster mit einer Pistole umgeschnallt hatte – eine Selbstschutzmaßnahme für alle Fälle, auch wenn es sich bei „Rumpelstilzchen" nur um einen kleinen Ganoven handelte.

Damit war Schluss mit der „weichen Welle", und ich sprach ihn ohne weitere Umschweife an: „Vergessen Sie meine Worte, die ich im Beisein Ihrer Frau gesagt habe. Gehen Sie davon aus, dass wir genau wissen, dass Sie der Informant der „Bild"-Zeitung sind. Wir wollen jetzt von Ihnen erfahren, was Sie mit den aus den Containern entwendeten Papieren, die Sie dem „Bild"-Journalisten vorgelegt haben, außerdem noch gemacht haben. Ein weiteres Leugnen uns gegenüber hilft Ihnen nicht weiter, da wir Sie dann bei der Polizei bzw. bei der Staatsanwaltschaft wegen Diebstahls anzeigen werden. Bei einem offenen Geständnis der „unberechtigten Mitnahme" von Rheinmetall-Unterlagen und bei Rückgabe bzw. Offenlegung dieser Unterlagen verzichten wir auf eine Anzeige – und die Sache gilt für uns und für Sie als erledigt."

Er holte tief Luft, schluckte einmal seine Verlegenheit hinunter und „packte voll aus". Er versicherte uns glaubhaft, dass außer ihm und der „Bild"-Zeitung niemand in den Besitz der von ihm entwendeten Unterlagen gekommen sei. Alle Papiere und sonstige im Müllcontainer befindlichen Gegenstände habe er noch am selben Tag, also am Montag, 9. November 1992, vorschriftsgemäß in eine dafür vorgesehene Deponie verbracht, wo „ein Wiederauffinden aus technischen Gründen so gut wie unmöglich ist". Ich entließ ihn, und er verschwand sichtlich erleichtert über den Ausgang dieser Angelegenheit in seiner Wohnung.

Auch ich war zufrieden, dass damit der Fall gelöst war und die bewussten Rheinmetall-Papiere nicht in falsche Hände gekommen waren und nicht mehr kommen konnten.

Und auch mein Stellvertreter war schließlich mit mir und dem Ausgang des Ganzen zufrieden, nachdem er den Sinn meiner „weichen Befragung" zunächst einmal nicht hatte verstehen können.

Auftragsgemäß erstellte ich für Dr. Germershausen einen detaillierten Ermittlungsbericht, nachdem ich ihn nach der Befragung des Müllwagenfahrers über das Ergebnis kurz informiert hatte.

Mein Ermittlungsbericht war das Basispapier für die schriftliche Unterrichtung des BMWi über den gesamten Vorgang und das letztlich „glimpfliche" Ende. Das BMWi teilte Rheinmetall danach schriftlich mit, „dass man den Vorgang zwar als Verstoß gegen die amtlichen Sicherheitsbestimmungen wertet, ohne ihm aber große Bedeutung zuzumessen. Damit gilt der Vorgang beim BMWi als abgeschlossen".

7. Die Konkurrenzausspähung mit einer Hausdurchsuchung und die Erstellung einer Vorschrift zum Know-how-Schutz

Der Brief eines anonymen Schreibers flatterte mir eines schönen Tages im Herbst 1996 unverhofft auf meinen Schreibtisch. Ein ehemaliger Rheinmetaller mit dem bezeichnenden Namen Reus – lateinisch: reus, der Angeklagte; phonetisch: re-us – wurde bezichtigt, bei seinem Weggang von Rheinmetall vor gut einem Jahr eine ganze Kiste voller firmenvertraulicher Rheinmetall-Papiere seinem neuen „Brötchengeber" in Willich zum „Einstand" mitgebracht zu haben.

Bei dem namenlosen „Whistleblower" handelte es sich mit größter Wahrscheinlichkeit um einen Firmenangehörigen des Willicher Unternehmens, der – aus welchen Motiven auch immer – seinem neuen Kollegen „eins auswischen" wollte.

Nachforschungen in der Rheinmetall-Vertriebsabteilung des ehemaligen Mitarbeiters Reus brachten mir erste sachdienliche Hinweise über den möglichen Wahrheitsgehalt der anonymen Behauptung.

Reus hatte seinerzeit nach einer heftigen Auseinandersetzung mit seinem Abteilungsleiter unverhofft gekündigt. Seinen Kollegen gegenüber renommierte er damit, dass er von einer Willicher Firma ein attraktives Angebot erhalten habe, das er annehmen werde – zumal sein eigener Wohnsitz ganz in der Nähe des Unternehmens lag. Die Willicher Firma war ein deutsch-englisches Joint-Venture-Unternehmen der Metallindustrie, zu dessen Arbeitsfeld auch Bundeswehraufträge gehörten.

In der weiteren Besprechung äußerte der Abteilungsleiter, dass ihm jetzt „ein Licht aufgehe" über einen Hinweis des Bundeswehr-Beschaffungsamtes (BwB) in Koblenz gegenüber einem seiner Vertriebsleute. Demzufolge war dem BwB-Experten aufgefallen, dass von der Willicher Firma gewisse Komponenten angeboten wurden, die frappierende Ähnlichkeit mit Rheinmetall-Produkten hatten. Damit lagen auch für die Geschäftsführung von Rheinmetall eindeutige Indizien für eine Straftat vor, um Reus bei der Düsseldorfer Staatsanwaltschaft zur Anzeige zu bringen.

Nach ersten Ermittlungen der Polizei bei Rheinmetall ordnete die Staatsanwaltschaft eine umfassende Hausdurchsuchung in der Wohnung von Reus und im Willicher Unternehmen an. Die beiden „Hausdurchsuchungen" fanden gleichzeitig statt.

Da die Wahrscheinlichkeit, dass entsprechendes belastendes Material in der Firma und nicht im Wohnhaus von Reus deponiert war, recht groß war, bat mich der Leiter des polizeilichen Ermittlungsverfahrens darum, bei der Durchsuchung der Firmenräume als quasi „Sachverständiger" mitzuwirken.

Ich erinnerte mich an eine vergleichbare Situation 20 Jahre zuvor, als ich bei einer „verdeckten" Hausdurchsuchung durch ein BKA-Team in Bad Kreuznach bereits schon einmal als MAD-Oberstleutnant und Bundeswehr-Sachverständiger fungiert hatte. Natürlich sagte ich ihm auch dieses Mal ohne Bedenken zu.

Die Hausdurchsuchung verlief positiv – bis auf eine Ausnahme. Die Polizeibeamten legten mir einige Fundstücke zur Begutachtung vor, die ich eindeutig als Rheinmetall-Unterlagen deklarieren konnte. Die Beamten ließen auch mich in einigen Schränken und Schubladen „Nachschau" halten – mit gleichem Erfolg. Die Durchsuchung erfolgte im Beisein des deutschen Geschäftsführers der Willicher Firma, der keinerlei Einwände gegen mein aktives Mitwirken erhob.

Das änderte sich abrupt, als nach einiger Zeit sein englischer Kollege zur Durchsuchung dazukam. Von seinem deutschen Partner hatte er vermutlich erfahren, dass ich nicht zur Polizei gehörte, sondern als Rheinmetall-Sicherheitschef von der Polizei um Mithilfe gebeten worden war.

Der britische Geschäftsführer schritt vehement ein und verbat sich beim Leiter der Hausdurchsuchung mein „rechtswidriges aktives Mitwirken bei der Durchsuchung". Ich zog mich umgehend zurück und beruhigte den aufgeregten englischen Firmenchef erfolgreich – mit einer Entschuldigung.

Nach einem kurzen Ermittlungsverfahren mit weiteren Ermittlungen der Polizei bei Rheinmetall eröffnete die Staatsanwaltschaft das Strafverfahren nach dem „Gesetz gegen den unlauteren Wettbewerb" (UWG) – im allgemeinen Gebrauch auch das „Gesetz gegen Konkurrenzausspähung" genannt. Bei Rheinmetall war man sich ziemlich sicher, dass damit aus dem

„Angeklagten“, dem „reus“, in Bälde ein nach dem UWG bestrafter Täter würde. Doch weit gefehlt!

Der Staatsanwaltschaft und damit auch dem zuständigen Richter in Strafverfahren gegen Reus war selbstverständlich von Rheinmetall der Dienstvertrag, den Reus beim Diensteintritt unterschrieben hatte, zur Verfügung gestellt worden. Im §4 zur Verschwiegenheitsverpflichtung heißt es u. a.: „Der Mitarbeiter verpflichtet sich zur strengsten Verschwiegenheit über alle technischen, organisatorischen und wirtschaftlichen Fragen, die ihm bei der Firma bekannt sind oder werden. Diese Verschwiegenheit erstreckt sich im rechtlich zulässigen Maße auch auf die Zeit nach Beendigung des Dienstverhältnisses, soweit es sich um Betriebs- und Geschäftsgeheimnisse handelt, deren Offenbarung für die Firma geschäftsschädigend wäre.“

Trotz Vorliegen eindeutiger Indizien einer Straftat nach dem UWG und trotz klarer Definitionen im §4 zur Verschwiegenheitsverpflichtung im Rheinmetall-Dienstvertrag stellte der Richter das Strafverfahren mit der Begründung ein, dass der §4 im Dienstvertrag zu allgemein abgefasst sei, zumal es bis dahin bei Rheinmetall keine besondere Vorschrift zum „Know-how-Schutz von Firmengeheimnissen“ gegeben hatte.

Mein Chef, unser Hausjurist und ich verstanden zwar mit dieser Begründung zur Einstellung des Strafverfahrens die Rechtsprechung mal wieder nicht, aber Rheinmetall legte gegen die Entscheidung keinen Widerspruch ein. Ich wurde allerdings beauftragt, so bald wie möglich eine fundierte Vorschrift zum „Know-how-Schutz von Firmengeheimnissen“ zu erstellen.

Auch wenn das Thema eine gewisse Ähnlichkeit mit den Vorschriften zum amtlichen Geheimschutz hatte, war das ganze Unternehmen für mich doch Neuland. Aber wozu hat man gute Freunde und Kollegen, die einem gegebenenfalls weiterhelfen könnten. Und es gab diesen Kollegen, und einen Großkonzern, die eine entsprechende Vorschrift ihr Eigen nennen konnten. Der Sicherheitsbevollmächtigte und Sicherheitschef des Münchner Flugzeugbaukonzerns EADS, Manfred Stöckert, half mir mit einem Musterexemplar und einigen zusätzlichen Anmerkungen problemlos weiter, sodass ich die Lücke im Rheinmetall-Vorschriftenwesen baldigst schließen konnte.

Wir waren damit prophylaktisch für mögliche zukünftige Fälle der „Konkurrenzausspähung“ zumindest juristisch gewappnet.

8. Die mafiöse „Nigeria-Connection“ ein Massenphänomen der „Organisierten Kriminalität“

Irgendwann in den 1990er-Jahren machte die sog. „Nigeria-Connection“ in Deutschland von sich reden. Gleich zu Beginn der kriminellen Aktivitäten dieser verbrecherischen Banden erhielten die deutschen Industriekonzerne vom Bundeskriminalamt (BKA) entsprechende „Warnmeldungen“ über dieses Massenphänomen der „Organisierten Kriminalität“ (OK), demzufolge die nigerianischen Banden potenziellen Opfern in Tausenden von Briefen, Faxen und später in E-Mails in oft fehlerhaftem Englisch hohe Gewinne im Wert von mehreren Millionen US-Dollar versprachen. Das System dieser Betrügerei zielte darauf ab, das Opfer zu einer Zahlung für verschiedenste Kosten zu veranlassen, bevor die angebliche Rendite ausgezahlt werden konnte.

Adressaten der geschickt formulierten Briefe aus Nigeria waren insbesondere Personen aus dem Führungskreis der deutschen Großindustrie. Die Absender waren angeblich Beamte aus dem nigerianischen Ölhandelsministerium, die mit ihrer Aktion angeblich Tausende von Barrel Erdöl billig von der nigerianischen Erdölindustrie aufkauften und mit Riesengewinnen an ausländische Abnehmer problemlos wiederverkaufen konnten.

Den potenziellen Opfern wurden Renditen von mehr als 50% zugesagt.

Zeigte jemand an dem angebotenen „Geschäft“ sein Interesse, erhielt er zahlreiche offiziell aussehende Schreiben – etwa der „Central Bank of Nigeria“ oder der „Nigerian National Petroleum Corporation“ (NNPC), bei denen er angeblich als Empfänger einer hohen Summe eingetragen war. Die angebliche Freigabe der Gelder wurde anschließend durch unterschiedliche Behörden bestätigt. Vor einer Auszahlung wurden jedoch in allen Fällen Provisions-, Verwaltungs- oder Versicherungsgebühren in beträchtlicher Höhe fällig, die von den „Geschäftspartnern“ in Nigeria gefordert wurden. Nach Leistung dieser „Vorauszahlung“ verzögerte sich die Auszahlung des versprochenen Millionenbetrages immer wieder wegen unterschiedlicher „Schwierigkeiten“, die angeblich nur durch Zahlung weiterer Beträge beseitigt werden konnten.

Um aufkommende Zweifel mancher Opfer am Wahrheitsgehalt des ganzen Unternehmens zu zerstreuen, wurden ihnen nicht nur die Namen, sondern auch die dienstlichen Telefonnummern ihrer „Geschäftspartner“ im nigerianischen Ministerium genannt, um sich dort per Telefonanruf über den wahren Hintergrund des Geschäfts zu überzeugen.

Obwohl das ganze Verfahren fantastisch und unglaubhaft wirkte, waren immer wieder einzelne leichtgläubige Personen auf die Masche hereingefallen. Es gab aber auch Fälle, in denen sich Opfer ihre „Vorauszahlungen“ wegen des offensichtlichen Misserfolgs des lukrativen Geschäfts bei ihren „Geschäftspartnern“ im nigerianischen Ministerium zurückholen wollten. Dabei mussten sie sehr bald feststellen, dass es dort ihre „Geschäftspartner“ überhaupt nicht gab – mit dem Ergebnis, dass nicht nur ihr „Vorschuss“ „futsch“ war, sondern dass sie mit den Reisekosten zusätzlich ihr Konto belastet hatten.

Es wurde gar ein Fall bekannt, in dem die mafiöse Bande einen solchen „Kritiker“ zusammengeschlagen hatte.

Damit kein Rheinmetall-Manager eventuell unvorgewarnt der heimlichen Versuchung unterlag, an das große Geld zu kommen, erstellte ich unmittelbar nach der ersten BKA-Information über die „Nigeria-Connection“ eine entsprechende „Sicherheits-Info“ für das Führungspersonal des Rheinmetall-Unternehmens – wie ich meine, mit Erfolg. Nicht, dass ich davon ausging, im Rheinmetall-Führungskreis gebe es überhaupt so einfältig-leichtgläubige Manager, die auf einen solchen „Zauber“ hereingefallen wären – aber Vorbeugen ist besser als betrogen zu werden.

Und die Versuchung war groß – nicht nur der offerierten Riesengewinne wegen, sondern wegen der auf Rheinmetall-Personen gezielten nigerianischen Attacken.

Die in der Sicherheits-Info ausgesprochene Bitte, mir alle eingehenden Schreiben der „Nigeria-Connection“ zwecks Übergabe an das BKA zu überlassen, hatte einen nicht vorausgeahnten Erfolg.

Bis zum Niedergang der nigerianischen Betrugsmasche nach einigen Monaten hatte ich mehr als einhundert dieser „fantastischen“ Briefangebote – beginnend „ganz oben“ an die Geschäftsführung bis „runter“ in die Ebene der Abteilungsleiter – einsammeln können, einschließlich eines Briefes an mich selbst.

Ich fragte mich und andere Sicherheitsexperten damals zu Recht: „Wie sind die Ganoven aus Nigeria bloß an die vielen Adressen von Rheinmetall-Managern und anderen Spitzenleuten der deutschen Großindustrie gekommen?“ Diese Frage blieb leider ungeklärt, und auch das Bundeskriminalamt vermochte keine befriedigende Antwort darauf zu geben.

Der übliche Einsatz von Agenten in der Wirtschaftsspionage schied in diesem Fall allein schon wegen der riesigen Menge völlig aus. Ein solches Massenphänomen konnte sicherlich nur durch die moderne „Informationstechnologie“ – das IT-Wesen – bewältigt worden sein.

Es war also zu unterstellen, dass man durch einen Einbruch in die Firmenkommunikation über das Internet an die Tausenden von Daten gekommen war – und das aus dem vermeintlich rückständigen Afrika.

9. Eine völlig missratene QM-Kontrolle und meine umstrittene Gehaltserhöhung

Irgendwann Ende der 1990er-Jahre erhielt ich einen überraschenden Besuch von dem mir nur flüchtig bekannten Hauptabteilungsleiter aus der Niederlassung Rheinmetall Unterlüß, Herrn Heide. Er war der für das gesamte Wehrtechnikunternehmen Rheinmetall beauftragte Kontrolleur des Qualitätsmanagements (QM).

Zuvor war mir vollkommen unklar, was er und sein Begleiter eigentlich bei mir in der Sicherheitsabteilung wollten. Höflichkeitshalber aber bat ich die beiden Herren aus Unterlüß, an meinem großen Besprechungstisch Platz zu nehmen. Als ich meinen Vertreter, Herrn Kremer, der sich zufällig auch gerade in meinem Dienstzimmer aufhielt, ebenfalls bat, an dem Tisch Platz zu nehmen, erlebte ich den ersten Fauxpas meines Besuchers. Er ordnete an, dass Herr Kremer nicht an der Besprechung teilzunehmen habe und deshalb auch nicht am Tisch zu sitzen habe. Ich konterte seine Taktlosigkeit vermutlich nicht gerade sehr höflich mit den Worten: „Das hier ist mein Büro, und ich alleine bestimme, wo mein Vertreter zu sitzen hat und nicht Sie, Herr Heide! Im Übrigen bitte ich Sie, mir endlich zu sagen, was Sie eigentlich bei mir wollen.“

Damit war das „Klima“ endgültig am Nullpunkt angelangt. Herr Heide schaute mich verärgert an und entgegnete mir, dass er auftragsgemäß die QM-Kontrolle in den Rheinmetall-Abteilungen durchzuführen habe – und das beabsichtigte er gerade in der Sicherheitsabteilung zu tun. Ich schwieg zunächst einmal dazu und harrte der Dinge, die da kommen sollten.

Herrn Heides erste Kontrollfrage – offensichtlich die übliche Einführungstaktik – lautete dann auch: „Was verstehen Sie unter ‚Qualität‘?“ Meine treffende Antwort darauf: „Qualitätsarbeit leiste ich, wenn ich nach den Bestimmungen des amtlichen Geheimschutzes und damit nach den Weisungen des BMWi meine Aufgaben als Sicherheitsbevollmächtigter korrekt und umfassend erledige und wenn ich Gleiches nach den Anordnungen der Rheinmetall-Geschäftsführungen vollbringe.“

Herr Heide schaute mich kopfschüttelnd an und sagte: „Das wollte ich gar nicht wissen, sehr wohl aber, was ‚Qualität‘ nach den Bestimmungen des QM-Handbuches zu bedeuten hat.“ Genüsslich entgegnete ich: „Damit kann ich Ihnen leider nicht dienen, da ich weder das QM-Handbuch kenne noch die entsprechenden Erläuterungen für den Begriff ‚Qualität‘.“ Offensichtlich fühlte sich Herr Heide mit meinen Ausführungen „auf den Arm genommen“ und fuhr mich wütend an, dass ich nach einem Rundschreiben an alle Abteilungsleiter aufgefordert worden war, mich entsprechend auf die heutige QM-Kontrolle vorzubereiten. Ich erwiderte, dass ich eine derartige Unterrichtung nicht erhalten habe, und damit sei das Thema für mich erledigt.

Für Herrn Heide hingegen noch lange nicht! Da beide Unterlüßer merkwürdigerweise kein Exemplar dieses Schreibens zur Hand hatten, schickte Herr Heide seinen „Adlatus“ aus, um in einer Nachbarabteilung danach Ausschau zu halten. Dieser kam bald mit dem „Erlass“ zurück und mit der „Offenbarung“, dass die SiBe-Sicherheitsabteilung tatsächlich in dem Verteiler des Papiers nicht aufgeführt war.

Ohne ein Wort der Entschuldigung verließen Herr Heide und sein Mitarbeiter schleunigst mein Büro – und ich hörte über eine mögliche spätere QM-Kontrolle in meinem Bereich auch nichts mehr. Sehr wohl aber hörte Herr Heide, der allseits als überheblich auftretender Manager bekannt war, am nächsten Tag telefonisch von mir so einiges über korrekte gesellschaftliche Umgangsformen: „Ihr Verhalten mir gegenüber empfinde ich als Taktlosigkeit und Ungezogenheit, die ich mir als ehemaliger Oberstleutnant, Dezernatsleiter und Dienststellenleiter nicht bieten lasse. Ich werde meinem Vorgesetzten, dem Geschäftsführer Herrn Gabrielli, darüber Meldung machen. Zum Abschluss muss ich Ihnen noch sagen, dass ich mich über Sie zwar geärgert habe, aber ich ärgere mich noch mehr darüber, dass ich Sie gestern nach Ihrem unflätigen Einstieg nicht auf der Stelle aus meinem Büro hinauskomplimentiert habe.“

Herrn Heide hatte es offensichtlich die Sprache verschlagen; ich legte den Hörer auf und damit war unser Kontakt für immer beendet.

Natürlich sprach ich mit meinem Chef, Herrn Gabrielli, über diese „Geschichte“, ohne dass ich eine Stellungnahme dazu bekam. Was soll's auch – wichtiger war mir seine Stellungnahme zur „umstrittenen Erhöhung meines Gehalts“ einige Monate später.

Worum ging es da?

Mein Wechsel vom „Soldatenberuf mit der Besoldungsstufe A15" zum „Außertariflichen Angestellten" – dem sogen. ATler – hatte außer den neu auf mich zukommenden Aufgaben noch eine andere lukrative Seite – das höhere Gehalt bereits beim Einstieg in der Industrie und den großen Unterschied zur vorherigen „Beamtenbesoldung" bei der jährlichen Steigerungsrate des Gehalts bei Rheinmetall – mit einem monatlichen Durchschnittsgehalt von 9 400 DM und einer jährlichen Steigerungsrate von ca. 3 %. Und das sollte plötzlich nicht mehr gehen?

Der Personalabteilungsleiter, Herr Becker, hatte mich in einem der letzten Jahre als ATler – der ich von 1987 bis 1998 war – zur Gehaltssituation angesprochen. Aufgrund der zurückgegangenen Auftragslage und Umsatzeinnahmen gebe es für das folgende Jahr keine Gehaltssteigerung für mich. Da ich damit nicht einverstanden war, weigerte ich mich, meine Unterschrift unter ein entsprechendes „Pamphlet" zu setzen, bevor ich nicht mit Herrn Gabrielli darüber gesprochen hatte.

Das noch am selben Tag geführte Personalgespräch mit Herrn Gabrielli war kurz und bündig – und erfolgreich für mich. Sein Hinweis, dass auch das externe Reinigungspersonal wegen der prekären Finanzlage keine Gehaltsanhebung erhalten habe, verwunderte mich schon, überzeugen konnte er mich damit aber keineswegs.

Ich entgegnete ihm, dass ich – bei aller Wertschätzung auch des Reinigungspersonals – es als abwegig empfände, mit einem solchen Vergleich meine Gehaltssituation zu begründen. Die bisherigen Steigerungsraten meines Gehaltes seien für mich ein klares Zeichen dafür gewesen, dass ich den sehr verantwortungsvollen Posten des Sicherheitsbevollmächtigten in all den Jahren zur uneingeschränkten Zufriedenheit der Rheinmetall-Geschäftsführung ausgefüllt hätte.

Herr Gabrielli schaute mich zunächst verdutzt an, dann lächelte er verlegen und sagte: „Herr Wolf, Sie haben recht. Ich werde Herrn Becker entsprechende Anweisungen gaben."

Meine Lehre daraus: Man darf sich nicht alles gefallen lassen – weder von einem Geschäftsführer noch von einem überheblichen und taktlosen QM-Manager.

10. Die Absicherung der Rheinmetall-Hauptversammlung in Berlin und Bärbels Besuch des Hasselhoff-Konzerts „The Wall“

Zum Ende meines langen Berufslebens möchte ich noch einmal ein ganzes Bündel von dienstlichen und halbdienstlichen Reisen sowie spannende Urlaubsfahrten beleuchten, von denen einige in geografische Regionen gingen, die mir bis dahin nicht vergönnt waren.

Die Hauptversammlungen der „Rheinmetall Berlin AG“ fanden grundsätzlich in den Räumlichkeiten des Hotels „Kempinski“ in Berlin statt. Mit der Absicherung der gesamten Veranstaltung war die Sicherheitsabteilung der „Rheinmetall Industrie GmbH“ – der Rheinmetall-Rüstungssparte – beauftragt. Dazu reiste stets der SiBe mit seinem Vertreter und ein kleiner Trupp der Werkschutzmannschaft an.

Die Hauptversammlung während meiner dreimonatigen Einarbeitungszeit bei Rheinmetall ab dem 1. Juli 1987 wurde von Montag, 3. August, bis Mittwoch, 5. August, durchgezogen.

Am Montagmorgen flogen mein SiBe-Vorgänger, Herr Sohns, und ich mit vier Werkschutzmitarbeitern nach Berlin, um die Veranstaltung sicherheitstechnisch vorzubereiten. Herr Sohns nahm mich mit in das Polizeipräsidium zur vorher vereinbarten Dienstbesprechung mit dem Leiter des Polizeiteams, das die polizeiliche Absicherung der Hauptversammlung durchzuführen hatte. Wir fuhren anschließend gemeinsam ins Tagungshotel „Kempinski“, wo die Tagungsexperten schon längst mit dem Aufbau der Sicherheitsschleuse und die Rheinmetall-Verantwortlichen mit der Einrichtung der erforderlichen Anwesenheits- und Kontrollmaschinen beschäftigt waren.

Das Polizeiteam und das SiBe-Zweierteam wurden vom Sicherheitschef des Hotels in die relevanten Bereiche innerhalb und außerhalb des Hotels eingewiesen, um eine professionelle Absicherung durchführen zu können.

Neben dem riesigen Tagungsraum, der von einem Polizeibeamten mit Suchhund auf mögliche versteckte Explosionsstoffe untersucht wurde, galt auch die „Belle Etage“ mit der „Suite“ für den Rheinmetall-Vorstandsvorsitzenden, Dr. Brauner, als besonders gefährdete Räumlichkeit, die einer intensiven Untersuchung unterzogen wurde. Die beiden Vorräume der besonders zu schützenden Chefsuite waren übrigens die Zimmer zur Übernachtung für Herrn Sohns und mich – als mögliche „schnelle Eingreiftruppe“ in einem Notfall.

Erst am späten Abend waren alle erforderlichen technischen Einrichtungen und Geräte für die am nächsten Vormittag beginnende Hauptversammlung so weit justiert, dass die Rheinmetall-Experten den Versammlungsraum verlassen konnten. Anschließend wurde von uns, den Rheinmetall-„Sicherheitsleuten“, die Überwachung der gesamten aufgebauten Geräte bis zum Dienstbeginn am nächsten Morgen übernommen.

Tatsächlich hatte Herr Sohns für die jeweilige 90-min-Bewachung pro Mann von 23 Uhr bis 8 Uhr morgens auch sich selbst und mich mit eingeteilt, statt die vier zur Verfügung stehenden Werkschützer „ihren Job“ in dieser kurzen Zeit allein erledigen zu lassen. Meinen entsprechenden Hinweis, dass diese Bewachung doch die Hauptaufgabe der von Düsseldorf mitgereisten vier Werkschützer sei, ignorierte der ehemalige „Leitende Polizeidirektor“ Sohns einfach – aus welchen für mich und die Werkschützer unerklärlichen Gründen auch immer. Und so war ich in dieser Nacht nicht nur „Aufpasser“ für unseren „Big Boss“, sondern auch als OTL a. D., ein einfacher „Wachsoldat“ für 90 Minuten.

Das blieb eine Einmaligkeit für mich, denn in den nächsten drei Jahren, in denen die Wehrtechnik-Sicherheitsabteilung noch die Aufgabe für die Absicherung der Rheinmetall-Hauptversammlung hatte, fungierte ich in Berlin nur noch als „Sicherheitschef“ und nicht mehr als „einfacher Wachmann“.

Und diesen scheinbaren „sozialen Aufstieg“ in den drei Jahren erlebte meine Frau Bärbel 1989 nach dem Fall der Mauer in Berlin – wenn auch auf völlig andere Art und Weise.

Ich hatte für sie telefonisch recht kurzfristig im Hotel Kempinski in Berlin ein Zimmer bestellt, das mir auch glücklicherweise prompt zugesagt wurde, obwohl ich wegen des in Berlin stattfindenden kulturellen Großereignisses – des Open-Air-Konzerts „The Wall“ mit dem Silvesterauftritt von David Hasselhoff am Brandenburger Tor – befürchten musste, mit der Hotelreservierung zu spät gekommen zu sein. Dass es in Wahrheit tatsächlich bereits viel zu spät für die Reservierung eines Einzelzimmers im 4-Sterne-Hotel war, erfuhr ich erst viel später.

Wegen eines dienstlich wichtigen Termins hatte ich nicht mit meiner Frau nach Berlin fliegen können, sodass sie trotz gewisser Flugangst den Hinflug nach Berlin am Tag allein bestreiten musste.

Die Hotelbuchung im teuren Kempinski war für mich als Angehöriger des Rheinmetall-Unternehmens sehr wohl erschwinglich, da Rheinmetall als Dauergast – so auch mit der jährlichen Hauptversammlung der Aktionäre – grundsätzlich weit reduzierte Preise zu zahlen hatte.

Meine Frau wunderte sich, dass an der Hotelrezeption nach dem Einchecken ein „Page“ ihren Koffer übernahm, um sie in ihr Zimmer zu begleiten. Als der Page schließlich vor einer Suite stehenblieb, die Tür öffnete und sie bat, dort einzutreten, sagte sie in aller Bescheidenheit zum Hoteldiener: „Ich fürchte, das hier ist ein Versehen. Mein Mann hat für mich ein normales Einbettzimmer bestellt und keine Suite." Der Page lächelte und entgegnete: „Das ist richtig. Aber Sie erhalten als Gattin des Rheinmetall-Sicherheitschefs auf ausdrücklichen Wunsch der Hotelleitung die Suite ohne jeglichen Preisaufschlag." Wie ich bei meinem nächsten Aufenthalt im „Kempinski" erfuhr, war das Hotel damals komplett ausgebucht – bis auf die bewusste Suite, die man mir als Rheinmetall-Gast anstelle eines einfachen Zimmers zum gleichen Preis angeboten hat – ohne mich darüber zu informieren, gewissermaßen als „Überraschungsgeschenk".

Meine Frau Bärbel hatte die Mühen einer Alleinreisenden für das groß in den Medien angekündigte Konzert „The Wall" – kurz nach dem Fall der Mauer – gerne in Kauf genommen. Und sie erlebte einen wunderbaren musikalischen Abend mit dem Auftritt von David Hasselhoff mit seinem Superhit „I've been looking for freedom" und mit der „Ode an die Freiheit", der Hymne „Freude, schöner Götterfunken" aus Beethovens 9. Sinfonie. Das Konzert dauerte bis tief in die Nacht, sodass Bärbel die einmalige Gelegenheit, in einer Suite zu übernachten, nur wenig genießen konnte.

Kapitel 16
Die Stasi-Objektstudie zu Rheinmetall und ein Joint Venture mit der Firma Jenoptik

1. Unser Informant war KDM, der „windige“ Privatdetektiv

Um zu großen Erfolgen zu kommen, ist es im Leben manchmal von höchstem Wert, gute Freunde und wichtige Verbindungen zu haben. Das gilt insbesondere im beruflichen Alltag und beides hatte ich mit zusätzlichem Glück „im Kampf gegen Stasi-Agenten“, wenn auch mittlerweile als ehemaliger Geheimdienst-Offizier im Dienst des Düsseldorfer Rheinmetall-Konzerns. Von einem meiner dienstlichen Freunde – einem Spionageabwehrspezialisten in einem Landesamt für Verfassungsschutz – erhielt ich im Herbst 1990 ein Stasi-Papier, wie ich es vorher noch niemals gesehen habe:

– Blatt 1 ist ein Teil einer „Objektstudie über die „Rheinmetall AG Berlin“ und die „Rheinmetall GmbH Düsseldorf“, die von der „Abteilung XV der Bezirksverwaltung für Staatssicherheit Leipzig (BV Leipzig)“ am 20. Mai 1986 erstellt worden war.

  Unter der Überschrift „Angaben zum Wirtschaftsgebiet Düsseldorf“ wird die „Wirtschaftsentwicklung Düsseldorfs“ im Sektor „Maschinenfabriken“ mit insgesamt neun Unternehmensgründungen von 1866 bis 1899 dargestellt. Zu Rheinmetall heißt es: „Geschütz- und Munitionsfabrik Rheinmetall Heinrich Erhardt (-Borsig, gegründet 1873).

  Als Quellen werden zwei „Informelle Mitarbeiter“ (IM mit Decknamen) genannt, die „unter Legende zur Zusammenstellung offiziell zugänglicher Materialien über Rheinmetall veranlaßt wurden“.

– Blatt 2 und 3 sind „Operativ-Aufstellungen“ der „Abteilung VII der MfS-Hauptverwaltung A“ über den Zeitraum 11/88 bis 2/89 und über das „II. Quartal 1989 (Stand 17. Mai 1989)“.

Die Aufstellung über fast sieben Monate umfasst

– Acht Stasi-Mitarbeiter
– 17 „Quellen“ (IM bzw. Agenten)
– 123 Infos, Hinweise und ähnliche Angaben, von denen zehn mit der Note II und 71 mit der Note III bewertet wurden.

Man kann unterstellen, dass die angegebenen Namen der Stasi-Mitarbeiter und der „Quellen“ Decknamen sind. Nach Aussage des LfV-Mitarbeiters gehören die „Operativ-Papiere“ zweifelsfrei zur „Rheinmetall-Objektstudie“; einen entsprechenden Hinweis dazu enthalten diese Aufstellungen allerdings nicht.

Unter der Prämisse, dass die „Operativ-Blätter“ tatsächlich verschlüsselte Angaben zu Rheinmetall-Personen enthalten, bedeuteten die Papiere für mich eine wahre Fundgrube, um potenzielle ehemalige MfS-Agenten bei Rheinmetall zu ermitteln.

Dazu bedurfte es allerdings der Mithilfe eines ehemaligen hohen MfS-Offiziers, der als damaliger Vorgesetzter der in den Operativ-Blättern aufgeführten Mitarbeiter der HVA-Abt. VII Insiderwissen haben musste.

Von meinem LfV-Bekannten hatte ich bei der Übergabe der Stasi-Unterlagen zu Rheinmetall erfahren, dass der Chef des Frankfurter „Technischen Sicherheitsunternehmens KDM“ – Klaus-Dieter Matschke – engste Verbindungen zu dem ehemaligen MfS-Generalmajor Müller in Magdeburg hatte. Dieser war als Chef der damaligen Magdeburger Stasi-Bezirksverwaltung Vorgesetzter der in den Operativblättern genannten MfS-Führungsoffiziere. Müller sei gegen entsprechende Honorierung bereit, uns bei der Suche nach den ehemaligen Führungsoffizieren der Hauptverwaltung A – Abt. VI behilflich zu sein, um von diesen – natürlich ebenfalls mit entsprechenden finanzieller Unterstützung – die Klarnamen der möglichen ehemaligen „Rheinmetall-Quellen“ und weitere Informationen über den Verratsumfang zu erfahren.

Ich war voll innerer Anspannung und Begeisterung über die fantastisch erscheinende Gelegenheit, nach meiner aktiven MAD-Dienstzeit als Spionageabwehr-Offizier dieses Mal eventuell ein ganzes Agentennetz aufdecken zu können.

Voller Tatendrang trug ich meinem Vorgesetzten, dem Rheinmetall-Geschäftsführer Manfred Beuchel, meinen „Operativ“-Plan und das weitere Procedere durch mich vor:

- Befragung des ehemaligen Stasi-Generalmajors Müller,
- Befragung der ehemaligen Stasi-Führungsoffiziere und
- Befragung der möglichen Rheinmetall-Verdachtspersonen.

Abhängig vom Ergebnis dieser Maßnahmen Entscheidung durch Rheinmetall:

- Fristlose Entlassung von belasteten Rheinmetall-Mitarbeitern,
- eventuell mit einer „Abfindung“ im Zusammenhang mit einer Verschwiegenheitsverpflichtung, um ein Verfahren der Staatsanwalt-

schaft und damit eine Schädigung des Rheinmetall-Ansehens zu verhindern.

Nach einer langen Besprechungsphase war Herr Beuchel mit meinen Vorschlägen einverstanden. Wegen der benötigten Finanzen, insbesondere aber wegen der Brisanz nach einer möglichen Aufdeckung der ehemaligen Verräter und des entstandenen Verratsumfangs müsste er sich selbstverständlich zunächst das Einverständnis des Vorsitzenden der Geschäftsführung, Dr. Germershausen, einholen. Das mit Spannung erwartete Plazet erhielt ich am folgenden Tag.

Ich setzte mich also alsbald mit dem Geschäftsmann „KDM" in seinem Büro in Frankfurt an einen Tisch, um das weitere Vorgehen und die benötigten „Prämien" zu besprechen. Wir erzielten Einigkeit, auch über das Honorar für ihn im Falle eines Erfolges der Aktion.

Während des Besuchs in seiner Firma erfuhr ich eine Menge interessante Details über ihn und sein Unternehmen KDM. Er hatte als Zeitsoldat der Bundeswehr mit dem Dienstgrad „Hauptmann" seinen Dienst als Feldjäger (Militärpolizei) beendet und danach seine Technik-Sicherheitsfirma gegründet. In seinen Werkstätten, durch die er mich führte, wurden Kleinbusse mit konspirativen Einrichtungen für Observationszwecke ausgerüstet. Seine Kunden waren Polizeidienststellen und die deutschen Geheimdienste.

In einer der Werkstätten begegnete mir ein ehemaliger MAD-Kollege, den ich als Techniklehrer und Tüftler an der Nachrichtenschule (SNBw) in Bad Ems als Oberstleutnant kennen gelernt hatte. Er galt an der Schule als absoluter Spitzenmann in seinem Fach – und nun diente er KDM mit seinen Kenntnissen und Erfahrungen. Klaus-Dieter Matschke, der sich selber gern „KDM" nannte, beurteilte ich insgeheim als „schillernde Persönlichkeit", nachdem er mir eine fast unglaubhafte Geschichte offenbart hatte.

Matschke behauptete allen Ernstes, dass er neben seinen exklusiven Sicherheitsprodukten nicht nur nützliche Verbindungen in die Ex-DDR und zu ehemaligen hochrangigen Stasi-Offizieren habe, sondern auch zum Innenminister des Landes Sachsen-Anhalt, Wolfgang Braun. Dieser habe ihm einen Superposten angeboten, den er demnächst antreten werde. Der Minister habe ihn beauftragt, das „Landesamt für Verfassungsschutz" (LfV) aufzubauen, um es danach als Leiter zu führen. Im Vorgriff darauf sei er unlängst zum Kriminal-Oberrat ernannt worden.

Da muss ich wohl völlig ungläubig dreingeschaut haben, sodass Matschke aus seinem Büroschrank die „Ernennungsurkunde" entnahm und aus seiner Ausweismappe den „Dienstausweis", um mir „schwarz auf weiß" zu beweisen, dass er die Wahrheit gesagt hatte.

Wenige Tage später lud mich KDM zu einem Zusammentreffen mit dem ehemaligen MfS-Generalmajor nach Frankfurt/Main ein. Ich bereitete mich auf diese Dienstreise akribisch vor, doch kurz vor der Abfahrt mit einem Dienstwagen an jenem Vormittag „schlug die Bombe ein"!

Herr Beuchel forderte mich unmissverständlich zu einem sofortigen Gespräch in seinem Büro auf. Er ordnete die sofortige Einstellung der gesamten „Operation" an – aufgrund einer Weisung von „oben". Auch auf meine Nachfrage gab er mir keine weiteren Auskünfte. Er wirkte auf mich genauso deprimiert, wie ich es war. Schließlich hatte er mir doch seine Zustimmung und die Erlaubnis von „oben" zur Bearbeitung des Falles gegeben.

Ich habe auch später nicht erfahren, von wem und warum der Abbruch der Ermittlungen angeordnet worden war. Meines Erachtens gab es drei Hierarchieebenen, die dafür in Frage gekommen wären:

– der Vorsitzende der Geschäftsführung der Wehrtechniksparte, Dr. Germershausen,
– der Vorstandsvorsitzende des Rheinmetall-Konzerns, Dr. Brauner, und schließlich
– der Vorsitzende des Aufsichtsgremiums der Röchling-Familiengruppe, Kurt Wigand Freiherr von Salmuth.

Natürlich machte ich mir auch Gedanken darüber, welche Gründe für die abrupte Beendigung der Aktion vorgelegen haben könnten, ohne zu einem rechten Ergebnis zu kommen. Doch halt – ich habe ja doch noch eine Mitteilung dazu bekommen. Beim Firmenfest der Rheinmetall-Industrie GmbH in der Rheinmetall-Kantine im Sommer 1991 nahm Dr. Germershausen die Gelegenheit wahr, mich dazu anzusprechen.

Meine Frau Bärbel und ich saßen nichtsahnend in der Bar, als Dr. Germershausen sich zu uns gesellte. Ohne Umschweife kam er auf den abgebrochenen Stasi-Fall zu sprechen und nannte – zusammengefasst – die folgenden Gründe, die gegen die geplante „Operation" sprachen:

– Seit dem Fall der Mauer am 9. November 1989 gebe es keine „Stasi" mehr.
– Warum sollte Rheinmetall den ehemaligen Stasi-Offizieren noch Geld „hinterherwerfen"?
– Welchen Nutzen hätte man davon, evtl. ehemalige oder aktive Rheinmetaller als Agenten zu entlarven, die als Aktive bei einer fristlosen Entlassung unter Umständen für Rheinmetall-schädigendes Aufsehen in den Medien gesorgt hätten?

Ich hielt mich mit einer Gegenvorstellung zurück, und damit war der Fall erledigt. Die finanzielle Abrechnung stand allerdings noch bevor.

KDM nutzte ein Ehemaligentreffen der Feldjäger-Gruppe in Hilden, um Rheinmetall in Düsseldorf zur Abwicklung des abgebrochenen „Geschäftes" aufzusuchen. Da die „Aktion" letztlich zu keinem Erfolg geführt hatte, sah mein Chef, Herr Beuchel, keinen Anlass, die vorher lose vereinbarte Summe zu gewähren. Er bot lediglich einen Teil der relativ hohen „Prämie" an, womit KDM nicht einverstanden war, zumal er damit auch die vergebens angetretene Reise des ehemaligen Stasi-Generals hatte begleichen müssen.

Schließlich einigten sich die beiden Kontrahenten auf die Hälfte des ursprünglich genannten Honorars. Und damit endete der Traum eines ehemaligen Spionageabwehr-Stabsoffiziers auf einen „großen Fischfang" in den Gewässern der untergegangenen Staatssicherheit der ebenso untergegangenen kommunistischen DDR.

Nicht anders erging es KDM. Denn auch sein Traum vom Aufbau des Verfassungsschutzes des Landes Sachsen-Anhalt als Beamter des höheren Dienstes zerplatzte ganz plötzlich „wie eine Seifenblase". Durch Veröffentlichungen in den Medien zu Beginn der 1990er-Jahre wurden Hintergrunderkenntnisse bekannt über eine „Spitzelgroteske" in Sachsen-Anhalt.

- Unter der Überschrift „Räuber und Gendarm in Sachsen-Anhalt" heißt es in der „taz.die tageszeitung" vom 29. März 1991 weiter: „Klaus-Dieter Matschke gilt als eine Schlüsselfigur im sachsen-anhaltinischen Ränke- und Agentenspiel. Im Sommer 1990 kam der Frankfurter Detektiv und Wirtschaftsermittler nach Magdeburg, um dort Sicherheitstechnik zu verkaufen, avancierte zum Berater der Polizei und wurde vom damaligen CDU-Innenminister Wolfgang Braun unter umstrittenen Umständen zum Kriminal-Oberrat und damit zum ersten Beamten des Landes Sachsen-Anhalt gemacht."

  Damit lag tatsächlich auch eine gewisse Bestätigung seiner damaligen Behauptung von einer Ernennung zum Kriminal-Oberrat vor, deren Wahrhaftigkeit ich doch sehr in Zweifel gezogen hatte.

- In der linksorientierten „taz.die tageszeitung" wird weiter behauptet, dass der frischgebackene Ministerpräsident Gerd Gries (CDU) dem Sicherheitsberater KDM eine Liste mit den Namen sämtlicher Landtagsabgeordneten mit dem Auftrag übergeben hat, sie auf mögliche Stasi-Verwicklungen zu überprüfen.

  Schließlich sei ein Parlamentarischer Untersuchungsausschuss eingesetzt worden, der „alles zutage gefördert hat, was ein Agentenkrimi und eine Spitzelgroteske ist, die den Schluss nahelegt, dass in Sachsen-Anhalt seit der Landesgründung nahezu jeder jeden observiert und ausspioniert hat".

– Im Magazin „Der Spiegel" 7/1991 heißt es im Artikel „Wollt ihr mich abknallen?" über den „hessischen Privatdetektiv und Oberrat bei der Kripo Magdeburg" unter anderem:

  „Nebenbei verfolgt KDM noch andere Ziele: Er will als Selbstanbieter für den Verfassungsschutz Stasi-Agenten jagen. Und er bekommt sie – durch Tips aus einer Magdeburger Wohnung, wo MfS-Generalmajor Wilfried Müller, Ex-Chef der Magdeburger Stasi-Bezirksverwaltung, wohnt. Matschke stolz: „Ich habe von ihm mindestens 20 Agenten abgegriffen."

In diesem „Ränkespiel" hatte KDM natürlich auch Neider und wirkliche Feinde. Als er einem dieser „Genossen", dem Chef der Personalabteilung im Innenministerium, im Streitgespräch gedroht habe:

„Ich habe jetzt die Nase endgültig voll, jetzt packe ich alles aus", sei ihm geantwortet worden: „Wenn du das machst, dann habe ich Angst um deine Person."

Matschke: „Wollt ihr mich abknallen?"

Der Personalchef: „Ach, Quatsch, die machen dich fertig, wirtschaftlich."

Die Querelen und der aktuelle Untersuchungsausschuss veranlassten Matschke, „sich krank zu melden und den Dienst zu quittieren, weil seine Geschäfte plötzlich nicht mehr so glatt liefen", so der „Spiegel" in seiner Story über KDM und das Politdrama und Sachsen-Anhalt.

Zitiert wird schließlich noch die „Bild"-Schlagzeile vom 8. Dezember 1991: „Falscher Kriminalrat spioniert für den Ministerpräsidenten. Auch wenn sich dieser Vorwurf nicht belegen lässt – falsch ist der Kriminalrat allemal. KDM wurde der Boden zu „heiß"; er setzte sich über Nacht nach Frankfurt ab".

Auch Wolfgang Braun – Innenminister von Sachsen-Anhalt seit November 1990 – setzte sich ab. Er trat am 4. Juli 1991 gemeinsam mit dem Ministerpräsidenten zurück, nachdem gegen ihn Vorwürfe erhoben worden waren, früher als „Inoffizieller Mitarbeiter" (IM) für die Kripo Magdeburg gearbeitet zu haben.

Nach all den Hiobsbotschaften über die vertrackte politische Innenpolitik zur damaligen Zeit in Sachsen-Anhalt und über KDM, den „windigen" Privatdetektiv als Sicherheitsberater der Magdeburger Kripo und des Innenministeriums Sachsen-Anhalt – und den späteren Vizepräsidenten des „Bundes der internationalen Detektive“ – war es ein Glück, dass die „Rheinmetall-Operation“ abgebrochen worden war.

2. „Der Einbruch, der ganz offensichtlich ein Ausbruch war“ in der Mannheimer Zentrale des Röchling-Konzerns

Erneut erhielt ich irgendwann Ende der 1990er-Jahre von meinem Chef, Manfred Beuchel, einen außergewöhnlichen Auftrag. Von zuverlässiger Quelle hatte er offenbar erfahren, dass es in der Zentrale des Röchling-Konzerns einen Einbruch in einen sensiblen Raum gegeben hat, in dem vertrauliche Unterlagen des Vorstandsvorsitzenden des Rheinmetall-Konzerns, Dr. Hans U. Brauner, in einem gesicherten Stahlschrank verschlossen deponiert waren. Herr Beuchel bat mich darum, bei der ermittelnden Polizei, die vermutlich vom Röchling-Hausmeister unmittelbar nach dessen Einbruchsfeststellungen – ein offenstehendes Fenster – am frühen Morgen alarmiert worden war.

Ich fuhr also noch am selben Tag, an dem Herr Beuchel mich informiert hatte, zum Polizeipräsidium in Heidelberg. Der Leiter der Heidelberger Kriminalpolizei, den ich während meiner MAD-Zeit bei der MAD-Gruppe V, Stuttgart, kennengelernt hatte, gab mir bereitwillig und „ungeschminkt“ Auskunft über den ominösen Fall, den er als „Einbruch, der ein Ausbruch war“ bezeichnete.

Die ermittelnden Beamten hatten sehr schnell festgestellt, dass sich jemand am Sicherheitsschrank zu schaffen gemacht hatte – ganz offensichtlich ohne Erfolg. Da an der Eingangstür keine vergleichbaren Öffnungsversuche entdeckt worden waren, wurde unterstellt, dass der erfolglose Dieb sich am Abend zuvor vor dem Verschluss aller Bürotüren hatte einschließen lassen. Nach seinen vergeblichen Versuchen, an die Unterlagen von Dr. Brauner im Stahlschrank heranzukommen, hatte er den Raum durch das geöffnete Bürofenster verlassen – mit einem Sprung auf den ebenerdigen Rasen mit entsprechenden Fußspuren.

„Höheren Orts“ sei die Polizei gebeten worden, von weiteren Ermittlungen abzusehen. Die Polizei ging von einem konzerninternen Machtkampf aus, bei dem es unter Umständen von Vorteil gewesen wäre, an vertrauliche Unterlagen von Dr. Brauner heranzukommen. Es habe immer wieder Gerüchte gegeben, dass Mitglieder der Röchling-Großfamilie mit den geschäftlichen „Machenschaften“ von Dr. Bauner nicht einverstanden waren.

Nachdem seitens des Röchling-Vorstandes aber keine Anzeige erstattet worden war, folgte die Heidelberger Polizei dem Wunsch des Röchling-Chefs und stellte alle weiteren Ermittlungen ein.

3. Ein schwerer Sportunfall der Tochter des Frh. von Salmuth und meine Ermittlungen beim Luftwaffen-Amt in Köln-Wahn

Eines Tages rief Freiherr von Salmuth mich an und bat mich, ihn in seinem Haus in Viernheim – in der Nähe von Mannheim – aufzusuchen. Da sein Grundstück und sein Bungalow ein wenig abseits von bewohntem Gelände am "Grünen Rand" der Stadt Viernheim lagen, hielt er es für sinnvoll, das gesamte Objekt auf seinen Sicherheitsstandard überprüfen zu lassen, um gegebenenfalls mögliche Sicherheitslücken zu beheben – in Zeiten steigender Diebstahlskriminalität und des bedrohlichen RAF-Terrorismus sicherlich notwenige Maßnahmen. Der zweite Anlass, mich um einen Besuch bei ihm zu bitten, sei ein wichtiger privater Grund, den er mir nur ungern am Telefon mitteilen wollte.

Bereits zwei Tage später parkte ich vor seinem Anwesen, das von einem hohen Metallgitterzaun umgeben war. Am Eingangstor befanden sich das obligatorische Schild mit Hausnummer und die Klingelanlage. Der Name des Eigentümers dieses Grundstückes war nicht angegeben.

Auf mein Klingeln hin wurde mir nach Namensnennung die Tür geöffnet – und ich betrat das Grundstück und den pompösen Bungalow der Familie von Salmuth.

Dipl.-Ing. Kurt Wigand Freiherr von Salmuth – dessen Mutter eine geborene Röchling war – hatte bereits ab Mitte der 1960er-Jahre verschiedene Funktionspositionen im „Röchling-Clan" besetzt: zunächst als Mitglied und später als Vorsitzender der Aufsichtsgremien der Röchling-Gruppe – und von 1980 bis 1999 als Vorsitzender des Aufsichtsrats der Rheinmetall-Gruppe.

Persönlich kennen gelernt habe ich ihn bereits kurz nach meinem Dienstantritt als Sicherheitsbevollmächtigter und Sicherheitschef bei Rheinmetall in Düsseldorf. Wir beide hatten nämlich ein gemeinsames Hobby – das Pistolenschießen.

In der Mitte des Rheinmetall-Werkes an der Ulmenstraße in Düsseldorf befand sich in jenen Jahren unter dem großen Parkplatz noch eine alte Schießanlage, die allerdings wegen defekter Abzugslüftungen nicht mehr amtlich für Tests von großkalibrigen Waffen und Munition zugelassen war. Diese Aufgaben waren längst schon vom Rheinmetall-Werk in Unterlüß übernommen worden. „Am Rande der Legalität" war es dem Werkschutz und dessen Führung trotzdem stillschweigend genehmigt worden, zeitlich begrenztes Schießtraining mit unseren kleinkalibrigen 7.65-mm-Walther-Pistolen durchzuführen, was mein Vertreter, Herr Kremer, und ich auch weidlich ausnutzten.

Es blieb somit nicht aus, dass mich eines Tages Freiherr von Salmuth bat, ihn anlässlich seiner Dienstaufsichtsbesuche bei Rheinmetall in den Schießkeller zum Pistolenschießen zu begleiten. Das war mir natürlich eine hohe Ehre und ein zusätzliches Pro für meine Schießleidenschaft. Während der durch das Abfeuern der Munition entstehende Qualm mit unseren Walther-Pistolen relativ gering war, hatten wir nach dem Schießen mit der Waffe des Freiherrn grundsätzlich schwarz umrandete Nasenlöcher – er schoss nämlich mit einem US-Colt, Kaliber 12 mm – mit Höllengetöse und riesigen Rauchwolken.

Spaß gemacht hat es mir und Kremer jedes Mal, und wir beide durften auch mal mit seiner „Kanone“ schießen, wenn auch mit weit schlechteren Ergebnissen als der Freiherr, der ein hervorragender Schütze mit seinem „Wild-West“-Colt war.

Doch zurück zu meinem Besuch der Familie von Salmuth. Im Eingangsbereich des Bungalows begrüßte mich der Freiherr und stellte mir seine Ehefrau und seine in einem Rollstuhl sitzende Tochter vor, deren schlimmes Schicksal ganz offensichtlich der wahre Grund meines Besuchs war.

Die junge Dame hatte als Amateurtänzerin vor einiger Zeit bei einem Tanzturnier einen schweren Unfall erlitten. Bei einer „Rock’n’Roll“-Darbietung hatte ihr Tanzpartner sie nach einer Hebe- und Wurffigur nicht richtig zu fassen bekommen, sodass sie mit voller Wucht kopfüber auf den Tanzboden knallte und besinnungslos liegenblieb. Der sofort telefonisch angeforderte Notarzt-Hubschrauber sei erst nach sehr langer Zeit auf dem Grundstücksgelände eingetroffen. Die noch im Koma befindliche von-Salmuth-Tochter sei deshalb mit dem Hubschrauber einer privaten Rettungsgesellschaft in eine Spezialklinik geflogen worden. Nach Beurteilung des behandelnden Arztes war sie viel zu spät in die Klinik gebracht worden, sodass man trotz aller ärztlichen Bemühungen eine Lähmung der Beine leider nicht mehr habe verhindern können.

Die späteren Nachforschungen des eingeschalteten Rechtsanwalts bei der Rettungsgesellschaft ergaben eine recht fadenscheinige Begründung für den so spät eingesetzten Rettungshubschrauber: Man hatte angeblich wegen eines heftigen Unwetters zur fraglichen Zeit den Einsatz aus Sicherheitsgründen erst später starten können.

Da der Rechtsanwalt und auch die Familie von Salmuth diese Begründung als bloße Ausrede für ein Fehlverhalten einstuften, habe man geplant, gegen die

Gesellschaft ein gerichtliches Verfahren einzuleiten. Und dazu benötigte man gerichtsverwertbare Aussagen über das tatsächliche Wettergeschehen zu jener Stunde in jenem Gebiet. Freiherr von Salmuth fragte mich, ob ich – vielleicht aufgrund früherer Kontakte als MAD-Stabsoffizier – die Möglichkeit sehe, bei der zuständigen obersten Luftwaffenbehörde eine relevante Auskunft zu erhalten.

Ich entgegnete, dass ich bereit sei, beim Luftwaffenamt in Köln-Wahn vorstellig zu werden, wo ich während meiner Dienstzeit Anfang der 1980er-Jahre als Dezernatsleiter der MAD-Gruppe III, Düsseldorf, einige Male dienstlich zu tun gehabt hatte. Ich unterstellte, dass es im Amt ein entsprechendes „Wetterarchiv" gab und dass man mir sicherlich die benötigte Wetterauskunft erteilen werde.

Nach dem Gespräch über das traurige Schicksal der von-Salmuth-Tochter machte ich eine Begehung des Grundstücks und des Hauses. Dabei konnte ich feststellen, dass das gesamte Objekt eine beispielhafte Sicherheitskomponente besaß mit nur geringfügigen Sicherheitslücken, deren Behebung mir unproblematisch erschien. Ich machte mir entsprechende Notizen für eine zu erstellende Sicherheitsanalyse.

Unabhängig davon schlug ich vor, das zuständige Polizeidezernat der Stadt Heidelberg zu bitten, einen kompetenten Absicherungsvorschlag zu erstellen. Der Freiherr stimmte dem vorbehaltlos zu.

Vor meiner Rückfahrt nach Düsseldorf besuchte ich das Staatsschutz-Dezernat des Polizeipräsidiums Heidelberg, dessen Leiter ich bei früheren Kontakten bereits kennen gelernt hatte, und bat ihn darum, die beabsichtigte Absicherungsberatung für den „Röchling-Boss" entsprechend zu regeln.

Meine Recherchen beim Luftwaffenamt in Köln-Wahn erbrachten den erwarteten Erfolg. Mithilfe des S2-Stabsoffiziers waren mir die richtigen Türen beim Luftwaffenamt geöffnet worden. Ich erhielt bereits nach kurzer Zeit ein amtliches „Gutachten", demzufolge zu jenem vergangenen Zeitpunkt in der betreffenden Region ein durchaus flugtaugliches Wetter für einen Rettungshubschraubereinsatz herrschte.

Ich denke, dass ich so problemlos von der Luftwaffe bedient wurde, lag vermutlich an zwei wichtigen Hintergründen:

– Ich war als Oberstleutnant a. D. und früherer MAD-Stabsoffizier mit Aufträgen im Lw-Amt ein anerkannter Gesprächspartner,
– und der „Röchling"-Chef Freiherr von Salmuth war als Vorsitzender des Rheinmetall-Aufsichtsrats ein hoch angesehener Manager in der deutschen Wehrtechnik.

Über das weitere Verfahren gegen die Flugrettungsgesellschaft und über den weiteren Verlauf einer möglichen Heilung bzw. Besserung des Gesundheitszustandes der von-Salmuth-Tochter habe ich im Laufe der Zeit leider keine Informationen mehr erhalten.

4. Die anonyme „Selbstgestellung“ eines Stasi-Agenten und der vermutliche Selbstmord im Bordell von Hannover

Am 23. Oktober 1990 erhielten Herr Kremer – mein Vertreter als Rheinmetall-SiBe – und ich Kenntnis von einer abenteuerlichen Spionagegeschichte.

Ein Mitarbeiter der Abteilung VI des NRW-Innenministeriums – also des NRW-Verfassungsschutzes – war zu einer Besprechung in unser Sicherheitsbüro gekommen. Er übergab mir einen Aktenvermerk des Verfassungsschutzes Niedersachsen mit hoch brisantem Inhalt. Demnach hatte am 15. Oktober 1990 ein anonymer Anrufer gegen 15:30 Uhr beim Verfassungsschutz in Hannover folgende Erklärung abgegeben:

„Er sei Mitarbeiter einer Düsseldorfer Rüstungsfirma und habe Militärgeheimnisse verraten. Deswegen sei er eben im Zug aus Berlin massiv bedroht worden. Er wolle sich daher nunmehr offenbaren und einen Mitarbeiter der Spionageabwehr sprechen. Der Betreffende gab an, einen blauen Blazer zu tragen, einen hellen Mantel im Arm zu halten sowie eine große schwarze Lederreisetasche bei sich zu führen. Er telefoniere – mit Karte – aus einer Doppeltelefonzelle neben dem Bahnhofshotel; er sehe von dort die Post und den Kaufhof.“

Der Betreffende wurde angewiesen, sich zunächst von der Telefonzelle zu entfernen und sich nach einer Viertelstunde dort wieder einzufinden und abzuwarten, bis er angesprochen würde.

Nach Eintreffen gegen 15::55 Uhr an der beschriebenen Telefonzelle konnte der Betreffende dort nicht festgestellt werden; er meldete sich auch nicht mehr bei der hiesigen Dienststelle.

Der Anrufer, der insgesamt den Eindruck eines ernsthaften Anliegens vermittelte, könnte mit dem IC um 16:09 Uhr von Hannover nach Düsseldorf gefahren sein.

In der Besprechung gab der NRW-Verfassungsschützer die folgenden weiteren Erläuterungen:

Sowohl die Hannoveraner als auch die Düsseldorfer Verfassungsschützer waren von der Ernsthaftigkeit des Anrufes überzeugt. Man gehe davon aus, dass der Anrufer auch in Details die Wahrheit gesagt habe. Dabei unterstelle man, dass er – falls es sich um einen Düsseldorfer handele – von Berlin kommend in Hannover umsteigen wollte.

Wenn man weiter unterstelle, dass der Unbekannte um 10:14 Uhr in Berlin abgefahren ist und in Hannover um 14:01 Uhr angekommen ist, so hat er bis zum Anruf gegen 15:30 Uhr Zeit genug gehabt, um sich zur Selbstgestellung durchgerungen zu haben.

Die konspirative Kontaktaufnahme zum Verfassungsschutz – Telefonat von einer öffentlichen Telefonzelle ohne Namensnennung – entspreche durchaus der Verfahrensweise eines Agenten.

Dass es letztlich aber doch nicht zur Verbindungsaufnahme kam, könnte in einem Sinneswandel des Unbekannten begründet sein.

Er könnte Bedenken hinsichtlich seines weiteren Beschäftigungsverhältnisses bekommen haben, selbst wenn er die strafrechtliche Seite im Rahmen seiner Offenbarung als tragbar beurteilt haben sollte.

Nach gemeinsamen Überlegungen kamen wir in der weiteren Fallbesprechung zu folgendem Grobraster für weitere Ermittlungen zur Feststellung des Unbekannten:

1. Die Angabe „Mitarbeiter einer Düsseldorfer Rüstungsfirma“ dürfte eindeutig auf Rheinmetall zutreffen; ein Mitarbeiter z.B. der Fa. Mannesmann, die u.a. auch Rüstungsaufträge durchführt, würde kaum von einer „Rüstungsfirma“ sprechen.
2. Der Anruf beim Niedersächsischen Verfassungsschutz spricht u.E. zwar eher für einen Unterlüßer Mitarbeiter, aber auch ein Düsseldorfer könnte in seiner Not den Zwischenaufenthalt in Hannover zu einem Anruf genutzt haben.
3. Der Unbekannte ist mit großer Wahrscheinlichkeit Alleinreisender gewesen; andernfalls wäre er nicht während der Zugreise bedroht worden.
4. Der Anrufer dürfte ein Mann „mittleren Alters“ (d.h. ab ca. 40 Jahre) sein, wahrscheinlich im Dienstverhältnis eines Angestellten („blauer Blazer“, „Lederreisetasche“, insbesondere aber „Telefonkarte“).
5. Es dürfte sich um einen VS-Ermächtigten handeln („Verrat von Militärgeheimnissen“).
6. Als zusätzliche Suchkriterien galten
   - seine Abwesenheit vom Dienstort Düsseldorf bzw. Unterlüß zumindest am 15. Oktober 1990 und
   - sein Habitus als möglicher Manager.

In der Beurteilung der gesamten Umstände waren wir uns einig, dass es sich bei dem unbekannten Anrufer wirklich um einen Agenten bei Rheinmetall handeln könnte.

Sollte es im Zug aus Berlin tatsächlich „wegen des Verrats von Militärgeheimnissen zu einer massiven Bedrohung" gekommen sein, muss man unterstellen,

– dass er bis zur Wende für die Stasi der DDR tätig war und
– dass er jetzt vom russischen Auslandsdienst unter Drohungen gezwungen wurde, für diesen Dienst weiterzuarbeiten.

Es wurde vereinbart, dass wir Rheinmetall-interne Ermittlungen zur Identifizierung des Unbekannten durchführen und bei Vorliegen von Ergebnissen umgehend Kontakt mit Abt. VI aufnehmen.

Die weiteren betriebsinternen Ermittlungen gestalteten sich vielfältig. Selbst mein direkter Vorgesetzter, der Geschäftsführer Beuchel, wurde beteiligt, da Nachfragen über Abwesenheiten von den Dienstorten Düsseldorf und Unterlüß durch den Personalgeschäftsführer kaum Auffälligkeiten wecken würden – während Nachforschungen durch die SiBe-Abteilung wahrscheinlich Neugierde und Verdachtsmomente hätten aufkommen lassen. Über die beiden Personalabteilungen erhielten wir die Abwesenheiten vom 15. Oktober 1990 bereits am nächsten Tag.

Sehr bald hatten wir aus dem Kreis der Abwesenden die Personen herausgefiltert, die als Angestellte bzw. als Führungskräfte für weitere Ermittlungen primär infrage kamen.

Weit schwieriger war es, aus diesem Kreis jemanden aufzuspüren, auf den das am 15. Oktober beobachtete Erscheinungsbild passen könnte. Ein Abchecken dieser Personen im Nadis-Verfahren (Nachrichtendienstliches Suchverfahren) durch den Verfassungsschutz erbrachte keine belastenden Erkenntnisse.

Und so fokussierten wir uns auf eine „schillernde" Person aus dem Kreis der „gehobenen Klasse", über dessen finanzielle Ressourcen man sich in seinem Kollegenkreis immer wieder mal Gedanken gemacht hatte – die auch bei mir hochkamen, als ich erfuhr, dass dieser Diplomingenieur namens „Siegfried" (fiktiver Name) es sich leisten konnte, neben seinem Pkw der Nobelklasse ein leichtes Propellerflugzeug sein Eigentum zu nennen. Es hatte sogar die Erlaubnis bekommen, seinen Flieger im Unterlüßer Werksgelände abzustellen.

Es gab zu seiner Fliegerei natürlich auch Gerüchte, deren Wahrheitsgehalt ich kaum überprüfen konnte. So soll „Siegfried" Dienstreisen innerhalb

Deutschlands auch gelegentlich mit seinem Flugzeug durchgeführt haben – mit der finanziellen Abrechnung als „Dienstreise mit dem Privatauto".

Noch unwahrscheinlicher erschien mir seine Behauptung gegenüber Kollegen, im Besitz eines „Sonderausweises" zu sein, mit dem er angeblich berechtigt war, ohne jegliche Zollkontrolle auf deutschen Flugplätzen zu landen.

Zur Identifizierung des anonymen Anrufers vom 15. Oktober 1990 fehlte uns auch die Möglichkeit zu einem Stimmenvergleich, da der Verfassungsschutz Niedersachsen das Gespräch leider nicht aufgezeichnet hatte. Wegen der Schwere des möglichen Spionagefalls wagten wir ausnahmsweise eine Methode „am Rande der Legalität".

Unter einem plausiblen Grund rief ich schließlich „Siegfried" in seinem Büro in Unterlüß an, um an eine Stimmenaufzeichnung von ihm zu kommen. Mit diesem „Corpus delicti" erschien ich danach in der Abt. 4 des IM/NI – beim Verfassungsschutz des Landes Niedersachsen.

Der Beamte, der damals den Anruf entgegengenommen hatte, konnte uns allerdings nicht weiterhelfen, da kein direkter, aktueller Stimmenvergleich möglich war.

Als letzte Erfolg versprechende Ermittlungsmöglichkeit sah ich schließlich seine Dienstreise an jenem verhängnisvollen Tag im Oktober 1990.

Montag, der 15. Oktober 1990, war der Anreisetag für ein Technikseminar an der Technik-Akademie des Koblenzer „Bundesamts für Wehrtechnik und Beschaffung (BWB) in Mannheim. Zu derartigen Seminaren lud das BWB Diplomingenieure von deutschen Wehrtechnikfirmen zur Weiterbildung und zum Informationsaustausch regelmäßig ein.

In der BWB-Akademie, die im Gelände des Mannheimer Flugplatzes lag, verschaffte ich mir eine Teilnehmerliste jenes Oktoberseminars mit der Absicht, einen seiner Seminarkollegen zu befragen – zunächst einmal ohne rechte Vorstellungen zu haben, wonach ich suchen und fragen sollte.

In der Liste fand ich einen Diplomingenieur aus einem Wehrtechnikunternehmen in Nordrhein-Westfalen. Ich vereinbarte ein Zusammentreffen mit ihm in der Wehrtechnikfirma, nachdem er mir versichert hatte, dass er während jenes Seminars kollegialen Kontakt mit unserem Mitarbeiter „Siegfried" gehabt hatte.

Das Seminar hatte offiziell am frühen Montagabend mit einem gemeinsamen Abendessen und Round-table-Gespräch begonnen. Meine Frage, ob er mitbekommen habe, ob „Siegfried" mit dem Zug oder mit seinem Auto angereist war, konnte er es eindeutig beantworten: „Mit seinem Privatflugzeug!". Dieses wisse er so genau, da er während des Seminars an einem Nachmittag von „Siegfried“ zu einem Rundflug über das Gebiet Mannheim, Viernheim und Heidelberg eingeladen worden war.

Da der befragte Diplomingenieur auf mich einen positiven und absolut glaubwürdigen Eindruck machte, war der Spionageverdachtsfall „Siegfried“ geklärt. Er konnte nicht der unbekannte Anrufer beim Verfassungsschutz Hannover am 15. Oktober 1990 um 15:30 Uhr gewesen sein, da er zu diesem Zeitpunkt bereits mit seinem Privatflugzeug in der Luft gewesen sein musste.

Knapp zwei Jahre später war „Siegfried“ tot. Er war eines Morgens tot im Bett eines Bordells in Hannover aufgefunden worden.

Nach Auskunft der Kriminalpolizei des Polizeipräsidiums Hannover habe der Pathologe keine Fremdeinwirkung festgestellt, sondern als Todesursache einen Herzinfarkt diagnostiziert, sodass keine Autopsie durchgeführt wurde.

Ich erhielt von Herrn Beuchel, meinem zuständigen Geschäftsführer, den Auftrag, bei der Mordkommission des Polizeipräsidiums Hannover vorstellig zu werden, um eventuell weitere Hintergründe über den Tod von „Siegfried“ zu erfahren. Mir wurde dort berichtet, dass man bei der Besichtigung des möglichen „Tatorts“ eine halbvolle Alkoholflasche und eine leere Tablettenschachtel vorgefunden habe, weshalb neben der Diagnose „Herzinfarkt“ auch vage Vermutungen aufgekommen waren, dass „Siegfried“ Selbstmord begangen haben könnte. Dafür sprächen die vorgefundene halbvolle Alkoholflasche und die leere Tablettenschachtel.

In „Siegfrieds“ Brieftasche habe man neben Geldscheinen und diversen Ausweisen auch einen „Sonderausweis“ des Zolls gefunden, der offensichtlich dokumentierte, dass „Siegfried“ auf deutschen Flughäfen ohne Zollkontrollen landen durfte. Es sei der Kripo zwar auch merkwürdig vorgekommen, dass es solche Regelungen gab, einen Anlass für entsprechende Nachforschungen habe man dabei allerdings nicht gesehen. Alle Papiere und das sonstige Eigentum des Verstorbenen habe man schließlich der Witwe übergeben.

Eine Befragung der Prostituierten, die „Siegfried“ am Abend zuvor „angeheuert“ hatte, erbrachte auch keine Auffälligkeiten, die zu weiteren Kripo-Ermittlungen Anlass gegeben hätten.

Ich war über die m. E. laschen Ermittlungen der Mordkommission erstaunt, oder – besser gesagt – sehr enttäuscht. Die Todesumstände mit der halbvollen Alkoholflasche und dem angeblichen Herzinfarkt erinnerten mich fatal an zwei Todesfälle in der jüngsten Vergangenheit:

- an den Tod eines Bundeswehr-Oberstleutnants in einem Londoner Hotel, zu dem ich 1980 im Auftrag des BMVg Ermittlungen durchgeführt habe (s. Kap. 11, Episode 6), und
- an den Aufsehen erregenden Tod des ehemaligen Ministerpräsidenten von Schleswig-Holstein, Uwe Barschel, der 1987 in der Badewanne seines Hotelzimmers im Genfer Hotel „Beau-Rivage" tot aufgefunden worden war.

Ich fragte mich, weshalb die Kripo den außergewöhnlichen „Sonderausweis" des Zolls nicht zum Anlass genommen hat, zumindest bei der entsprechenden Zolldienststelle Nachforschungen zur Rechtmäßigkeit eines solchen Dokuments anzustellen. Da dieser Ausweis wahrscheinlich noch im Besitz der Witwe war, schlug ich meinem Chef, Herrn Beuchel, vor, mit der Witwe ein Gespräch zu führen, um eventuelle Klarheit über den gesamten Hintergrund und die Lebensumstände von „Siegfried" zu erhalten.

Herr Beuchel lehnte mein Ansinnen strikt ab, da die Witwe dringend darum gebeten hatte, von weiteren Nachforschungen abzusehen. Und damit war für ihn und Rheinmetall der Fall erledigt.

Natürlich waren mir damit die Hände für weitere Ermittlungen gebunden.

Nichtsdestotrotz konnte Herr Beuchel mir nicht verbieten, weitere Gespräche mit ehemaligen Vorgesetzten, Kollegen und Mitarbeitern von „Siegfried" zu führen. Dabei erhielt ich ein völlig neues Bild von dem ehemaligen Waffen- und Munitionsexperten „Siegfried", der angeblich einer der engsten und fähigsten Mitarbeiter des berühmt-berüchtigten Kanonenbauers Bull in Kanada gewesen sein sollte, bevor er zu Rheinmetall kam. Gerald Vincent Bull, ein hochbegabter Techniker und ein ebenso windiger, skrupelloser Geschäftsmann, hatte Ende der 1980er-Jahre Kontakt zu dem irakischen Machthaber Saddam Hussein aufgenommen und als Artilleriegenie von diesem dem Auftrag erhalten, eine Superkanone zu bauen – später bekannt als das „Babylon-Projekt" mit dem Kaliber 1.000 mm und einer Reichweite von 40 km.

Die Superkanone wäre eine Riesenbedrohung für die Existenz Israels geworden, weshalb Israel mit seinem „schärfsten Schwert" reagierte – dem israelischen Geheimdienst Mossad. Bull wurde schließlich am 22. März 1990 in einem Brüsseler Hotel ermordet. Bis heute bestehen keine Zweifel daran, dass die Todesschützen Agenten des israelischen Mossad waren.

Während meiner Gespräche mit ehemaligen Kollegen von „Siegfried" hörte ich mehr als einmal, dass die frühere Zusammenarbeit mit dem später ermordeten Kanonenbauer Bull und die sehr merkwürdigen Umstände bei

„Siegfrieds" Tod durchaus die Frage erlaubten: „Hatte gar der Mossad aus Israel die Hand im Spiel gehabt?" Oder war er gar doch der Stasi-Agent, der nach der Wende vom KGB, dem russischen Geheimdienst, bedroht und gezwungen worden war, für die Russen weiterzuarbeiten?

Die Annahme einer möglichen Ermordung durch den israelischen Geheimdienst Mossad ist durchaus kein „Hirngespinst" – also auch nicht völlig abwegig. Auch im Jahr 2018 gibt es dazu in der Presse Hinweise:

So in der Rheinischen Post vom 8. August 2018 mit der Überschrift „Syrien: Mossad soll Raketentechniker getötet haben". Danach soll gemäß dpa der israelische Auslandsgeheimdienst Mossad einem Bericht der „New York Times" zufolge für den Tod eines bekannten Raketenforschers in Syrien verantwortlich sein. In dem Bericht beschuldigt ein anonymer hochrangiger Mitarbeiter eines Geheimdienstes aus dem Mittleren Osten den Mossad der Tat. Der Wissenschaftler Asis Asbar war in der Nacht von Samstag auf Sonntag in Masdschaf im Westen Syriens mit einer Autobombe getötet worden, wie es hieß. Die israelische Zeitung „Haaretz" wies am Dienstag darauf hin, dass die syrische Rebellengruppe Abu Amara Brigades den Anschlag auf Asbar für sich reklamiert habe. Asbar war laut der „New York Times" einer der wichtigsten Raketentechniker Syriens. Er habe sehr enge Kontakte zur syrischen Assad-Regierung gehabt sowie zum Kommandeur der erzkonservativen Al-Kuds-Brigaden, die als Eliteeinheit der verbündeten iranischen Streitkräfte gelten.

5. Ein Joint Venture mit Lothar Späth und der Jenoptik in Jena mit Erinnerungen an den ehemaligen Fluchthelfer Späth

Im Jahr 1992 vereinbarten die beiden Hightechfirmen Rheinmetall und Jenoptik ein Joint Venture, bei dem ein relativ kleines Team von Ingenieuren an einem viel versprechenden Projekt Entwicklungsarbeit leisten sollte. Da es sich bei diesem Projekt um ein Wehrtechnikprodukt mit voraussichtlich geheimhaltungsbedürftiger Einstufung durch das BMWi handelte, war es erforderlich, dass sich alle dafür eingestellten Personen vor Beginn der sensitiven Arbeiten einer amtlichen Sicherheitsprüfung zu unterziehen hatten.

Die beiden Vertragspartner vereinbarten deshalb, dass eine Vorprüfung durch die SiBe-Abteilung von Rheinmetall vorgenommen werden sollte. Ich erhielt also im Sommer 1992 den außergewöhnlichen Auftrag, „Klärungsgespräche" mit den für diese Aufgabe ausgewählten Ingenieuren in Jena bei der Firma Jenoptik zu führen.

Ich flog am Dienstagmorgen, 4. August 1992, mit einem Kleinflugzeug von Düsseldorf oder Köln nach Erfurt, wo die Maschine auf einem „Feldflugplatz“ landete. Absprachegemäß wurde ich von Herrn Kelts, dem Sicherheitschef der Firma und dem Personenschützer des Jenoptik-Chefs, Lothar Späth, abgeholt.

Auf der Fahrt von Erfurt nach Jena über die A4 führten wir beide ein intensives Gespräch. Dabei erfuhr ich, dass Herr Kelts für den Dienstposten des Sicherheitsbevollmächtigten des Joint-venture-Unternehmens vorgesehen war. Schnell stellten wir fest, dass wir demnächst nicht nur SiBe-Kollegen sein würden, sondern auch, dass wir in der Vergangenheit beide der Militärfliegerei engstens verbunden waren. Ich als damaliger Flugschüler und letztlich vom Fliegen abgelöster Bundeswehrangehöriger und Kelts als Jetpilot der damaligen NVA der DDR – mit einer akademischen Ausbildungszeit in der sowjetischen Hauptstadt Moskau.

Mitten in unser Gespräch hinein kamen in mir traumatische Erinnerungen auf – natürlich nicht wegen seiner autobiografischen Informationen, sondern wegen einer uns entgegenkommenden Kolonne russischer Panzer auf der Autobahn A4. Es war ein Déjà-vu-Erlebnis aus meiner Kindheit in den ersten Nachkriegsjahren, als eine ebensolche Kolonne russischer Panzer an unserem Haus in Schlesien vorbeidonnerte.

Ohne nachzudenken, machte ich die abfällige Bemerkung „Wenn ich das sehe, sträuben sich bei mir die Nackenhaare!“ Die Gegenbemerkung von Kelts war eigentlich zu erwarten: „Genau so ergeht es mir, wenn ich in Westdeutschland die Amis sehe.“ Wir schwiegen nach dieser „deutsch-deutschen Problematik“ eine ganze Weile, ehe wir auf harmlosere Themen zu sprechen kamen.

In der Firma Jenoptik angekommen, meldete ich mich routinegemäß als Gast bzw. als Rheinmetall-SiBe mit dem Befragungsauftrag im Rahmen des Joint Ventures bei Lothar Späth, dem Vorsitzenden der Geschäftsführung des Jenoptik-Unternehmens und ehemaligen Ministerpräsidenten des Landes Baden-Württemberg.

Nach der Begrüßung und meiner persönlichen Vorstellung erläuterte ich Späth meinen Auftrag zur Befragung der ausgesuchten Ingenieure für die gemeinsame Entwicklungs- und Produktionsphase des Joint-venture-Vorhabens. Die Absicht dabei war es, eventuell eindeutig belastete Mitarbeiter – z. B. als ehemalige Stasi-IM – aus dem Programm herauszunehmen. Im Gespräch mit Lothar Späth war vorauszusehen, dass wir auch auf den ehemaligen Fluchthelfer Späth zu sprechen kamen – und auf die dramatische

Geschichte aus der Zeit des „Kalten Krieges“, die ich im Kapitel 11, Episode 3, umfassend dokumentiert habe, S. 122.

Der Fluchthelfer Späth hatte 1972 mit einem Kleinflugzeug ein Kind aus der DDR über die innerdeutsche Grenze zu seinen Eltern in Hessen geflogen. Einige Jahre zuvor waren die Eltern des Kleinkindes in die Bundesrepublik Deutschland geflohen, nachdem sie ihr Kind in die Obhut der Großeltern gegeben hatten.

Natürlich erinnerte Lothar Späth sich noch gut daran, dass er als damaliger Innenminister von Baden-Württemberg von seinem Verfassungsschutz über den Fall des Fluchthelfers Späth unterrichtet worden war – mit der Überreichung des detaillierten Befragungsberichts eines MAD-Stabsoffiziers der MAD-Gruppe V, Stuttgart.

Späths Erstaunen war ehrlich, als ich ihm offenbarte, dass ich dieser MAD-Ermittler gewesen war.

Die Befragungen der zehn Ingenieure am Dienstagnachmittag und Mittwochvormittag verliefen harmonisch und aufschlussreich. Fast alle ehemaligen DDR-Bürger hatten während ihres Studiums oder in der Dienstzeit danach die üblichen Kontakte zu Angehörigen des Ministeriums für Staatssicherheit (Stasi) – insbesondere vor und nach Auslandsdienstreisen. Die Befragten konnten mir glaubhaft versichern, dass es zu keiner nd-Verpflichtung und Mitarbeit für die Stasi gekommen war.

Nachdem ich alle Ingenieure befragt hatte, sollte die Reihe an Herrn Kelts, dem designierten Sicherheitsbevollmächtigten der Joint-venture-Gruppe, sein.

Als ich ihn in den Besprechungsraum bat, teilte er mir unumwunden mit, dass er keinesfalls bereit sei, sich von mir über seine Vita befragen zu lassen. Dies sei schließlich im Rahmen der Sicherheitsüberprüfung die Aufgabe des Verfassungsschutzes. Da die gesamte Aktion auf Freiwilligkeit beruhte –, auch wenn diese inoffizielle Vorabklärung auf Wunsch der beiden Firmenchefs stattfand –, insistierte ich nicht weiter.

Kelts brachte mich am Nachmittag zurück zum Erfurter „Feldflugplatz“ zum Flieger nach Nordrhein-Westfalen. Im Vergleich zum Vortag war die Stimmung während der Autofahrt noch um einige Grade nach unten gerutscht. Offenbar hatte ich ihn „nolens volens“ mit meinem Ausruf über die russische Panzerkolonne zutiefst getroffen. Warum eigentlich? Ich habe bisher keine befriedigende Antwort darauf gefunden.

Kapitel 17 (1991)
Die friedensbewegte Schüler-Demo bei Rheinmetall anlässlich der Niederlage des Irak im 2. Golfkrieg

1. Die Friedensbewegung in Deutschland und die Beerdigungen von Behfeldt und Germershausen

Die Friedensbewegung in Deutschland demonstrierte mit ihren „Friedensmärchen" gegen die „Aufrüstung" der Nato im Rahmen des Nato-Doppelbeschlusses bis weit in die 1980er-Jahre hinein – bis zum Fall der „Mauer" mit dem Zusammenbruch des Warschauer Paktes und der Sowjetunion. Einen neuen, aktuellen Anlass für Friedensdemonstrationen sah die deutsche Friedensbewegung nach dem überraschenden Überfall des irakischen Herrschers Saddam Hussein auf das Emirat Kuwait am Südzipfel seines Reiches am 2. August 1990. Nach der Annexion Kuwaits kam es zum 2. Golfkrieg zwischen dem Irak und einem multinationalen Streitkräfteverband unter Führung der USA. Die im Februar 1991 eingeleitete Bodenoffensive führte nach wenigen Tagen zur völligen Niederlage der irakischen Truppen und zur Befreiung Kuwaits.

Während der Dauer des 2. Golfkriegs hatten sich wieder Tausende von „friedensbewegten" Menschen in Deutschland regelmäßig zu Mahnwachen und Friedensdemonstrationen getroffen.

Dieses Mal wurde auch Rheinmetall direkt in die Aktionen mit einbezogen. Im Spätherbst 1991 hatte die Friedensbewegung an den höheren Schulen Düsseldorfs zu Schüler-Demonstrationen vor deutschen relevanten Konzernen in Düsseldorf geworben – mit Erfolg.

Eines Tages erfuhr ich von der Düsseldorfer Polizei von der Zusammenziehung einer großen Schüler-Marschkolonne, die sich als erstes Ziel den Mannesmann-Konzern für ihre Demo ausgesucht hatte. Nach geraumer Zeit marschierte die gesamte riesige Schülergruppe vor das Verwaltungsgebäude von Rheinmetall an der Ulmenstraße in Düsseldorf-Derendorf. Um möglichen Unfällen durch die Autofahrer auf der Straße aus dem Wege zu gehen, bat mich der Leiter der begleitenden Polizeimannschaft darum, die Schüler in den von einem Zaun abgesicherten Raum vor dem Gebäude hineinzulassen. Nach kurzer Rücksprache mit meinem Chef, Herrn Beuchel, ließ ich vom Werkschutz das Tor öffnen, sodass sich die Schüler friedlich von der Ulmenstraße in das Rheinmetall-Gelände bewegen konnten.

Aus dem allgemeinen Getümmel kamen schließlich zwei Personen auf mich zu: ein Gymnasiallehrer und ein Klassensprecher, der offensichtlich von den Schülern zum „Schulsprecher" ernannt worden war. Die beiden trugen mir ihr Anliegen vor: Man wolle mit dem verantwortlichen Rheinmetall-Chef über das Thema „Waffen- und Munitionslieferung in den Nahen Osten" diskutieren. Gleiches habe man bereits bei Mannesmann versucht. Leider sei niemand bereit gewesen, mit ihnen zu sprechen.

Ich bat um Geduld, um zunächst mit dem Rheinmetall-Geschäftsführer im Hause darüber Rücksprache zu nehmen. Herr Beuchel war ohne Bedenken zu einem Gespräch mit einer kleinen Abordnung in seinem Büro bereit. Daraufhin führte ich die Gruppe – einen Lehrer und vier Schüler – zu meinem Chef, Herrn Beuchel.

Währenddessen übernahm „draußen vor der Tür" mein Vertreter, Herr Kremer, das „Kommando". Der „Schulsprecher" bedankte sich bei Herrn Beuchel zunächst dafür, dass man bei Rheinmetall – anders als bei Mannesmann – „offene Türen und Ohren" für das Anliegen der Schüler-Demo gezeigt habe. Dann kam man auf den 2. Golfkrieg zu sprechen mit der fragenden Behauptung, dass dort auch Waffen und Munition von Rheinmetall eingesetzt würden. Dazu wurde Herr Beuchel um Stellungnahme gebeten.

Herr Beuchel stellte klar, dass im Golfkrieg weder Waffen noch Munition von Rheinmetall eingesetzt würden. Weiterhin erläuterte er den politischen Hintergrund des Waffeneinsatzes der multinationalen Streitkräfte gegen den Aggressor Hussein und seine Truppen, der nach Artikel 51 der UN-Charta vom UN-Sicherheitsrat „im Rahmen des Selbstverteidigungsrechtes gegen einen bewaffneten Angriff zur Wahrung des Weltfriedens und der internationalen Sicherheit" für erforderlich gehalten worden war. Die erbetene Diskussion der Schüler hatte damit ganz offenbar ihren Nährboden verloren, und nach kurzer Zeit verabschiedete sich die Schülerabordnung, die Demo-Kolonne marschierte von dannen – und damit war der ganze „Spuk" vorbei. Der Leiter der Derendorfer Polizeidienststelle bedankte sich später bei mir für die prompte Öffnung des Rheinmetall-Tors und die Bereitschaft des Rheinmetall-Chefs, mit der Demo-Abordnung zu sprechen. Anders hatte mein SiBe-Vorgänger bei Rheinmetall, Herr Sohns – der zufällig Zeuge der Öffnung des Rheinmetall-Tors geworden war – die Situation beurteilt: „So etwas hätte es bei mir nicht gegeben!"

2. Eine KSE-Testinspektion im Werk Unterlüß und der erste „Ernstfall“ bei Rheinmetall in Düsseldorf

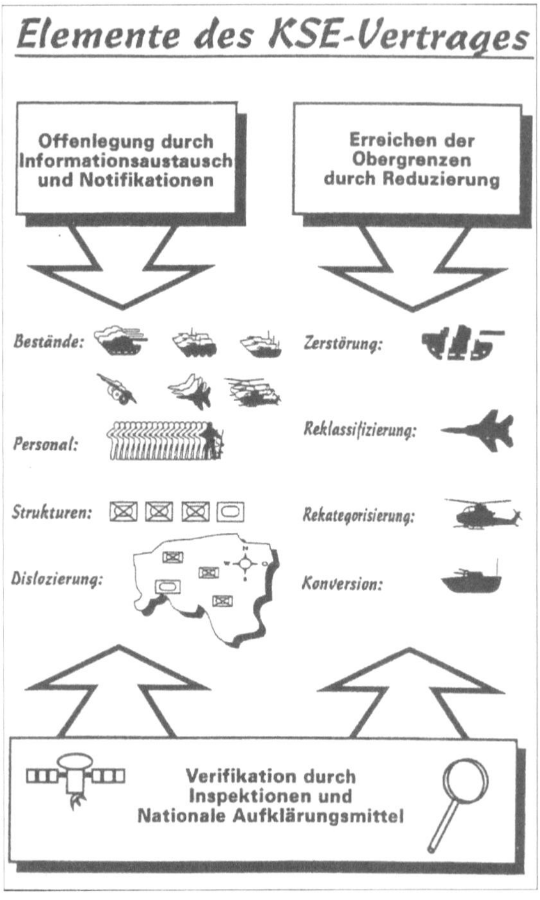

Abb. 72. Elemente des KSE-Vertrages

Der im „Kalten Krieg“ geborene „Vertrag über konventionelle Streitkräfte in Europa“ („KSE-Vertrag“) wurde am 17. Juli 1992 von den Nato-Staaten und den Warschauer-Pakt-Staaten ratifiziert. Damit konnte die Einhaltung der Vertragsbestimmungen durch gegenseitige Inspektionen überwacht werden. Der Vertrag umfasst vier Inspektionsarten, von denen die „Verdachtsinspektion innerhalb spezifizierter Gebiete“ gemäß Abschnitt VIII des Vertrages für die deutsche Wehrtechnik von besonderer Bedeutung war.

Hierbei handelt es sich um Inspektionen in vorher vom Inspektionsstaat angegebenen Gebieten mit einer Höchstgröße von 65 km²; darin dürfen neben militärischen Objekten auch zivile Einrichtungen inspiziert werden.

Daher war zusätzlich eine nationale gesetzliche Regelung erforderlich, die ein Eindringen in die Privatbereiche von Wirtschaftsbetrieben legitimiert. Dazu hat der Bundestag das „Ausführungsgesetz zum KSE-Vertrag“ beschlossen, das am 9. November 1992 in Kraft getreten ist, Abb. 72.

Zum Verständnis der komplizierten Materie halte ich es für erforderlich, die wichtigsten Befugnisse und Verpflichtungen, die sich aus dem KSE-Vertrag und dem deutschen Ausführungsgesetz ergeben, komprimiert dazustellen.

Dabei bediene ich mich bei der Darstellung der wichtigsten Punkte eines Auszugs aus einer Dokumentation in der Bundeswehr-Zeitschrift „Soldat und Technik“, Ausgabe Februar 1995, mit dem Titel „Vertrauen vor Verdacht – KSE-Inspektionen in einem Industrieunternehmen“. Der Artikel war eine Gemeinschaftsarbeit von Major Emil Schreiber, einem Rüstungskontroll-Stabsoffizier im „Zentrum für Verifikationsaufgaben der Bundeswehr“ (ZVBw) in Geilenkirchen und von mir, dem Sicherheitsmanager von Rheinmetall, Abb. 73.

Dieter Wolf *ist Sicherheitsbevollmächtigter der Rheinmetall Industrie GmbH, Ratingen. Seit seinem Ausscheiden aus der Bundeswehr 1987, Dienstgrad Oberstleutnant, ist er für den Bereich Security des Unternehmens verantwortlich. Seit 1990 ist er Vorsitzender des Arbeitskreises der Sicherheitsbevollmächtigten Nordrhein-Westfalens und seit 1993 Vorstandsmitglied im VSW NW.*

Major Emil Schreiber *ist Rüstungskontrollstabsoffizier im Zentrum für Verifikationsaufgaben der Bundeswehr (ZVBw), Geilenkirchen. Seit Inkrafttreten des KSE-Vertrages nahm er in unterschiedlichen Funktionen - auch als Leiter eines Inspektionsteams - an über 20 Inspektionen teil, u.a. in der Ukraine, in Rußland und Weißrußland.*

Abb. 73. Zwei Porträts, entnommen aus: Zeitschrift für Wirtschaft, Kriminalität und Sicherheit, Nr. 1, Februar/März 1995

Auch die „Zeitschrift für Wirtschaft, Kriminalität und Sicherheit“ (WIK) – ein Organ der „Arbeitsgemeinschaft für Sicherheit und Wirtschaft e. V.“ (ASW) – veröffentlichte in der Ausgabe Nr. 1, Februar/März 1995, unsere KSE-Dokumentation unter dem Titel „Wenn die KSE-Inspektoren kommen …“ mit Fotos und Kurzinfos zu den beiden Autoren.

Hier die sechs wichtigsten Punkte:

– Generalauftrag für das ZVBw

  Aufgrund des Ausführungsgesetzes ist das „Zentrum für Verifikationsaufgaben der Bundeswehr" (ZVBw) mit der Durchführung aller Aufgaben beauftragt, die sich aus dem KSE-Vertrag für Deutschland ergeben. So hat das ZVBw auch die sog. Begleittruppen zu stellen, die für Inspektionen anderer Vertragsstaaten auf deutschem Territorium erforderlich sind.

  Nach dem Inspektionsprotokoll des KSE-Vertrages finden Inspektionen nämlich nur in Anwesenheit von Begleitgruppen statt. Zu den Pflichten des ZVBw gehört außerdem die Gewährleistung der Sicherheit der Inspektoren sowie die Bereitstellung von Verpflegung, Unterkunft, Beförderungs- und Fernmeldemitteln.

– Aufgaben der Begleitgruppe

  Das Begleitteam des ZVBw nimmt die vertraglich festgelegten Rechte und Pflichten des „inspizierten Staates" bei Inspektionen wahr. Der Leiter des Begleitteams – ein Stabsoffizier – ist befugt, dem verantwortlichen Vertreter der „verpflichteten Firma" Anordnungen zu erteilen, die zur Durchführung der Inspektion erforderlich sind. Dabei hat das Begleitteam die schutzwürdigen Belange der Firma zu berücksichtigen. Dies gilt vor allem beim Schutz „sensitiver Punkte".

– Befugnisse des Inspektionsteams

  Die Inspektoren des inspizierenden Staates sind befugt, alle Anlagen und Gebäude, in denen sich vertragsrelevante Waffenkategorien befinden können, zu besichtigen, sofern die betroffenen Räume nicht dem Wohnen dienen.

  Inspektionen sind während der üblichen Betriebs- oder Geschäftszeit durchzuführen. Dabei dürfen keine Maßnahmen ergriffen werden, durch die in den Betrieb unmittelbar störend eingegriffen, der Betrieb unnötig behindert oder verzögert und der sichere Betrieb beeinträchtigt wird. Die Inspektionsgruppe ist zur Erfüllung ihrer Aufgaben berechtigt, u. a. Foto-/Videoaufnahmen zu machen und sonstige im Einzelnen näher bezeichnete technische Hilfsmittel einzusetzen. Ansprechpartner des Inspektionsteams ist für alle Wünsche bei der Inspektionsdurchführung der Leiter des Begleitteams.

– Pflichten des Verpflichteten

Inhaber von Grundstücken oder Räumen, auf oder in denen sich vertragsrelevantes Gerät befinden kann – also „Verpflichtete“ gem. KSE-Vertrag – müssen Inspektionen unentgeltlich dulden und unterstützen.

Darunter wird insbesondere verstanden

- die Bereitstellung von Arbeitsräumen mit Telefonanschluss (Inlandsgespräche), um die Verbindungsaufnahme der Inspektoren mit ihrer Botschaft/ihrem Konsulat zu gewährleisten,
- die Einweisung des Inspektionsteams,
- das Stellen von örtlichen Begleitern,
- Duldung eines Hubschrauberüberfluges und
- dass bei einer Inspektion der „Verpflichtete“ entsprechende Räume und Behältnisse, in denen sich vom KSE-Vertrag erfasstes Gerät befinden könnte, auf Verlangen zu öffnen hat.

– Folgerungen für die Industrie

Spätestens ab August 1992 musste sich die deutsche Rüstungsindustrie mit dem Thema befassen. Mit der Verteilung des ZVBw-„Merkblatts für die Vorbereitung, Durchführung und Begleitung von Verdachtsinspektionen bei der Industrie im Rahmen des Vertrages über konventionelle Streitkräfte in Europa (KSE)“ durch den BDI war klar, was damit auf die relevanten Wehrtechnik-Unternehmen zukommen kann.

– Wehrtechnik-Unternehmen als Inspektionsobjekte

Die Firma Rheinmetall fühlte sich als „verpflichtete Firma“ betroffen und zum sofortigen Handeln aufgefordert.

Wegen der offensichtlich zweiseitigen Zuständigkeit – KWKG und betriebliche Sicherheit – wurden die beiden verantwortlichen Ressortleiter mit der Aufgabe „KSE“" betraut und dem ZVBw als sogen. „Inspektions-Koordinatoren“ und Ansprechpartner der Firma benannt.

Noch im IV. Quartal 1992 wurden erste Kontakte zur Klärung der neuen Materie mit dem ZVBw aufgenommen.

Ich begab mich also mit meinem Rheinmetall-Kollegen, Dr. Pottmeyer – dem KWKG-Abteilungsleiter – im Oktober 1992 zu einer KSE-Besprechung in das

ZVBw, nachdem wir von Rheinmetall als die beiden „Inspektions-Koordinatoren“ benannt worden waren. Die Besprechungspunkte waren

- der Aufbau einer betrieblichen Organisationsstruktur
- die materielle Vorbereitung auf eine „Verdachtsinspektion“
- die Erstellung einer Organisations- und Dienstanweisung, um damit die Belegschaft zu informieren
- die beabsichtigte Durchführung einer Testinspektion in einem Wehrtechnik-Unternehmen durch das ZVBw.

Ein erster Test in der Industrie

Aufgrund der intensiven Vorbereitungen auf eine mögliche Verdachtsinspektion entsprechend gewappnet, konnte sich Rheinmetall mit der Überlegung des ZVBw, gelegentlich in der Firma eine ZVBw-interne Testinspektion durchzuführen, leicht anfreunden. Da es in Deutschland noch keine Verdachtsinspektion im Bereich der gewerblichen Wirtschaft gegeben hatte, kam es für beide Seiten darauf an, Erfahrungswerte für einen „Ernstfall“ zu sammeln.

Bereits im Januar 1994 teilte das ZVBw der Firma Rheinmetall mit, dass man am 29. März 1994 im Werk Unterlüß eine Testinspektion durchzuführen beabsichtige, da noch in diesem Jahr Verdachtsinspektionen auf dem Hoheitsgebiet der Bundesrepublik Deutschland zu erwarten seien und eine Überprüfung der vorbereiteten Maßnahmen von beiderseitigem Vorteil wäre.

Um Irritationen im Betrieb von vorn herein zu vermeiden, wurden die Führungskräfte im Februar aufgefordert, alle Mitarbeiter über die bevorstehende Testinspektion zu informieren.

Der Test, einschließlich der erforderlichen Vorbereitungsmaßnahmen, fand schließlich am 28. und 29. März 1994 im Rheinmetall-Werk in Unterlüß bei Celle statt – selbstverständlich unter ständiger Beobachtung und mit gelegentlicher Unterstützung durch die beiden Rheinmetall-„Inspektions-Koordinatoren“, Dr. Pottmeyer und D. Wolf.

Reibungsloser Verlauf der Inspektion

Im Verlauf der fast dreistündigen Inspektion wurden alle vertragserfassten Geräte besichtigt und protokollarisch aufgenommen. Auch „sensitive Punkte", die zur Wahrung des Know-how-Schutzes besonders zu behandeln sind, wurden im Rahmen „vertrauensbildender Maßnahmen“ und gemäß der von der Bundesrepublik Deutschland verfolgten Politik der „Offenheit und Transparenz“ nicht völlig der Inaugenscheinnahme entzogen.

Ein berechtigter Hubschrauberflug über das gesamte Inspektionsgelände von 65 km² wurde wegen des laufenden Schießbetriebs auf dem firmeneigenen Erprobungsgelände aus Sicherheitsgründen ausgeklammert. In einem Kurzflug wurden deshalb nur die Produktions- und Abstellbereiche der Firma überflogen.

Bewertung aus Sicht des ZVBw

In der Vorbereitungsphase suchte die Leitungsgruppe engen Kontakt zur Firmenleitung, um den Rahmen dieser Testinspektion abzustecken. Aufgrund der guten Zusammenarbeit wurde realitätsnah eine Inspektion durchgeführt, die sowohl der Fa. Rheinmetall als auch dem Inspektions- und Begleitteam wichtige Erfahrungen für den „scharfen Einsatz“ mitgaben.

Die Beurteilung im offiziellen Abschlussbericht ZVBw lautet:

- „Vorbereitung und Unterstützung der Inspektion durch die Fa. Rheinmetall waren vorbildlich und gingen in Teilen über die Forderungen des KSE-Vertrages hinaus.
- Das Rollenverhalten der Teams des ZVBw wurde bis zum Ende der Inspektion durchgehalten. Somit wurden die Ziele der Testinspektion erreicht; die Verfahrenssicherheit aller Teilnehmer wurde erwartungsgemäß erhöht.“

„Wenn die KSE-Inspektoren kommen ...“

Aus der KSE-Übung des ZVBw bei der Rheinmetall-Firma am Standort Unterlüß im März 1994 wurde am 9. August 1995 Realität: Die Ukraine führte ihre erste Verdachtsinspektion in Deutschland in jenem „spezifischen Gebiet“ durch, in dem die Rheinmetall-Firma ihren Sitz hat.

Auch hier zitiere ich die wichtigsten Passagen aus einer Teamarbeit mit dem Titel „Aus Übung wurde Realität: Wenn die KSE-Inspektoren kommen“ der Autoren Major Emil Schreiber, ZVBW, und Dieter Wolf, Rheinmetall, die in der Zeitschrift WIK – Zeitschrift für Wirtschaft, Kriminalität und Sicherheit, Nr. 7, Dezember 1995, publiziert wurde.

Die Vorbereitungsphase

Am 7. August 1995 landete das ukrainische Militärteam auf dem Flugplatz Köln-Wahn zu einer Inspektion „gemeldeter Inspektionsstätten" gemäß Abschnitt VII des Inspektionsprotokolls des KSE-Vertrags. Nach der Inspektion der britischen Streitkräfte am 8. August wurden dem Chef des deutschen Begleitteams die geografischen Daten eines „spezifizierten Gebietes" übergeben, das am 9. August inspiziert werden sollte, ein verzogenes Rechteck, das das nördliche Stadtgebiet von Düsseldorf umfasste, einschließlich der angrenzenden Region bis in die Nachbarstädte Ratingen und Mettmann. Ziel der Inspektion sollten neben militärischen Objekten auch zwei Firmen der wehrtechnischen Industrie sein: Rheinmetall und ein anderes Großunternehmen mit Niederlassung in Düsseldorf. Damit wurde zum ersten Mal eine „Verdachtsinspektion" gemäß Abschnitt VIII des Inspektionsprotokolls des KSE-Vertrags in Deutschland gefordert.

Die Lage- und Einsatzzentrale des ZVBw alarmierte umgehend das Verteidigungsbezirkskommando 32 (VBK 32) in Düsseldorf, das alle militärischen Dienststellen des Gebietes über eine bevorstehende Inspektion informierte. Auch die beiden Industrieunternehmen erhielten die gleiche Information. Bei Rheinmetall liefen die bei der Testinspektion eingeübten Mechanismen sofort an. Noch während der Abendstunden führte das Vorkommando des deutschen Begleitteams mit Vertretern des VBK 32 und der Firma Rheinmetall eine Einsatzbesprechung durch, um optimale Voraussetzungen für die Inspektion am Folgetag zu schaffen.

Die Inspektion des Rheinmetall-Konzerns in Düsseldorf

Die Größe des spezifizierten Gebiets mit einer Vielzahl militärischer Liegenschaften und betroffener Objekte der Firma Rheinmetall veranlasste den Begleitteamchef im Verwaltungsgebäude des Unternehmens in Ratingen, eine Einweisung in das Gebiet vorzunehmen. Dabei wurden die Vertreter der Firma und die betroffenen militärischen Dienststellen vorgestellt sowie administrative Hinweise gegeben und Sicherheitsbestimmungen mitgeteilt.

Das Inspektionsteam bildete drei Untergruppen: Zwei motorisierte zu Lande und die dritte im Hubschrauberüberflug. Inspiziert wurden zwei Kasernen, die Wehrbereichsverwaltung, eine ehemals britische Kaserne und die Polizeikaserne. Für inspektionswürdig hielten die Ukrainer auch von Rheinmetall bereits 1992 verlassene Werke, obwohl Rheinmetall dies bei der Begrüßungsrede mitteilte. Aufgrund noch bestehender Eigentumsrechte konnte Rheinmetall den Zugang zu allen Flächen und Gebäuden sicherstellen, auch zu denen, die inzwischen an andere Nutzer vermietet oder verpachtet worden waren. So erhielten die ukrainischen Inspektoren z. B. Zugang und Einblick in den Schlachthof und in eine Ausstellungshalle eines Modehauses mit Damenbekleidung. Selbst Brachflächen und nicht mehr genutzte Einrichtungen wurden inspiziert.

Aus zeitlichen Gründen verzichtete das Inspektionsteam dann auf die Durchführung einer Inspektion bei dem zweiten ausgewählten Unternehmen.

Gewonnene Erfahrungen aus der Testinspektion

Eine Verdachtsinspektion in einem „spezifizierten Gebiet“ stellt eine große Herausforderung dar, insbesondere für das Begleitteam, das die vertraglichen Bestimmungen gegenüber den Betroffenen durchzusetzen hat. Aufgrund der begrenzten Vorbereitungszeit – max. sechs Stunden – ist ein hohes Maß an Information, Koordinierung und – sicher auch – Improvisation gefragt, um einen reibungslosen Ablauf einer Inspektion vorzubereiten bzw. zu garantieren. Es zeigte sich, dass das bei der Testinspektion mit der Firma Rheinmetall erstellte Konzept mustergültig ist. Die gewonnenen Erfahrungen aus dem Produktionsstandort Unterlüß konnten in vollem Umfang auf den Standort Düsseldorf übertragen werden.

Abschlussbesprechung mit Lob und Dank

Bei der Abschlussbesprechung am späten Nachmittag bedankte sich der Leiter des Inspektionsteams für die entgegenkommende Unterstützung. Er äußerte sich positiv überrascht, mit welcher Offenheit und Freundlichkeit seinem Team begegnet worden sei. Mit der Unterschrift im Inspektionsbericht bestätigte er das vertragskonforme Verhalten der Bundesrepublik Deutschland.

Auch ich dankte dem Leiter des Inspektionsteams, einem Oberst des ukrainischen Heeres, für das freundliche, fast kameradschaftliche Auftreten seines Teams. Nachdem ich von ihm eine Anstecknadel mit dem Nationalwappen und ein Fähnlein der ukrainischen Landeshauptstadt Kiew als kleine Andenken erhalten hatte, übergab ich ihm je ein Exemplar der beiden Zeitschriften mit den Artikeln über unsere Testinspektion in Unterlüß im März 1994 mit den Worten: „Ich halte es zwar für wahrscheinlich, dass Sie bereits im Besitz dieser KSE-Dokumentation von Major Schreiber und von mir sind, aber „doppelt hält besser“, wie wir in Deutschland sagen.“ Wir reichten uns freundschaftlich die Hände zum gegenseitigen Dank und zur Verabschiedung zweier Offiziere aus den „unterschiedlichen Lagern“ in Ost und West.

Und auch der Leiter des ZVBw-Begleitteams, ein honoriger Luftwaffen-Oberst, ließ es sich nicht nehmen, mich für die Mitwirkung am Konzept für eine Verdachtsinspektion bei einem Wehrtechnikunternehmen zu beglückwünschen. Er bedankte sich ebenfalls mit einem Erinnerungsgeschenk – dem Verbandswappen des ZVBw, Abb. 74.

Abb. 74. Verbandswappen des ZVBw. Erinnerung an die Testinspektion im Wehrtechnik-Unternehmen Rheinmetall durch das ZVBw 1995

3. Der „Pleitegeier“ bei Buck System in Bad Reichenhall und der angebliche Verstoß gegen den Geheimschutz

Im Jahr 1998 übernahm die Rheinmetall Industrie AG von der insolventen Buck System GmbH – mit den Standorten Bad Reichenhall-Fronau und Neuenburg/Rhein – deren wehrtechnischen Bereich und gründete die Buck Neue Technologien (Buck NT) GmbH.

In den letzten Januartagen des Jahres 1999 erhielt ich von der Rheinmetall-Geschäftsführung den delikaten Auftrag, am Hauptstandort der Buck-Firma in Bad Reichenhall eine Kontrolle des gesamten Bestandes der Verschlusssachen durchzuführen. Die Buck-Verwaltung war in einem ehemaligen Bankgebäude untergebracht, das natürlich auch über einen Tresor – also eine Stahlkammer – verfügte, in dem die VS-Unterlagen „bombensicher“ gelagert werden konnten. Der Sicherheitsbevollmächtigte (SiBe) der Firma war zugleich sein eigener VS-Verwalter.

Die Firma war von den beiden Buck-Brüdern – einem Techniker und einem Kaufmann – aufgebaut und geleitet worden. Einer der Brüder war der Geschäftsführer in Bad Reichenhall-Fronau, der andere war der verantwortliche Chef in Neuenburg/Rhein im Breisgau.

Aufgrund des schwebenden Insolvenzverfahrens hatten die beiden allerdings keine wirklichen Befugnisse mehr – diese waren längst auf den Insolvenzverwalter übergegangen. Da die anberaumte Überprüfung des VS-Bestandes mit der offiziellen Übergabe an Rheinmetall ein hoheitlicher Akt war, wurde diese Aufgabe von einem Beamten der Geheimschutzabteilung des BMWi wahrgenommen. Die umfangreiche Überprüfung durch den Beamten und mich als seine Unterstützung beanspruchte beinahe zwei Tage. Sie verlief positiv. Es gab keine Beanstandungen oder gar Fehlbestände, zumal die während der normalen Arbeitstage an die „Dependance“ im nahegelegenen Fronau ausgeliehenen VS wegen der Überprüfung alle im Banktresor deponiert worden waren.

Zu einer kleinen „Holperigkeit“ kam es dennoch – wenn auch außerhalb der amtlichen Aktivitäten. Selbstverständlich hatte ich den BMWi-Beamten und den Buck-SiBe zum gemeinsamen Abendessen im Restaurant des Hotels, in dem der Beamte und ich einquartiert waren, eingeladen. Wir saßen gemütlich im angenehm warmen Restaurant beim Aperitif und „studierten“ die Speisenkarte, um mit einem guten Abendessen – auf Kosten von Rheinmetall – unseren Hunger zu stillen –; es war nämlich recht spät geworden, ehe wir unsere Überprüfungsarbeit beendet hatten.

Höflichkeitshalber überließ ich unserem gemeinsamen Gast, dem mir gut bekannten Mitarbeiter der BMWi-Geheimschutzabteilung das „Recht der ersten Auswahl“, bevor ich meinen SiBe-Kollegen bat, ein Gleiches zu tun.

Ich sah ihm seine offensichtliche Verlegenheit an, als er die Speisenkarte beiseitelegte und nur ein „Billiggericht“ – Pommes frites oder etwas Ähnliches – bestellen wollte. Er hatte meine Einladung – als Haupt-SiBe von Rheinmetall – missverstanden und war der Meinung, er müsse die Rechnung bezahlen. Und das bereitete ihm Kopfschmerzen, wie er mir zuflüsterte. Der Insolvenzverwalter hatte ihn nämlich nicht mit dem nötigen „Kleingeld“ ausgestattet.

Ich „erlöste“ ihn, und wir Drei hatten fortan einen wirklich genussvollen Abend mit einem gelegentlich aufkommenden „Round-table-Gespräch“ mit dienstlichem Hintergrund. Dabei kamen wir auch auf die Buck-Insolvenz zu sprechen.

Und so erfuhr ich, dass die Buck-Brüder sich mit einem gewaltigen Immobilieninvestment in den angeblich „blühenden Landschaften“ im Gebiet der ehemaligen DDR erheblich „verzockt“ hatten:

- Zum einen verschlangen die Banken immer mehr Gelder als ursprünglich geplant,
- und zum anderen fanden sie kaum jemanden, der die Gebäude kaufen konnte.

Und so ging ein florierendes Unternehmen mit Spitzenprodukten der Wehrtechnik in kurzer Zeit Pleite. Ein ähnliches Ergebnis erzielten im Übrigen auch viele Ärzte in jener Zeit, die auf angeblich risikofreie Offerten mit hohen Gewinnaussichten in einem Ärztefachblatt hereingefallen waren.

Die Dienstreise nach Bad Reichenhall ließ ich wegen gewaltiger Schneemengen mit einem Wintersportwochenende auslaufen.

Ich war am Mittwoch, 27. Januar 1999, mit dem Flieger vom Airport Düsseldorf nach München geflogen und war vom Flughafen mit einem Leihwagen nach Bad Reichenhall weitergefahren. Für den Rückflug war der frühe Abendflug am Freitag, 29. Januar 1999, gebucht worden. Da es den ganzen Freitag heftig geschneit hatte, ließ ich den Rückflug auf Montagmittag, 1. Februar 1999, umbuchen, sodass zwei „Urlaubstage" – auf meine Kosten – dabei heraussprangen – mit herrlichem Skilaufen im Skigebiet Götschel bei Bad Reichenhall am Samstag und in Berchtesgaden am Sonntag.

Bereits am Dienstag, dem 9. Februar 1999, eine Woche nach meiner Dienstreise zur Firma Buck in Bad Reichenhall – saß ich im Flieger von Düsseldorf nach Basel, um die inzwischen neu gegründete Rheinmetall-Tochter, die Buck NT in Neuenburg, aufzusuchen.

Auch in Basel herrschte tiefster Winter. Mein Leihwagen musste gar erst aus dem Schnee „herausgebuddelt" werden, ehe ich weiter nach Neuenburg im Breisgau fahren konnte.

Die ganze Unternehmung sah nach einem Eilauftrag aus – und das war es auch. Die Rheinmetall-Geschäftsführung hatte ein Schreiben des BMWi erhalten, in dem Rheinmetall aufgefordert wurde, umgehend bei Buck NT in Neuenburg festzustellen, welchen Hintergrund ein Vorwurf des „Bundesamtes für Wehrtechnik und Beschaffung (BWB) in Koblenz hatte. Demzufolge hatten Mitarbeiter des BWB bei einem kürzlichen Dienstbesuch festgestellt, dass zwei Buck-Ingenieure während einer Besprechung mit zwei Bundeswehrsoldaten auf ihren Schreibtischen ganz offen VS-geheime Unterlagen liegen gelassen hatten. Ich war also von der Geschäftsführung beauftragt worden, bei Buck NT klärende Ermittlungen durchzuführen.

In der Firma suchte ich zunächst meinen SiBe-Kollegen, Dr. Hieke, auf, um ihm den Grund meines Besuchs mitzuteilen und mit ihm das weitere Vorgehen zu besprechen. Da im BMWi-Schreiben das Datum des Besuchs der BWB-Mitarbeiter bei Buck NT angegeben war, hatte ich bei meiner Reisevorbereitung sichergestellt, dass die beiden belasteten Ingenieure am Tag meines Besuchs auch anwesend waren.

Dr. Hieke – hauptberuflich der Chefchemiker der Firma – deutete mir gleich zu Beginn unseres Gesprächs an, dass zwischen seinem Chef – einem der beiden Buck-Brüder – und ihm ein gespanntes Verhältnis herrschte. Oliver Buck war von meinem vorgesetzten Geschäftsführer telefonisch knapp darüber unterrichtet worden, dass ich zwei seiner Ingenieure wegen einer angeblichen oder möglichen VS-Übertretung zu befragen hätte.

Als ich Dr. Hieke mitteilte, dass ich die Untersuchung und Befragung der beiden Ingenieure logischerweise nur in seinem Beisein durchführen würde, entgegnete er mir, dass Herr Buck genau dieses ihm verboten habe. Ich beruhigte ihn und bat ihn, mich zum Büro seines Chefs zu führen, mit dem ich diese Angelegenheit klären wollte.

Nach der Begrüßung gab ich Herrn Buck das BMWi-Schreiben zum Lesen und erklärte ihm – bewusst beiläufig –, dass ich die Ermittlungen und Befragungen der beiden Ingenieure im Beisein seines SiBe, Dr. Hieke, durchzuführen gedachte. Und wie zu erwarten war, protestierte er tatsächlich gegen mein Vorhaben, Dr. Hieke mit einzubeziehen, – ohne mir Gründe dafür zu benennen. Ich beharrte auf meinem Vorhaben mit dem Hinweis, dass Dr. Hieke als SiBe verantwortlicher Mitarbeiter des Unternehmens in Geheimschutzangelegenheiten war, und dass es keinen Grund gebe, ihn von meinen Nachforschungen auszuschließen – es sei denn, er sehe Dr. Hieke als Mitbelasteten. Ich betonte bewusst, dass ich mir nicht von ihm in meine Ermittlungsmaßnahmen hineinreden lassen würde. Schließlich sei ich als Haupt-SiBe des Rheinmetall-Konzerns von der Geschäftsführung mit der Klärung des Falls beauftragt worden. Als Herr Buck noch immer zögerte, seine Zustimmung zu geben, drohte ich ihm mit umgehender telefonischer Rücksprache mit dem zuständigen Rheinmetall-Geschäftsführer.

Das war offenbar die Sprache, die Herr Buck verstand. Er beendete den Disput mit dem Wort: „Meinetwegen."

Die Befragung der beiden Buck-Ingenieure war im Vergleich zum Gespräch mit deren Chef ein „Kinderspiel". Sie erinnerten sich sofort an den Tag, an dem sie eine Besprechung mit zwei Bw-Soldaten zu einem aktuellen Bundeswehrauftrag in ihrem Büro durchgeführt hatten. Und selbstverständlich auch daran, dass sie während dieser Besprechung von zwei BWB-Beamten aufgesucht worden waren.

Zu diesem Zeitpunkt hatten die Unterlagen noch ausgebreitet auf einem großen Tisch in ihrem Büro gelegen. Dabei habe es sich ausschließlich um Papiere gehandelt, die als Verschluss-Sachen/Nur-für-den-Dienstgebrauch (VS-NfD) eingestuft waren. In dem vorliegenden VS-NfD-Tagebuch waren die an diesem Tag benötigten VS-NfD-Unterlagen und die Namen mit Dienststelle der beiden Bundeswehrsoldaten vorschriftsgemäß eingetragen.

Damit war „der Fall der angeblich VS-Geheim-eingestuften Unterlagen" zur „Nullnummer" geworden. Ich informierte anschließend den Buck-Geschäftsführer darüber, der sichtlich erleichtert war.

Der SiBe und Chefchemiker in einer Person, Dr. Hieke, führte mich am restlichen Nachmittag durch seinen Arbeitsbereich und versuchte, mich über sein Fachgebiet mit der angewandten Chemie in der Wehrtechnik zu unterweisen – mit vermutlich nur geringem Erfolg, bei meinen mittelmäßigen Kenntnissen in der Chemie nach nur einem Chemieschuljahr während meiner gymnasialen Schulzeit.

Nach einem abendlichen Spaziergang durch Neuenburg und über die Rheinbrücke mit anschließender Autofahrt ins benachbarte Mulhouse/Frankreich übernachtete ich in einem Hotel in Neuenburg.

Am nächsten Vormittag ging mein Flug wie geplant nach Düsseldorf. Ob der für Rheinmetall zuständige Geheimschutz-Referatsleiter im BMWi meine schriftlichen Stellungnahmen ebenfalls erleichtert zur Kenntnis genommen hat – wie zuvor Herr Buck –, entzieht sich meiner Kenntnis. Jedenfalls war das Thema keines weiteren Wortes mehr wert. Ich erfuhr später, dass Rheinmetall sich von Oliver Buck in beiderseitigem Einvernehmen bereits nach kurzer Zeit getrennt hatte, da er offensichtlich überhaupt nicht in das Unternehmenskonzept von Rheinmetall passte und damit eine Fehlbesetzung auf dem Posten des Geschäftsführers war.

Bucks Nachfolger wurde 2001 mit Armin Papperger ein „Rheinmetall-Eigengewächs" – so seine Aussage in seinem Vortrag am 27. September 2016 bei der „Deutschen Atlantischen Gesellschaft" – aus Unterlüß, wo er 1990 seinen Dienst bei Rheinmetall angetreten hatte.

Nach seiner Dienstzeit bei Buck NT übernahm Herr Papperger weitere verschiedene Aufgaben bei Rheinmetall, bevor er im Januar 2012 Vorsitzender der Rheinmetall Industrie AG – der Wehrtechniksparte des Konzerns – wurde.

„Zusätzlich übernahm Armin Papperger am 1. Januar 2013 die Nachfolge von Klaus Eberhardt als Vorsitzender des Vorstandes der Rheinmetall AG und ist damit er erste Konzernchef, der bei Rheinmetall beruflich groß geworden ist. Hier kann man durchaus einen Traditionsbruch sehen –, nicht jedoch darin: Alle bisherigen Vorstandschefs haben in den vergangenen 125 Jahren Rheinmetall nach vorne gebracht, und darin wird sich auch unter Papperger nichts ändern", - so ein fast wörtliches Zitat aus dem Internet mit dem Titel „Rheinmetall Group – 125 Jahre Rheinmetall – die Jahre 2000 bis 2014".

Mit dem einmaligen „Markenzeichen", der erste Rheinmetall-Konzernchef zu sein, der bei Rheinmetall groß geworden war, hielt Armin Papperger keineswegs „hinter dem Berg". Ich erlebte ihn als „vortragenden Rat" bei einer Vortragsveranstaltung der „Deutschen Atlantischen Gesellschaft" in der Konzernzentrale der Rheinmetall AG am 27. September 2016 in Düsseldorf am Rheinmetall-Platz 1.

In seinem Vortrag mit dem Titel „Der Beitrag von Rheinmetall als integriertem Technologiekonzern zur staatlichen Sicherheitsvorsorge“ stellte er sich bescheiden-stolz „als den ersten kleinen Diplomingenieur bei Rheinmetall vor, dem es gelungen ist, bis an die Spitze des Konzerns vorzudringen“. Damit war ihm ein aufmunternder Beifall der großen Zuhörerschaft im voll besetzten Saal der Rheinmetall-Akademie sicher.

4. Zwei besondere Beerdigungen in Düsseldorf , die von Dr. Germershausen und die von Hauptmann Behfeldt

Am 22. Februar 2018 beerdigte eine große Trauergemeinde den Hauptmann a. D. Wolfgang Behfeldt auf dem riesigen Nordfriedhof von Düsseldorf.

W. Behfeldt war am 12. Februar 2018 nach einem schweren Sturz in der Nähe seiner Wohnung völlig unverhofft verstorben – genau fünf Monate nach seinem 80. Geburtstag. Er war während meiner Dienstzeit als Dezernatsleiter des Spionageabwehr-Dezernats der MAD-Gruppe III in Düsseldorf von 1981 bis 1984 einer meiner Topermittler und Op-Bearbeiter.

Von Oberstleutnant Dr. Hammerich, einem Historiker am „Zentrum für Militärgeschichte und Sozialwissenschaften der Bundeswehr“ in Potsdam und meinem gelegentlichen „Autorenmentor“, erfuhr ich, dass er den Hptm a. D. Behfeldt 2017 zu einem früheren Spionagefall als Zeitzeugen befragt hat.

Den Höhepunkt des Jahres 2017 aber erlebte W. Behfeldt beim „25. Ehemaligentreffen“ der ehemaligen Angehörigen der MAD-Gruppe III sowie der nachgeordneten MAD-Stellen 31 – 35 am 6. April 2017 in Düsseldorf unter seiner Regie. Zum ersten Mal in all den vielen Jahren konnte Wolfgang Behfeldt mit dem Vizepräsidenten des MAD-Amtes, Brigadegeneral Smola, einen hohen Ehrengast aus der MAD-Zentrale begrüßen.

Unter dem Beifall aller Anwesenden „ernannte“ der General mit Überreichung einer geschmackvollen Urkunde den Hauptmann a. D. Wolfgang Behfeldt für seine herausragenden Verdienste zum „Kommandeur“ der Ehemaligen der MAD-Gruppe III und der nachgeordneten MAD-Stellen.

Was aber war besonders an der Beerdigung von Wolfgang Behfeldt?

- Sicherlich die außergewöhnlich hohe Anzahl der Trauergäste mit ca. 100 überwiegend ehemaligen Kameraden und einigen aktiven Bundeswehrsoldaten sowie mit seiner großen Verwandtschaft;

- Mit weiser Vorausahnung auf ein baldiges Ende seines Lebens hatte er sich mittels eines „Testament-Dokuments" eine militärähnliche Beerdigung gewünscht.

Einer seiner nahen Angehörigen hatte sich mit dieser Bitte an OTL Koch, den Dienststellenleiter der MAD-Stelle 3 in Hilden, gewandt, der mit Unterstützung der Feldjäger diesen Part der Beerdigung vorbildlich arrangiert hat. Und die „militärische Beerdigung" gab es dann auch

- mit zwei jungen Feldwebeln als „Totenwache" an seinem Sarg in der Kapelle des Nordfriedhofs und
- mit zwei jungen Soldaten am Grab, die als Trommler und Trompeter die traurige Hymne „Ich hatt' einen Kameraden" spielten.

Während des Crescendo-Trommelwirbels mit dem anschließenden Geschmetter der Trompete lief es mir eiskalt den Rücken hinunter. Nur mit Mühe konnte ich Tränen unterdrücken bei zwangsläufig aufkommenden Gedanken

- an die Beerdigung meines Vaters, der nach einer im Zweiten Weltkrieg und in der anschließenden Gefangenschaft eingeholten langwierigen Krankheit 1962 mit knapp 50 Jahren verstorben war,
- an die militärische Beerdigung von Oberst Weigt, dem ehemaligen Kommandeur der MAD-Gruppe V in Stuttgart, der im Herbst 1978 während einer Kur auf einem Spaziergang mit seiner Frau mit 55 Jahren einen tödlichen Herzinfarkt erlitten hatte. Unserem ehemaligen Kommandeur zu Ehren hatte ich mit weiteren fünf Stabsoffizieren die „Totenwache" an seinem Sarg gehalten,
- an unseren Sohn Matthias, der während eines Urlaubs in Kambodscha von den Roten Khmer mit gerade einmal 32 Jahren am 16. Dezember 1994 erschossen worden war. Eine traurige, aber vielleicht auch ein wenig beruhigende Beerdigung unseres Sohnes war meiner Frau Bärbel und mir damit leider nicht vergönnt. Darüber berichte ich mehr in meinem zweiten Buch.

Als ich nach der Zugrabelegung von Wolfgang Behfeldt mit Oberst a.D. Heinz Kluss, der Anfang der 1980er-Jahre Behfeldts und mein MAD-Kommandeur in Düsseldorf war, gemeinsam auf dem Weg durch den riesigen Nordfriedhof zu unserem Parkplatz war, erinnerte ich mich urplötzlich daran, dass ich einen solchen Gang bereits schon einmal vor gut 20 Jahren gemachte hatte. 1997 wurde nämlich Dr. Raimund Germershausen, der pensionierte ehemalige Vorsitzende der Rheinmetall-Wehrtechnikgruppe, unter großer Anteilnahme von ebenfalls ca. 100 Personen beerdigt. Und das war die andere Beerdigung mit extremer Besonderheit.

Bei den Rheinmetall-internen Planungen für die Beerdigung von Dr. Germershausen, den ich seinerzeit zu den beiden Militärmessen in Athen als Personenschützer begleitet hatte, bat mich sein Nachfolger an der Spitze der Rheinmetall Industrie GmbH zu einer Sicherheitsbesprechung. Dabei wurden vorsorglich alle möglichen Sicherheitsvorkommnisse bewertet, die in Zeiten des noch existierenden RAF-Terrorismus bei der Beerdigung passieren könnten. Die Forderung des Geschäftsführers war schließlich eindeutig und klar: Die Sicherheitsabteilung erhielt den Auftrag, dafür zu sorgen, dass die Beerdigung nach bestem Sicherheitsstandard vollzogen würde. Letztlich waren die heimtückischen Morde durch die RAF-Terroristen noch in bester Erinnerung:

- 1986 war der Diplomat Gerold von Braunmühl in Bonn auf offener Straße erschossen worden,
- 1988 gab es das fehlgeschlagene Attentat in Bonn auf den Finanzstaatssekretär Hans Tietmeyer und seinen Fahrer,
- 1989 wurde der Deutsche-Bank-Chef Alfred Herrhausen auf der Fahrt zum Dienst in Bad Homburg mit einer Autobombe ermordet,
- und zuletzt wurde am 1. April 1991 der Spitzenmanager Karsten Rohwedder aus dem Hinterhalt rücklings durch das geschlossene Fenster seines Arbeitszimmers in Düsseldorf-Niederkassel erschossen. Der ehemalige Hoesch-Manager war zuletzt Präsident der Treuhand-Anstalt in Berlin. Beerdigt wurde er auf dem Düsseldorfer Nordfriedhof.

  Genau 30 Jahre später – nämlich am 1. April 2021 – veröffentlichte die „Rheinische Post" (RP) zu diesem historischen Ereignis einen Artikel mit der Überschrift „Märtyrer der Einheit" und mit dem Vorspann: „Detlev Karsten Rohwedder zahlte für seinen Einsatz in der früheren DDR mit dem Leben. Der Mord, zu dem sich die RAF bekannte, ist bis heute ungesühnt." Ergänzt wird der Artikel um das Foto, das „die drei Einschusslöcher in dem Fenster, durch das der Manager und Treuhand-Chef Detlev Karsten Rohwedder erschossen wurde", deutlich dokumentiert, Abb. 75.

Auch wenn ab Mitte der 1990-Jahre mittlerweile die zweite RAF-Generation das verbrecherische „Geschäft" weiterbetrieb, so waren Mordanschläge noch längst nicht als obsolet einzustufen.

Abb. 75. Das Fenster, durch das der Manager und Treuhand-Chef Detlev Karsten Rohwedder erschossen wurde. Foto: RP, 1.4.2021

Allerdings waren nicht allein die offenbar von den Terroristen peinlich genau geplanten Morde Anlass dazu, sich Gedanken über eine optimale Absicherung der Beerdigung eines hochrangigen Rheinmetall-Managers zu machen, sondern auch entsprechende Indizien dafür, dass Rheinmetall durchaus im Fadenkreuz der RAF in all den Jahren gestanden hatte. Bei Hausdurchsuchungen von „Konspirativen Wohnungen" (KW) der RAF waren mehr als einmal auch Hinweise auf Rheinmetall-Spitzenmanager gefunden worden.

Unabhängig davon war die „verhasste Rüstungsindustrie" generell ein Angriffsziel der RAF und anderer Linksextremisten.

In der Sicherheitsbesprechung schlug ich vor, das Düsseldorfer Polizeipräsidium um eine polizeiliche Absicherung des Außenbereichs des Nordfriedhofs zu ersuchen. Zusätzlich hielt ich eine Personenschutzmaßnahme der hochrangigen Managergruppe innerhalb der Trauergemeinde für sinnvoll – durch meinen Vertreter, Herrn Kremer und mich mit „verdeckter" Bewaffnung. Der Rheinmetall-Vorsitzende war mit beiden Maßnahmen einverstanden.

Die Polizei patrouillierte mit mehreren uniformierten Polizeibeamten am Tag der Beerdigung von Dr. Germershausen im gesamten Eingangsbereich des Friedhofs. Ob der weitere Großbereich des Friedhofs ebenfalls entsprechend durch mobile Einsatztrupps abgesichert worden waren, war mir nicht bekannt.

Auftragsgemäß begleiteten Herr Kremer und ich die Topmanager des Rheinmetall-Konzerns von der Kapelle bis zum Grab und wieder zurück – mit ständiger Beobachtung des Umfelds auf verdächtige Auffälligkeiten und mit unseren Pistolen schussbereit im Holster.

Zum Glück verlief die gesamte Beerdigung „ohne besondere Vorkommnisse", und wir konnten nach der Erfüllung unseres „bewaffneten Auftrags" beruhigt nach Hause fahren.

5. Der dilettantische Erpressungsversuch bei Dr. Brauner, dem Boss des Rheinmetall-Konzerns

Der Vorstandsvorsitzende der Rheinmetall AG, Dr. Brauner, galt im Kreis seiner ihm unterstellten Geschäftsführer der verschiedenen Rheinmetall-Unternehmen als nicht gerade ängstlicher und an Minderwertigkeitsgefühlen leidender „Big Boss" – trotzdem dürfte ihm beim Lesen eines an ihn gerichteten persönlichen Briefes vom 24. April 1996 für einen Schreckmoment der Atem gestockt haben. Da hatte ihm ein schamloser Erpresser – mit Vornamen Heiko – einen mit vollem Absender und eigenhändiger Unterschrift versehenen Erpresserbrief zugeschickt.

Zwar hatte der Erpresser nicht angegeben, dass er ein Rheinmetall-Mitarbeiter aus der Niederlassung Unterlüß bei Celle war, sein Hinweis auf „umfangreiches Beweismaterial aus dem wehrtechnischen Bereich" und sein Wohnort „29581 Holthusen" – westlich von Uelzen, ganz in der Nähe von Unterlüß – waren allerdings eindeutige Indizien dafür, dass es sich bei Heiko um einen Rheinmetaller aus Unterlüß handeln musste.

Heiko deutete in seinem Schreiben an, dass es sich „um nicht unerhebliche Ungereimtheiten in der aktuellen Fertigung mit dreistelligen Millionenwerten handelte", die ihn in die Lage versetzt hätten, Forderungen an Rheinmetall zu stellen. Er forderte Dr. Brauner auf, ihn mittels eines Kennworts anzurufen, um mit ihm einen Ort und Termin für ein Zusammentreffen zu vereinbaren. Weiter hieß es in dem Brief:

„Sollte mir etwas Unnatürliches zustoßen, wird das Beweismaterial von Personen automatisch der Presse übergeben. Bleiben Sie besonnen und lassen Sie uns darüber verhandeln! Warten Sie nicht zu lange!!! Und lassen Sie die Polizei aus dem Spiel!"

Da Dr. Brauner ihn nicht gleich anrief, forderte Heiko in einem zweiten Erpresserbrief 5 Millionen DM Schweigegeld, damit er die von ihm gesammelten Beweismittel über Manipulationen von Rheinmetall nicht preisgebe.

6. Die unglaubliche Furcht des Erpressers, wegen seiner Erpressung ermordet zu werden

Über Herrn Beuchel, Geschäftsführer der Rheinmetall Industrie GmbH und damit mein direkter Vorgesetzter, erhielt ich auch bald den Auftrag von Dr. Brauner, mich der Sache anzunehmen, den Erpresser Heiko zu befragen und ihn dazu zu bringen, das sogenannte Beweismaterial herauszurücken.

Das war mal wieder ein Auftrag ganz nach meinem Geschmack. Durch telefonischen Rückruf mit Heikos Abteilungsleiter erfuhr ich am frühen Morgen der geplanten Befragung, dass Heiko sich auch im Dienst befand. Um ein gewisses Überraschungsmoment vor der Befragung zu haben, bat ich den Abteilungsleiter, seinen Mitarbeiter Heiko nicht über meinen Besuch an diesem Tage im Unterlüßer Werk zu informieren. Ich machte mich also gleich danach auf den Weg nach Unterlüß.

Nach erprobter MAD-Methodik nahm ich meinen Vertreter, Herrn Kremer, mit auf die Dienstfahrt, um den Erpresser als „Zweierteam" zu befragen.

In Unterlüß führte ich zunächst ein Gespräch mit Heikos Vorgesetzten, um evtl. verwertbare Hintergrunderkenntnisse über die Person des Erpressers zu erhalten. Danach war Heiko ein 35-jähriger Qualitätstechniker, der sich in seiner achtjährigen Betriebszugehörigkeit als intelligenter, zuverlässiger und erfahrener Fachmann auf seinem Arbeitsgebiet erwiesen hatte. Er war unlängst zum stellvertretenden Meister befördert worden. Aufgrund seines überzogenen Selbstbewusstseins – bis hin zur Überheblichkeit – war es allerdings gegenüber Vorgesetzten und Kollegen immer wieder mal zu zwischenmenschlichen Zerwürfnissen gekommen – mit negativen Auswirkungen auf das Betriebsklima in der Abteilung.

Nach dem Mittagessen im gemütlichen Gästehaus von Rheinmetall Unterlüß begannen wir die Befragung von Heiko in einem der Besprechungsräume im Verwaltungsgebäude.

Natürlich hatte ich meine Befragungstaktik mit Herrn Kremer so abgesprochen, dass wir beide die zu befragende Person zunächst in ein Gespräch mit harmlosen Themen verwickeln würden, damit Heiko zunächst einmal aufatmen konnte, da es anscheinend nicht um das „heiße Eisen" der Erpressung ging. Ich baute die „Legende" auf, dass ich als Sicherheitsbevollmächtigter von Rheinmetall vorprüfen sollte, ob bei ihm die sicherheitsgemäßen Voraussetzungen für eine amtliche Sicherheitsüberprüfung mit anschließender Ermächtigung zum Zugang zu geheimeingestuften Verschlusssachen vorlägen.

Heiko gab uns bereitwillig Antworten auf alle gestellten Fragen, auch zu seinen familiären Verhältnissen und seinen Hobbies. Dabei erwähnte er, dass er begeisterter Segler und Fußballspieler war. Das war genau der Zeitpunkt, den ich vorher mit Kremer abgesprochen hatte.

Ich verließ für einige Minuten den Raum und überließ dem Hobbyfußballer Kremer die weitere Gesprächsführung über das Thema „Fußball".

Als ich danach den Besprechungsraum wieder betrat, unterbrach ich das Fußballergespräch der beiden mit den Worten: „Meine Herren, es gibt Wichtigeres als Fußball" und knallte Heiko den „inkriminierten" Erpresserbrief auf den Tisch mit der Frage: „Haben Sie diesen Brief geschrieben?" Heiko blickte ganz erschrocken drein, holte tief Luft und antwortete schließlich: „Nein, den Brief kenne ich nicht!" Ich forderte ihn auf, den Brief in aller Ruhe durchzulesen und dann erneut Stellung dazu zu nehmen.

Er verharrte viele Minuten über dem Brief, vermutlich, um Zeit für eine kluge Antwort zu finden. Er blieb dabei, dass er nicht der Briefeschreiber war, auch wenn als Absender sein Name mit Adresse dort eingetragen war. Er verstieg sich sogar in die Behauptung, dass man ihn ganz offensichtlich mit dem Brief auf das Übelste belasten wollte.

Da ich mit einem solchen Lügenmanöver gerechnet hatte, war ich in der Vorbereitung auf diese Befragung auf eine ebenso einfache wie wirksame „Notlüge" gekommen, mit der es mir gelingen sollte, ihn aus seinem „Schneckenhäuschen" zu locken.

Ich ließ zunächst einige Zeit verstreichen, in der ich ihm ins Gesicht schaute, ohne etwas zu sagen. Ich bemerkte seine innere Unruhe und seine ausweichenden Blicke und konterte seine unwahre Behauptung schließlich mit dem Hinweis, dass wir nach einer kriminaltechnischen Analyse durch das Landeskriminalamt in Düsseldorf längst wussten, dass sich auf dem Briefpapier seine Fingerabdrücke befanden.

Der Schlag „saß" – das Eis war gebrochen. Er schien fast erleichtert, dass er nun offenbaren konnte, welch dummen und kriminellen Versuch er unternommen hatte, um an das große Geld zu kommen. Mit den im Laufe von einigen Jahren gesammelten Nachweisen über Qualitätsmängel und Manipulationen in der Prüfsoftware habe er Rheinmetall um 5 Millionen DM erpressen wollen. Dabei habe er vorgehabt, Rheinmetall eine Art „Ratenzahlung" vorzuschlagen – mit jeweils einer Million DM pro Jahr in den kommenden fünf Jahren. Mit dem so „errungenen“ Kapital habe er pro Jahr jeweils ein Segelschiff bauen wollen, um es gewinnbringend zu verkaufen.

Die von Rheinmetall gefertigten Munitionsteile mit einem Gesamtvolumen von ca. 60 Mio. Stück seien nicht ordnungsgemäß funktionsfähig gewesen. Durch manipulierte Prüfsoftware aber habe man den Prüfern vom Bundeswehr-Beschaffungsamt (BwB) einen einwandfreien Betrieb vorgetäuscht. Die darüber erstellten Beweisunterlagen habe er in seiner Wohnung in Holthusen, einem Dorf nahe Uelzen, deponiert. Er sei selbstverständlich bereit, uns diese gesamten Unterlagen zu übergeben.

Nach dieser Offenbarung und dem Angebot zur Herausgabe der Unterlagen vereinbarten wir einen Treff am Nachmittag auf dem Parkplatz eines Gasthauses am Rande des Dorfes Holthusen.

Noch ehe wir auf dem vereinbarten Parkplatz unseren Wagen abstellen konnten, bemerkten wir Heiko, vor einem Pkw stehend und uns zuwinkend.

Das Gasthaus, in dem er uns die Unterlagen hatte erklären und übergeben wollen, hatte zu seinem Entsetzen Ruhetag, sodass wir einen neuen Treffpunkt benötigten. Heiko schlug schließlich einen in nahen Waldgelände gelegenen Picknick- und Grillplatz mit groben Sitz- und Tischvorrichtungen vor, zu dem wir gemeinsam mit unserem Dienstwagen fuhren. Auf dem ca. 15-minütigen Hinweg herrschte allgemeines Schweigen. Wir waren alle darauf gespannt, was da kommen sollte – jeder auf seine Weise.

Den zweiten Schock an diesem Tage erlebte Heiko beim Aussteigen aus dem Fahrzeug. Dabei hatte er ganz offensichtlich festgestellt, dass ich in einem umgeschnallten Holster eine Pistole trug. Die Mitnahme einer Waffe war für mich eine präventive Eigenschutzmaßnahme mit dem gewollten Nebeneffekt der Abschreckung gegenüber bestimmten Personen. Dieses Verhalten hatte ich bereits vor Jahren als MAD-Offizier erfolgreich angewandt – bei Ermittlungen im asozialen Umfeld oder bei sonstigen prekären Situationen –, zum Glück immer ohne die Notwendigkeit, die Pistole als Schusswaffe tatsächlich einsetzen zu müssen.

Beim Anblick der Pistole fing der angeblich sonst so selbstsichere und von sich überzogene junge Mann plötzlich an zu wimmern, dass wir ihn nicht umbringen sollten, er sei doch zur Wiedergutmachung seines Unrechts bereit.

Ich war völlig überrascht über sein Verhalten, ehe mir der Satz in seinem Erpresserbrief einfiel: „… sollte mir etwas Unnatürliches zustoßen, …“. Mir gelang es, ihn zu beruhigen, und er erläuterte uns dann die mitgebrachten fotokopierten Prüfkarten, die er mir schließlich übergab.

Wir brachten Heiko anschließend zurück zu seinem vor dem Landgasthof geparkten Pkw und fuhren noch am selben Abend zurück nach Düsseldorf – mit dem guten Gefühl „im Bauch“: Mission accomplished, Auftrag erfüllt!

7. Erst mit dem Einspruch gegen die fristlose Entlassung handelte sich der Erpresser ein Strafverfahren ein

Das weitere Procedere dieses Kriminalfalls möchte ich hiermit kurz zusammengefasst darstellen:

- Im Mai 1996 erhielt der Erpresser Heiko von Rheinmetall die fristlose Kündigung, gegen die sein Rechtsanwalt beim Arbeitsgericht in Celle Widerspruch einlegte – meines Erachtens ohne jegliche Erfolgsaussichten, sehr wohl aber mit der Gefahr für seinen Mandanten eines darauffolgenden Strafverfahrens.
- Und genau das passierte. Die Verhandlung des Arbeitsgerichtsverfahrens im Juni 1996, zu der ich als Zeuge geladen war, dauerte kaum eine halbe Stunde, dann wurde der Widerspruch gegen Heikos fristlose Entlassung abgeschmettert, ohne dass die Richterin den „draußen vor der Tür“ wartenden Zeugen Wolf zur Zeugenbefragung in den Gerichtssaal hatte rufen lassen. Und damit konnte der Rheinmetall-Kraftfahrer, Herr Mundt, meinen Chef, Herrn Beuchel, und mich nach „getaner Arbeit“ am Celler Arbeitsgericht nach Düsseldorf zurückchauffieren.
- Da die Richterin des Arbeitsgerichts Celle durch den Widerspruch gegen die fristlose Entlassung natürlich auch von Heikos Straftat „versuchte Erpressung“ Kenntnis erhalten hatte, musste sie von Rechts wegen – nach dem Legalitätsprinzip – die zuständige Staatsanwaltschaft Uelzen einschalten. Unabhängig davon erstattete Rheinmetall im August 1996 ebenfalls Strafanzeige gegen Heiko wegen versuchter Erpressung.
- Vermutlich als Reaktion auf die von Rheinmetall erstattete Strafanzeige gegen Heiko erfolgte im Herbst 1996 eine Strafanzeige bei der Staatsanwaltschaft Düsseldorf durch Heiko bzw. seinen Rechtsanwalt gegen Rheinmetall wegen angeblicher betrügerischer Manipulationen in der Prüfsoftware von vielen Millionen Munitionsteilen – zum Nachteil der Bundeswehr. Bei der Staatsanwaltschaft Düsseldorf wiederholte Heiko schließlich seine Anschuldigungen gegen Rheinmetall und übergab sein angebliches Beweismaterial.

- Das eingeleitete Ermittlungsverfahren der Staatsanwaltschaft Düsseldorf wurde sehr bald mangels tatsächlicher Anhaltspunkte für eine Straftat eingestellt. Heiko wurde mit einer arbeitsgerichtlichen Anordnung gehalten, seine Behauptungen über die angeblichen Mängel bei der Munitionsprüfung gegenüber Dritten und der Öffentlichkeit nicht mehr zu wiederholen. Bei Zuwiderhandlung drohte ihm eine Vertragsstrafe von 100 000 DM.
- Der fristlos gekündigte Qualitätstechniker Heiko musste sich schließlich am 4. Dezember 1997 vor dem Uelzener Schöffengericht verantworten. Der Staatsanwalt stellte bei der Verhandlung folgende Tatmotive heraus: Rache am Management von Rheinmetall und persönliche Bereicherung – „Letztlich ging es ihm ums Geld". Heiko gestand vor Gericht ein: „Ich wollte mich mit einem Schlag aus den Zwängen eines Otto-Normalverbrauchers" befreien. Und dafür stehe ich gerade." Der Vorsitzende Richter fasste den Erpressungsversuch wie folgt zusammen: „Das Vorgehen ist nicht die klassische Form der Erpressung – das Ganze wurde ziemlich dilettantisch in Szene gesetzt." Das Gericht wertete die hohe Forderungssumme von 5 Mio. DM zwar als nachteilig für den Angeklagten, als strafmildernd bewertete es aber sein Geständnis, eine positive Sozialprognose und die Tatsache, dass Heiko bisher ein „unbeschriebenes Blatt" war. Das Urteil lautete schließlich: 12 Monate Freiheitsentzug mit Aussetzung auf eine dreijährige Bewährungszeit und 3 000 DM Geldbuße wegen versuchter Erpressung.

8. Der BfV-Referatleiter Tiedge und spätere Überläufer zur DDR-Staatssicherheit

Bei einem MAD-Lehrgang an der Schule für das Nachrichtenwesen der Bundeswehr (SNBw) in Bad Ems lernte ich Anfang der 1970er-Jahre den Regierungsdirektor Joachim Tiedge, einen Referatsleiter des BfV, kennen. Er kam als Vortragender direkt aus Berlin zu uns an die SNBw. In Berlin hatte er beim Austausch von Agenten an der berühmt-berüchtigten Glienicker Brücke mitgewirkt.

Er erzählte uns die Geschichte einer älteren Dame, die wegen angeblicher Spionagetätigkeit für den BND in der DDR festgenommen und mit einer Gefängnisstrafe belegt worden war. Obwohl sie bei ihrer Festnahme keine Ahnung hatte, wer der BND war, sei sie im Gefängnis so lange und heftig –

auch mit „Angeboten“ und Drohungen – stundenlangen „Verhören“ unterzogen worden, sodass sie schließlich nachgab und sich für schuldig erklärte.

Was war wirklich vorgefallen?

Die alte Dame hatte jeweils bei den Besuchen ihrer Verwandten in der DDR in einem Zimmer gewohnt, das einen Ausblick auf eine Straße mit häufig vorbeifahrenden Panzern der Nationalen Volksarmee (NVA) der DDR hatte. Ahnungslos, wie sie war, hatte sie wohl immer das Fenster geöffnet, um die Vorbeifahrt zu beobachten – und wegen dieser Ahnungslosigkeit hatte sie bis zum Gefangenenaustausch immerhin ein Jahr im Gefängnis zubringen müssen.

Es war der letzte Tag des Seminars, sodass ich nach dem Vortrag von Tiedge mit meinem Pkw nachhause fahren konnte. Ich war damals Angehöriger des MAD-Amtes in Köln mit Wohnsitz in Rodenkirchen. Das hatte Tiedge, der mit der Bahn nach Bad Ems gekommen war, erfahren. Er bat mich, ihn mit nach Köln zu nehmen. Unterwegs hatten wir genug Gesprächsstoff, sodass die Fahrt sehr kurzweilig wurde.

9. Zwanzig Jahre später begegneten wir uns in Berlin; erschreckt ergriff der Stasi-Überläufer die Flucht

Es sollten fast 20 Jahre vergehen, bis wir beide uns wieder über den Weg liefen. Tiedge war als „Gewohnheitssäufer“ zwischenzeitlich zum Überläufer zur Stasi in Ost-Berlin geworden.

Ich hielt mich vom 10. bis 12. Juli 1990 auf einer Dienstreise in Berlin auf. Am 11. Juli, einem Mittwochnachmittag, schlenderte ich mit meiner Frau Bärbel gemütlich über den Vorplatz am Fernsehturm, als uns Tiedge mit seiner Frau an seiner Seite entgegenkam. Noch vor mir erkannte meine Frau den Überläufer Tiedge –; er war kurz vorher vor seinem Haus in Ost-Berlin stehend vom Fernsehen interviewt worden. Bärbel rief mir aufgeregt zu: „Das ist Tiedge!“

Tiedge war kurz zuvor aus dem Fernsehturm in die gleißende Sommersonne gekommen. Er setzte sich seine Sonnenbrille auf, um besser sehen zu können – und da erkannte er mich. Er fasste seine Ost-Berliner Partnerin am Arm, und beide verschwanden schnurstracks aus unserem Blickfeld. Offenbar war ich der erste ehemalige West-Kollege, dem er begegnete.

Diese Begegnung war vermutlich der Anlass, dass er in diesen Tagen die Flucht nach Moskau ergriff, um nicht in Berlin verhaftet zu werden. Einige

Tage nach meiner Ankunft zuhause in Neuss wurde ich nach 1987 erneut von einem BfV-Präsidenten um einen Besuch beim BfV in Köln gebeten.

Es war mir ein Vergnügen, ihm über meine Begegnung mit Tiedge in Berlin Bericht zu erstatten. Für den Präsidenten war das Ganze sicher weniger vergnüglich, da er seinem ehemaligen Kommilitonen Tiedge trotz dessen Alkoholproblemen immer wieder „den Rücken gestärkt“ hatte. Schließlich bedeutete der Stasi-Überläufer Tiedge ein Desaster für das BfV.

Kapitel 18 (1987 – 2004)
Verbandsarbeit auf Landes- und Bundesebene vom Beginn bis zum Ende meines Sicherheitsjobs

1. Mitglied im BDI-Ausschuss für Sicherheitsfragen und Gründung der AKSiBe in NRW und im Bund

Der „Bundesverband der Deutschen Industrie e. V." (BDI) teilte mir mit Schreiben vom 12. November 1987 mit, dass ich für den „Wirtschaftsverband Eisen-, Blech- und Metall verarbeitende Industrie e. V." als Nachfolger des ausgeschiedenen Hans Sohns ab sofort Mitglied im „BDI-Ausschuss für Sicherheitsfragen" sei.

Dort hatte ich bei den jährlich stattfindenden Sicherheitstagungen zunächst in Köln und später in Berlin die Sicherheitsinteressen der Verteidigungswirtschaft bzw. der „Vereinigung Wehrtechnisches Gerät" zu vertreten. Das Gremium „BDI-Sicherheitsausschuss" umfasste ca. 30 Manager der deutschen Industrie. Sitz des BDI war bis in die Mitte der 1990er-Jahre Köln und danach Berlin.

Neben dem BDI kümmerte sich auf Bundesebene außerdem die „Arbeitsgemeinschaft für Sicherheit der Wirtschaft e. V." (ASW) um das Thema „Sicherheit in der deutschen Wirtschaft". Auf Landesebene waren es die „Verbände für Sicherheit in der Wirtschaft" – so für Nordrhein-Westfalen der „VSW NW", dem ich einige Jahres als Mitglied des Vorstandes angehörte. So wie ich im BDI-Sicherheitsausschuss und im VSW NW, waren einige SiBe-Kollegen ebenfalls in den unterschiedlichsten Sicherheitsgremien tätig.

Auf Landesebene gab es bis etwa Mitte der 1980er-Jahre kein eigentliches Podium für Geheimschutzfragen, auf dem die Sicherheitsbevollmächtigten sich treffen konnten. Zwar luden die jeweiligen Verfassungsschutzbehörden der Länder sporadisch zu Sicherheitstagungen ein, die allerdings nicht nur für die SiBe der geheimschutzbetreuten Industrie angelegt waren.

Erst allmählich bildeten sich im Laufe der späten 1980er-Jahre in einigen Bundesländern selbstständig agierende Arbeitskreise der SiBe, so auch in Nordrhein-Westfalen der AKSiBe NW, an dessen Entstehung im Sommer 1987 ich maßgeblich mitgewirkt hatte. Der Vorsitzende des gewählten Vorstandes, Hans-Jürgen Knoke, hatte allerdings einen unverzeihlichen Fehler – er gehörte als Sicherheitschef des Düsseldorfer Unternehmens Henkel nicht zu den vom BMWi bestellten „Sicherheitsbevollmächtigten" (SiBe). Und das ist natürlich beim BMWi nach der eingegangenen Meldung „sauer aufgestoßen“, und man forderte eine reguläre Neubesetzung.

Nach dem umgehenden Rücktritt von Knoke übernahm ich als gewählter Stellvertreter zunächst einmal kommissarisch die „Amtsführung“ bis zur Einberufung der nächsten Mitgliederversammlung im Herbst 1987, auf der ich einstimmig zum neuen Vorsitzenden des Arbeitskreises der SiBe in Nordrhein-Westfalen (AKSiBe NW) gewählt wurde.

Nach der Wiedervereinigung Deutschlands war offensichtlich die Zeit reif, einen Arbeitskreis der SiBe auf Bundesebene zu gründen.

Auf der „konstituierenden“ Sitzung der eingeladenen Landesvorsitzenden am 23./24. Oktober 1991 bei der Firma ABB in Mannheim wurde ich zum Vorsitzenden des neu gegründeten „Bundesarbeitskreises der SiBe der geheimschutzbetreuten Industrie“ (BAKSiBe) gewählt.

Zu den Aufgaben des Vorstandes – insbesondere des Vorsitzenden – gehörten in beiden Arbeitskreisen, dem AKSiBe NW und dem BAKSiBe, die Mitgliederversammlungen und Sicherheitstagungen zu organisieren. Dabei war eine der schwersten Aufgaben, kompetente Referenten aus den Bereichen BMWi, Sicherheitsbehörden und „auf dem freien Markt“ für relevante Vorträge zu gewinnen.

Der BAKSiBe bestand verständlicherweise nur aus den Vorsitzenden der „alten“ zehn Bundesländer. Er umfasste einschließlich der Sonder-AK für die Werften in Norddeutschland und für die Flugzeugindustrie in Bayern 12 Mitglieder. Der von uns erstellte Satzungsentwurf wurde im Nachhinein penibel mit dem Vorsitzenden des BDI-Sicherheitsausschusses, Peter Merck, so abgestimmt, dass die Interessen beider Seiten berücksichtigt wurden und eine gedeihliche Zusammenarbeit gewährleistet war. Unsere späteren Bemühungen, auch Teile der „neuen“ Bundesländer „ins Boot zu ziehen“, scheiterten leider mangels geringer geheimschutzbetreuter Aufträge – und wie wir „Wessies“ vermuteten – wegen bestehender Unkenntnis und Falschbeurteilung des Gesamtlagebildes der Sicherheit in der Wirtschaft durch die handelnden Personen in den Behörden und in der Industrie in Ostdeutschland. Die Situation änderte sich auch nicht bis zu meinem Ausscheiden Ende 2004 – mit der kleinen Ausnahme, dass die ostdeutsche Werftenindustrie sehr bald in den norddeutschen Sonderarbeitskreis SiBe aufgenommen wurde.

Mit der Verbandsarbeit – insbesondere für den AKSiBe NW und den BAKSiBe – die ich insgesamt bis zum Ende der 1990er-Jahre wahrnahm, habe ich eine Menge Zusatzaufgaben neben meinem Hauptjob als SiBe und Sicherheitschef des Düsseldorfer Unternehmens Rheinmetall auf mich genommen – zugegeben, mit Engagement, Freude und innerer Zufriedenheit.

Diese Arbeit, verbunden mit vielen Dienstreisen zu Sicherheitstagungen und Seminaren, waren eine Garantie dafür, dass Langeweile in meinem dienstlichen Leben keine Chance hatte.

Genau den gleichen Effekt erzielten im Übrigen die zahlreichen Vorträge, die ich im In- und Ausland im Laufe meiner Rheinmetall-Dienstzeit gehalten habe.

Der Arbeitskreis der SiBe in Nordrhein-Westfalen (AKSiBe NW) veranstaltete seine Sicherheitstagungen – zugleich Mitgliederversammlungen – ab der Gründung im Sommer 1987 regelmäßig zweimal im Jahr.

2. Unsere Tagungen im Tagungshotel „Jammertal" und mein Trainingslauf mit Verirrung im Wald „Die Haard"

Tagungsorte waren ursprünglich Firmen von AK-Mitgliedern, die sich als Gastgeber verdient gemacht hatten. Ab 1992 bis in die letzten Jahre meiner Teilnahmen im Jahr 2004 tagte unser AK grundsätzlich in dem ländlich-idyllischen Tagungshotel „Jammertal" im südlichen Münsterland nahe der Stadt Datteln – dicht am riesigen Waldgelände „Die Haard", an die ich noch heute zwiespältige Erinnerungen habe.

Während einer der ersten Herbsttagungen im „Jammertal" wollte ich als damals aktiver Triathlet die Stunde nach einem Gastvortrag bis zum gemeinsamen Abendessen im „Jammertal" zu einem Trainingslauf in der „Haard" nutzen. Es gab einen fantastisch zu laufenden Weg direkt in das Waldesinnere hinein, von dem ich leider nach einiger Zeit in einen noch besser erscheinenden Nebenweg abbog. Dummerweise wiederholte ich eine solche Abbiegung noch ein- oder zweimal, ohne zu bedenken, dass es schwierig werden könnte, als Fremder den „rechten" Weg zurückzufinden.

Und so nahm das Schicksal seinen Lauf. Da es langsam dämmerig wurde, konnte ich meinen vermeintlichen Rückweg aus Sicherheitsgründen nur noch gemächlich in langsamem Trabtempo bewältigen, zumal aus der vorgeplanten Stunde mittlerweile fast zwei Stunden geworden waren.

Nachdem ich zunächst noch glaubte, die misslichen Abbiegungen auch „rückwärts" zu erkennen, wusste ich im Halbdunkeln nicht mehr, wo ich mich befand und in welcher Richtung das einsame Jammertal-Hotel zu erreichen war. Ich entschied mich, nur noch in gerader Richtung weiterzulaufen – in der Hoffnung, irgendwann auf eine hoffentlich befahrene Straße zu kommen.

Es wurde dunkel und ich fror allmählich in meinen verschwitzten, pitschnassen Trainingsklamotten. Die Richtungsentscheidung war offensichtlich okay, ich landete tatsächlich nach langer Zeit auf einer asphaltierten Straße – nur leider war sie nicht befahren. Wie ich später erfuhr, war es eine Stichstraße zu einem stillgelegten Bergwerk, von dessen Eingang ich gar nicht weit entfernt war. Da ich das aber nicht wusste, war die nächste Entscheidung, nach rechts oder links auf der Straße weiterzugehen, erneut ein großes Rätsel.

Und da half mir das Glück oder der Zufall. In der Ferne sah ich ein Licht auf mich zukommen – vermutlich ein Motorradfahrer. Ich stellte mich auf die Straße und winkte mit den Armen im Lichtkegel des Motorrads. Was mich am meisten wunderte – und das auch noch heute – dass der Motorradfahrer in stockdunkler Nacht in aller Einsamkeit tatsächlich anhielt, sodass ich ihn nach dem rechten Weg zum Tagungshotel fragen konnte.

Die Erlösung war groß und ich endlich „gerettet": Das Hotel war kaum einen Kilometer vom Standort entfernt. Ich bedankte mich überschwänglich bei meinem „Retter" und wanderte erleichtert die Straße entlang.

Die Moral von der Geschicht' – vom rechten Wege weiche nicht!

Nach drei „Amtsperioden" von jeweils vier Jahren, also von 1987 bis 1999, erschien es mir vernünftig, die Geschäfte als AK-Vorsitzender einem anderen Kollegen aus dem AKSiBe NW zu überlassen. Die AK-Tagung, zugleich Mitgliederversammlung, im Dezember 1999 sollte meine letzte Tagung als Vorsitzender sein – und so geschah es auch.

Leider gab es gerade bei dieser Tagung im „Jammertal"-Hotel einen vollkommen unverständlichen Vorfall mit kriminellem Hintergrund.

Das Hotel verfügte über eine sehr gute Saunaanlage, die von einigen Tagungsteilnehmern immer wieder gerne zur Entspannung nach einem anstrengenden Tag mit Vorträgen genutzt wurde. Zwischen dem gemeinsamen Abendessen und vor dem anschließenden traditionellen gemütlichen Teil des Abends, dem sogenannten „Round Table"-Gespräch, nahm mich eines unserer AK-Mitglieder aufgeregt zur Seite, um mir mitzuteilen, dass ihm während des Saunagangs sein „Handy" gestohlen worden war. Er hatte sein Mobiltelefon aus bestimmten Gründen notwendigerweise mit in den Saunabereich genommen und beim Saunagang in seiner im Umkleideraum befindlichen Toilettentasche deponiert. In diesem Zeitraum seien außer ihm nur noch zwei Hotelgäste und ein Tagungskollege in der Sauna gewesen. Als er nach dem letzten Saunagang in den Umkleideraum kam, stellte er fest, dass der AK-Kollege sich offensichtlich an seiner deponierten Toilettentasche zu schaffen gemacht hatte, obwohl dessen eigene Utensilien ein ganzes Stück von den seinen hinterlegt worden waren. Er selbst habe in dem Moment dem Ganzen keinen Wert beigemessen, obwohl er den Eindruck hatte, dass sein Kollege sich völlig erschrocken umgedreht und den Raum verlassen hatte, wie jemand mit schlechtem Gewissen. Er packte daraufhin seine Siebensachen und beeilte sich, in sein Hotelzimmer zu kommen, da die Essenszeit langsam anstand. Erst in seinem Zimmer stellte er fest, dass sein „Handy" verschwunden war. Da er keine Beobachtungen gemacht hatte, die auf einen eindeutigen Diebstahl hinwiesen, habe er den bewussten Kollegen nicht ansprechen mögen. Wenn auch nicht direkt ausgesprochen, erwartete das offensichtliche Diebstahlsopfer von mir unterstützende Maßnahmen – welcher Art auch immer.

Ich bat ihn darum, bis auf Weiteres über die Geschichte Stillschweigen zu wahren und an der „gemütlichen Runde" teilzunehmen. Ich versprach ihm, mich der Sache anzunehmen.

Ohne Aufsehen zu erregen, zog ich mich mit meinen beiden Stellvertretern in einen der leeren Besprechungsräume zurück, um mit ihnen die Angelegenheit zu besprechen. Wir waren uns schnell darüber einig, dass die Geschichte ohne Aufsehen und ohne Anzeige bei der Polizei geregelt werden müsse. Genauso schnell kamen die beiden Kollegen zu dem Vorschlag, dass ich als ehemaliger MAD-Ermittler genau der Richtige sei, den Diebstahl in diesem Sinne aufzuklären.

Mein „gemütlicher Abend" im Kreis der Kollegen war damit – bevor er überhaupt begonnen hatte – bereits beendet.

Unter einem Vorwand lotste ich die Verdachtsperson in den leeren Besprechungsraum zum „Round-table-Gespräch unter vier Augen". Mir war natürlich völlig klar, dass ich keinerlei Befugnisse gegenüber dem AK-Kollegen hatte, um ihn zum Sprechen zu bringen bzw. dazu zu bringen, ein Geständnis abzulegen. Dazu benötigte ich auch keine Befugnis – ich hatte mir längst einen Plan gemacht, von dem ich überzeugt war, dass er zum Ziel führen werde.

Die Informationen, die ich vom „Opfer" erhalten hatte, waren für mich eindeutige „Anhaltspunkte tatsächlicher Art", die weit über einen vagen Verdacht hinausgingen. Eine offene Bestätigung dazu entnahm ich dem unsicheren, nervösen Auftreten meines Gegenübers.

Zwar behauptete dieser zunächst, dass er keine Ahnung habe, weshalb ich ihn zu einem ernsten Gespräch „unter vier Augen" eingeladen hatte, er verstummte aber bald, als ich ihm sagte, dass es um einen Diebstahl gehe, in den er offensichtlich verwickelt war. Als ich ihn schließlich unterrichtete, dass er verdächtigt werde, ein Mobiltelefon in der Saunaanlage gestohlen zu haben, regte er sich heftig auf und sprach von einer „unverschämten Behauptung“. Nach weiterem Leugnen bot ich ihm die folgenden zwei Möglichkeiten an, um die Angelegenheit zu klären:

- Wir könnten die Polizei einschalten, die aufgrund der eindeutigen Anhaltspunkte für den Diebstahl ins Hotel kommen werde, um ihn zu vernehmen und um gegebenenfalls sein Zimmer und seinen Pkw zu durchsuchen.
- Die Alternative wäre ein Geständnis mir gegenüber, die sofortige Herausgabe des gestohlenen Telefons und meine feste Zusage, dass damit die Angelegenheit als erledigt angesehen werde – mit der zusätzlichen Garantie des Stillschweigens gegenüber Jedermann.

Nach einer langen Überlegungsphase behauptete mein Gegenüber, dass er das „Handy“ an sich genommen habe, da er der Meinung gewesen war, es gehöre ihm. Schließlich willigte er in meinen Vorschlag ein, „die Sache ohne Anzeige bei der Polizei zu regeln“. Er atmete zutiefst auf. Wir gingen in sein Hotelzimmer, wo er das Mobiltelefon aus einer Tasche holte und mir übergab.

Ich gebe zu, auch ich war froh, dass mein Plan aufgegangen war und ich die Angelegenheit aufgeklärt hatte. Genauso gebe ich zu, dass die ganze „Geschichte“ einen üblen Beigeschmack hatte, den ich während des weiteren „gemütlichen Beisammenseins“ mit meinen Kollegen mit einigen Glas Bier hinunterzuspülen versuchte.

Der BAKSiBe tagte nach der Gründungssitzung in Mannheim im Oktober 1991 überwiegend in den Räumen seines „Sponsors“ – des BDI – in Köln und nach dem Umzug des BDI in Berlin.

Manchmal wurden Teile der Tagungen des BDI-Sicherheitsausschusses und des BAKSiBe gemeinsam absolviert, nämlich dann, wenn externe Besichtigungen und Exkursionen im Raum Berlin durchgeführt wurden wie

- Besichtigung des ehemaligen Stasi-Gefängnisses und der jetzigen Stasi-Gedenkstätte in Berlin-Hohenschönhausen mit einer zutiefst erschütternden Führung durch den Historiker Hubertus Knabe,
- Einladung in das gemeinsame Lagezentrum der deutschen Sicherheitsdienste in Berlin,
- Einladung des LfV Berlin mit anschließender Busfahrt entlang der schändlichen innerdeutschen Mauer,
- Besichtigung der ehemaligen Stasi-Zentrale in der Berliner Normannenstraße mit einem Vortrag in der „Gauck“-Behörde.

Ein besonderes Ereignis war eine Einladung irgendwann in den 90er-Jahren von Elmar Theveßen zu einem Journalistenforum in Düsseldorf.

Theveßen, der damalige freie Mitarbeiter im ZDF-Studio Bonn und spätere Stellvertretende Chefredakteur des ZDF, war offensichtlich auf mich aufmerksam geworden durch meine Tätigkeit im BDI-Sicherheitsausschuss und mein Wirken als Vorsitzender des BAKSiBe.

In der damaligen Zusammenkunft einiger Journalisten und Sicherheitsmanager großer Unternehmen wurde das gerade gegründete Sicherheitsforum von Theweßen – dem Experten in Sicherheitsfragen – und seinem Kollegenkreis vorgestellt. Aufgabe dieses Forums sollte die Bündelung sicherheitsrelevanter Vorfälle und Erkenntnisse sein, u. a. auch um die deutsche Wirtschaft über Gefährdungen durch Spionage, Extremismus und Terrorismus besser sensibilisieren zu können. Dabei erwartete man allerdings auch ein adäquates Feedback durch betroffene Unternehmen.

Leider habe ich in der Zeit danach keinerlei Informationen über die Arbeit dieses Sicherheitszirkels erhalten.

3. OTL Wolf, der Stasi-Führungsoffizier von Heike Drechsler und die „West-Wölfe" der Firmen Siemens und Rheinmetall

Bei einer der ersten Tagungen des BAKSiBe in Berlin kam es zu einem denkwürdigen Zusammentreffen zweier ehemaliger Geheimdienstoffiziere mit demselben Namen und dem gleichen Dienstgrad a. D. – allerdings von der jeweils anderen „Feldpost-Nummer".

Nach der Wende war es durchaus gängiges Verfahren, dass sich ehemalige Offiziere des „Ministeriums für Staatssicherheit der DDR" (MfS bzw. besser bekannt als „Stasi") in Westdeutschland anboten, bei entsprechender finanzieller Unterstützung Aussagen über damalige Verratsfälle und Spionagepraktiken des MfS zu machen. „Ansprechpartner" konnten Behörden sein – wie das BfV oder Landesämter für Verfassungsschutz –, aber auch Privatpersonen und westdeutsche Unternehmen.

So hatte zu jener Zeit auch der Siemens-Konzern einen solchen ehemaligen Stasi-Offizier „unter Vertrag" genommen.

Diesen empfahl mir während einer Tagung des BDI-Sicherheitsausschusses der Sicherheitschef der Firma Siemens als „Vortragenden Rat" für die anstehende Tagung des BAKSiBe. Nachdem ich als Vorsitzender des BAKSiBe keine grundsätzlichen Bedenken zum Auftreten eines ehemaligen Stasi-Offiziers vor unserem Arbeitskreis hatte und die geforderte „Prämie" zu unserem Budget passte, vereinbarte ich mit dem Siemens-Manager, Norbert Wolf, dem ehemaligen Polizeidirektor aus Lübeck, die Einladung des Stasi-Offiziers zu realisieren.

Unsere Tagung fand wie üblich in einem Tagungsraum des BDI statt. Zur vereinbarten Unterrichtsstunde begleitete der Siemens-Kollege unseren Besucher durch das Gebäude und führte ihn in den Tagungsraum.

Es war ein gar seltenes Ereignis, dass in dieser „Geschichte“ fast schon „ein ganzes Rudel Wölfe“ auftrat, denn unser Gast, der ehemalige Stasi-Offizier hieß tatsächlich ebenfalls „Wolf“. Das hatte mir mein Kollege Norbert Wolf allerdings aus „taktischen“ Gründen verschwiegen. Und die Superüberraschung war ihm gelungen. Ich musste wohl fast geschockt dreingeschaut haben, als der Besucher sich mir als „Wolf, Oberstleutnant a. D.“ vorstellte. Ich drückte ihm zur Begrüßung die Hand mit den Worten: „Ebenfalls Wolf und Oberstleutnant a. D., wenn auch von der anderen Seite der Mauer.“

Das „Eis war gebrochen“, sodass die folgende Stunde gerettet war und ich aus den Gesichtern meiner Kollegen zu lesen glaubte, dass sie voller Anspannung auf die Aussagen des Referenten warteten, aber auch voller Skepsis und Misstrauen – also mit gemischten Gefühlen.

Der Wolf „aus dem Osten“ machte folgende Aussagen:

Er sei hauptamtlicher Mitarbeiter des MfS gewesen. Er habe der Hauptabteilung angehört, die für die Überwachung der beiden christlichen Kirchen in der DDR zuständig war.

Obwohl die Sparte „Hochleistungssport“ mit all ihren Beziehungen in den westdeutschen und internationalen Raum nicht zu seinem eigentlichen Tätigkeitsbereich gehörte, sei es ihm auf seine ausdrückliche Bitte hin gelungen, die Genehmigung zu erhalten, eine Spitzensportlerin zu „betreuen“, deren Familie zu seinem engsten Bekanntenkreis gehörte. Es handelte sich um die Weltklasseweitspringerin Heike Drechsler, die er bereits in ihren jungen Jugendjahren kennengelernt hatte.

Die „Betreuung“ von Spitzensportlern und -sportlerinnen mit Auslandssportreisen bedeutete vor der Reise Einweisung und Belehrung über richtiges Verhalten – insbesondere gegenüber westdeutschen Sportlern – und nach der Reise intensive Befragung über derartige Kontakte und besondere Erkenntnisse, die evtl. nachrichtendienstlich verwertbar erschienen.

Wolf hatte zunächst mit Heike Drechsler und ihrer Familie die Möglichkeit, sie als Führungsoffizier zu betreuen, angesprochen, bevor er sich die Genehmigung dazu bei der Stasi eingeholt hatte. Erstaunlicherweise waren beide Seiten – die Familie Drechsler und das MfS – damit einverstanden.

Wolf versicherte uns, dass das ganze Verfahren zu einer gedeihlichen Zusammenarbeit geführt habe – mit dem Erfolg, dass Heike problemlos ihre erfolgreiche Sportkarriere genießen konnte, ohne jemals der Stasi wirkliche „Spitzeldienste" geleistet zu haben.

Nachdem Wolf nach seinem Vortrag den Raum verlassen hatte, entstand eine heftige Diskussion über das außergewöhnliche Erlebnis eines spannenden Vortrags eines ehemaligen Stasi-Offiziers. Zwar wurde überwiegend begrüßt, dass ein heißes Thema dabei abgehandelt wurde, das nun einmal auch zur deutsch-deutschen Geschichte gehört – jedoch waren die „gemischten Gefühle" weiterhin spürbar vorhanden.

4. Die SiBe-Tagungen der anderen AK und die Tagungen des ASW und BKA

Wegen meiner Zuständigkeit als Haupt-SiBe für die Rheinmetall-Niederlassung in Unterlüß bei Celle in der Lüneburger Heide wurde ich fast von Beginn an – nämlich erstmals im Mai 1988 – auch vom Landesamt für Verfassungsschutz (LfV) Niedersachsen zu dessen jährlichen „Sicherheitstagungen – Geheimschutz in der Wirtschaft" regelmäßig eingeladen. Tagungsorte waren einige Male der Niedersächsische Innenministeriums- und LfV-Komplex, aber auch so lukrative Tourismusorte wie Holzminden, Hameln, Clausthal-Zellerfeld, Bad Zwischenahn und Goslar sowie die Ostfriesischen Inseln Spiekeroog und Baltrum, Abb. 76, 77.

Abb. 76. Mit dem AK SiBe NRW auf Baltrum

Abb. 77. Die SiBe bei einer Strandwanderung

Üblicherweise gönnte das LfV den eingeladenen Gästen neben den sicherheitsrelevanten Vorträgen auch einen Nachmittag zum Entspannen, zur Kulturpflege und zum besseren gegenseitigen Kennenlernen.

Und so bot man uns auf der Ostfriesen-Insel Spiekeroog sowohl im Herbst 1988 als auch zwei Jahre später „Ostfriesen-Wettkämpfe“ an. Während ich bei der „Ostfriesen-Olympiade“ 1988, einem Jux-Dreikampf – bestehend aus Schubkarrenfahren, Kegeln und Bosseln am Strand –, lediglich Platz 5 belegte, gelang mir am 16. Oktober 1990 der „große Wurf“.

Der lustige „Ostfriesen-Fünfkampf“ bestand aus den Disziplinen

- Teebeutelweitwurf – Schleudern des nassen Beutels mit dem Kopf und den Zähnen (Ich schaffte die Superweite von 6,60 m),
- Nagelschlagen in eine Holzbohle,
- Schubkarre, beladen mit Holzstangen, im Kreis herumfahren,
- Pedalofahren auf einem Teich und
- Besenweitwurf.

Ich lag am Ende weit vorne, zumal ich die beiden „Weitwurfdisziplinen“ souverän beherrschte und auch klar besser war als der „Ostfriesische Animateur“, der uns die Übungen jeweils vormachte. Die Lacher allerdings hatte ein anderer Kollege auf seiner Seite.

Beim Teebeutelweitwurf hatte er nämlich zwei Geschosse – auf seinem Kopf die Brille und in seinem Mund zwischen den Zähnen das kleine, am Faden befindliche Etikett-Pappschildchen mit dem frei am Faden hängenden Teebeutel, den es möglichst weit nach vorn zu schleudern galt. Nach zwei verbeugenden Ausholbewegungen verließen die beiden „Geschosse“ gleichzeitig den Werfer – die Brille landete ca. 2 m im vorderen Bereich und der Teebeutel flog fast 3 m nach hinten.

Der gemütliche Abend mit dem „Round-table“-Gespräch war gerettet.

Mein „Werferkollege“ und ich einigten uns darauf, die Kosten für die fällige „Bierrunde für alle“ redlich zu teilen – ich als Sieger des lustigen „Ostfriesen-Fünfkampfs“ und er als der „Meisterwerfer mit den zwei Geschossen gleichzeitig“.

Als Haupt-SiBe des Rheinmetall-Konzerns für Tochterunternehmen in einigen Bundesländern wurde ich auch zu Sicherheitstagungen der entsprechenden SiBe-Arbeitskreise bzw. der zuständigen Verfassungsschutzämter eingeladen, so nach Münden, Stuttgart, Offenbach, Kassel, Bad Breisig am Rhein – und zu einer Tagung des Sonder-AKSiBe für die norddeutschen Werften in Walsrode in der Lüneburger Heide.

Auch die „Arbeitsgemeinschaft für Sicherheit in der Wirtschaft“ (ASW) veranstaltete gelegentlich Sicherheitstagungen und Seminare, an denen ich von 1988 bis 2004 in Wiesbaden, Stuttgart und Berlin regelmäßig teilnahm. 2004 waren es zwei gemeinsame Veranstaltungen des ASW mit dem BKA in Wiesbaden und mit dem Bundesnachrichtendienst (BND) in Berlin.

Eine der interessantesten Tagungen besuchte ich im September 2004 bei der neuen BND-Dienststelle in Berlin-Steglitz. Veranstalter war die ASW, die in Kooperation mit dem BND in Erscheinung trat. In den Vorträgen der BND-Beamten erhielten wir einen fundierten Einblick in die Struktur und Arbeitsweise des BND.

Auch dieses Mal gab es eine denkwürdige „Pointe".

Aus verständlichen Sicherheitsgründen wurden alle Teilnehmer aufgefordert, vor Betreten des Hörsaals mitgebrachte Mobiltelefone vorläufig abzugeben. Eine Prozedur, die jeder Besucher zweifellos mitbekommen hatte – bis auf einen.

Sicherlich zum Erstaunen aller Tagungsteilnehmer und vermutlich zum Schrecken des vergesslichen „Delinquenten" erschallte während des Vortrags des BND-Vizepräsidenten das nicht abgegebene Mobiltelefon dieses Teilnehmers. Nach einem gehörigen „Anpfiff" durch den Vizepräsidenten wurde ihm das Telefon abgenommen – die Peinlichkeit stand dem Getadelten wahrlich ins Gesicht geschrieben.

Traditionsgemäß veranstaltete das BKA die jährlichen Herbsttagungen in Wiesbaden für die Spitzenbeamten der „deutschen Polizeibehörden" – sog. Polizeiführer. Eingeladene Gäste waren aber auch Politiker und Wissenschaftler aus den Sparten der inneren Sicherheit. Zusätzliche Gäste waren Sicherheitsmanager aus dem Kreis der deutschen Großindustrie. Von Herrn Sohns, meinem Vorgänger als Sicherheitschef bei Rheinmetall, erfuhr ich, dass er in den Jahren seiner Rheinmetall-Zugehörigkeit ständiger Gast bei diesen Veranstaltungen war. Auf die Gästeliste war er dank seiner ehemaligen Tätigkeit als Leitender Kriminaldirektor in Düsseldorf und Bonn gekommen. Und ihm hatte ich es wiederum zu verdanken, dass ich als sein Nachfolger zukünftig ebenfalls zu den relativ wenigen Teilnehmern aus der Industrie gehörte.

Ich erinnere mich sehr wohl an entsprechende Kollegen aus der deutschen Großindustrie wie die Sicherheitschefs von Daimler-Benz, Siemens, Henkel und einige SiBe aus Rüstungsunternehmen, die als Gäste an den Tagungen teilnahmen.

Die Themen dieser BKA-Tagungen umfassten den gesamten Bereich der Kriminalität – insbesondere die Organisierte Kriminalität (OK) – einschließlich der fachlich für uns SiBe relevanten Kriminalitätsfelder Spionage, Extremismus und Terrorismus.

Neben Vorträgen und Diskussionsrunden wurden auch jedes Mal wieder Informationsbeiträge – in kleinem Kreis und je nach Interessenlage – zur Kriminaltechnik geboten.

Außer einem unstreitbaren Weiterbildungseffekt gab es immer wieder Gelegenheiten zum gegenseitigen besseren Kennenlernen von Kollegen aus der „freien Wirtschaft“ und von Polizeibeamten – so auch in gemütlichen Abendrunden im Wiesbadener Altstadt-Bierlokal und Speiserestaurant „Zum Dortmunder“.

Ich nahm von 1988 bis 2004 – zum Ende meiner Dienstzeit bei Rheinmetall – regelmäßig an den interessanten BKA-Tagungen teil mit folgenden besonderen Erinnerungen:

– Während der Heimfahrt – am Donnerstag, dem 9. November 1989“ – auf der Autobahn A3 hörte ich im Autoradio das Unfassbare: Die schändliche Mauer in Berlin war „gefallen“. Die weitere Fahrt nachhause war für mich eine Zeit der Zufriedenheit, der Hochstimmung und der Erkenntnis, dass „Wunder immer wieder geschehen“.

– Einige Jahre später nahmen bereits Polizeibeamte des höheren Dienstes aus den neuen Bundesländern, die noch zu DDR-Zeiten ausgebildet worden waren, an den Tagungen teil. Während einer Mittagspause spazierte eine kleine Gruppe von Sicherheitsmanagern gemütlich in der warmen Herbstsonne am BKA-Hauptgebäude vorbei. Einige Meter vor uns parkte ein Nobel-Pkw der Marke Mercedes oder BMW in der Nähe des Eingangs – mit einem ostdeutschen polizeilichen Kfz-Kennzeichen.

  Unser Kollege Hans-Jürgen Knoke von der Firma Henkel machte seinem manchmal vorlauten Zynismus alle Ehre, als er gut hörbar ausrief: „Gestern fuhren sie noch mit ihren Plastik-Trabis und heute muss es eine angeberische Nobelkarosse sein!“

  Als wir nach nur wenigen Schritten an dem Pkw vorbeigingen, stellten wir mit leichtem Erschrecken fest, dass das Fenster auf der Fahrerseite geöffnet war und der im Wagen sitzende Chauffeur mit Sicherheit Knokes „Kommentar“ zur Kenntnis genommen haben musste.

  „Si tacuisses …“ – Schweigen ist immer besser als eine zynische, vorlaute Bemerkung. Auch wenn dieser Fauxpas von Knoke kein wirklicher „Beinbruch“ war, so war es doch ein Moment der Peinlichkeit, sicherlich auch für den Verursacher Knoke.

– Wegen auch in Deutschland immer mehr aufkommender Mafiastrukturen, hatte das BKA zu Beginn der 1990er-Jahre den führenden Mafiajäger Italiens als Gastredner eingeladen. Ich bin mir ziemlich sicher, dass es der mittlerweile berühmte Richter Giovanni Falcone war, den wir alle mit größter Spannung erwarteten.

  In seinem mitreißenden Vortrag schilderte er ganz offen, welch gewaltige Macht die Mafia und ähnliche OK-Organisationen in Italien bis hinein in hohe politische Ämter ausübten. Die Zuhörerschaft lauschte gespannt den Ausführungen des italienischen Richters und bedachte ihn mit „Standing Ovations" für seinen Einsatz und Mut im Kampf gegen die Mafia.

  Sein letztlich ungleicher Kampf wurde trotz oder vielleicht gerade wegen gewisser Erfolge einige Zeit später abrupt beendet. Am 25. Mai 1992 wurde sein gepanzerter Wagen mit Falcone und seiner Ehefrau – samt seinen Bodyguards in einem Begleitfahrzeug – beim Überqueren einer Autobahnbrücke am Stadtrand von Palermo von einer gewaltigen, 500-kg-TNT-Sprengladung in die Luft gewirbelt und in Stücke gerissen. Die Mörder der „Cosa Nostra" hatten einmal mehr brutal zugeschlagen.

– Ich war Zeuge des ersten Auftretens von Otto Schily auf einer BKA-Tagung. Der ehemalige Grünen-Politiker und spätere SPD-Bundestagsabgeordnete besuchte die BKA-Herbsttagung im November 1998 als Bundesminister des Inneren. Bei seiner Begrüßungsrede vor der versammelten deutschen Polizeiführungsspitze offenbarte er, dass er wohl wisse, welches Ansehen er als ehemaliger Rechtsanwalt in den RAF-Prozessen der 1970er-Jahre bei der Polizei genieße.

  Schily zeigte ein gewisses Verständnis für die vermutliche Abneigung ihm gegenüber, bat aber darum, ihm im Rahmen der „zweiten Chance" Vertrauen entgegenzubringen. Schließlich hätten sich die politischen Verhältnisse entsprechend geändert.

  An den politischen Inhalt seiner Rede kann ich mich nicht mehr erinnern, sehr wohl aber an seine angewandte Rednermethodik. Nach dem Muster der berühmten gesellschaftskritischen Rede „J'accuse" („Ich klage an") des französischen Schriftstellers und Nobelpreisträgers 1957, Albert Camus, formulierte Schily seine Rede mit dem immer wiederkehrenden Anfangssatz „Ich erwarte …". Dass diese Formel in meinem Gedächtnis hängengeblieben ist, zeigt mir, dass Schily damit ganz offensichtlich mein Interesse geweckt hatte.

5. Besuche der „Münchner Sicherheitskonferenzen" und der Sicherheitstagung der Uni Lüneburg

Die im Laufe der Jahre zur Tradition gewordenen „Münchner Sicherheitskonferenzen", die aufgrund ihrer Qualität in Sicherheitskreisen großen Anklang gefunden hatten, besuchte ich regelmäßig seit Beginn der 1990er-Jahre. Sowohl die Themen als auch die Referenten aus Kreisen der Sicherheitsbehörden, der Politik und der Wirtschaft waren immer wieder Anlass genug für die weiteren Teilnahmen an diesen Konferenzen.

Wirklich in Erinnerung geblieben ist mir allerdings nur eine Kuriosität am Rande.

Mein „alter" Bekannter und Sicherheitskollege Hans-Jürgen Knoke vom Henkel-Konzern stellte sich einmal mehr als Teilnehmer mit Fragen und Kommentaren nach den Vorträgen in der üblicherweise folgenden Diskussion in den Vordergrund. Bereits bei der zweiten oder dritten Meldung wurde Knoke vom Moderator mit den Worten „Bitte sehr, der Herr von Henkel" sehr zum Amüsement der übrigen Teilnehmer aufgerufen.

Im Juni 2002 veranstaltete die Universität Lüneburg eine Sicherheitstagung zum Thema „Sicherheit in der Wirtschaft". Dozentin war Frau Prof. Dr. Wilma Merkel, die erschreckende Zahlen zur Höhe des Schadens für die deutsche Wirtschaft veröffentlichte, die durch Spionage der östlichen Geheimdienste jährlich entstanden waren. Sie zitierte dabei aus einer umfassenden Studie, die sie gemeinsam mit dem Regierungsdirektor Woll vom Landesamt für Verfassungsschutz Baden-Württemberg erarbeitet hatte.

Ergänzt wurde ihr Vortrag von Udo Ulfkotte, dem Politikwissenschaftler, Autor und Geheimdienstexperten. Auch er ging in seinen Ausführungen davon aus, „dass Jahr für Jahr tausende deutsche Arbeitsplätze den Aktivitäten von Wirtschaftsspionen zum Opfer fallen und den heimischen Unternehmen ein Schaden von 20 Mrd. DM entsteht." Dabei müsse man davon ausgehen, „dass nach dem Ende des Kalten Krieges nicht nur die einstigen politischen Gegner des kommunistischen Machtbereiches, sondern auch Agenten von sogenannten befreundeten Staaten in Deutschland Wirtschaftsspionage betreiben".

In seinem Vortrag erwähnte U. Ulfkotte auch „einen Fall aus den 80er-Jahren, als die Israelis in Düsseldorf Rheinmetall ausspähten". Dieses habe ihm ein früherer Mitarbeiter des Verfassungsschutzes im Frühjahr 1999 berichtet. Da ich mich als damaliger Sicherheitsbevollmächtigter von Rheinmetall von diesen Informationen betroffen fühlte, führte ich nach der Tagung ein Gespräch mit

Ulfkotte, in der Hoffnung, Näheres über den möglichen Israeli-Spionagefall zu erfahren.

Was zu befürchten war, trat ein. Natürlich wusste er angeblich darüber auch nichts Konkretes. Er riet mir, den Abteilungsleiter Spionageabwehr des BfV aufzusuchen, um eventuell nähere Informationen zu erhalten. Zur Verabschiedung schenkte mir U. Ulfkotte das von ihm erstellte Buch „Marktplatz der Diebe“ mit dem Untertitel „Wie die Wirtschaftsspionage deutsche Unternehmen ausplündert und ruiniert“. In diesem Buch – mit der 1. Auflage 1999 im Bertelsmann-Verlag erschienen – fand ich außer den Hinweisen auf den angeblichen Israeli-Spionagefall gegen Rheinmetall weitere Informationen über angebliche illegale Transfers von neuesten Forschungsergebnissen der Rheinmetall-Tochter STN Atlas Elektronik an eine US-Firma und an die Rüstungsindustrie Israels.

Bei einem späteren Besuch beim Abteilungsleiter Spionageabwehr des BfV erhielt ich übrigens leider auch keine weiteren auflösenden Informationen. Angeblich lagen über die von U. Ulfkotte gemachten Spionagebeschuldigungen beim BfV keine handfesten Beweise vor. Er war offensichtlich bestrebt, die entsprechenden Hinweise als „typisch für einen Journalisten, der damit Aufsehen erregen will“, abzuwimmeln.

Meine Enttäuschung hielt sich in Grenzen. Ich hatte nicht unbedingt etwas anderes erwartet.

Trotzdem bescherte mir dieser Besuch beim BfV in Köln-Chorweiler ein erheiterndes Ereignis mit „historischem“ Hintergrund.

Nach der ersten Personenkontrolle durch einen Sicherheitsbeamten am Eingang des BfV-Komplexes wurde man in einen Warteraum geführt, bevor man nach einer erneuten Ausweisüberprüfung in die relevante Abteilung abgeholt wurde. Außer mir saß dort ein weiterer Gast, der offensichtlich auch auf Einlass in die Abt. IV/Spionageabwehr wartete. Nach einiger Zeit wurde er von der Dame am Empfang nach Namen und Personalausweis gefragt. Er konnte sich eines Lächelns nicht erwehren, als er antwortete, „Ich bin der ehemalige Stasi-Oberst mit einem Termin beim Abteilungsleiter IV. Ich befürchte, dass Sie mit meinem DDR-Ausweis nicht viel anfangen können, aber ich besitze noch keinen anderen.“ Der Oberst wurde schließlich abgeholt, und ich musste noch eine große Zeitlang auf meine Vorstellung und die Abholung warten.

Oberst a.D. Bonnsack wurde später ein gefragter TV-Interviewpartner zu Themen der deutschen Spionagegeschichte in Zeiten des Kalten Krieges.

Kapitel 19 (1988 – 2004) Meine Spionagevorträge bundesweit und weltweite Urlaubsreisen zur Erholung

1. Mit Vorträgen unterwegs – von Bonn bis Berlin – zu den Themen „Spionage“ und „Know-how-Schutz“

Nach der Übernahme von Leitungsfunktionen in den Arbeitskreisen der Sicherheitsbevollmächtigten – im AKSiBe NRW und im Bundes-AKSiBe – gleich zu Beginn meiner Tätigkeit bei Rheinmetall war es auch erforderlich, die Aufgaben eines „Vortragenden Rats“ mit zu übernehmen.

Diese Aufgaben führte ich offensichtlich sehr erfolgreich durch, sodass ich bald auch Angebote erhielt, bei Sicherheitstagungen und sonstigen Seminaren als Vortragender über Sicherheitsthemen zu referieren.

Von 1988 bis 2004 erhielt ich somit die Gelegenheit, 19-mal in Deutschland und je einmal in Österreich und in der Schweiz meine Erfahrungen aus der Tätigkeit beim MAD und bei der Firma Rheinmetall weiterzugeben. In unregelmäßigen Abständen verteilten sich die Vorträge im Laufe von 17 Jahren in Deutschland wie folgt:

① Vortrag am 11. Oktober 1988 in Düsseldorf – IHK-Tagung

In der Erfahrensaustauschgruppe „Innerbetriebliche Sicherheit“ referierte ich zum Thema „Illegaler Technologietransfer“.

② Vortrag am 16. April 1991 in Bleiwäsche/Sauerland – Tagung des AKSiBeNW

Bei der Tagung am 15./16. April 1991 lautete mein Vortrag: „Der amtliche Geheimschutz – Erfahrungen, Probleme, Empfehlungen“.

③ Vortrag am 23. Oktober 1991 in Mannheim – Tagung der Corps-Studentenverbindung Heidelberg/Mannheim

An der Uni Mannheim erwartete mich ein außergewöhnliches Publikum. Einer der Corps-Studenten, Harald Buchholz, stammte aus unserem damaligen Bekanntenkreis. Er hatte mich im Sommer 1991 gebeten, vor seinen Kommilitonen einen sicherheitsrelevanten Vortrag zu halten.

Ich reiste so rechtzeitig an, dass man mich am frühen Abend noch in den sog. „Paukboden“ mitnehmen konnte, um mir dort Fechtkünste zu demonstrieren. Mein abendliches Referat „Sicherheit in der Wirtschaft“ fand bei den jungen Leuten allgemeinen Anklang und regte zu heftigen Diskussionen an.

④ Vortrag am 18. Mai 1993 in Bonn – Sicherheitskonferenz von zur Mühlen

Der Unternehmer in Sachen „Security“, Herr von zur Mühlen, den ich auf Sicherheitstagungen kennen gelernt hatte, bat mich 1992, bei der „von zur Mühlen'schen Sicherheitskonferenz“ 1993 ein Werksschutzreferat zu halten. Ich sagte zu.

Die Konferenz wurde im Maritim-Hotel in Bonn mit dem Titel „Der Werkschutz ist tot – was kommt danach?“ durchgeführt.

Mein Referat lautete „Betrieblicher Werkschutz oder private Dienstleister? – Fremdvergabe von Teil- oder Gesamtleistungen – Erfahrungen und Konzepte“. Wie die Entwicklung dieser Werkschutzthematik in den vergangenen zwei Jahrzehnten gezeigt hat, ist das Thema auch heute noch brandaktuell.

Ich stellte die beiden Alternativen mit ihren Vor- und Nachteilen klar heraus und empfahl eine Aufgabenteilung wie folgt:

„Kernbereiche durch eigenen Werkschutz und Randbereiche durch private Dienstleister“. Mein Schlusssatz lautete: „Gleichgültig, ob es um die Vergabe von Gesamtleistungen oder nur von Teilaufgaben an einen privaten Dienstleister geht, auf den mitdenkenden Sicherheitsverantwortlichen im Unternehmen wird man auch zukünftig nicht verzichten können.“

⑤ Vortrag am 2. September 1993 in Köln – Sitzung des BDI-Sicherheitsausschusses

Die Sitzung hatte das Thema „Aktuelle Spionage/ Konkurrenzspionage/Know-how-Schutz in der Wirtschaft“. Mein Referat lautete: „Industrieseitige Schutzmaßnahmen gegen Spionage“.

⑥ Vortrag am 6. Dezember 1993 in Datteln auf der 3. Tagung des Arbeitskreises der SiBe NRW (AK SiBe NRW) zum Thema „Know-how-Schutz in der Wirtschaft“.

⑦ Vortrag am 12. Oktober 1994 in Köln – Sitzung des BDI-Sicherheitsausschusses

Die Sitzung hatte den Titel „Wandel in der Unternehmenssicherheit vom klassischen Werkschutz zur integrierten Gefahrenabwehr". Ich referierte zum Thema „Einsatz eigener Mitarbeiter und Dienstleister in der Unternehmenssicherheit". Dabei stellte ich die sog. „Mischform" als das am besten geeignete Verfahren vor.

⑧ Vortrag am 14. Februar 1995 in Köln – Sitzung des BDI-Sicherheitsausschusses

zum Thema „Konventionelle Streitkräfte in Europa" (KSE), einem Vertrag zwischen der Nato und dem Warschauer Pakt zur gegenseitigen Kontrolle von Rüstungsgütern auch im industriellen Bereich.

⑨ Vortrag am 9. März 1995 in Ratingen – Tagung des Rheinmetall-Führungspersonals

Ich hielt im Haus „Rheinmetall" vor dem gesamten Führungspersonal der Rheinmetall-Sparte Rüstungstechnik ein Referat zum Thema „Spionagegefährdung der Wirtschaft – Wirtschafts- und Konkurrenzspionage – Schutzmaßnahmen".

⑩ Vortrag am 30. August 1995 in Essen/Schloss Landsberg – Verband für Sicherheit in der Wirtschaft/NRW (VSW NW)

Mein Referat auf dem Seminar für Führungspersonal der Wirtschaft behandelte das Thema „Know-how-Schutz".

⑪ Vortrag am 28. September 1995 in Hilden – Mitgliederversammlung des „Hildener Industrievereins"

Von 1993 bis 2001 war ich eines der Vorstandsmitglieder im „Verband für Sicherheit in der Wirtschaft NRW" (VSW NW). An diesen Verband hatte sich der „Hildener Industrieverein" mit der Bitte gewandt, einen kompetenten Vortragenden zum Thema „Gefährdung des betrieblichen Know-how" ausfindig zu machen. Und so hielt ich auf der Mitgliederversammlung des „Hildener Industrievereins" den Vortrag „Gefährdung von betrieblichem Know-how und mögliche Schutzmaßnahmen".

⑫ Vortrag am 7. Dezember 1995 in Ratingen – Tagung der „Deutschen Gesellschaft für Wehr- und Sicherheitspolitik e.V."

Mein Referat hatte den Titel „Gefährdung der Wirtschaft durch Wirtschafts- und Konkurrenzspionage – sowie mögliche Schutzmaßnahmen".

⑬ Vortrag am 30. Oktober 1997 in Düsseldorf – Jahresmeeting der ehemaligen Offiziere der MAD-Gruppe III, Düsseldorf

Bei diesem Meeting im Offizierheim der Bergischen Kaserne Düsseldorf lautete das Thema meines Vortrags „Aufgaben und Gliederungen der Wirtschaftsverbände im Rahmen der Sicherheit", z. B.

- Verband für Sicherheit in der Wirtschaft NRW (VSW NW)
- Arbeitsgemeinschaft für Sicherheit der Wirtschaft e.V. (ASW).

⑭ Vortrag am 19. November 1997 in Wuppertal – Tagung der Führungskräfte der Firma Herberts

So wie der „Hildener Industrieverein" hatte sich auch die Firma Herberts GmbH – ein Unternehmen der Hoechst-Gruppe in Wuppertal – mit der Bitte um einen Referenten zum Thema „Unternehmenssicherheit" an den VSW NW gewandt.

Die Tagung der Führungskräfte des Unternehmens fand in der Firma in Wuppertal statt. Zum Thema der Tagung „Die unternehmerische Verantwortung für effektiven Werkschutz – Analysen, Konzepte, Finanzen" wurden drei Kurzreferate gehalten:

- „Schutz des kritischen betrieblichen Know-how vor Industriespionage" war der Titel meines Vortrags.
- „Notwendigkeit eines eigenen Unternehmensschutzes aus polizeilicher Sicht". Referent: Ltd. Polizeidirektor Egbert Rodorf vom Polizeipräsidium Duisburg.
- „Unternehmenssicherheit ist Chefsache". Referent: Dr. Klaus Lenzmann vom Unternehmen Thyssen Stahl AG.

⑮ Vortrag am 2. Oktober 1998 in Iserlohn-Sümmern vor den leitenden Mitarbeitern der Firma Witte/Kirchhoff-Gruppe

Frank Illing, der Bereichsleiter Personal und Soziales, hatte mich im August 1998 gebeten, auf einer Informationsveranstaltung zum

Thema „Know-how-Schutz“ vor den leitenden Mitarbeitern des Unternehmens Witte zu referieren.

Illing hatte mich als ehemaliger Mitarbeiter in der Personalabteilung von Rheinmetall kennen gelernt. Anlass für die Informationsveranstaltung mit einem Sicherheitsreferat war die „Inbetriebnahme technologisch anspruchsvoller Anlagen“ im Werk Iserlohn-Sümmern im Frühjahr 1998. Ich gab Herrn Illing meine Zusage.

Mein Referat „Know-how-Schutz“ habe ich zusätzlich angereichert mit Ausführungen zum Thema „Gefährdung des Know-how durch gegnerische Spionagedienste und durch Konkurrenzspionage“.

⑯ Vortrag am 17. September 1999 in Berlin – Symposium des BMWi

Neben einigen Routinethemen war der „Vorbeugende Sabotageschutz“ ein aktuelles, kritisches Thema. „Aktuell“, weil es einen gewissen vorbeugenden Schutz vor der aktuellen Terrorismusbedrohung bieten sollte, und „kritisch“, weil die Vorschrift – der Not gehorchend – augenscheinlich „mit heißer Nadel“ gestrickt worden war und die Unterrichtung der SiBe durch das zuständige Referat des BMWi mehr als lückenhaft vorgenommen worden war.

Dem Symposium vorausgegangen war eine stichprobenartige Überprüfung geheimschutzbetreuter Unternehmen durch das BMWi, um festzustellen, ob und welche Sicherungsmaßnahmen im Rahmen des „vorbeugenden Sabotageschutzes“ durchgeführt worden waren. So auch bei Rheinmetall in Ratingen.

Neben objektiv dargestellten positiven Eindrücken enthielt das BMWi-Protokoll, das direkt an die Geschäftsführung geschickt worden war, kritisch-negative Beurteilungen über Aspekte, die ich als verantwortlicher SiBe gar nicht zu verantworten hatte, sondern einzig und allein das zuständige BMWi-Referat, das diese Punkte falsch bzw. überhaupt noch nicht geregelt hatte.

Ich hatte mich deshalb beim Referatsleiter darum beworben, bei der Tagung detailliert mit einem Vortrag zum Thema Stellung zu nehmen. Da ich die unberechtigten, unqualifizierten Angriffe nicht so einfach hinnehmen wollte, hielt ich mich in meinem Vortrag auch nicht mit offener Kritik zurück – sehr zur inneren Erbauung meiner SiBe-Kollegen und sehr zum Erstarren des Referatsleiters, auch wenn er schließlich recht kleinlaut einräumen musste, dass da „einiges falsch gelaufen war“.

⑰ Vortrag am 15. März 2000 in Düsseldorf – Jahresmeeting der ehemaligen Offiziere der MAD-Gruppe III, Düsseldorf

Beim Meeting der pensionierten Offiziere der MAD-Gruppe III im Offizierheim der Bergischen Kaserne Düsseldorf lautete mein Vortrag „Die Aufgaben des Sicherheitsbevollmächtigten des Rheinmetall-Konzerns – Probleme und Erfahrungen“ in den Feldern

- Sicherheitsüberprüfung und VS-Ermächtigung
- Extremismus/Terrorismus
- Wirtschaftsspionage und Konkurrenzausspähung
- Allgemeine Kriminalität.

Dabei rührte ich erstmals die Trommel für einen potenziellen Nachfolger als SiBe bei Rheinmetall nach meinem vorhersehbaren Ausscheiden. Ich offenbarte dabei, dass einer meiner Rheinmetall-Chefs mich bereits darum gebeten hatte, einen geeigneten MAD-Stabsoffizier ausfindig zu machen. Das sprach für mich und genauso für den MAD.

⑱ Vortrag am 30. Mai 2000 in Berlin – Tagung des Bundes-AKSiBe

Erneut hielt ich ein Kurzreferat zum „vorbeugenden Sabotageschutz“. Mittlerweile hatte es nämlich eine Novellierung der entsprechenden Verordnung gegeben, in der u.a. auch die Einwände und Empfehlungen des BAKSiBe und des BDI-Ausschusses für Sicherheitsfragen berücksichtigt worden waren.

Nicht ersparen konnte ich mir – mit einer gewissen Genugtuung – einen kurzen Rückblick auf die Konfrontation mit dem Referatsleiter beim zurückliegenden Symposium des BMWi.

⑲ Vortrag am 30. November 2004 in Ratingen – Jahrestagung der Rheinmetall-SiBe und meine Verabschiedung, Abb. 78

Mein 19. Vortrag in Deutschland während meiner 17-jährigen Dienstzeit bei Rheinmetall war auch mein letzter Vortrag, bevor ich Ende des Jahres 2004 aus dem Unternehmen ausschied. Als Haupt-SiBe des Rheinmetall-Konzerns – mit unterschiedlich geregelten Zuständigkeiten für die einzelnen Tochterunternehmen – hatte ich sehr bald nach meinem Einstieg bei Rheinmetall eine jährlich stattfindende SiBe-Tagung für alle Rheinmetall-Kollegen ins Leben gerufen.

Die Novembertagung 2004 war zugleich meine Verabschiedung aus dem SiBe-Kollegenkreis. Ich nutzte die Gelegenheit zu einem Rückblick auf eine 17-jährige Epoche als Rh-SiBe. Dabei beleuchtete ich wichtige Ereignisse und Erfahrungen aus dem Verantwortungsbereich als SiBe und Sicherheitschef zu den Themen

- Sicherheitsüberprüfung und VS-Ermächtigung von Rh-Personal,
- Wirtschaftsspionage und Konkurrenzausspähung,
- Extremismus/Terrorismus und
- Allgemeine Kriminalität.

Als Abschiedsgeschenk wurden mir mehrere Flaschen mit unterschiedlichen Alkoholika überreicht, die jeweils typisch für die Regionen der einzelnen SiBe waren – von Kiel bis in die Schweiz. Das außergewöhnliche Geschenk war sicher gut gemeint, aber doch irgendwie „fehl am Platze“ für einen bekanntermaßen strengen Alkoholabstinenzler.

Das zweite, weit weniger kostspielige Geschenk erfreute mich umso mehr. Der Werkschutz der Rh-Niederlassung in Unterlüß bei Celle hatte in penibler Kleinarbeit eine recht große Landkarte zusammengebastelt, auf der alle relevanten Rh-Objekte eingezeichnet waren. Diese Karte trug den bezeichnenden Titel einer TV-Serie: „Wolfs Revier“.

Abb. 78. Die Jahrestagung der Rh-SiBe und meine Verabschiedungsfeier im Kreis meiner SiBe-Kollegen des Rheinmetall-Konzerns

2. Die Jahresausflüge des hohen Rheinmetall-Führungskreises und meine vorbeugende Sicherheitsabklärung der Hotels

Vermutlich zur Festigung oder Anhebung des „Betriebsklimas“ innerhalb des Rheinmetall-Führungskreises veranstaltete Rheinmetall für die oberste Führungsebene Jahresausflüge in die schönsten Urlaubsregionen Deutschlands.

Um möglichen Sicherheitsvorkommnissen weitestgehend vorzubeugen, war es meine Aufgabe, die von der Rheinmetall-Presseabteilung organisierten Reisen vorher sicherheitsrelevant bei den jeweiligen Hotels und bei den zuständigen Polizeibehörden abzuklären.

Diese Reisen zu Besprechungen vor Ort nahm ich grundsätzlich allein wahr, gelegentlich aber auch mit meinem Vertreter, Herrn Kremer – wie etwa in den Harz nach Goslar oder an die Ahr nach Bad Neuenahr.

Ich erinnere mich dabei an eine amüsante Begebenheit in Goslar an einem warmen, sonnigen Spätsommertag, als wir beide wie zwei Urlauber mit Sonnenbrille über einen weitläufigen Marktplatz schlenderten. Wir begegneten einer älteren, elegant gekleideten Dame, die auf uns zukam und offensichtlich „das Gespräch“ suchte. Nach der Begrüßung sagte sie, dass sie leidenschaftlich gerne Menschen beobachte und nach Alter und möglichen Berufen einschätze. Selbstverständlich gestatteten wir ihr das „heitere Beruferaten“.

Die Dame schaute uns eine Zeitlang an, ehe sie ihre Einschätzung kundgab: „Ich bin mir sicher, dass Sie beide einen Beruf mit Sicherheitsaufgaben und hoher Verantwortung haben!“ Wir konnten uns eines Lachens nicht erwehren. Ich bestätigte ihre Einschätzung und fragte sie, wie und warum sie zu dieser Einschätzung gekommen war. Sie entgegnete ganz offen, dass sie während des „Dritten Reichs“ einige Jahre im „Reichssicherheitshauptamt“ (RSHA) – dem Sicherheitsdienst von Himmler – Dienst geleistet habe, und das habe dazu geführt, insbesondere Menschen mit Sicherheitsberufen recht sicher zu erkennen.

Ich habe nach dieser Begegnung lange darüber nachgedacht, wie ich diese Aussage zu bewerten hatte – ohne zu einem eindeutigen Ergebnis zu kommen.

Das für die Urlaubsreise der hohen Rheinmetall-Manager ausgewählte Nobelhotel in Bad Neuenahr befand sich in unmittelbarer Nachbarschaft des dortigen Spielkasinos. Nach dem Sicherheitsgespräch mit dem Sicherheitschef des Hotels bot dieser uns an, bei Interesse eine kurze Besichtigung des Spielkasinos vorzunehmen.

Da sowohl Kremer als auch ich noch nie ein solches „Etablissement“ betreten hatten, nahmen wir das Angebot an. Beim Durchgang durch die Räume und Erblicken einiger „Spieler“ kamen in mir „nolens volens“ schlimme Gedanken auf, denn auch in diesem Kasino hatte der ehemalige MAD-Oberst – der kriminelle Stasi-„Maulwurf" an höchster Stelle des MAD – seine „Verratsgelder" verprasst, ohne dass er jemals zu seinen Lebzeiten enttarnt worden war. Leider war ich als Dezernatsleiter der Spionageabwehr der MAD-Gruppe III in Düsseldorf ein direkt Betroffener der Verratstätigkeit des „Spielers" und Stasi-Maulwurfs, der für die Festnahme unseres „Doppelagenten" Srama in der DDR 1981 verantwortlich war.

In guter Erinnerung habe ich dagegen meine dienstliche Urlaubsreise an die Ostsee nach Lübeck und Travemünde im Oktober 1988. Dieses Mal begleitete mich meine Frau, da wir mit der Dienstreise einen Kurzurlaub an der Ostsee verbringen wollten.

Wir übernachteten zwei Tage in dem direkt an der Ostsee gelegenen Hotel in Travemünde, in dem auch einige Tage später die Rheinmetall-Führungsriege übernachten sollte. Nach dem Einchecken und der dienstlichen Besprechung mit dem Security Manager des Hauses führte ich in der Polizeidirektion in Travemünde das vereinbarte Sicherheitsgespräch mit dem Polizeidirektor, dem ich Grüße seines Vorgängers, Norbert Wolf, übermitteln durfte. Dieser war vor gut einem Jahr von der Polizei in die Industrie gewechselt – als mein Berufskollege und Sicherheitschef des Siemens-Konzerns in München.

Nachdem die Sicherheitsbesprechungen im Hotel und in der Polizeidirektion erfolgreich verlaufen waren, fuhren wir zurück zum Hotel in Travemünde, am westlichen Strand der Lübecker Bucht gelegen. Bei einem Spaziergang am frühen Abend in der Nähe des Hotels stellten wir mit Erstaunen fest, dass wir uns ganz in der Nähe der DDR befanden, deren Territorium am östlichen Strand der Lübecker Bucht gut zu erkennen war.

Am nächsten Tag verbrachten wir in der schönen Stadt Lübeck erholsame, aber auch spannende Stunden. Während eines Bummels durch die historische Altstadt begegneten wir dem „Promi"-Sportler Peter Hussing, dem sechzehnfachen Deutschen Meister im Schwergewicht der Amateurboxer in den 1970er- und 1980er-Jahren. Ich unterhielt mich mit ihm „en passant" über den Boxsport und die Bundeswehr – er war nämlich Mitglied einer Sportfördergruppe der Bundeswehr, wie er sagte.

Den historischen Höhepunkt unseres Kurzurlaubs bildete eine Bootsfahrt rund um die Stadt, die durch die vielen engen Wasseradern von Lübeck führte – ein leichter Hauch von Venedig.

3. Einladungen zu „Kulturreisen“ in Deutschland vom Securitas-Unternehmen in Düsseldorf

Die vom schwedischen Sicherheitskonzern Securitas in den 1990er-Jahren übernommene deutsche Sicherheitsfirma „DSW“ fungierte danach als „Securitas GmbH Sicherheitsdienste“ weiterhin in Düsseldorf als kompetentes und zuverlässiges Sicherheitsunternehmen.

Nachdem Rheinmetall den firmeneigenen Werkschutz zunächst aus Kostengründen ausgegliedert und danach an die Düsseldorfer Securitas übergeben hatte, gab es in der Folgezeit einige Reiseeinladungen von der Securitas an mich, den Sicherheitschef von Rheinmetall, genauso wie an meine Kollegen einiger Firmen im Großraum Düsseldorf. Um den Verdacht von Korruption bei Annahme derartiger „Danksagungsgeschenke“ gar nicht erst aufkommen zu lassen, habe ich der Rheinmetall-Geschäftsführung diese Reiseeinladungen mitgeteilt, – gemäß der Antikorruptionsvorschrift, aber auch, weil ich für diese „halbdienstlichen“ Reisen natürlich entsprechende „Reiseanträge“ stellen musste.

Die erste dieser Einladungen an die SiBe und deren Ehefrauen war eine Berlinreise von Freitag, 13. September, bis Sonntag, 15. September 1991. Geboten wurde uns am ersten Abend ein Varieté-Besuch im „Theater an der Friedrichstraße“ mit buntem Programm und gleichzeitiger Einnahme des Abendessens.

Am nächsten Vormittag lernten wir Berlin aus der Höhe eines Doppeldeckerbusses kennen anlässlich einer „Sightseeing“-Rundfahrt durch die attraktiven Viertel Berlins. Zum gemeinsamen Mittagessen ging es mit einem Bus hinaus an den Müggelsee. Wer bis dahin noch nicht so recht hungrig war, wurde in dem Strandcafé bald eines Besseren belehrt. Statt etwas zum Essen gab es ein stundenlanges Warten. Wir vermuteten, dass daran die Auswirkungen der lange währenden DDR-Zeit schuld waren, die durch die kurze Zugehörigkeit zum wiedervereinten Deutschland offenbar noch nicht überwunden waren. Es fehlte einfach an allem: am ausreichenden Essen und am ausgebildeten Bedienungspersonal.

Wir nahmen das Ganze nicht weiter tragisch und freuten uns auf die anschließende Bootsfahrt auf dem Müggelsee hinüber zum Ausflugsziel Köpenick – bekannt wegen der Geschichte vom armen preußischen Schuhmacher, der 1906 als „Hauptmann von Köpenick“ verkleidet ins Rathaus eindrang und die Stadtkasse raubte.

Eingestimmt auf den Besuch des Köpenicker Rathauses wurden wir auf der Bootshinfahrt durch einen Musikanten in „Hauptmanns-Uniform“, der immer wieder mit seiner Ziehharmonika die „Landeshymne“ der Märkischen Heide spielte: „Flieg hoch, du stolzer Adler!“.

Die nächste „halbdienstliche“, vom DSW gesponserte Urlaubsreise ging nach Frankfurt, Heidelberg und auf den Hockenheimring am zweiten Wochenende im September 1992. Wir besichtigten am Samstag das Goethe-Haus in Frankfurt und das Heidelberger Schloss. Am Sonntag wurde die Touristengruppe aufgeteilt: Die Damen genossen eine Bootsfahrt auf dem Main, und wir Männer durften uns motorsportlich auf dem Hockenheimring beweisen. Zunächst einmal wurden wir in rasantes Kurvenfahren eingewiesen – mit praktischer Ausführung und bleibendem Wert für die Zukunft. Teil zwei des Fahrtrainings war zwar sicherheitsrelevantes Fahren – besser gesagt, Vollbremsung mit 180°-Wendung vor einem plötzlich auftauchenden Hindernis – eine interessante Variante, nur – zu einer Wendung von mehr als 90° schaffte es keiner der angetretenen „Sicherheitsexperten“.

Um eine größere „Wendung auf der Stelle“ zu schaffen, reichte die Trainingszeit einfach nicht aus – und schließlich waren wir alle auch keine „Bodyguards“, die im Notfall so reagieren mussten.

4. Urlaubsreisen mit Auto und Flieger „in die weite Welt“ und mit dem MTB auf dem Donau-Radweg nach Wien

Die 1980er- und 1990er-Jahre waren mit über 30 Urlaubsreisen ganz offensichtlich zwei „Urlaubs“-Jahrzehnte wie niemals zuvor und niemals danach. Wir – das sind meine Frau Bärbel, ich und manchmal auch unser Sohn Matthias – reisten regelmäßig jährlich mindestens einmal in die bekannten Urlaubsregionen Deutschlands und Westeuropas und anderswo hin, wie die folgenden 32 Reisen zeigen:

- Juni 1979 mit einem Kurzurlaub am Bodensee und in der Schweiz
- Juli 1980 mit einer Busreise nach Paris
- September 1981 Besuch von Venedig
- September 1982 Urlaub in Montalivet an der Atlantikküste Frankreichs
- Mai 1983 Kurzurlaub in Holland mit Besichtigung der berühmten Gartenanlage Keukenhof, die vor allem zur Zeit der Tulpenblüte Touristen anzieht

- August 1983 Besuche in Stade, in der Lüneburger Heide und auf Helgoland
- September 1983 Urlaub in Kärnten, Österreich, in einem Ferienhaus von Freunden in einem Ort mit dem bezeichnenden Namen „Einöde“
- Oktober 1983 mein Kurzurlaub in Lissabon und an der portugiesischen Atlantikküste auf einer Dienstreise zum deutschen Fliegerhorst Beja
- Juli 1984 Kurzbesuch von Liechtenstein anlässlich meines Kuraufenthaltes in Überlingen
- Juni 1985 Kurzurlaub auf Helgoland mit Schwester und Schwager meiner Frau
- Sept./Oktober 1985 Gemeinsamer Urlaub mit Schwester und Schwager meiner Frau in Marina di Massa am Ligurischen Meer mit Ausflügen nach Pisa, Lucca und Florenz in der Toskana
- Juni 1986 Urlaub in Pievedi Ledro am Ledrosee, Italien, mit unserem Sohn Matthias
- Juni 1987 Kurzurlaub in Amsterdam, Den Haag und an der Oosterschelde in Holland
- September 1988 Urlaub auf der Mittelmeerinsel Elba mit einem Busausflug nach Rom und in den Vatikan
- August/September 1989 „Kurlaub“ in Bad Urach, Baden-Württemberg
- August 1990 Fahrradtour auf dem „Donauradweg“ nach Wien
- Dezember 1990/Januar 1991 Urlaub auf der Insel Teneriffa in Puerto de la Cruz
- September 1991 erneut Urlaub in „Einöde“ in Kärnten, Österreich
- Dezember 1991/Januar 1992 Unsere erste Asienreise
- August 1992 Urlaub an der Costa Calma auf Fuerteventura mit einer Schiffsreise nach Lanzarote
- Oktober 1992 Urlaub mit unserem Sohn Matthias und Schwiegertochter in Bernried-Deggendorf im Bayerischen Wald
- März 1993 Höhepunkt der von der Securitas Düsseldorf gesponserten Urlaubsreisen war die Lapplandreise, zu der die SiBe der „betreuten“ Firmen im Großraum Düsseldorf eingeladen worden waren. Weitere Informationen hierzu im Sportteil meines 2. Buches.
- August 1993 Urlaub in Roviny und Moscenika Draga in Kroatien
- Dezember 1993 Bärbels Gruppenreise nach Thailand

- August 1994 Busfahrt nach Schlesien
- Dezember 1994/Januar 1995 meine Reise nach Bangkok
- Dezember 1995/Januar 1996 Urlaub in Kötzting im Bayerischen Wald
- August 1996 Urlaub in Dresden, Sachsen, mit Reisen ins Erzgebirge und nach Tschechien
- April 1997 mein Kurzurlaub in Wien anlässlich der Sicherheitskonferenz
- Juli 1998 mein Kurzbesuch in Budapest anlässlich der LSW-Werfer-WM in Tata, Ungarn
- August/September 1999 Urlaub auf der Ostseeinsel Rügen
- Meine Sportreisen nach Mallorca (Radtraining), meine Skitouren nach Südtirol sowie alle gemeinsamen Skilaufreisen von meiner Frau Bärbel und von mir sind im Sportteil des Buches 2 aufgeführt.

Eine Urlaubsreise mit dem Mountainbike (MTB) über einen Zeitraum von zwei Wochen mit einer Gesamtstreckenlänge von fast 900 km kann man nicht aus einer Augenblickslaune heraus antreten; es bedarf einer durchdachten Planungs- und Vorbereitungsphase. Und diese gönnten wir uns 1990, zumal wir beide – meine Frau Bärbel und ich – als Über-50-Jährige bereits nicht mehr zu der jungen Generation gehörten.

Ich selbst benötigte zu meinem aktuellen Trainingsprogramm wirklich keinen besonderen Vorbereitungsaufwand mehr, schließlich war das genau der Fünfjahreszeitraum von 1987 bis 1992, in dem ich pro Jahr sieben Triathlon-Wettkämpfe absolvierte – mit jeweils einem Trainingsaufenthalt von zwei Wochen auf Mallorca mit jeweils ungefähr 1 200 zurückgelegten Kilometern. So auch dieses Mal im April 1990.

Ein wenig anders sah das allerdings bei meiner Frau aus. Sie musste aus ihren bisherigen „Spazierfahrten“ ab dem Frühjahr „echte“ Trainingsrunden mit ihrem MTB machen, wobei sie regelmäßig die „Rheinrunde“ – hin über die Fleher Brücke und zurück über die Josef-Kardinal-Frings-Brücke (Südbrücke) zwischen Düsseldorf und Neuss – absolvierte.

Der dritte Teilnehmer „in unserem Bunde“ auf dem Weg nach Wien war der um viele Jahre jüngere Rüdiger, ein guter Freund von uns, der auch keines besonderen Trainingsaufwandes bedurfte.

Da wir Hotelübernachtungen für angemessen hielten, war unser Reisegepäck nicht allzu umfangreich. Zusätzlich zur legeren Radfahrerbekleidung hatten wir uns für alle Fälle mit Regenumhängen versorgt. Unsere MTB unterzogen wir einer Generalinspektion, und so konnte die Reise am Samstagmorgen, den 28. Juli 1990, mit den auf dem Pkw-Dach befestigten Rädern losgehen.

Unsere Planung für die gesamte Urlaubsreise nach Wien und zurück vom 28. Juli 1990 bis zum 11. August 1990 sah folgende Einteilung vor:

- Am Samstag, 28. Juli, Anreise mit dem Pkw nach Manching bei Ingolstadt zum Flugplatz des Flugzeugbauunternehmens MBB. Dessen Sicherheitschef, Manfred Stöckert, einer meiner mir bekannten Kollegen, hatte dafür gesorgt, dass wir zu jeder Zeit an der Wache unseren Wagen für zwei Wochen abstellen konnten.
- Sonntag, 29. Juli, bis Donnerstag, 2. August, in fünf Tagesetappen mit dem MTB auf dem Donau-Radwanderweg von Manching nach Wien.
- Freitag, 3. August, bis Sonntag, 5. August, einen Dreitagesaufenthalt in Wien und
- von Montag, 6. August, bis Samstag, 11. August, Sechstagestour mit unseren MTB von Wien bis nach Manching – mit anschließender Heimfahrt mit dem Auto nach Neuss noch am selben Abend.

Wir starteten am Samstagmorgen, 28. Juli, in aller Herrgottsfrühe in Neuss und machten zunächst einen „Abstecher“ nach Mannheim, wo ich „en passant“ an den Deutschen Seniorenmeisterschaften im Rasenkraftsport teilnahm. Wie erhofft, gewann ich das Steinstoßen im Mittelgewicht des Altersklasse M50 mit 10,88 m. Leider dauerte der Wettkampf – einschließlich der Siegerehrung – länger als gedacht, sodass wir unsere Weiterfahrt nach Manching erst ziemlich spät antreten konnten.

Zwar war es noch hell genug, um mit den Rädern zu unserem Hotel in Manching zu fahren, aber leider nicht mehr früh genug, um problemlos einzuchecken. Das Hotel war abgeschlossen, und unser mehrmaliges Klingeln war zunächst erfolglos. Für mich eine sehr peinliche Situation, zumal meine Frau sowieso wegen meines Starts bei den DM in Mannheim nicht gerade begeistert war. Wir atmeten auf, als nach fast einer halben Stunde doch noch jemand die Tür öffnete und wir endlich „einchecken“ konnten.

Nach einem kräftigen Frühstück konnte unsere Radfahrt auf dem Donauradweg am Sonntag, 29. Juli, beginnen. Wir hatten herrliches Sommerwetter, Steigungen am rechten Donauufer gab es nicht, sodass wir am ersten Tag gleich ca. 90 km problemlos zurücklegen konnten.

Wir fanden in Regensburg relativ schnell ein Hotel, zumal wir bereits am frühen Abend dort eingetroffen waren. Wir hatten bewusst keine Hotel-Vorabbuchungen vorgenommen, um nicht an Tagesziele gebunden zu sein.

Das war sehr riskant, wie wir bald feststellen mussten, denn es war die hohe Ferienzeit in Bayern.

Während der „Donaudampfer-Schifffahrt". Links: Abb. 79. Bärbel Wolf mit Reisebegleiter Rüdiger. Rechts: Abb. 80. Dieter Wolf mit Rüdiger

Abb. 81. Bärbel und Dieter Wolf vor dem Barockbau der Benediktinerabtei, Stift Melk

Die zweite Tagesstrecke bis Passau an der Grenze zu Österreich war noch länger als die am ersten Tag, und wir kamen ziemlich „kaputt" und ziemlich spät in Passau an – und hatten auch große Mühe, noch ein aufnahmefähiges Hotel zu finden. Das war uns eine Lehre.

Wir gönnten uns eine kleine Donaudampfer-Schifffahrt am nächsten Morgen ab Passau, zum einen, um ein bisschen auszuruhen, und zum anderen, um die restliche Fahrradstrecke bis nach Wien etwas zu reduzieren, zumal die Sommertemperaturen mittlerweile sehr hoch angestiegen waren, Abb. 79, 80.

Ich erinnere mich noch gut daran, dass wir auf dem Radwanderweg an einem Getränkeausschank anhielten, um uns zu erfrischen. Ich bin noch heute der Meinung, dass ich niemals ein so leckeres erfrischendes Getränk zu mir genommen habe wie an diesem Getränkestand. Ich kippte zweimal einen halben Liter Buttermilch in mich hinein und fühlte mich wieder topfit.

Die drei nächsten Tagesetappen bis kurz vor Wien waren kürzer als die beiden ersten Tagesstrecken, sodass wir an touristisch interessanten Orten wie dem imposanten Barockstift Melk, einer Benediktinerabtei, große Besichtigungspausen einlegen konnten, Abb. 81.

In einem kleinen Dorf in der Nähe eines riesigen Schleusenwerkes – nur wenige Kilometer vor Wien – fanden wir ein geeignetes Hotel, in dem wir die nächsten drei Tage übernachteten. Während dieser Zeit konnten wir unsere Fahrräder samt Gepäck dort unterbringen, da wir mit der Wiener Vorortbahn problemlos in die österreichische Hauptstadt fahren konnten.

Die Tage in Wien waren ausgefüllt mit Besichtigung der unzähligen Sehenswürdigkeiten im Wiener Stadtzentrum und auch am Rande von Wien wie

- das berühmte „Hundertwasserhaus“, Abb. 82
- das Schloss Schönbrunn und den Prater, den Vergnügungspark mit dem berühmten, in den Himmel ragenden Riesenrad
- und den UN-Gebäudekomplex mit dem gewaltigen Felsbrocken vor dem Haupteingang, Abb. 83.

Vollgepackt mit „tausend“ neuen Eindrücken ging es am Montag, 6. August, „so langsam“ auf die Heimreise, „langsam“ deshalb, weil wir für die Rückfahrt von Wien bis Manching einen Tag mehr zur Verfügung hatten als auf der Hinfahrt. Und so konnten wir schon mal etwas „bummeln“, um in Ruhe

Links: Abb. 82. Das Hundertwasserhaus in Wien. Rechts Abb. 83. Der UN-Gebäudekomplex mit den gewaltigen Felsbrocken vor dem Haupteingang

noch zusätzliche Eindrücke zu sammeln – angenehm leichte, aber auch bedrückende, schwere Impressionen:

Bedrückend und fast die Luft zum Atmen raubend war unser Besuch der Gedenkstätte an das schändliche „Konzentrationslager Mauthausen", Abb. 84.

Vor dem Eintreten in diese Horroranlage hatten wir zwar eine gewisse Vorahnung, welch emotionale Beklemmung auf uns zukommen würde, trotzdem entschieden wir einstimmig, dass wir uns „dieses antun mussten", um einen leibhaftigen Eindruck zu bekommen über die Greueltaten des Nationalsozialismus.

Abb. 84. Der Eingang zur KZ-Gedenkstätte Mauthausen

Unsere Vorahnung hatte uns nicht getäuscht. Die Kenntnisnahme der unmenschlichen bestialischen Verbrechen an den Juden hatte uns so tief deprimiert, dass wir nach Verlassen dieser Höllenstätte lange Zeit schwiegen, ehe wir dazu Worte finden konnten.

Einmal stillten wir unseren Hunger am Wegesrand mit geräucherten Stockfischen – oder wie auf dem Hinweisschild zu lesen ist – „Vorsicht Steckerlfische", Abb. 85.

Wahrhaft trefflich war es, dass ich am fernen Donauufer in Österreich als Rheinmetaller ein Museumsstück der Firma Rheinmetall entdeckte – eine gepflegte, voll intakte Vierlingsflak aus dem Zweiten Weltkrieg, mit dem Firmenemblem und dem Firmennamen „Rheinmetall" versehen. Nicht zum ersten Mal bekam ich ein derartiges Geschütz zu sehen. Ich erinnerte mich beim Anblick dieser „Flugabwehr-Kanone" unwillkürlich an eine Vierlingsflak, die meine Mutter, mein Bruder und ich – nach der Rückkehr von einer vergeblichen Flucht am Ende des Krieges ins Sudentenland – auf einer Wiese neben unserem Haus in Schlesien vorfanden.

Abb. 85. Der „Steckerl"-Fischstand. Abb. 86. Mein „Packesel" am Donaustrand

Abb. 87. Auf dem Heimweg mit den Rädern (Rüdiger und Bärbel) … ,
und Abb. 88. … mit unserem Auto

Die weitere Fahrt Richtung Deutschland – und schließlich bis nach Manching – verlief „ohne besondere Vorkommnisse", Abb. 86, 87, wenn ich einmal von dem Regenschauer bei Linz und den am Ende des Tages in Österreich niedergehenden Dauerregen nicht so bewerte. Trotz unserer Regencapes wurde es langsam ungemütlich, sodass wir die letzten Kilometer bis

Passau in einem Regionalzug zurücklegten. In Passau übernachteten wir erstmals „fürstlich“ in einem 4-Sterne-Hotel, schließlich hatten wir uns an einigen Tagen mit „Herbergen“ mit der Bewertung „mehr schlecht als recht“ begnügen müssen.

Als wir am Samstag, 11. August, am frühen Nachmittag im MBB-Flugplatz Manching meinen Wagen mit unseren MTB bestückt hatten, Abb. 88, und uns auf die Heimfahrt nach Neuss aufmachten, hatten wir mit knapp 900 zurückgelegten Radkilometern und einem Tagesdurchschnitt von ca. 80 km mit ca. 20 km/h einen der schönsten und besten Urlaubsreisen überhaupt hinter uns gebracht – ohne Sturzverletzungen, ohne einen einzigen „Plattfuß“ am MTB zwar ein wenig ermüdet von den sportlichen Radfahrten, aber emotional mehr als zufrieden. Insbesondere die Leistungsfähigkeit meiner Frau Bärbel bewerteten wir Männer – Rüdiger und ich – als lobenswert.

Gab es eine Besonderheit auf dem bekannten „Donau-Radwanderweg“?

Sogar zwei Eigenheiten:

- „You‘ll Never Walk Alone“ im ständig fließenden Urlauberstrom (gemäß dem Hit des Briten Gerry Marsden, 24.9.1942 – 3.1.2021)
- Man kann sich nicht verfahren, denn es geht immer geradeaus.

5. Mit dem Touristik-Bus nach Schlesien in meine unvergessene „Kalte Heimat“

Was mir bis zum Fall der „Mauer“ aus Berufsgründen absolut verwehrt war, konnte ich nach der großen politischen Wende endlich verwirklichen – eine Reise nach Polen, um meine Erinnerungen an meinen Geburtsort Wüstegiersdorf in Schlesien mit Leben zu reaktivieren.

Meine Mutter und mein Bruder Ralf waren bereits 1985 mit dem Auto nach Polen in unseren ehemaligen Heimatort Wüstegiersdorf gefahren. Den Erzählungen meiner Mutter entnahm ich, dass es für sie ein frustrierendes Erlebnis war, ihr ehemaliges Haus nach vielen Jahren in marodem Zustand wiederzusehen und dabei von den polnischen Bewohnern misstrauisch betrachtet und mit offener Ablehnung behandelt zu werden.

Mutter gestand mir offen ein, dass sie es bereut habe, nach Polen gereist zu sein – eine vielleicht verständliche Reaktion von einem Menschen im hohen Alter, der viele Jahre seines früheren Lebens im eigenen Haus in Schlesien gewohnt hatte. Für mich aber war das kein Grund, darauf zu verzichten, meine eigenen Erfahrungen zu machen beim Wiedersehen meiner unvergessenen „Kalten Heimat“ im Osten.

Zu Beginn des Jahres 1994 las ich in der „Neuß-Grevenbroicher Zeitung“ (NGZ), dass ein Neusser Busunternehmen plante, im Laufe des Jahres Touristikreisen nach Polen durchzuführen, um den im Rhein-Kreis Neuss ansässigen ehemaligen Bewohnern Schlesiens die Möglichkeit zu bieten, ihre ehemalige Heimat wiederzusehen. Mein Vorschlag, diese Schlesienreise zu nutzen, fand bei meiner aus Norddeutschland stammenden Frau Bärbel uneingeschränkte Zustimmung.

Und so bestiegen wir am Montagmorgen, 1. August 1994, in Neuss den großen Reisebus mit dem Reiseziel Hirschberg im Riesengebirge in Schlesien – polnisch „Jelenia Góra“. Der Bus war bis auf den letzten Platz ausgebucht, und noch auf dem Parkplatz vor der Abfahrt stellte ich im Gespräch fest, dass außer mir noch ein pensionierter Stabsoffizier zur Reisegruppe gehörte – ein Heeres-Oberst a. D. Aus Gesprächsfetzen während der Fahrt spürte ich, mit welcher Erwartung und Anspannung die Reisenden unterwegs waren. Die direkte Reiseroute gen Osten auf der A4 von Neuss vorbei an den Städten Köln, Siegen, Bad Hersfeld, Eisenach, Gera, Chemnitz und Dresden bis nach Görlitz a. d. Neiße verging wie im Flug – und dann kam die lange Warterei von fast einer Stunde im Bus, ehe die Passkontrolle und die sonstigen Grenzformalitäten an der deutsch-polnischen Grenze abgewickelt waren.

Fast alle Mitreisenden – so auch ich – empfanden das Procedere der Grenzkontrolle als bewusste Provokation der Grenzorgane. Schließlich hatte die „Oder-Neiße-Linie“ als Staatsgrenze zwischen dem wiedervereinigten Deutschland und Polen mit der Unterzeichnung des Vertrages durch Deutschland am 14. November 1990 längst die endgültige völkerrechtliche Anerkennung erhalten.

Nach Überquerung der „Oder-Neiße-Linie“ zwischen Görlitz am Westufer der Neiße und Zgorzelec – dem früheren Teil der Stadt Görlitz am Ostufer der Neiße – benötigte unser Bus nur noch eine weitere Stunde bis zum Hotel in Hirschberg, in dem wir bis zum Ende unseres Kurzurlaubs in Schlesien hervorragend untergebracht waren. Das 4-Sterne-Hotel war ein österreichisches Investitionsobjekt am Rande der Stadt Hirschberg – mit Ausblick auf das idyllische „Hirschberger Tal“ am Rande des Riesengebirges mit der 1 600 m hohen „Schneekoppe“, dem höchsten Berg des Riesengebirges.

Die fünf Urlaubstage von Dienstag bis Samstag waren mit gemeinsamen Busfahrten, aber auch mit zwei „freien“ Tagen für eigene Ausflüge mit der Bahn oder einem Taxi ausgelastet.

An einem dieser „freien Tage“ entdeckten meine Frau und ich in der Nähe der Stadt Hirschberg einen kleinen Feldflugplatz, auf dem man einen Rundflug um die Stadt Hirschberg bis hinauf um die Schneekoppe buchen konnte.

Das Flugzeug war eine alte russische „Tupolew“ und der Pilot ein Russe mittleren Alters. Zu meinem Erstaunen hatte meine Frau zum Flugzeug und zum Piloten großes Vertrauen, sodass wir umgehend einen „Rundflug“ buchten und ein wunderbares Flugerlebnis genießen konnten.

Nachdem wir die Schneekoppe bereits „von oben“ gesehen hatten, machten wir am zweiten „freien Tag“ eine genau so schöne, wenn auch wesentlich anstrengendere Erfahrung – wir bestiegen die Schneekoppe auf den zum Teil sehr steilen Wanderwegen bis ganz nach oben. Dort begegneten wir an der polnisch-tschechischen Grenze zwei Grenzschützern, die uns freundlich zuwinkten. Von dort oben hatten wir bei herrlichem Sommerwetter ohne Wolken einen vollen Rundumblick in das Dreiländereck Deutschland, Polen und Tschechien. Vor dem endgültigen Abstieg ins Tal erholten wir uns von der Kraxelei in der unterhalb der Schneekoppe gelegenen „Baude“ – einem rustikalen Bergrasthof – bei einem zünftigen Bergimbiss.

Für mich, einen leidenschaftlichen Steinesammler, war es Ehrensache, von der Schneekoppe einen Stein mittlerer Größe in meinen Rucksack zu packen und mitzunehmen – als Andenken an meine ehemalige Heimat Schlesien. Mittlerweile hat dieser Stein in unserem Garten in Neuss seinen Ruheplatz gefunden neben weiteren „Exoten“ wie

- der „Korallenstein“ aus dem chinesischen Meer anlässlich unserer Besuchsreise bei unserem Sohn auf Taiwan 1990,
- der 3-kg-„Kieselstein“ aus dem österreichischen Nockgebirge anlässlich eines Urlaubs in Kärnten im Jahr 1991,
- der 10 kg schwere „Lavastein“, den ich 1992 von der Insel Fuerteventura im Handgepäck mitgenommen habe,
- der „versteinerte Baumstamm“ aus dem chinesischen Meer, ein Geschenk meines Sohnes Matthias anlässlich seines letzten Besuchs in Deutschland 1993,
- der „Meisterstein“ für die relativ beste Leistung bei den Deutschen Meisterschaften 2016 des LSW-Spezialsportverbandes,
- ganz zu schweigen von vielen „Findlingen“ in jeder Größenordnung von 5 kg bis 50 kg, die ich überwiegend aus Stade an der Elbe mitgebracht habe, als Steine zur Umrandung des Vorgartens, aber auch als Wettkampfsteine für den Steinstoß-Acht- und -Zehnkampf.

Am dritten Urlaubstag fuhr die Besuchergruppe mit dem Urlauberbus in die schlesische Hauptstadt Breslau – polnisch Wrocław – zur Besichtigung der überwiegend renovierten Altstadt mit dem bekannten Rathaus. Am frühen Nachmittag war das Reiseziel unsere ehemalige Kreisstadt Waldenburg (Wałbrzych). Dort verließen meine Frau und ich den Reisebus, um den Nachmittag nach unseren Vorstellungen zu gestalten. Dazu heuerten wir ein Taxi an – mit einem Deutsch sprechenden Taxifahrer, mit dem wir hinsichtlich Preis und Fahrroute schnell handelseinig wurden.

Von Waldenburg aus fuhren wir auf dem direkten Weg nach Wüstegiersdorf, meiner Geburtsstadt – dem eigentlichen Ziel dieser Urlaubsreise. Wir fuhren in den kleinen Vorort Oberwüstegiersdorf (Głuszyca Górna), wo der Taxifahrer den Wagen vor unserem ehemaligen Haus parkte, Abb. 89, 90. Obwohl seit der Vertreibung aus Schlesien im Sommer 1946 beinahe ein halbes Jahrhundert vergangen war, hatte ich unser damaliges Haus auf Anhieb gefunden.

Das Haus sah ziemlich heruntergewirtschaftet aus. Es fehlte am rechten Seitenteil die alte Mauer, die nach einem Hausbrand notdürftig erneuert worden war.

Ich ging durch den Vorgarten und klingelte an den Klingeln des Vierfamilienhauses, ohne dass eine Reaktion möglicher Bewohner erfolgte. Vermutlich befand sich zur Stunde niemand im Haus, und es war fraglich, ob wir andernfalls überhaupt hätten miteinander reden können – es sei denn, mithilfe unseres Taxifahrers als Übersetzer.

Ich ging mit Bärbel um das Haus herum in den dahinter liegenden Garten – wehmütig mit den Erinnerungen an meine Kindheit vor Ort ringend, bevor ich unseren Fahrer bat, mit uns in die Nachbarschaftsregion zu fahren. Ich „dirigierte“ ihn problemlos an alle Stellen, die ich noch einmal sehen wollte.

Abb. 89. Unser Elternhaus in Schlesien nach der Wende 1994. Abb. 90. Die Dorfstraße

Diese erinnerungswürdigen Orte hatten sich kaum verändert, sehr wohl aber die Dimensionen und Relationen zueinander:

- Die Wege zum Kindergarten und zur Volksschule, Abb. 91, waren scheinbar „geschrumpft“,
- die Kirche mit dem anliegenden Friedhof und der in der Nähe befindliche Bahnhof, Abb. 92, schienen mir ebenfalls viel kleiner geworden zu sein.
- Wir fuhren danach weiter den Anstieg hinauf bis an die tschechische Grenze in ca. 3 km Entfernung, wo damals das Sudetenland begann.

Auf dem Rückweg nach Oberwüstegiersdorf bat ich den Fahrer um eine Parkpause an der Straße. Ich stieg mit Bärbel jenen Hang hinauf bis zum Rand des Waldes, wo ich tatsächlich die Sehenswürdigkeit fand, die ich ihr zeigen wollte – die Quelle der Weißtritz, eines Baches, der direkt an unserem damaligen Grundstück vorbeifloss.

Abb. 91. Die Volksschule in Wüstegiersdorf; Abb. 92. Der Bahnhof von Wüstegiersdorf

Wir erfrischten uns mit einigen Schluck des kalten Gebirgswassers, das aus dem „Rumpelberg“ hervorquoll. Bärbel pflückte noch einige Wildblümchen als Erinnerungsgaben, bevor wir die Weißtritzquelle und danach meinen unvergessenen Heimatort verließen.

Zu unserer vereinbarten Taxitour gehörte noch ein Abstecher nach Neurode (Nowa Ruda) am Eulengebirge in der Nähe von Glatz (Kłodzko). An Neurode – nur wenige Kilometer von Wüstegiersdorf entfernt – hatte ich noch gute Kindheitserinnerungen, weil mein Bruder Ralf und ich zu jener Zeit bei unseren Großeltern häufig zu Besuch waren.

Auf Empfehlung unseres Taxifahrers kamen wir gar noch zu einem besonderen kulturellen Erlebnis. Wir besuchten am Rande des Riesengebirges das Gerhart-Hauptmann-Haus, die prächtige „Villa Wiesenstein", in Agnetendorf mit einer umfassenden musealen Ausstellung der Werke des schlesischen Dichters Gerhart Hauptmann. Selbstverständlich konnte ich nicht umhin, mir im dortigen Andenkenshop eine aus Holz geschnitzte Rübezahlfigur mit einem gewaltigen „Stein" in seinen hochgestreckten Händen zu kaufen.

Der Taxifahrer brachte uns rechtzeitig zum gemeinsamen Abendessen ins Hirschberger Hotel. Unser Schlesienurlaub endete schließlich mit der Busheimfahrt nach Neuss am Sonntag, den 7. August 1994.

Zusammenfassend kann ich sagen, dass Bärbel und ich einen wunderbaren Kurzurlaub in Schlesien, meiner unvergessenen „Kalten Heimat" im Osten Europas, erlebt haben. Für mich verlief er ohne „bitteren Beigeschmack", wie ihn meine Mutter damals bei ihrem Schlesienaufenthalt erlebt hatte.

Ich muss allerdings gestehen, dass trotz aller Euphorie in mir eine gewisse Traurigkeit wegen der „verlorenen Heimat" aufkam und eine ohnmächtige Wut – nicht auf die ebenfalls vom Zweiten Weltkrieg geschundenen Polen, sondern auf Hitler und seine verbrecherische Nazi-Politik mit vielen Millionen Toten und dem Verlust der ostdeutschen „Kalten Heimat" – nach der Definition von Andreas Kossert, dem Historiker und Autor des Buches „Kalte Heimat: Die Geschichte der deutschen Vertriebenen nach 1945", erschienen als fünfte Auflage der Pantheon-Ausgabe 2009 der Verlagsgruppe Random House.

Die Überschrift „Lesung mit Hans Pleschinski" im Neusser Stadtkurier vom 16. Januar 2019 rüttelte mich wach, und für mich stand fest, dass ich bei der Buchlesung des Autors am 17. Januar 2019 in der Stadtbibliothek Neuss dabei sein würde. Zumal sein neuer Roman „Wiesenstein" zu Gerhart Hauptmann führt, der im März 1945 mit seiner Frau das brennende Dresden verlässt, um zurück nach Schlesien in ihre prächtige „Villa Wiesenstein" in Agnetendorf im Riesengebirge zu ziehen.

In seiner Lesung erzählt der Autor „vom Untergang einer Epoche und vergegenwärtigt eine Welt, die für uns verloren ist". Ich war fasziniert von den vielen Passagen seiner Lesung und seiner freien Erzählung über die schrecklichen Ereignisse während und am Ende des 2. Weltkrieges. Ich wähnte mich manchmal emotional mitten im Geschehen, zumal ich als achtjähriges Kind das Kriegsende in Hohenelbe im Sudentenland hautnah miterlebt habe. Der Autor Hans Pleschinski gab mir am Ende der Veranstaltung seine Signatur in das erworbene Buch „Wiesenstein", erschienen als 4. Auflage 2019 im Verlag C. H. Beck oHG, München.

Kapitel 20 (1988 – 1990)
Mein neuer Job als Bodyguard von Dr. Germershausen während der Messen im Hafen von Piräus in Athen

1. Mit Freude, Neugierde und einer gewissen Anspannung mein erstmaliges Auftreten als Personenschützer

Nur wenige Wochen nach Dr. Germershausens ein wenig unverständlicher Entscheidung über die Regelung seiner persönlichen Sicherheit in Zeiten des nationalen und ausländischen Extremismus und Terrorismus hielt er es ganz offensichtlich doch für angebracht, professionelle Beratung und Unterstützung in Anspruch zu nehmen.

Rheinmetall plante, mit Engagement und mit einer großen Mannschaft an der im Oktober 1988 in Athen stattfindenden Militärmesse teilzunehmen. Es wurden alle erforderlichen Vorbereitungen und Aktivitäten für die alle zwei Jahre stattfindende Internationale Militärmesse im Hafen von Piräus getroffen. Dazu gehörten selbstverständlich auch Sicherheitsüberlegungen, auch für Dr. Germershausen, der zumindest routinegemäß einen Kurzbesuch dieser Messe eingeplant hatte.

Also bat mich Dr. Germershausen in einer Besprechung, einen Vorschlag zur Regelung seiner persönlichen Sicherheit während der geplanten Athen-Reise zu machen. Noch bevor ich dazu kam, schlug er selbst eine „Bodyguard"-Anheuerung vor.

Dem stimmte ich vorbehaltslos mit folgender Regelung zu: In besonders prekären Sicherheitssituationen sei es erforderlich, mit einem Zweimannteam den Personenschutz durchzuführen, zumal zu jener Zeit nicht nur die deutschen Terroristen – die „Rote Armee Fraktion" (RAF) –, sondern genauso aktiv und brutal-aggressiv die linksextremistische Terror-Garde „17. November" Griechenlands immer wieder in Erscheinung getreten war.

In meinen Sicherheitsinfos für das Führungspersonal von Rheinmetall hatte ich über die Anschläge in Griechenland – auch gegen ausländische Firmenniederlassungen in Griechenland – berichtet, sodass Dr. Germershausen über die gefährliche Sicherheitslage in Griechenland vorgewarnt war, als er 1988 den Plan fasste, die Militärmesse in Athen zu besuchen.

Er besprach dieses Thema ernsthaft mit mir, wobei er zu dem Entschluss kam, sich von zwei Personenschützern auf der Athen-Reise begleiten und absichern zu lassen.

Ich begrüßte seinen Entschluss und schlug ihm vor, dass ich einen dieser beiden Posten übernehmen und zusätzlich von einem Sicherheitsdienstleister einen Profi-Bodyguard anheuern könnte. Natürlich war ihm meine frühere Tätigkeit im MAD bekannt, wie er auch über meine sportliche Fitness Bescheid wusste. Seine pflichtgemäßen Fragen, ob ich mir diesen Job zutraute, und auch in der Lage war, ihn kompetent auszufüllen, bejahte ich ohne zu zögern. Zwar hatte es in der MAD-Ausbildung keine explizite Schulung zum Personenschutz gegeben, sehr wohl aber eine intensive Observationsausbildung mit der Fokussierung auf Menschen und deren Verhalten sowie auf die gesamte Umgebung, um damit zu einer vernünftigen Lagebeurteilung und zu richtigen Entschlüssen zu kommen.

Mit meiner positiven Antwort auf die Frage von Dr. Germershausen war ich – von Jetzt auf Gleich – nicht nur sein SiBe und Sicherheitschef, sondern auch sein verantwortlicher Bodyguard.

Mit einer gewissen Anspannung – aber auch mit Neugierde und Freude – erwartete ich den Beginn und Ablauf meines neuen Jobs als Bodyguard.

Wenige Tage später – am Montagmorgen, dem 3. Oktober 1988 – begleitete ich Dr. Germershausen als sein persönlicher Bodyguard mit einem zusätzlichen Profi-Personenschützer des Düsseldorfer Sicherheitsunternehmens DSW in einem „Lear-Jet"-Flugzeug auf dem Flug von Düsseldorf nach Athen.

Am Athener Airport wurden wir von einem Taxifahrer abgeholt, der uns auf der Küstenstraße vorbei an der Athener City in den Hafen von Piräus zu den riesigen Messehallen brachte, in denen die Militärmesse – die „Defendory 1988" – stattfand.

Am Haupteingang empfing uns der für die Rheinmetall-Ausstellung verantwortliche Rheinmetall-Manager. Dieser führte uns zunächst zum Rheinmetall-Stand und danach weiter in die für Dr. Germershausen ausgesuchten Bereiche der Militärmesse.

Noch existierte zwar der „Kalte Krieg" mit den beiden Seiten, dem „Warschauer Pakt" und der Nato – offensichtlich aber nicht auf der Athener Militärmesse. In dem Völkergemisch in den vielen Hallen bewegten sich neben den Besuchern und zivilgekleideten Betreibern aus Ost und West auch immer wieder Offiziere in Uniform aus beiden politischen Lagern. Neu – zumindest für mich – auch einige sowjetische Offiziere. Mein „Profi"-Kollege und ich wichen auch im größten Gedränge unserer Schutzperson nicht mehr von der Seite, Abb. 93, 94.

Nach einigen unvermeidlich anstrengenden Messestunden mit vielen Rundgängen beendete Dr. Germershausen die Tour, und wir wurden von dem von Rheinmetall verpflichteten Taxifahrer nach Athen gefahren. Wir checkten uns in unserem Hotel, dem „Grand Hotel", ein, in dem die Rheinmetall-Crew während der Messetage wohnte.

Links: Abb. 93. Meine Schutzperson, Dr. Germershausen, während der „Defendory 1988" im Hafen von Piräus in Athen. Rechts: Abb. 94. V.l.n.r.: Der Rheinmetall-Geschäftsführer, Dr. Germershausen, der Pressesprecher, Oberst a.D. Gehrke, und OTL a.D. D. Wolf, der SiBe und „Bodyguard" während der Militärmesse 1990 im Hafen von Piräus in Athen

Und nicht nur Rheinmetall hatte sich in dem Nobelhotel einquartiert, sondern offenbar die gesamte „High Society" der Messeaussteller und Besucher.

Für Dr. Germershausen war eine Suite gebucht worden, die er nach einer kurzen Durchsuchung durch „seine Bodyguards" bezog. Mein Kollege und ich bezogen das an die Suite angrenzende Zimmer mit einem möglichen Durchgang zur Suite.

Bis zum gemeinsamen Abendessen im Speisesaal des Hotels wollte Dr. Germershausen sich noch gut zwei Stunden ausruhen.

Auf der Fahrt von der Messe ins Hotel hatte ich festgestellt, dass die berühmte historische Akropolis nicht weit weg von unserem Hotel lag. Also bat ich Dr. Germershausen um Erlaubnis, die Zeit bis zum Abendessen zu nutzen, um einen Gang hinauf auf die historische Akropolis zu machen. Zu dieser Zeit würde mein Bodyguard-Kollege sich aus Sicherheitsgründen in unserem „Bewachungszimmer" aufhalten.

Dr. Germershausen war einverstanden. Und so genoss ich die kurze Zeit als Tourist mit der Besichtigung der auf einem Kalkberg gelegenen Burg Akropolis mit dem weiten Blick über das Stadtgebiet bis zu den Bergen und auf das nahe gelegene Meer.

Zur vereinbarten Zeit warteten mein Bodyguard-Kollege und ich im Flur auf Dr. Germershausen, um mit ihm in den Speisesaal des Hotels zu gehen. Während dieser Wartezeit stellte mir mein „Kollege“ eine völlig überflüssige Frage, die er sich als professioneller Personenschützer eigentlich selbst hätte beantworten können.

Die Frage „Muss ich und wie weit muss ich Dr. Germershausen, begleiten, wenn er den Saal verlässt, um auf die Toilette zu gehen?“ ließ ich ihn deshalb auch selbst beantworten, was er prompt auch tat. „Klar, ich muss ihn begleiten und, nachdem er sich „eingeschlossen“ hat, auf ihn warten, bis wir danach wieder in den Speisesaal zurückgehen.“

2. Mein „Hosenmalheur“ beim gemeinsamen Abendessen und mein „Bauchweh“ wegen „kalten Kaffees“ beim Heimflug

Mit unserer Schutzperson gingen wir zum vorbestellten Tisch in den vollbesetzten Speisesaal. Nach dem vorzüglichen Abendessen standen wir auf, um auf unsere Zimmer zu gehen.

Dabei passierte mir ein Malheur. Ich riss mir beim Verlassen des Esstisches an einer beschädigten Stelle der gläsernen Tischplatte einen ziemlich großen Einriss in ein Hosenbein meines neuen Anzugs. Der herbeigerufene Kellner rief umgehend eine zuständige Person aus der Hotelverwaltung herbei, die den Sachschaden begutachtete. Sie empfahl mir, die Hose von meinem Kollegen anschließend in ihr Büro bringen zu lassen, um den Riss umgehend notdürftig zusammennähen zu lassen. Mit der später „geflickten“ Hose erhielt ich dann auch eine entsprechende Bescheinigung über den entstandenen Schaden mit der Zusage, mir in Deutschland auf Kosten des Hotels einen neuen Anzug kaufen zu können – was auch problemlos erledigt wurde.

Dr. Germershausen besuchte am Dienstag, 4. Oktober 1988 – unserem zweiten Reisetag – noch einmal den Rheinmetall-Ausstellungsbereich auf der „Defendory“-Messe, bevor wir am Nachmittag den „Lear-Jet“ auf dem Athener Flughafen bestiegen, um zurück nach Düsseldorf zu fliegen.

Ein Unglück geschieht selten allen und so folgte das zweite zwangsläufig während des Fluges nach Düsseldorf.

Unglücklicherweise hatte ich einen kräftigen Schluck kalten Kaffees aus der vom Piloten angebotenen Thermosflasche vor dem Abflug zu mir genommen. Die böse Wirkung zeigte sich nicht gleich, sodass ich den Flug über das Athener Stadtgebiet, das Athen begrenzende Gebirge und das in der Sonne glitzernde Mittelmeer in vollen Zügen genießen konnte, danach aber kam das schlimme Ende mit Macht.

Der Kaffee – und ich war mir sicher, es war der kalte Kaffee – war mir voll auf den Magen und den Dickdarm geschlagen. Zwar war das nach etwa einer halben Flugstunde aufgetretene „Bauchweh" nicht dramatisch, sehr wohl aber der ständig anwachsende Drang in meinen Gedärmen, den „Überdruck" loszuwerden. Was in einem normalen Linienflieger mit einem Bord-WC kein Problem ist, ist sehr wohl aber eines in dem kleinen Strahlflugzeug, das nicht entsprechend ausgerüstet war. Und selbst eine „Notlösung" in Form eines Eimers oder eines ähnlichen Gegenstandes gab es an Bord nicht.

Dieser Umstand zwang mich zu einer fast zweistündigen Konzentrationsübung bis zur Landung in Düsseldorf, wo der Flieger vor einem Abfertigungshäuschen zum Halten kam. Ich sprang aus der Maschine und rannte auf die im Haus befindliche Toilette und fühlte mich im nächsten Moment von einer schweren Last befreit – so klein sie in Wahrheit auch war.

Die Reise war zwar mit zwei mich betreffenden Hindernissen beladen, zum Glück aber ohne „besondere Sicherheitsvorkommnisse" verlaufen. Meinen ersten Einsatz als Bodyguard konnte ich damit als berufliches Erfolgserlebnis bezeichnen.

3. Zwei Jahre später – noch einmal „the same procedure" – auf der „Defendory `90" im Hafen von Athen

Wieder kam Dr. Germershausen mit dem Auftrag auf mich zu, den Personenschutz für seinen zweiten Militärmessebesuch in Athen zu organisieren.

Auf meine Bitte hin stellte die Sicherheitsfirma DSW denselben Personenschützer wie 1988 zur Verfügung, um mit mir das „Bodyguard-Duo" für die Absicherung von Dr. Germershausen zu gewährleisten.

Am Montag, dem 1. Oktober 1990 in aller Herrgottsfrühe, flogen wir – wie zwei Jahre zuvor – mit einem „Lear-Jet" nach Athen, um die „Defendory 1990" im Athener Hafen von Piräus zu besuchen. Auch dieses Mal wurden wir am Athener Airport zur vereinbarten Zeit am Haupteingang von einem Rheinmetall-Manager empfangen, der zur Crew gehörte, die auch in diesem Jahr die Rheinmetall-Ausstellung betreute.

Aber anders als zwei Jahre zuvor wurden wir nicht von einem angeheuerten Taxifahrer zu unseren jeweiligen Zielen gebracht, sondern vom Fahrer des von Rheinmetall gemieteten Busses. Es war mal wieder die Zeit einer großen Streikaktion. Leider war dieses Mal die gesamte Gilde der Athener Taxifahrer an der Reihe.

Nach einigen anstrengenden Messestunden fuhr uns der Busfahrer am frühen Nachmittag in den weiträumigen Biergarten eines nahegelegenen Restaurants.

Dr. Germershausen informierte uns darüber, dass er sich innerhalb der nächsten halben Stunde mit einem Staatssekretär aus dem BMVg zum Mittagessen und zu einer wichtigen Besprechung treffen werde. Aus vertraulicher Quelle erfuhr ich später, dass die Entsorgung der riesigen Munitionsbestände in den Bunkern der NVA der DDR das heiße Thema der „geheimen" Besprechung zwischen dem Staatssekretär und dem Chef der Rheinmetall-Wehrtechniksparte gewesen war.

Der Biergarten war erstaunlicherweise nur von wenigen Gästen besucht, sodass Dr. Germershausen schnell einen ihm genehmen Tisch in der Mitte des Gartens – ohne eventuell störende Gäste rundherum – aussuchen konnte. Er nahm dort Platz, und ich informierte ihn über die „Wachpositionen", die wir als seine Personenschützer einzunehmen gedachten.

Wir nahmen also – getrennt voneinander – beiderseits des Tisches von Dr. Germershausen in der Nähe unsere Beobachtungsposten ein. Nach knapp einer halben Stunde näherte sich ein Dienstwagen der Deutschen Botschaft dem Eingang zum Biergarten.

Es entstiegen dem Pkw drei Personen – ein älterer Herr und zwei junge Begleitpersonen. Dr. Germershausen ging dem Trio entgegen und begrüßte den ihm bekannten Herrn – den erwarteten Staatssekretär – und führte ihn an seinen Tisch. Die beiden Begleiter – zweifelsohne Personenschützer von der Sicherungsgruppe des BKA – verteilten sich, ähnlich wie wir es zuvor getan hatten, auf ihre Sicherungspositionen. Mir war völlig klar, dass die beiden Polizeibeamten für einen möglichen Ernstfall mit Pistolen ausgerüstet waren, was mich erheblich beruhigte, denn wir als Zivilpersonen waren nicht berechtigt, unsere Waffen auf die Reise nach Griechenland mitzunehmen.

Die beiden „hohen Herren" nahmen ihr Mittagessen ein und führten dabei ihre wichtige Besprechung durch, die – wie ich später erfuhr – den Grundstein für einen Großauftrag legte. Zum Glück ging das Treffen ohne „besondere Vorkommnisse" durch eventuelle Störer oder gar wirklich gefährliche Personen über die Bühne. Nachdem der Staatssekretär und seine beiden „beamteten Bodyguards" das Gelände verlassen hatten, winkte uns Dr. Germershausen zu sich. Ein wenig verlegen fragte er uns, ob wir ihm mit griechischem Geld aushelfen könnten – er hatte nämlich keine genügend große griechische Summe mitgenommen, um das opulente Mahl, zu dem er eingeladen hatte, bezahlen zu können.

Vermutlich gehört es zu einem Profi-Bodyguard während des Einsatzes, auch mit Finanzen gut ausgestattet zu sein – er konnte Dr. Germershausen problemlos aushelfen und ihm das benötigte Geld leihen. Damit war auch diese Situation gerettet, und wir fuhren nach Athen in das Grand Hotel, in dem die gesamte Rheinmetall-Crew während der Messetage wohnte.

Zur vereinbarten Zeit warteten wir beide im Flur auf Dr. Germershausen, um mit ihm gemeinsam in den großen Versammlungsraum des Hotels zu gehen, in dem die „gemütliche" Stehparty der VIP-Personen der Militärmesse stattfand.

Wie üblich, gab es bei dieser „Stehparty" verschiedene „kalte Buffets" mit Abstelltischchen, sodass man sich zwanglos unterhalten und seine „Häppchen" und Getränke genießen konnte. Trotz der gewaltigen Größe des Raumes war er fast gedrängt voller Besucher.

Ich nahm mir die Freiheit, gelegentlich unsere Schutzperson zu verlassen, um an einem Buffet meinen Hunger zu stillen. Wenn auch in dem Gedränge keine Gefahr einer Attacke auf Dr. Germershausen bestand, so hielt sich mein „Kollege" pflichtgemäß immer in unmittelbarer Nähe von Dr. Germershausen auf. Dabei kam mir seine Körpergröße von ca. 200 cm bei meinen „Ausflügen" sehr zu Hilfe, da er alle Personen überragte. Somit konnte ich mich mühelos stets orientieren, wohin ich nach dem Essen und Trinken zurückzugehen hatte.

Dr. Germershausen war offensichtlich ein gefragter Gesprächspartner bei vielen Personen an diesem Abend, sodass es ein sehr langer Arbeitstag für ihn und für uns Bodyguards wurde.

Nach dem gemeinsamen Frühstück am nächsten Morgen machte Dr. Germershausen noch eine Stippvisite bei der Rheinmetall-Ausstellung, ehe wir die „Defendory"-Messe am frühen Nachmittag verließen. Der griechische Fahrer des Rheinmetall-Busses, der weder Deutsch noch Englisch beherrschte, fuhr uns mit dem großen Bus aus der Stadtenge hinaus auf die autobahnähnliche Straße Richtung Athener Airport.

Bereits nach wenigen Kilometern stoppte er den Bus und parkte ihn auf dem rechten Seitenstreifen, ohne dass dort ein offizieller Halte- oder gar Parkplatz vorhanden war. Ohne ein Wort zu sagen, entstieg er dem Bus und ging auf das in der Nähe befindliche Privathaus zu – offensichtlich, um die davorstehenden Bewohner anzusprechen.

Dr. Germershausen fand das Ganze gar nicht lustig. Er fragte mich mit grimmiger Stimme und entsprechendem Gesichtsausdruck nach dem Sinn des Stopps. Ich wusste es ebenso wenig, und ein Hinterherlaufen wäre auch unsinnig gewesen, denn mit unserem Fahrer hätte ich mit meinen wenigen altgriechischen

Brocken nach Homer – Ἄνδρα μοι ἔννεπε, Μοῦσα … Ạndra moi ẹnnepe, Moụsa ... „Nenne mir, Muse, den Mann …" – wohl kaum eine Klärung herbeiführen können. Also saßen wir zu Dritt in dem riesigen Bus am Rande der griechischen Autobahn und harrten der Dinge, die da noch kommen mussten – ein „Bild für die olympischen Götter".

Nach einiger Zeit kam unser Fahrer wieder in seinen Bus zurück und fuhr uns wortlos weiter – wie wir hofften, in den Airport – wenn auch am Haupteingang vorbei.

An einem Nebeneingang wurde das Tor tatsächlich für uns geöffnet, und wir wurden zu einer Kontrollstation gebracht, in deren Nähe wir unseren „Lear-Jet"-Flieger entdeckten.

Einer der Airport-Beamten klärte uns schließlich auf: Der Fahrer hatte sich bei seinem „Zwischenstopp" auf der Autobahn erst einmal sachkundig machen müssen, wohin er letztlich zu fahren hatte.

Während des Heimflugs nach Düsseldorf machte ich mir Gedanken über meine beiden Athen-Reisen im neuen Job als Personenschützer. Mein Resümee fiel positiv aus. Es gab amüsante und spannende Momente – so z.B. während der Absicherung des Geheimtreffens im Biergarten von Piräus. Der Gesamtauftrag wurde ohne ein Sicherheitsvorkommnis erledigt. Ich konnte also zu Recht zufrieden sein. Konnte das auch Dr. Germershausen, unsere Schutzperson?

Ich denke, schon. Er machte zumindest den Eindruck, dass er mit der Erledigung unseres Bodyguard-Auftrags uneingeschränkt zufrieden war, direkt ausgesprochen hat er es allerdings nicht.

Nun, ich kannte ihn ja bereits einigermaßen gut und wusste daher: Das war eben seine Art, am besten nichts Lobendes zu sagen. Aber, Halt, er tat es doch noch – wenn auch erst gut ein Jahr später während eines Zusammentreffens bei einer Feierlichkeit beim BDI in Köln.

Während der Stehparty, zu der ich als Mitglied des BDI-Sicherheitsausschusses eingeladen war, sah ich Dr. Germershausen im Gespräch mit Dr. Morgenstern, dem Vorstandsvorsitzenden des Dynamit-Nobel-Unternehmens.

Als Dr. Germershausen mich in der Besucherrunde entdeckte, winkte er mich zu sich, stellte mich seinem Gesprächspartner Dr. Morgenstern vor und schwärmte von unseren gemeinsamen Athen-Reisen. Dabei hob er meine professionell-umsichtige Auftragserfüllung als sein „Bodyguard" mit strahlender Miene hervor. Er betonte, dass er sich während des gesamten Aufenthalts in Athen uneingeschränkt sicher gefühlt habe.

Na also – es geht doch!

Neben den kurzen Auftritten auf den beiden „Militärmessen" in Athen gehörten auch sicherheitsrelevante Messebesuche in Deutschland im Rahmen der Fortbildung und Aktualisierung des technischen Know-hows zu meinem Aufgabenbereich. So besuchten mein Vertreter, Herr Kremer, und ich grundsätzlich die alle zwei Jahre in Essen veranstalteten „Security-Messen".

Zum Besuchsprogramm gehörten außerdem:

- Die „Sicherheitstechnik-Messe" in Berlin,
- die „Cebit-Computermesse" in Hannover und als Höhepunkt
- die im September 2000 ebenfalls in Hannover stattfindende „Expo-Weltausstellung".

Kapitel 21 (1997 und 2001)
Referent bei einer Sicherheitskonferenz in Wien und eine Besprechung im Generalstab in Bern

1. Meine Sightseeingtour durch die Wiener Innenstadt unter Leitung von Oberst a. D. Bradl

Dr. Westbomke, der Referatsleiter des zuständigen BMWi-Referats für die geheimschutzbetreute Industrie, rief mich im Januar 1997 an – mit dem Angebot eines fantastischen Auftrags. Er war von der österreichischen Handelskammer gebeten worden, bei der Gestellung von kompetenten deutschen Referenten für eine im 1. Quartal 1997 geplante Sicherheitskonferenz für Vertreter der österreichischen Rüstungsindustrie behilflich zu sein. Nach weiteren Ausführungen seines Gesprächspartners, Oberst a. D. Bradl, sei der Hintergrund dieser Veranstaltung der Aufbau des amtlichen Geheimschutzes, den es bis dahin in Österreich noch nicht gab.

Herr Bradl habe zur Thematik „Industriespionage/Know-how-Schutz" um einen Referenten aus dem BMWi und einen aus der geheimschutzbetreuten Industrie gebeten. Dr. Westbomke erklärte, dass er selbst zum amtlichen Geheimschutz referieren werde. Er bat mich, den relevanten Industriepart zu übernehmen. Ich sagte ihm dankend zu.

In einem späteren Telefongespräch stellte Herr Bradl sich mir als unlängst pensionierten Angehörigen des Schweizer Militärischen Nachrichtendienstes vor, dem er 30 Jahre angehört habe. Er bat mich, bei dem geplanten Seminar zu folgenden Komplexen Referate zu halten:

- Zum Thema „Geheimschutz in der Wirtschaft aus Sicht der deutschen Industrie",
- zum Thema „Gefährdung durch Wirtschaftsspionage und Konkurrenzausspähung",
- und zum Thema „Maßnahmen zum Know-how-Schutz".

Ende Januar erhielt ich ein Schreiben von Dr. Burger-Scheidlin, dem Leiter der „Internationalen Handelskammer" (ICC) des österreichischen Nationalkomitees, in dem er mich – „einen Spezialisten auf diesem Sektor" – formell einlud und mich bat, die vereinbarten Referate zu halten. In der Folgezeit übermittelte ich die von Dr. Burger-Scheidlin erbetenen Informationen zu meiner Person und den relevanten Tätigkeiten im Sicherheitsbereich sowie eine Kurzinformation über meine geplanten Vorträge.

Für den Hinflug Düsseldorf – Wien am Samstagmorgen (19. April 1997) und den Rückflug am späten Montagabend (21. April 1997) wurden mir die Tickets rechtzeitig zugeschickt. Selbstverständlich wurde auch die Reservierung im Hotel „Erzherzog Rainer“ vom ICC vorgenommen.

Die LH-Maschine startete am Samstagmorgen bereits in aller „Herrgottsfrühe“, sodass mich mein persönlicher „Betreuer“, Oberst a. D. Bradl, gegen 9 Uhr am Wiener Flughafen „Schwechat“ zu einer Sightseeingtour abholen konnte.

Wir stellten gleich zu Beginn unserer Bekanntschaft fest, dass wir beide als ehemalige „Geheimdienst-Offiziere“ die gleiche „Wellenlänge“ hatten, was für die gemeinsame Rundfahrt mit seinem Pkw von großem Nutzen war. Er zeigte mir viele allgemein bekannte Örtlichkeiten und Gebäude der Stadt Wien und sonstige Sehenswürdigkeiten – mit den notwendigen Erläuterungen eines Insiders.

Obwohl die berühmte Spanische Hofreitschule an diesem Tag für Besucher geschlossen war, erhielten wir problemlos Zutritt, sodass wir die unübertrefflichen Dressur- und Reitkünste der Reiter der edlen Lipizzaner-Pferde genießen konnten.

Zur Mittagszeit setzte Oberst Bradl mich beim Hotel „Erzherzog Rainer“ ab.

Den Nachmittag hatte ich zur freien Verfügung, wo ich mir einige der Wiener Sehenswürdigkeiten in Ruhe anschauen konnte, so

- Das Wahrzeichen und den Mittelpunkt von Wien, den romanisch-gotischen Stephansdom,
- die Hofburg, die Residenz der Habsburger und
- das Rathaus, die Oper und das Burgtheater.

Einen Museumsbesuch hob ich mir für den „freien“ Sonntag auf.

Um 18 Uhr holte Oberst Bradl mich vom Hotel ab – zur Fahrt an den Stadtrand von Wien – nach Grinzing – in eines der berühmten Weinbaudörfer.

Das ICC hatte die Referenten und deren Damen zu einem gemeinsamen Abendessen in einem der „Heurigen“-Weinlokale eingeladen. Dort traf ich dann auch mit Dr. Westbomke und dessen Gattin zusammen. Westbomke war bereits am Freitagmorgen angereist, um einen dienstlichen Besuch im österreichischen Wirtschaftsministerium wahrzunehmen. Der gemeinsame Abend mit den vier Referenten der Sicherheitskonferenz und dem Führungspersonal des „Österreichischen Nationalkomitees der Internationalen Handelskammer“ (ICC) bot eine angenehme Gelegenheit, um sich vor dem „Tag der Wahrheit“ – dem Seminar am Montag von 10 bis 18:30 Uhr – ein wenig kennenzulernen und zu entspannen.

Auch der „freie" Sonntag tat ein Übriges, um entspannt und gelassen dem voraussichtlich anstrengenden Montag – dem Tag der Seminarveranstaltung – entgegenzusehen. Ich nutzte die Zeit, um die am Samstagmorgen während des Sightseeings auf mich eingedrungenen Bilder zu vertiefen. Wie bereits angedeutet, war ein Museumsbesuch in Wien ein Muss. Von mehreren Möglichkeiten wählte ich das Naturhistorische Museum aus. Mich faszinierten zunächst einmal die zur Schau gestellten Darstellungen von fantastischen exotischen Tieren. Am meisten aber beeindruckten mich die teilweise riesigen Stein- und Eisenmeteoriten, die in die Erdatmosphäre eingedrungenen Körper aus dem Weltall.

2. Ein Seminar bei der „Wirtschaftskammer Österreich" mit Teilnehmern aus der Wirtschaft und der Kriminalpolizei

Das Seminar fand am Montag in dem großen Tagungssaal der Wiener „Wirtschaftskammer Österreich" statt – mit einem riesigen Fassungsvermögen von mehr als 100 Personen. Der Saal war bis auf den letzten Platz gefüllt – mit Personen der „Zielgruppe: Geschäftsführer, Exportmanager und Sicherheitsbeauftragte von Firmen mit am Weltmarkt konkurrenzfähigen Produkten oder Dienstleistungen" aus allen nur denkbaren Unternehmensbereichen. Außerdem nahmen an der Tagung Kriminalbeamte der „Generaldirektion für die öffentliche Sicherheit" des Bundesministeriums für Inneres teil – mit der Zuständigkeit für die geheimschutzbetreuten Unternehmen.

Das Seminarziel war es, „über die am internationalen Markt üblichen, in Österreich aber nur wenig bekannten „Sicherheitsstrukturen" und „Geheimschutzmaßnahmen" zur Prävention von Industriespionage zu informieren und aufzuzeigen, welche Voraussetzungen für VS-Aufträge erforderlich sind und wie diese implementiert werden können. Insbesondere gilt es aufzuzeigen, welche neuen Chancen sich daraus vor allem für Zulieferer ergeben."

Der Leiter der ICC, Dr. Burger-Scheidlin, eröffnete mit der Begrüßungsansprache das Seminar. Das Eröffnungsreferat zur Wirtschaftsspionage und zum Eigenschutz der Unternehmen hielt mein „Berufskollege", Oberst a. D. Heinrich Bradl.

Nach der Kaffeepause und vor dem Mittagessen begann die Vortragsreihe vor einem großen Auditorium mit folgenden Themen:

- Mein erstes Referat „Gefährdung von betrieblichem Know-how“ hatte ich wie folgt in drei Teile gegliedert:
    - Wirtschaftsspionage durch fremde Dienste
    - Betriebs-/Konkurrenzausspähung
    - Beispielhafte Falldarstellungen.
- Nach der Mittagspause erläuterte der Ministerialrat des Bundesministeriums für Wirtschaft, Dr. Westbomke, den amtlichen Geheimschutz für die deutsche Industrie mit einer Gefährdungsanalyse der Wirtschaftsspionage im Geheimschutzbereich.
- Danach stand mein zweites Referat „Eigenschutzmaßnahmen im Unternehmen“ auf dem Plan. Im ersten Teil „Betrieblicher Know-how-Schutz“ machte ich Angaben
    - zur Personalführung und Sicherheits-Infrastruktur und
    - zu organisatorischen Regelungen und rechtlichen Aspekten.
- Ich stellte beispielhaft eine Vorschrift „Know-how-Schutz“ vor.
- Im zweiten Teil waren die „Stellung, Befugnisse und Aufgaben des Sicherheitsbevollmächtigten“ in einem geheimschutzbetreuten Unternehmen die Themen.
- Im dritten Teil „Akzeptanz der betrieblichen Sicherheit“ nahm ich Stellung zur Sicherheitsphilosophie, derzufolge „Sicherheit Chefsache ist“ – mit einem ausgewogenen Sicherheitskonzept im Kosten/Nutzen-Verhältnis.

Nach einer Kaffeepause trug Mag. iur. Peter Dopler, ein Major des Bundesministeriums für Landesverteidigung, die „rechtlichen Aspekte zur Wirtschaftsspionage und Wirtschaftskriminalität“ vor. Im sechsten und letzten Referat „Sicherheitserfordernisse in Österreich“ nahm Oberst Bradl zu den Sicherheitserfordernissen in der österreichischen Industrie Stellung – im Hinblick auf den bevorstehenden EU-Beitritt und auf eine politisch geplante Nato-Annäherung.

In der einstündigen abschließenden „Paneldiskussion“ gab es eine rege Beteiligung mit vielen Fragen zur Realisierung und Implementierung von Geheimschutzmaßnahmen. Dabei stand auch der Dienstposten des „Sicherheitsbevollmächtigten“ im Unternehmen bei vielen Fragen im Fokus.

In aller Bescheidenheit hatte ich während und nach dem Seminar den zufriedenstellenden Eindruck, dass ich mit meinen Referaten und Diskussionsbeiträgen gut „angekommen“ war. Und so flog ich am Montagabend mit der Spätmaschine von Wien nach Düsseldorf – mit mir und der Welt zufrieden.

Meine innere Zufriedenheit fand ihre Bestätigung in einer Faxmitteilung von Dr. Burger-Scheidlin, dem ICC-Leiter, die am 25. April 1997 in meinem Büro bei Rheinmetall einging. Zugegeben, das ICC-Schreiben zeigte Wirkung. Das „Loblied“ von Dr. Burger-Scheidlin machte mich schon ein wenig stolz!

Als Resümee zur Tagung kann ich mit Fug und Recht sagen, dass ich mit der Dienstreise nach Wien und mit dem Vortrag auf der dortigen Sicherheitskonferenz das absolute Highlight all meiner durchgeführten Vorträge erlebte. Dabei prägen sich mir viele einmalige Erlebnisse tief ein. Das betrifft die vorbildliche Organisation der gesamten Tagung und – zuvorderst – die kollegiale, freundschaftliche Betreuung durch meinen Berufskollegen, den Oberst a.D. Heinrich Bradl, der mir acht Monate nach der Tagung – im Dezember 1997 – herzliche Dankes- und Festtagsgrüße zukommen ließ.

3. Sieger im „Gaudi“-Wettbewerb „Fahrrad-Weitwerfen“ und mein Geschenk an einen strahlenden Jungen

Ich verbrachte an dem „freien“ Sonntag sicherlich einige Stunden im Museum, bevor mich mein Bewegungsdrang ermunterte, „an die frische Luft“ zu gehen, denn drei Tage Wien ohne mich irgendwie sportlich zu betätigen, „das geht nicht!“

Und neben der Marschiererei an interessante, kulturhistorische Plätze eröffnete sich für mich ganz unverhofft eine kuriose Gelegenheit, mich auch wurf- bzw. stoßtechnisch zu beweisen. Dazu die folgende amüsante Geschichte eines fürwahr exotischen Wettbewerbs am Sonntagnachmittag.

Auf einem der vielen Marktplätze der Altstadt wurde eine kleine Kirmes gefeiert, wo man offensichtlich Kindern und deren Eltern eine Freude machen wollte. Neben einigen Buden mit Leckereien und kleinen Geschenkartikeln übertönte die Musik eines Kinderkarussells den allgemeinen Lärm auf dem Kirmesplatz.

In einer Ecke dieses Marktplatzes gab es eine kleine eingezäunte „Arena“, in der Schausteller die Leute zu einem „Gaudi-Bewerb“ einluden.

Bei diesem „exotischen“ Fahrrad-Weitwurf galt es, ein altes Herrenfahrrad aus dem Stand beidhändig über die Zaunbarriere in das innere Feld zu werfen.

Ich zögerte nicht, sondern meldete mich als Teilnehmer des bevorstehenden Wettkampfs an. Wie von mir vorauszusehen war, hatten meine Konkurrenten – vermutlich alle Väter von kleinen Kindern – keine wirkliche Chance, das ausgelobte Kinderfahrrad zu gewinnen.

Als durchtrainierter Steinstoßer – auch mit schweren Ultra-Steinen, die man beidhändig zu bewältigen hat, gewann ich den Wettbewerb überlegen.

Der zunächst führende Werfer stand mit seinem kleinen Sohn in meiner Nähe. Bevor der kleine Kerl mitbekommen konnte, dass ich seinen Vater übertroffen hatte, sagte ich zu ihm: „Freue dich, das Kinderfahrrad gehört dir.“

Der Junge strahlte, und der Vater dankte mir herzlich für das unverhoffte Geschenk.

4. Mein Kurzbesuch bei „Oerlikon-Contraves AG“ in Zürich mit der Wahrsagung eines Taxifahrers über mich

Am frühen Mittwochmorgen, am 7. November 2001, flog ich voller Erwartungen von Düsseldorf nach Basel., wo ich einen direkten Bahnanschluss weiter nach Zürich erwischte. In Zürich war die Rheinmetall-Tochter Oerlikon-Contraves AG mein Reiseziel, das ich per Taxi erreichte, da ich nicht wusste, dass ich mit dem Zug von Basel nicht am Züricher Hauptbahnhof hätte aussteigen müssen, sondern erst eine Station weiter. Dieser Bahnhof liegt nämlich direkt neben dem Oerlikon-Werksgelände.

Während der Taxifahrt hatte ich allmählich bemerkt, dass der Taxifahrer offensichtlich nicht auf der direkten Strecke zu Oerlikon fuhr, sondern er benutzte eine weit größere „Sightseeing-Tour“, vermutlich, um einen höheren Fahrpreis herauszuschinden, im Übrigen eine Masche, die nur bei auswärtigen Fahrgästen angewandt werde, wie ich später bei Oerlikon erfuhr.

Die etwas längere Fahrzeit hatte allerdings auch einen positiven Nebeneffekt für mich, weil ich dadurch Informationen über den Einfluss der Sterne auf unser Leben bekam – eine Lehre, von der ich bis dahin keinerlei Wissen hatte.

Der Taxifahrer war ganz offensichtlich ein bekennender Astrologe, der in seinem Taxi astrologische Karten und Bilder zur Schau gestellt hatte. Meine Frage nach der Bedeutung dieser für mich geheimnisvollen Materialien beantwortete er mit ausführlichen Informationen zur Astrologie: So über den Einfluss der jeweiligen Sternenkonstellation bei der Geburt eines Menschen. Mit einer einfachen mathematischen Formel ließen sich zumindest grundsätzliche Lebenserwartungen eines Menschen vorhersagen.

Um das zu verdeutlichen, bat er mich um die Nennung meines Geburtsdatums, mit dem er folgende Berechnungen anstellte:

- Die Addition der acht Ziffern 27081937 ergibt die Zahl 37.
- Die erneute Addition der zwei Ziffern ergibt die Zahl 10.
- Nach der dritten Addition erhält man die Zahl 1.

Und diese Ziffer Nr. 1, die nur wenige Menschen nach dieser Berechnung erhalten, sei die absolute Glücksziffer für ein glückliches und erfolgreiches Leben.

Der Taxifahrer zeigte sich begeistert über seinen „Volltreffer“ bei mir und gratulierte mir herzlich zum Leben eines „Glückskindes“.

Da ich der Wahrsagerei und Hellseherei grundsätzlich sehr skeptisch – um nicht zu sagen: ablehnend – gegenüberstehe, war die Begegnung mit dem astrologischen Taxifahrer in Zürich zumindest eine unterhaltsame halbe Stunde für mich. Und mehr nicht, sodass dieses Erlebnis bei mir fast in Vergessenheit geriet.

Erst bei einem späteren Studium meiner Italien-Urlaubsfotos zu einem lebensgefährlichen Vorkommnis im Jahr 1972 wurde ich hellwach. Plötzlich sah ich die beiden Ereignisse,

- das 1972er Abenteuer, bei dem ich mich nur knapp vor dem Ertrinken hatte retten können
- und die glücksversprechende Wahrsagung aus dem Jahr 2001

in einem fatalen Zusammenhang. Das „lebensgefährliche Ereignis“ habe ich in meinem zweiten Buch dargestellt.

Meine Bewertung der Wahrsagung des Züricher Taxifahrers:

Hatte ich eventuell den astrologischen Taxifahrer zu Unrecht als „Spöken-Kieker“ und Scharlatan eingestuft?

Mit der Bewertung dieser abstrusen „Lebensphilosophie“ erhalte ich ein Zerrbild ungeheuren Ausmaßes. Meine Erfolge im beruflichen Leben und im lebenslangen Leistungssport scheinen die Glücksaussagen zweifellos zu bestätigen. Wie aber passen die schweren Schicksalsschläge,

- die Ermordung unseres Sohnes Matthias und
- die schwere Demenzerkrankung meiner Frau Bärbel

in dieses Konzept der glücklichen Sterndeutung für mich?

Ich komme zum Desillusionsergebnis: Gar nicht!

Daher meine eindeutige Bewertung: Derartige Wahrsagungen sind irreführend und deshalb obsolet für Vorhersagen eines menschlichen Lebenslaufs.

Nach meinem Kurzbesuch bei Oerlikon-Contraves AG in Zürich erwartete mich ein dienstliches Highlight in Bern – ich war eingeladen worden, vor

Mitarbeitern des Schweizer Generalstabes einen Geheimschutz-Vortrag zu halten.

5. Eine schwere Radtour von Rheine bis in die Schweiz und die Begegnung mit unserem „Direx“ aus Rheine

Während der Bahnfahrt von Basel nach Zürich waren Jugenderinnerungen über Erlebnisse in mir hochgekommen, die 46 Jahre zurücklagen. In den Sommerferien im August 1955 hatten Dieter Jaß und Charly Löhning – zwei meiner Klassenkameraden und wirkliche Freunde – und ich es gewagt, eine kraftraubende Radtour von Rheine/Westfalen bis in die Schweiz auf uns zu nehmen.

Für uns Drei war es die erste Auslandsreise mit dem Fahrrad überhaupt – und die erste Reise in die Schweiz. Keiner von uns besaß ein Fahrrad mit Gangschaltung – und so schleppten wir unsere Siebensachen einschließlich eines Dreimannzeltes viele Kilometer – nämlich 2100 km – drei Wochen lang über deutsche und ein Stück auch über Schweizer Straßen.

Und da geschah das Unfassbare! Auf einem Berganstieg zwischen dem Titisee und dem Schluchsee trauten wir unseren Augen nicht. Am Wegesrand standen ein Mann und eine Frau, die unser Bemühen, den Berganstieg ohne abzusteigen zu schaffen, offensichtlich beobachtet hatten. Wie auf Kommando hielten wir an, nachdem wir festgestellt hatten, dass der ältere Herr kein Unbekannter für uns war, sondern der „Direx“ unseres altehrwürdigen Gymnasiums Dionysianum in Rheine.

Der sonst für uns Schüler so unnahbar wirkende Herr Oberstudiendirektor Dr. Vilter strahlte vor Freude, als er uns seiner Gattin vorstellte. Natürlich nutzte er die Gelegenheit, uns einen pädagogischen Ratschlag zu geben, der da war, die bekannte Benediktinerabteil in St. Blasien zu besuchen.

Vor unserer Weiterfahrt war unser guter „Direx“ noch immer so sehr von dem zufälligen Zusammentreffen während seines Urlaubs angetan, dass er uns jedem gleich zweimal die Hand zur Verabschiedung reichte.

6. Die Besprechung im Generalstab in Bern zur Regelung des „Besuchskontrollverfahrens“

Und nun war ich zum zweiten Mal in der Alpenrepublik Schweiz – dieses Mal aber nicht als Urlauber, sondern als Security-Manager des Rheinmetall-

Konzerns, um sensible Aufgaben in der Industrie und in einer Schweizer Behörde zu erledigen.

Zunächst galt es, mit meinem Berufskollegen und Sicherheitschef des Rheinmetall-Tochterunternehmens Oerlikon-Contraves, Herrn Wolfer, einige Geheimschutzfragen zu regeln, die beide Unternehmen gleichwertig betrafen.

Hauptthema war das „Internationale Besuchskontrollverfahren" (BKV). Grundsätzlich regelte das BKV gegenseitige dienstliche Besuche z. B. von Schweizer Mitarbeitern in Deutschland und solche von deutschen Besuchern in der Schweiz – in allen Fällen, in denen VS-eingestufte Besprechungen und Bearbeitungen durchgeführt werden mussten.

Neben Oerlikon-Contraves in Zürich betraf es auch das ebenfalls geheimschutzbetreute Rheinmetall-Unternehmen Nitrochemie in Wimmis im Berner Oberland.

Das hatte zur Folge, dass jede einzelne Dienstreise von Rheinmetall-Mitarbeitern beim BMWi und von den Schweizer Kollegen bei der zuständigen Behörde in der Schweiz beantragt werden musste.

In Vorbesprechungen beim BMWi in Bonn war es mir gelungen, das aufwendige, sehr bürokratisch angelegte Verfahren zwischen Deutschland und der Schweiz auf ein erträgliches Maß zu vereinfachen, vorausgesetzt, dass die Schweizer Behörde damit einverstanden sein würde. Meine Aufgabe war es, mit der Schweizer Geheimschutzbehörde – entsprechend den Vorgaben des BMWi – ein Einvernehmen zu erzielen.

Nach einem gemeinsam verbrachten Abend in der Züricher Altstadt bestiegen am nächsten Morgen, am 8. November, die beiden Sicherheitsbevollmächtigten, Wolf und Wolfer, die Bahn nach Bern zu einem Besprechungstermin beim Schweizer Generalstab. Dieser war die zuständige Militärbehörde für die geheimschutzbetreuten Schweizer Unternehmen. Der Referatsleiter, Oberst Brunner, hatte bei der zurückliegenden Terminvereinbarung mit Herrn Wolfer darum gebeten, dass ich noch vor der BKV-Besprechung vor seinem Stab einen Kurzvortrag über die Rüstungssparte von Rheinmetall halte. Ich hatte dem selbstverständlich gerne zugestimmt, zumal ich davon überzeugt war, dass damit eine gute Ausgangsbasis für die BKV-Besprechung aufgebaut werden konnte.

Im Schweizer Generalstab wurden wir vom Referatsleiter, Oberst Brunner, begrüßt. Er führte uns in einen Tagungsraum, in dem seine Mitarbeiter bereits versammelt waren. Nachdem er mich vorgestellt hatte, erläuterte er kurz den Grund unseres Anliegens – das BKV –, bevor er mir das Wort erteilte. Wie zuvor vereinbart, hielt ich einen Vortrag über den geheimschutzbetreuten Unternehmensteil Wehrtechnik des Rheinmetall-Konzerns, zu dem auch die beiden Schweizer Firmen in Zürich und in Wimmis gehörten.

Dabei kam ich auch auf meine Verantwortung als Rheinmetall-SiBe zu sprechen. Ich erläuterte die reguläre Verfahrensweise des BKV mit dem Hinweis auf die aktuellen bürokratischen Hürden bei häufigen gegenseitigen Besuchen von Schweizer Rheinmetall-Mitarbeitern in Deutschland und von deutschen Rheinmetallern in der Schweiz.

Abschließend erläuterte ich den Vorschlag des deutschen BMWi zu einem vereinfachten Verfahren des BKV, ohne dass damit die Geheimschutzgrundsätze gefährdet würden. Nach meinem Kurzvortrag wurde das Thema in kleiner Runde mit dem Referatsleiter und seinem Führungspersonal im Detail besprochen mit dem Ergebnis, dass der vom Wirtschaftsministerium vorgeschlagene „Modus vivendi"" für gut befunden wurde – und wir ab sofort entsprechend verfahren konnten.

7. Mein Besuch bei der Rh-Tochter „Nitrochemie Wimmis" mit dem Abendessen in einem Restaurant am Thuner See

Gegen Mittag verließen Herr Wolfer und ich den Generalstab in Bern und fuhren mit der Bahn in gegensätzliche Richtungen – er nach Zürich und ich nach Wimmis im Berner Oberland.

Am Bahnhof in Wimmis empfing mich mein Sicherheitskollege der Rheinmetall-Firma Nitrochemie. Wir fuhren mit seinem Pkw in die Anhöhen des Berner Oberlandes, wo das Wimmis-Unternehmen sich „an die Berge schmiegte". Er und einer seiner Chemiefachkollegen versuchten – leider fast vergebens – mich in die Geheimnisse der Rüstungschemie einzuweisen. An die intensive Werksführung erinnere ich mich noch ganz genau, am meisten allerdings daran, dass es in den Bergen mittlerweile sehr kalt geworden war und der heftige Wind seinen Beitrag dazu lieferte, dass ich nach der Schweizer Dienstreise an einer fast dreiwöchigen grippalen Infektionserkältung litt.

In der Nitrochemie-Firma in Wimmis lernte ich am Nachmittag auch noch den Chef der Firma kennen. Er war gerade von einer kurzen militärischen Übung – wir würden sagen „Wehrübung" – nach Wimmis zurückgekommen und berichtete uns freudestrahlend von seiner dortigen Beförderung zum Oberstleutnant. Es bedarf keiner weiteren Erklärung, dass damit für uns beide genügend Gesprächsstoff zur Verfügung stand.

Den Abend verbrachten mein SiBe-Kollege und ich in einem gemütlichen Restaurant am Thuner See – zum Glück hatte mich die Erkältungsphase noch nicht richtig erwischt, sodass ich die Einladung zu einem schmackhaften Fischgericht gerne annahm.

Ich übernachtete ich einem kleinen Hotel in Wimmis. Nach einem kräftigen Frühstück – mit „Berner Alpen-Deutsch“ im Lokalsender, wovon ich so gut wie nichts verstehen konnte – begab ich mich zum Bahnhof und musste zu meinem Erschrecken feststellen, dass der Zug nach Basel gut 30 Minuten Verspätung hatte, so die Anzeige an dem relevanten Bahngleis. Zum Glück machte ich keinen kurzen Spaziergang – wie zunächst geplant –, sondern harrte der Dinge, die da kommen sollten. Und tatsächlich – der angeblich mit großer Verspätung angekündigte Zug kam bereits nach wenigen Minuten. Das passte eigentlich gar nicht zur berüchtigten Schweizer Langsamkeit im Berner Oberland – mir war’s allerdings recht so.

Ich kam rechtzeitig am Airport Basel an und landete bereits am frühen Abend in Düsseldorf und später zuhause in Neuss – voller neuer spannender Eindrücke.

Eine Anmerkung nach den Reisen nach Wien und Bern (Kap. 21): Das sind Geschichten mit meinen Kontakten zu Stabsoffizieren,

- in Österreich mit einem Oberst a. D. und
- in der Schweiz mit einem Oberst und einem Oberstleutnant d. R.

Es waren emotional-wohltuende Begegnungen für mich, die viel zum „inneren Gleichgewicht“ des ehemaligen Oberstleutnants im MAD und des jetzigen OTL a. D. beigetragen haben.

Kapitel 22 (1998 – 2002) Honorardozent bei der IHK in Düsseldorf mit Unterrichtung nach der „Bewachungsverordnung“

1. Das Sprichwort „Aller Anfang ist schwer“ galt auch im neuen Job als „Pauker“

Im Frühjahr 1998 begegnete mir bei einer Tagung des „Verbandes für Sicherheit in der Wirtschaft NRW“ (VSW NW) mein Berufskollege Hans-Jürgen Knoke, der mich mit einem außergewöhnlichen Vorschlag überraschte.

Knoke war Sicherheitsbeauftragter des Unternehmens Henkel in Düsseldorf. Wir lernten uns allerdings bereits Ende der 1960er-Jahre als MAD-Kollegen kennen. Knoke war damals als Zeitoffizier Angehöriger der MAD-Gruppe I in Kiel.

Er berichtete mir bei unserem Zusammentreffen, dass er neben seinem Hauptjob bei Henkel seit einiger Zeit einen „Nebenjob“ bei der IHK Düsseldorf ausübte. Seine Diensteinteilung bei Henkel habe es ihm ermöglicht, als Honorardozent bei der IHK Düsseldorf die Unterrichtung von Bewachungspersonal nach der „Bewachungsverordnung“ wahrzunehmen.

Da er im Herbst 1998 von Henkel zur Deutschen Telekom nach Bonn wechseln werde, könne er die Dozententätigkeit nicht länger ausüben. Er habe der IHK-Geschäftsführerin, Frau Teupen, auf deren Bitte hin zugesagt, Ausschau nach einem geeigneten Nachfolger zu halten – für den er mich hielt.

Ich bat ihn um Bedenkzeit, da ich eine Ad-hoc-Zusage nicht geben wollte. Was Knoke nicht wissen konnte, war der Umstand, dass ich im Mai 1998 meinen Dienstvertrag mit Rheinmetall im beiderseitigen Einvernehmen gekündigt hatte – mit gleichzeitigem Abschluss einer „Vereinbarung“ als „freiberuflicher Haupt-Sicherheitsbevollmächtigter des Rheinmetall-Konzerns“. Hintergrund dieses Anstellungswechsels war die „Reduzierung des bisherigen Tätigkeitsfeldes aufgrund der Verlagerung des operativen Geschäfts auf die Tochtergesellschaften“.

Dieser Wechsel gab mir problemlos den Freiraum, um einen „Nebenjob“ als Honorardozent wahrzunehmen, eine für mich völlig neue und ungewohnte, interessante Aufgabe mit lukrativem Honorar. Ich sagte Knoke sehr bald zu, worauf er mich der IHK-Geschäftsführerin als seinen Nachfolger empfahl.

Ich bewarb mich im Juli 1998 ganz offiziell mit einer „Kurzinformation“ zur Person und zu meinen „pädagogischen Erfahrungen in der Erwachsenenbildung“ als Kompaniechef und als Sicherheitsbevollmächtigter bei Rheinmetall.

Für die Durchführung der Seminare erhielt ich als Grundsatzunterlage die vom „Deutschen Industrie- und Handelstag“ erstellten Informationen für die IHK mit dem Titel „Unterrichtung im Bewachungsgewerbe“ – herausgegeben im Januar 1996.

Zusätzlich erhielt ich vom IHK-Forum Düsseldorf die „Stoffsammlungen für das Unterrichtungsverfahren der Bewachungsgewerbetreibenden und des Bewachungspersonals“. Bis zur Reformierung der Unterrichtung im Bewachungsgewerbe 2003 gab es für die Teilnehmer keine schriftliche Prüfung, sondern Zweck der Unterrichtung war nach §1, Abs. 2 der Bewachungsverordnung, „die im Bewachungsgewerbe tätigen Personen mit den für die Ausübung des Gewerbes notwendigen rechtlichen Vorschriften und fachspezifischen Pflichten und Befugnissen sowie deren praktischer Anwendung in einem Umfang vertraut zu machen, der ihnen die eigenverantwortliche Wahrnehmung von Bewachungsaufgaben ermöglicht.“

Diese „Informationsfunktion“ kommt dem Unterrichtungsverfahren zu – als Aufgabe der Dozenten. Wie aber sollte ich feststellen, ob jemand die Anforderungen der Bewachungsverordnung zur „eigenverantwortlichen Wahrnehmung von Bewachungsaufgaben“ erfüllen konnte, wenn er der deutschen Sprache nicht mächtig war, um mich zu verstehen und mir Antworten zu geben? „Das geht doch gar nicht!“ – doch, es ging.

Die Leiterin des IHK-Forums, Frau Teupen, hat zumindest dem seltsamen Konstrukt zugestimmt, demzufolge ein türkischer Seminarteilnehmer mit deutschsprachigen Kenntnissen seinem nur türkisch sprechenden Vater im Seminar als Übersetzer beistehen konnte.

Die Unterrichtung betraf die folgenden neun Sachgebiete:

- Recht der öffentlichen Sicherheit und Ordnung
- Gewerberecht (Gewerbeordnung und Bewachungsverordnung)
- Bewachungspezifische Aspekte des Datenschutzes (Bundesdatenschutzgesetz)
- Bürgerliches Gesetzbuch (BGB)
- Straf- und Verfahrensrecht (StGB, StPO und BGB)

- Umgang mit Menschen
- Umgang mit Verteidigungswaffen (Waffengesetz und Bewachungsverordnung)
- Unfallverhütungsvorschriften
- Grundzüge der Sicherheitstechnik.

Die Unterrichtungen umfassten

- für das Führungspersonal 5 Tage mit insgesamt 40 Unterrichtsstunden und
- für das Bewachungspersonal 3 Tage mit insgesamt 24 Unterrichtsstunden.

Zur Abrundung der gesamten Thematik verschaffte ich mir zusätzlich Einblick in die für das Bewachungsgewerbe umfangreichen Vorschriften, Gesetze und Verordnungen. Bis zum Beginn des ersten Seminars im September 1998 „büffelte“ ich einige Wochen knallhart – getreu dem Grundsatz: Vor dem „Lehren“ steht das „Lernen“.

Dabei war mir klar, dass ich vom bloßen Studium der vielen Unterlagen allein kaum in der Lage sein würde, das Wissen umfassend und verständlich an die zu Unterrichtenden weiterzuvermitteln. Dazu benötigte ich auf jeden Fall geeignetes Unterrichtsmaterial.

Bekanntlich sagte schon Noah in der Bibel: „Es gibt keinen Preis dafür, Regen vorherzusagen. Es gibt nur einen Preis dafür, eine Arche zu bauen.“ Und die zur Verfügung stehende Zeit war einfach zu knapp, um unterstützende Unterlagen für den Unterricht selbst zu erstellen. Sehr dankbar war ich deshalb meinem Kollegen, Herrn Jörn, der mir problemlos aus der „Patsche“ half. Ich konnte seine umfangreichen, von ihm erstellten Unterrichtungsunterlagen fotokopieren, um mir eigene Folien herzustellen.

Herr Jörn war ein Mitarbeiter der Sicherheitsfirma Securitas, die damals den Werkschutz bei Rheinmetall stellte.

Eigentlich hätte ich bei meinem ersten Seminar als Honorardozent im September 1998 ohne große Aufregung an den Start gehen können. Schließlich hatte ich mich gut vorbereitet und besaß hervorragende Unterrichtshilfen, um gut über die Runden zu kommen. Außerdem hatte ich durch meine Vortragstätigkeit seit 1988 genügend Erfahrungen gesammelt, um zu wissen, worauf es als „vortragender Rat“ ankommt.

Ich hatte trotzdem ein mulmiges Gefühl, als ich vor 20 Teilnehmern stand.

Es war für mich eine völlig ungewohnte neue Situation, einen acht Stunden langen Tag „Rede und Antwort“ zu stehen – und das fünf Tage hintereinander.

Mein erstes IHK-Seminar war nämlich eine Unterrichtung für Führungskräfte im Bewachungsgewerbe. Spätestens in der obligatorischen Mittagspause konnte ich aufatmen. Es war alles gut gelaufen – und hat mir obendrein viel Spaß gemacht.

Am Ende des Tages war ich allerdings ziemlich „kaputt" und ich war froh, dass ich nicht mehr im Auto die Rushhour erleben musste, sondern gemütlich von Düsseldorf nach Neuss-Norf mit der S-Bahn fahren konnte, um dabei auszuruhen und zu entspannen. Das gelang allerdings so intensiv, dass ich leider erst eine Station hinter Norf – nämlich in Allerheiligen – aufwachte.

Die vier nächsten Tage verliefen dann schon weniger aufregend. Ich hatte mich sehr schnell „eingelebt". Um mir das Dasein als „Pauker" noch etwas mehr zu erleichtern, erstellte ich mir sehr bald viele eigene Folien, um Informationen mittels Projektor auf die Leinwand zu werfen.

Als größten Fortschritt meiner Lehrtätigkeit empfand ich allerdings meine Idee, insbesondere für den Sektor „Straf- und Verfahrensrecht" Fallbeispiele aus dem täglichen Leben zu erstellen, um diese im Rahmen von „Gruppenselbstarbeit" den Teilnehmern zur Verfügung zu stellen. Diese Methode lockerte die Lernatmosphäre auf – und verhalf mir ganz nebenbei zu etwas mehr Entspannung während der Unterrichtsstunde.

Die Tagungsteilnehmer hatten das Recht, zur gesamten Veranstaltung zu elf Komponenten anonym kritisch Stellung zu nehmen. Eine Fotokopie des zusammengefassten Fragebogens erhielt danach der jeweilige Dozent. Mit der Gesamtbeurteilung meines ersten Seminars als Dozent konnte ich sehr zufrieden sein. Die Teilnehmer hatten die elf zu beurteilenden Komponenten der Lehrveranstaltung mit 183 Pluspunkten und 37 Minuspunkten bewertet, was einem Schnitt von 16,6 zu 3,4 entspricht. Im Vergleich dazu exemplarisch die folgenden Komponenten mit den entsprechenden Bewertungen:

- Gesamteindruck und Lernatmosphäre – jeweils mit 20 zu 0
- Vortragsweise und Didaktik/Methodik des Dozenten – jeweils mit 19 zu 1.

Meine Tätigkeit als Honorardozent am IHK-Forum Düsseldorf dauerte von September 1998 bis November 2002 mit insgesamt 15 Veranstaltungen. Davon waren fünf Seminare für Führungskräfte im Bewachungsgewerbe und zehn Unterrichtungen für Bewachungspersonal.

Außer der Geschichte mit dem türkischen Teilnehmerpaar – Vater und Sohn – gab es noch einige zum Teil lustige Pointen wie diese:

- Auf meine Frage, „Was verstehen wir im Bewachungsgewerbe unter den ‚Jedermannsrechten'?" kamen zwei wirklich entwaffnende Antworten: „Jedermann hat Rechte" und „Wir haben nicht mehr Rechte als die Polizei."
- Was bedeutet die Forderung „Zuverlässigkeit" nach den einschlägigen Gesetzen? Die Antwort einer jungen Seminarteilnehmerin: „Wenn ich meinem Freund vertrauen kann."
- Was bedeutet „Notwehr" gem. §32 StGB? Die Antwort war: „Bei einem Angriff auf mich schlage ich so lange zu, bis ich nicht mehr kann."
- Nach dem Notwehrparagrafen 32 des StGB kann jedes Rechtsgut gegen einen gegenwärtigen rechtswidrigen Angriff durch eine Notwehrhandlung abgewendet werden – also auch der Angriff auf die Ehre bei Beachtung der Verhältnismäßigkeit. Auf meine Frage: „Welches ist die verhältnismäßig mögliche Notwehrhandlung bei einer schweren Beleidigung?" kam überwiegend die Antwort: „Ich beleidige den Angreifer ebenfalls!"

Wenn das ganze „Unternehmen" als Honorardozent auch oft anstrengend und insgesamt sehr zeitaufwendig neben meinem Hauptjob als Sicherheitsbevollmächtigter bei Rheinmetall war, so bereue ich es nicht, diesen Weg gegangen zu sein.

Die Erfahrungen im Umgang mit Menschen – aus der Position des Dozenten, Lehrers und Ausbilders heraus – waren für mich ein großer Gewinn, nicht nur für mein weiteres berufliches Leben.

2. Ein „Freestyle-Fighter", der Hörsaalbeste und die drei Damen der Kunstwissenschaften

Was waren das für Menschen, die einen Job im Sicherheitsgewerbe anstrebten – als festen Beruf oder auch nur als „Job auf Zeit"?

Sicher waren die meisten Teilnehmer ernsthafte Anwärter auf eine solide Anstellung im Bewachungsgewerbe als Werkschützer oder – vereinzelt – auch als Kaufhausdetektiv.

Für viele bedeutete dieser Schritt das erhoffte Ende einer deprimierenden Zeit als Arbeitsloser oder als jemand, der sich in seiner bisherigen Berufsausübung nicht mehr wohlfühlte. Zu dieser Kategorie zählte zweifellos auch ein

„Langzeitstudent", der nach mehr als einem Dutzend Studiensemestern „ausgestiegen" war.

Völlig andere Motive zum Einstieg in das Sicherheitsgewerbe hatte ein ehemaliger Berufssportler. Er hatte für einige Jahre in den Niederlanden sein Geld als „Freestyle-Fighter" verdient und war mittlerweile „in die Jahre" gekommen, wo es für ihn höchste Zeit wurde, die für „Leib und Leben" gefährlichen „Kämpfe im Käfig" aufzugeben. Er sah nunmehr seine große Chance darin, sich im „normalen" Leben als Bodyguard zu bewähren. Er war ein Hüne von Kerl mit einem grobschlächtigen Gesicht, dem man die Spuren der vergangenen brutalen Faustkämpfe ansah. Sehr zu meiner Verwunderung setzte er sich – entgegen der üblichen „Schüler"-Mentalität sofort in die erste Reihe, direkt mir gegenüber.

Ich gebe offen zu, dass ich – „dem ersten Eindruck folgend" – zunächst ein ungutes Gefühl gegenüber meinem „Vis-à-vis" hatte. Wie sehr ich mich dabei getäuscht hatte, stellte sich sehr bald heraus. Er erwies sich als höflicher, intelligenter, wissbegieriger Mensch, der immer voll bei der Sache war und auf Fragen begründete Antworten gab.

Für mich stand nach fünf Tagen, also am Ende des Seminars, eindeutig fest, dass der ehemalige „Freestyle-Fighter" der hörsaalbeste Teilnehmer gewesen war.

Die Begegnung mit ihm gab mir im Übrigen im Unterricht zum Sachgebiet 5, „Umgang mit Menschen", eine fantastische Gelegenheit, durch Offenheit und Ehrlichkeit zu „glänzen". Zum psychologischen Thema „Erkennen und Beurteilen auf den ersten Blick" scheute ich mich nicht, meine Ad-hoc-Falscheinschätzung über den „Freestyle-Fighter" als Lehrbeispiel fürs Leben zu offenbaren.

Mit meiner „Offenheit und Ehrlichkeit" über meine falsche Erstbeurteilung eines Mitmenschen gelang mir unbeabsichtigt etwas ganz Besonderes: Ich erhielt vom gesamten Auditorium den größten Applaus während aller 15 Seminare in vier Jahren. Ich bin mir allerdings auch sicher, dass der Applaus genauso dem Seminarkollegen und ehemaligen „Freestyle-Fighter" galt.

Zur zweiten Gruppe der „Sicherheitsjob-Bewerber auf Zeit" gehörten u. a. Personen mit dem Abschluss einer akademischen Ausbildung.

So war es einem russischen Seminarteilnehmer versagt geblieben, eine adäquate Anstellung als Sportlehrer an einer deutschen Schule oder wenigstens als Trainer in einem deutschen Großverein zu erhalten – trotz eines mit Erfolg absolvierten Sportstudiums in Russland.

Ein zweiter Fall setzte mich noch mehr in Erstaunen. Nachdem sich drei ehemalige befreundete Kommilitoninnen nach dem erfolgreichen Abschluss des Studiums der Kunstwissenschaften vergeblich bei mehreren Stellen um eine akademische Anstellung bemüht hatten, nahmen sie das Angebot eines Kölner Museums an, zunächst einmal als „Aufseherin“ Dienst zu verrichten – mit der Notwendigkeit, die „Unterrichtung als Bewachungspersonal“ zu absolvieren. Und damit fielen sie nicht in die Arbeitslosigkeit und sahen zudem reelle Chancen, bei Gelegenheit als „Kunstwissenschaftlerinnen“ übernommen zu werden.

Von den ca. 220 Teilnehmern an meinen 15 Seminaren stammte vermutlich gut ein Drittel aus aller Herren Länder. Dabei machte ich die Beobachtung, dass es gravierende Unterschiede im Sozialverhalten der unterschiedlichen Nationalitäten gab. Unabhängig von der größten Gruppierung – den deutschen Teilnehmern – möchte ich insbesondere zwei Extreme zur Bewertung heranziehen. Die russischen Teilnehmer – überwiegend mit guter Bildung und soliden Deutschkenntnissen – waren ausnahmslos mit großem Interesse bei der Sache. Sie verhielten sich diszipliniert und bewiesen ein höfliches Auftreten.

Die türkischen Teilnehmer – grundsätzlich recht junge Männer – schlugen oft „über die Stränge“. Sie führten sich manchmal wie pubertierende Jugendliche auf. Es gab sogar einmal ein heimliches „lustiges Papierknöllchenwerfen“ gegen junge Teilnehmerinnen – und das während der normalen Unterrichtsstunde. Einer der jungen Türken behielt trotz meiner Bitte, während des Unterrichts seine Mütze abzusetzen, diese beharrlich auf seinem Kopf. Erst nach meiner Androhung, ihn des Raumes zu verweisen und der Leiterin zu melden, bequemte er sich widerwillig, seine Kopfbedeckung abzunehmen.

Ich fragte mich, welche Gründe das undisziplinierte Verhalten hervorgerufen haben könnten. Waren es die zwei Kulturen, in denen die türkischen Jugendlichen aufgewachsen waren – einerseits die vermutlich strenge Erziehung durch die Eltern nach den Regeln des Islam und andererseits das freie, zum Teil ungezügelte Verhalten der deutschen Jugendlichen in unserer „freiheitlichen demokratischen“ westlichen Welt?

War und ist dieser kulturelle Zwiespalt eventuell gar ein Hindernis für eine gelungene Integration? In einem Gespräch mit einem Kollegen aus dem Kreis der Dozenten erfuhr ich, dass ich nicht der Einzige war, der derartige Erfahrungen im Umgang mit türkischen Teilnehmern gemacht hatte.

3. Der mutmaßliche „Wehrhahn-Bomber“ mit einem Geschenk für den Dozenten

Neben dem „Freestyle-Fighter“ erinnere ich mich immer wieder einmal an einen zweiten „herausragenden“ Seminarteilnehmer.

Es war Ralf Spies, dem die Presse ca. 15 Jahre später den treffenden „Kampfnamen“ gab: „Der Wehrhahn-Bomber“.

Spies war, wenn ich mich recht erinnere, einer der Seminarteilnehmer in meinem letzten Seminar als Dozent im November 2002. Er war ein stiller, in sich gekehrter Mensch, der sich während des Unterrichts nur selten zu Wort meldete – dann aber durchaus mit vernünftigen Antworten bzw. Aussagen.

In einer der Mittagspausen, die fast alle Lehrgangsteilnehmer grundsätzlich im Bistro des IHK-Forums zu einem kleinen Imbiss verbrachten, setzte er sich zu einem Gespräch zu mir.

In der üblichen Vorstellung zur Person hatte er sich als selbstständiger Detektiv vorgestellt. Im Gespräch bei Kaffee und Brötchen kam er auf seinen Job als Detektiv zu sprechen. Er zeigte mir seine übergroße Visitenkarte, auf die er eine Vielzahl seiner Ermittlungstätigkeiten hatte aufdrucken lassen. So war auch zu lesen, dass er aufgrund seiner guten Beziehungen zum sowjetischen KGB in der Lage war, notwendige Recherchen in Russland durchzuführen. Er behauptete, dass er zurzeit einen delikaten Auftrag in Deutschland zu erfüllen habe. Bekanntlich hatten irgendwo in NRW wieder einmal „Sadisten“ zugeschlagen, indem sie des nachts auf der Weide Pferde mit Messerstichen verletzt hatten.

Er werde sich nach Abschluss der Unterrichtung daran machen, den oder die Täter zu erwischen, um sie der Polizei zu übergeben. Als Waffe werde er ein „Kampfmesser“ und als treuen „Gehilfen“ einen scharfen Schäferhund dabeihaben, wenn er sich spätabends auf die Lauer legen werde. Ich insistierte nicht weiter, da ich den Eindruck hatte, dass es sich bei „Spies“ um einen „Spinner“ handelte. Ich musste ihm nicht länger zuhören, da die Mittagspause endlich zu Ende war – nicht aber der Kontakt zu Spies.

Spies hatte nach Dienstende ganz offenbar auf mich gewartet und fragte mich, ob er mich bis zum Hauptbahnhof begleiten könne. Auf dem Weg vom IHK-Forum zum Hbf Düsseldorf klagte er mir sein Leid, das ihm vom NRW-Verfassungsschutz und von der Düsseldorfer Polizei angetan worden sei. Man habe ihn zu Unrecht beschuldigt, im Juli 2000 den Anschlag im S-Bahnhof Düsseldorf-Wehrhahn verübt zu haben, bei dem jüdische Auswanderer aus der ehemaligen Sowjetunion zum Teil lebensgefährlich verletzt worden waren und bei dem ein ungeborenes Kind im Mutterleib einer Schwangeren von Splittern der Bombe getötet worden war.

Bei den Ermittlungen habe man nicht nur sein Geschäft und seine Wohnung „auf den Kopf" gestellt, sondern auch die Wohnungstür seines in Ratingen wohnenden Vaters bei dessen Abwesenheit gewaltsam aufgeschlagen, um auch dessen Wohnung nach Beweismitteln zu durchsuchen. Er selbst sei stundenlang verhört worden. Und obwohl man keinerlei Beweise für die ungeheuerliche Anschuldigung gefunden habe, sei ihm die Erlaubnis zum weiteren Führen seines Militarialadens entzogen worden. Dieses sei der Grund dafür gewesen, sich dem Unterrichtsverfahren für das Bewachungsgewerbe zu unterziehen.

Ich hatte ihn zunächst ohne Unterbrechung und Kommentar ausreden lassen. Da ich aufgrund seiner emotionalen Darbietung fest davon überzeugt war, dass mehr dahinterstecken musste als das angeblich erlittene Ungemach durch die NRW-Polizei und den Verfassungsschutz, „bohrte" ich nach und fragte ihn ohne Umschweife, ob er nicht doch der Täter oder zumindest ein Mittäter gewesen war. Er aber blieb bei seiner Unschuldsbehauptung.

Da ich ihm nicht helfen konnte, wollte ich mich auf dem Bahnhofsvorplatz von ihm verabschieden, was er kopfschüttelnd ablehnte. Er ging mit mir weiter in die Bahnhofshalle und überreichte mir ein US-Klappmesser. Auf meine erstaunte Frage, weshalb er mir ein Geschenk mache, entgegnete er: „Ich habe viel von Ihnen gelernt. Sie waren ein hervorragender Dozent und außerdem für mich eine „Vertrauensperson", der ich meine schrecklichen Erlebnisse und meine Sorgen vortragen konnte – und Sie haben mir zugehört. Für alles meinen Dank und mein kleines Geschenk."

Ich drückte ihm die Hand, bedankte mich und ging eilends von dannen, um meinen Zug noch zu erreichen. Ich gestehe, dass er mir irgendwie Leid tat.

Fast 15 Jahre später – im Februar 2017 – „überschlugen" sich die Überschriften in der Rheinischen Post zu dem wiederaufgenommenen Ermittlungsverfahren gegen Ralf Spies, den möglichen „Wehrhahn-Bomber":

- „Ralf S. war gleich nach Anschlag verdächtig" (2.2.2017)
- „Neonazi soll Wehrhahn-Bomber sein" (2.2.2017)
- „Jüdische Gemeinde froh über Festnahme" (2.2.2017)
- „Wehrhahn-Anschlag: Wie viele Zeugen schwiegen aus Angst?" (3.2.2017)
- „Wehrhahn-Anschlag: Zweifel an Einzeltäter" (3.2.2017)

- „Wehrhahn: Der Anschlag und die Folgen“ (4.2.2017)
- „Profiler des LKA – wichtig für Klärung des Anschlags“ (4.2.2017)
- „Ermittlungspanne bei Wehrhahn-Anschlag“ (8.2.2017)
- „Wurden Wehrhahn-Ermittler behindert?“ (13.2.2017)
- „Wehrhahn: Kein Hinweis auf Verfassungsschutz-Panne“ (18.2.2017).

„Wehrhahn-Anschlag: Anklage erhoben“ lautet der Titel eines Artikels der „Rheinischen Post“ (RP) vom 8. Dezember 2017. Weiter heißt es: „Mordversuch in neun Fällen wirft die Staatsanwaltschaft dem 50-jährigen Ralf S. vor. Sein Motiv für den Sprengstoffanschlag vor 17 Jahren soll Ausländerhass gewesen sein. Der Prozess beginnt im Januar. Der Verdächtige bestreitet die Tat, auch in teils wirren Schreiben an die Redaktion.“

In einem umfangreichen Artikel der RP vom 26. Januar 2018 zum Prozessbeginn mit dem Titel „Sprengstoff ist nicht mein Ding“ heißt es: „Seit gestern steht der mutmaßliche Wehrhahn-Bomber von Düsseldorf vor Gericht. Er bestreitet den Anschlag, bei dem vor 17 Jahren zehn Menschen teils schwer verletzt wurden. Die Anklage hält Ausländerhass für sein Motiv.“

Wie bisher schon, stammen alle weiteren Informationen über den Ablauf des Ermittlungs- und Strafverfahrens aus der „Rheinischen Post“ bzw. aus der „Neuß-Grevenbroicher Zeitung“ (NGZ), die stets aktuell und umfassend darüber berichteten.

Es gab mehrmals aus dem Umfeld des Angeklagten Zeugenaussagen – so stützt sich die gut 250 Seiten dicke Anklageschrift auf Aussagen von 96 Zeugen und Gutachten – die sich aber stets als nicht verwertbar erwiesen, da sie ganz offensichtliche „Fakes“ waren oder Halbwahrheiten, die u. a. von Mithäftlingen vorgebracht worden waren, um im eigenen Verfahren evtl. Pluspunkte zu sammeln.

Einer der „Wehrhahn-Zeugen“ verzichtete gar auf die ausgelobte Belohnung, nachdem er zunächst den Angeklagten wegen der Aussicht auf 63 000 € belastet hatte.

„Wehrhahn-Angeklagter voll schuldfähig“ – so der Titel des NGZ-Artikels vom 28. April 2018. Nach Einschätzung des psychiatrischen Gutachters „lassen antisemitische Äußerungen des Angeklagten auf seine Einstellung schließen“. Ein neuer Kronzeuge berichtete gar von einem Mordplan gegen den Staatsanwalt.

Der Angeklagte wurde schließlich im Mai 2018 aus der U-Haft entlassen, da gegen ihn nach 25 Prozesstagen und 30 Zeugenaussagen kein dringender Tatverdacht mehr bestand.

Schließlich sprach das Landgericht Düsseldorf am 1. August 2018 Ralf Spies vom Vorwurf frei, für den Wehrhahn-Anschlag vor 18 Jahren verantwortlich zu sein. „Zwar sei er ausländer- und fremdenfeindlich, neige zu Gewalt und Selbstüberschätzung. Die Beweise aber hatten nicht für eine Verurteilung gereicht“, so der Vorsitzende Richter.

Dazu äußerte sich die „Rheinische Post“ am 1. August 2018 mit der reißerischen Überschrift „Er hat unentwegt gelogen“ und einem Foto des freigesprochenen Ralf Spies – des mutmaßlichen „Wehrhahn-Bombers“.

Die Staatsanwaltschaft und Nebenklage legten Revision gegen das Urteil ein, die dem Bundesgerichtshof zur endgültigen Entscheidung vorgelegt wurde.

Nach gut zwei Jahren wurde das Thema „Wehrhahn-Bomber“ in der Presse erneut aktiviert. Die Rheinische Post veröffentlichte am 23. November 2020 unter dem Titel „Wehrhahn-Anschlag kommt vor das höchste deutsche Gericht“ die folgenden Neuigkeiten:

„Am Donnerstag verhandelt der Bundesgerichtshof in Karlsruhe nicht über die Tat vor 20 Jahren, sondern über den Freispruch für den einzigen Verdächtigen“, und weiter: Die Verteidigung, die den Angeklagten als „Dummschwätzer und Dampfplauderer“ ohne die Fähigkeit zum Bombenbau bezeichnete, will nach einer möglichen Bestätigung des Freispruchs für ihren Mandanten Haftentschädigung einfordern.“

Der Bundesgerichtshof allerdings wolle laut Neuß-Grevenbroicher Zeitung vom 27. November 2020 doch erst im Januar 2021 über den sogenannten Wehrhahn-Prozess entscheiden. Die Staatsanwaltschaft hatte zuvor Rechtsfehler im 2018 ergangenen Freispruch des Ralf Spies gerügt.

Am 14. Januar 2021 schließlich berichtete RP online: „Der Sprengstoffanschlag am Düsseldorfer S-Bahnhof Wehrhahn, bei dem ein ungeborenes Kind getötet und zehn Menschen teils schwer verletzt wurden, bleibt ungesühnt. Der Bundesgerichtshof fand im Freispruch für den einzigen Tatverdächtigen keine Fehler.“

Am 15. Januar 2021 lautete der relevante Titel in der RP: „Wehrhahn: Freispruch rechtskräftig“. Im Zeitungsartikel heißt es dazu u. a.:

„Einer der Nebenklage-Vertreter hatte den Freispruch als schwersten Fehler der Düsseldorfer Nachkriegsjustiz bezeichnet. … Die Entscheidung des BGH stehe am Ende einer langen Kette von Fehleinschätzungen.“ Sie sei kein Ruhmesblatt für die Justiz und die Polizei.

Kapitel 23 (1997 – 2003)
Sicherheitsbevollmächtigter und Sicherheitsberater bei BAE Deutschland und beim französischen Thales-Konzern

1. Beantragung der Aufnahme ins Geheimschutzverfahren von „BAE Systems Deutschland GmbH" in Bonn

Nach erheblichen Liquiditätsproblemen der „Bremer Vulkan-Werft" Mitte der 1990er-Jahre übernahmen im Jahr 1997 „Rheinmetall" (51 %) und der britische Konzern „British Aerospace" (49 %) von der „Vulkan-Werft" das Unternehmen „STN Atlas Elektronik GmbH" in Bremen. Zwischen Rheinmetall und der BAE-Tochter – der „BAE Systems Deutschland GmbH" (BAE-D) – wurde einvernehmlich vereinbart, dass ich als Rheinmetall-Sicherheitsbevollmächtigter (SiBe) die erforderlichen Maßnahmen für die Aufnahme von BAE-D in das deutsche Geheimschutzverfahren durchzuführen hatte.

Da der Geschäftsführer der BAE-D mit Sitz in Bonn, Klaus D. Rettig, außerdem in den Aufsichtsrat von STN Atlas Elektronik GmbH postiert worden war, musste ich zuvorderst erst einmal die Sicherheitsüberprüfung (SÜ) durch das BfV beim „Bundesministerium der Wirtschaft und Arbeit" (BMWA) beantragen.

Die SÜ war erforderlich für die folgende VS-Ermächtigung, damit er bei STN AE auch Zugang zu eingestuften Unterlagen – sog. Verschlusssachen (VS) – erhalten konnte. Gleichzeitig beantragte ich beim BMWA die Aufnahme in die Geheimschutzbetreuung von BAE Systems Deutschland GmbH. Vereinbarungsgemäß war ich ab Oktober 1999 formell auch für die BAE-D als SiBe tätig.

2. Verlegung der Firma BAE-D von Bonn nach Berlin mit dem Ende der Aufgabe „ohne Höhen und Tiefen"

Diese „Nebenaufgabe" endete im Dezember 2003 mit der Entpflichtung von Klaus D. Rettig und mit der Abmeldung von BAE-D aus dem GS-Verfahren beim BMWA.

Es war für mich eine Aufgabe ohne „Höhen und Tiefen" – eine Zeit, in der der Geschäftsführer, Klaus D. Rettig, und ich uns schätzen gelernt hatten – auch wenn unsere dienstlichen Kontakte sich auf ein Mindestmaß beschränkten, zumal der Firmensitz von BAE-D im 2. Quartal 2000 nach Berlin verlegt worden war. Ohne es zu wissen, sollte die gegenseitige Wertschätzung sehr bald ihre positive Auswirkung für mich zeitigen.

3. Klaus Rettig, ehemaliger Chef von BAE Deutschland und späterer Geschäftsführer der Thales Defence Deutschland

Anfang Dezember 2004 – zwei Wochen vor meinem Ausscheiden aus dem Dienst bei Rheinmetall, Düsseldorf – erhielt ich einen überraschenden Anruf von Klaus D. Rettig, meinem ehemaligen Chef aus meinem Job für das Unternehmen BAE Systems Deutschland. K.D. Rettig teilte mir mit, dass er zwischenzeitlich Geschäftsführer des Unternehmens Thales Deutschland – einer Tochter des französischen Elektronikkonzerns Thales – geworden sei. Er habe bei Rheinmetall erfahren, dass ich mit Ablauf des Jahres 2004 den Dienst bei Rheinmetall beenden und in Rente gehen werde. Das treffe sich genau mit seinen Vorstellungen: Er könne mir eine interessante, lukrative Anschlussverwendung als freier Mitarbeiter und Sicherheitsberater für sein Unternehmen – die Thales Deutschland – ab Januar 2005 anbieten.

Nachdem ich Interesse gezeigt hatte, vereinbarten wir eine Besprechung im Firmensitz in Bonn im Januar 2005. In einem Schreiben vom 17. Dezember 2004 teilte mir K.D. Rettig mit, dass er daran interessiert sei, meine Erfahrungen in Form eines Beratervertrages für Thales zu nutzen. Weiter hieß es: „Die Zusammenführung der Thales-Verteidigungsaktivitäten in Deutschland zu „Thales Defence Deutschland GmbH“, einem Unternehmen mit ca. 3 500 Mitarbeitern, und die Aufforderung unserer Zentrale in Paris, ein stärkeres Augenmerk auf die Sicherheitserfordernisse in unserem Unternehmen zu richten, macht es erforderlich, hierfür eine Expertise aufzubauen.“

Bei unserem Zusammentreffen im Januar 2005 im Thales-Büro in Bonn erläuterte er die Situation wie folgt:

Nach Übernahme von sechs deutschen Firmen in die TDD habe die Thales-Zentrale in Paris ihn beauftragt, von einem kompetenten Sicherheitsexperten überprüfen zu lassen, ob die einzelnen Firmen die in Deutschland üblichen Sicherheitsstandards in allen relevanten Sicherheitsaspekten zur Genüge einhielten. Die erstellten Sicherheitsanalysen für jeden einzelnen Firmenstandort sollten als Grundlage für die Erstellung evtl. erforderlich werdender neuer Sicherheitskonzepte dienen.

Noch im Februar 2005 erstellte ich für TDD einen Entwurf einer Organisationsanweisung „Unternehmenssicherheit“ mit der Einrichtung einer entsprechenden Stabsstelle in der Zentrale der TDD, die ich K.D. Rettig übergab.

Am 24. April 2005 führte ich in Bonn eine Tagung der Sicherheitsbevollmächtigten der relevanten TDD-Unternehmen durch, in der ich insbesondere meinen Auftrag und die Mitwirkung der jeweils zuständigen SiBe bei meinen Untersuchungen in den einzelnen Firmen darlegte.

Bereits am 26. April 2005 erhielt ich den Arbeitsvertrag der TDD mit dem Auftrag, „eine Analyse der Unternehmenssicherheitssituation der Thales Defence Deutschland GmbH – mit den Teilbereichen Geheimschutz, Unternehmensschutz und ggf. Sabotageschutz – zu erstellen".

In den zurückliegenden Jahren hatte ich bereits mehrfach Sicherheitsanalysen für Unternehmen bzw. für Teilbereiche von Firmen erstellt. Diese Aufgabe hatte ich grundsätzlich bei Übernahme von deutschen Rüstungstechnikfirmen durch Rheinmetall zu erledigen. Bei Bewältigung dieser Aufgaben hatte ich die erforderlichen Erkenntnisse und Erfahrungen gesammelt, um auch außerhalb des Rheinmetall-Konzerns bei Anforderung derartige Aufträge zu übernehmen. Solche zusätzlichen Aufgaben konnte ich allerdings erst ab 1998 wahrnehmen, nachdem ich formell als AT-Angestellter ausgeschieden und als „freier Mitarbeiter" für Rheinmetall weiterhin tätig geworden war.

Und so nahm ich neben meinen Aufgaben als Sicherheitsbevollmächtigter von Rheinmetall zusätzlich die beiden folgenden fachlich hoch interessanten – und zugleich finanziell lukrativen – externen Aufträge an:

- Den ersten externen Auftrag hatte ich bereits im November 1998 von der Witte Kirchhoff-Gruppe in Iserlohn erhalten. Nach einem Umzug der Hauptverwaltung war es erforderlich geworden, den Stand der Absicherungsmaßnahmen kritisch zu überprüfen. Zur Realisierung war es dann im Sommer 1999 gekommen.
- Im April 2001 hatte mich das Unternehmen Babcock Borsig, Oberhausen, beauftragt, zusammen mit einem Kollegen der Staatsschutzpolizei Düsseldorf „eine Sicherheitsanalyse mit Mindestempfehlungen für ein Sicherheitskonzept" zu erstellen. Diesen umfangreichen Auftrag beendeten wir schließlich erfolgreich im Juli 2001.

So umfangreich die bisher durchgeführten Sicherheitsüberprüfungen bei Rheinmetall-Firmen sowie bei den externen Firmen Witte und Babcock Borsig auch waren, der Großauftrag von Thales Deutschland übertraf alles Bisherige bei Weitem. Schließlich ging es darum, von Januar 2005 bis Mai 2006 – also fast 1,5 Jahre lang – die folgenden Standorte in Deutschland zu überprüfen und Sicherheitsanalysen zu erstellen:

- Bonn, Zentralverwaltung TDD
- Berlin, Hauptstadtbüro TDD und IT-Dienstleistungen
- Hamburg, Marinesysteme und IT-Dienstleistungen
- Kiel, Marinesysteme, Optronik- und Kommunikationssysteme
- Koblenz, Simulations- und Ausbildungssysteme, Services und Betreibermodelle, Kundendienst und Systembetreuung für Heer und Marine.
- Pforzheim, Führungsinformationssysteme, Nachrichtengewinnung und Aufklärung, Kommunikationssysteme
- Wilhelmshaven, Marinesysteme, Simulations- und Ausbildungssysteme
- Troisdorf-Spich bzw. Siegburg, Marinesysteme und Dienstleistungen

Meine bundesweiten Einsätze von Kiel bis Pforzheim und von Bonn bis Berlin verschafften mir zum Abschluss meines Berufslebens noch einmal beeindruckende Erlebnisse bei der kritischen Bewertung der Sicherheitsaspekte und spannende Erkenntnisse im Umgang mit Menschen.

Dabei stellte ich fest, dass es einen merklichen Unterschied gibt zwischen dem „normalen“ Dienstverhältnis als „Untergebener“ oder „Vorgesetzter“ und dem „Arbeitsverhältnis“ als Berater und kritischer Prüfer – insbesondere gegenüber dem Führungspersonal und dem jeweiligen Geschäftsführer der zu überprüfenden Tochterfirma. Schließlich ist man bei dieser Aufgabe allein dem beauftragenden „Big Boss“ in der Zentrale gegenüber verantwortlich und – bei allem Respekt – nicht dem jeweiligen Geschäftsführer.

Die Besuchstermine in den TDD-Niederlassungen in der Bundesrepublik Deutschland stimmte ich grundsätzlich mit dem TDD-Haupt-SiBe in Wilhelmshaven, Gerhard Ricklefs, ab. Ricklefs kannte ich bereits seit Jahren als Kollegen im Bundes-Arbeitskreis der SiBe (BAK SiBe). Bei den meisten Arbeitsterminen in den Regionen begleitete er mich. Dabei war er mehr als nur ein „Türöffner“ für mich. Schließlich war er fast überall als Insider bekannt. Für seine Unterstützung bei meiner Überprüfungsarbeit in den einzelnen Firmen war ich ihm sehr dankbar, zumal es damit gelang, die vom Auftraggeber vorgeplanten Zeitansätze problemlos einzuhalten.

Zum ersten Hauptteil der Untersuchung, dem „Unternehmensschutz“, gehörten neben dem Objektschutz noch die Teilbereiche

- Vorbeugender Brandschutz
- Katastrophenschutz/Krisenmanagement
- Know-how-Schutz und
- Schutz der IT-Sicherheit.

Neben den baulich-technischen und organisatorischen Maßnahmen der sog. Statischen Absicherung musste auch ein Augenmerk auf die personellen Maßnahmen – die sog. Aktive Absicherung – geworfen werden.

Begonnen habe ich mit der Arbeit in Ricklefs ureigenem Zuständigkeitsbereich – bei der Firma in Wilhelmshaven. Grundsätzlich habe ich zwei Tage für jede Firmenuntersuchung veranschlagt. Um einen schnellen und genauen Eindruck über die jeweiligen Teilbereiche in den Firmen zu erhalten, führte ich intensive Besprechungen mit dem zuständigen Führungspersonal durch – bei Bedarf auch mit dem jeweiligen Fachpersonal. Danach schlossen sich die erforderlichen Ortsbesichtigungen an.

Die Vorgehensweise geschah nach dem Grundsatz „von außen nach innen“. Das heißt: Zunächst wurden die Absicherungsmaßnahmen gegen unberechtigtes Betreten und kriminelles Eindringen in die Anlagen und Gebäudeteile überprüft, bevor im Inneren, im Kernbereich der Firma, die elektronischen, optischen und sonstigen Sicherungseinrichtungen, das sog. Überwachungs- und Meldesystem, überprüft wurden.

Der zweite große Überprüfungsbereich betraf den „Amtlichen Geheimschutz“ mit den Teilaspekten

- Personeller Geheimschutz
- Materieller Geheimschutz
- Besuchskontrollverfahren.

und den „vorbeugenden personellen Sabotageschutz“. Zugegebenermaßen war ich im ersten Überprüfungsbereich – der Absicherung der Unternehmen – gelegentlich zunächst auch noch „Lernender“, zumal es in den TDD-Firmen durchaus modernste Sicherheitseinrichtungen und Maßnahmen gab, von denen ich zuvor noch wenig wusste.

Der zweite Untersuchungskomplex – der Geheimschutz und personelle Sabotageschutz – betraf dagegen meinen ureigensten Aufgabenbereich als SiBe im Rheinmetall-Konzern – hier fühlte ich mich „zuhause“.

Grundsätzlich erstellte ich unmittelbar nach den Ermittlungen in den TDD-Firmen detaillierte vertraulich eingestufte Protokolle zur Sicherheitsanalyse für den TDD-Geschäftsführer, K. D. Rettig.

Beispielhaft hier einige Punkte aus der „zusammenfassenden Beurteilung" über die Untersuchung des TDD-Standortes Wilhelmshaven:

- Im „Geheimschutz"-Bereich wurde ein hoher Qualitätsstandard festgestellt.
- Im Bereich „Unternehmensschutz" mit den Teilbereichen
  - Objektschutz
  - Peripherieschutz („Außenhautabsicherung")
  - Innenbereich, einschließlich der Zutrittsberechtigung
  - Schutz der IT-Sicherheit und
  - Vorbeugender Brandschutz

  gab es keinerlei gravierende Beanstandungen.
- Zu den Teilbereichen
  - Katastrophenschutz/Krisenmanagement und
  - Know-how-Schutz

  habe ich dringend empfohlen, eine „Betriebliche Katastrophenschutz-Ordnung" und eine „Richtlinie für den Know-how-Schutz" zu erstellen.

Da bei den Sicherheitsüberprüfungen in den anderen TDD-Standorten keine wesentlich anderen Erkenntnisse anfielen, zitiere ich aus der „Gesamtanalyse der Unternehmenssicherheit des Unternehmens Thales Defence Deutschland GmbH" die wichtigsten Aussagen zu festgestellten Sicherheitsmängeln mit entsprechenden Empfehlungen:

- <u>Aus Kategorie I: Erhebliche Sicherheitsmängel</u>
  1. TDD sollte eine Zentralstelle für die Aufgaben „Unternehmenssicherheit" und „IT-Sicherheit" einrichten.
  2. Erstellung einer „Betrieblichen Katastrophenschutz-Ordnung" und einer „Richtlinie für den Know-how-Schutz" wird für dringend erforderlich gehalten.
- <u>Aus Kategorie II: Deutliche Sicherheitsmängel</u>
  1. In allen TDD-Niederlassungen sollte ein zentrales Sicherheitsorgan für alle Bereiche der Sicherheit eingerichtet werden. Die Aufgaben „Unternehmenssicherheit" und „Geheimschutz" sollten nicht gesplittet werden, sondern „in einer Hand liegen".

2. Den SiBe vor Ort in den TDD-Niederlassungen muss genügend Zeit ihrer Arbeitskapazität zur Verfügung gestellt werden, um mehr Spielraum für die verantwortungsvolle Aufgabe als SiBe zu schaffen.

Trotz dieser festgestellten Sicherheitsmängel und weiterer nur „Geringfügiger Mängel“ konnte den TDD-Niederlassungen insgesamt mit Ausnahme des Standortes Pforzheim ein hoher Sicherheitsstandard bescheinigt werden, insbesondere im Sektor der Unternehmenssicherheit (Objektschutz) und des Geheimschutzes.

Bei der Überprüfung des TDD-Standortes Pforzheim am 9. und 10. August 2005 stellte sich sehr bald heraus, dass ich es ganz offensichtlich mit einem „Sonderfall“ zu tun hatte. Dazu die gravierendsten Fälle:

1. Wie bei allen TDD-Niederlassungen bestand dringender Nachholbedarf bei Erstellung einer „Know-how-Schutz“-Richtlinie.
2. Das Thema „Katastrophenschutz/Krisenmanagement“ wurde von Herrn Näher, der Fachkraft für die Arbeitssicherheit aus der Abteilung „Allgemeine Dienste“ verantwortlich behandelt. Der von ihm erstellte „Notfallplan“ vom 1. April 2005 zeitigte zwar erste brauchbare Ansätze, für ein in jedem denkbaren Notfall funktionierendes System fehlte allerdings ein strukturiertes Gesamtkonzept mit eindeutigen Führungs- und Entscheidungsstrategien sowie mit realen Bedrohungsszenarien und einem klaren Maßnahmenkatalog.

   Ich wies im Protokoll ausdrücklich darauf hin, dass es vorteilhaft sei, dieses Sachgebiet grundsätzlich beim verantwortlichen Mitarbeiter für die „Unternehmenssicherheit“ bzw. den Objektschutz aufzuhängen und nicht bei der Fachkraft für die Arbeitssicherheit.
3. Aus vertraulicher Quelle erfuhr ich, dass Herr Näher – als „Spezi“ des Geschäftsführers Wagner – gelegentlich während der Arbeitszeit für seinen Chef private Haus- und Gartenarbeit geleistet haben soll. Evtl. soll es deshalb vor einiger Zeit eine anonym gesteuerte „Diffamierungskampagne“ gegen Herrn Wagner gegeben haben.
4. Der SiBe vor Ort, Herr Ammon, versah seine Geheimschutzaufgaben (GS) nebenamtlich. Auf Weisung des GF Wagner hatte er 70 % seiner Arbeitszeit für den Bereich „Allgemeine Dienste“ zur Verfügung zu stellen – u. a. für das KWKG-Wesen mit der Ankündigung der baldigen zusätzlichen Übernahme der „Schlüsselverwaltung“.

Der nominierte SiBe-Vertreter übernahm grundsätzlich keine unterstützende Mitarbeit im GS-Bereich, sondern vertrat den SiBe nur während dessen Abwesenheit.

Herr Ammon führte aus, dass er nicht in der Lage gewesen sei, die anfallenden GS-Aufgaben in der regulären Arbeitszeit zu bewältigen, weshalb er regelmäßig „Überstunden“ gemacht habe und „Arbeit“ mit nach Hause genommen habe.

In der planmäßigen Abschlussbesprechung habe ich gegenüber dem GF, Herrn Wagner, das Thema offen angesprochen. Meinen Einwand, dass Überstundenarbeit und weitere Arbeit zuhause einer geordneten, vorschriftsmäßigen Arbeit im GS-Wesen sehr abträglich seien, konterte er mit den Worten, dass auch er als GF häufig „verantwortliche Überstundenarbeit“ zu leisten habe. Ich erwiderte – wahrscheinlich nicht mehr ganz freundlich -, dass ich einen solchen Vergleich für völlig unangebracht hielte. Er sagte schließlich eine Überprüfung der Situation zu. Um die heftige Konfrontation zu deeskalieren – besser gesagt, zu beenden –,verabschiedete ich mich mit den Worten, dass ich Herrn Rettig entsprechend informieren würde.

4. Die Verlegung der TDD und der Umzug der Rettigs nach Berlin

Im Spätherbst 2005 wurde die TDD-Holding von Bonn nach Berlin verlegt – ein Anlass für mich, in Berlin Sicherheitsbesprechungen und Absicherungsüberprüfungen vorzunehmen.

Ich besuchte am 1. November 2005 die Thales Holding (TDD) und die Thales Information Systems (TIS), die beide im sog. „Lindencorso“ in der Straße „Unter den Linden 21“ in Berlin untergebracht waren.

Die Bürotrakte waren insgesamt technisch und organisatorisch gegen unbefugten Zutritt optimal abgesichert. Es existierte eine auf einen Sicherheitsdienstleister aufgeschaltete Alarmanlage. Eine im Oktober 2005 durchgeführte Räumungsübung des Hausdienstes in Zusammenarbeit mit dem TÜV Berlin war ein weiterer Hinweis auf eine sicherheitsbewusste Hausverwaltung.

In der Abschlussbesprechung vereinbarte ich eine baldige Überprüfung der sensitiven Räume im Rahmen eines Lauschabwehreinsatzes. Des Weiteren empfahl ich, dass die Holding als Muttergesellschaft der GS-betreuten Unternehmen der TDD in den amtlichen Geheimschutz (GS) des BMWA aufgenommen werden müsse, wenn auch zunächst nur mit der Variante „Personeller GS“. Für diese Aufgabe schlug ich den TDD-Haupt-SiBe, Herrn Ricklefs, vor.

Am folgenden Tag inspizierte ich das Wohnhaus der Familie Rettig im Berliner Stadtbezirk „Prenzlauer Berg“. Das zweistöckige Wohnhaus von 2004 lag in einem mit Gärten und Grünanlagen aufgelockerten Wohngebiet. Das Eckgrundstück war mit einem hohen Gitterzaun umgeben. Der gesamte Bereich war durch Bewegungsmelder und Lampen abgesichert. Zusätzlich war geplant, eine Infrarot-Videokamera zu installieren, um den Vorgartenbereich zu überwachen.

Die weiteren technischen und organisatorischen Absicherungsmaßnahmen entsprachen dem aktuellen Stand der Sicherheitstechnik. Zusätzlich war die Einrichtung einer Alarmanlage geplant, die bei der nahe gelegenen Polizeidienststelle oder bei einem Sicherheitsdienstleister aufgeschaltet werden sollte.

Auch wenn das Wohnhaus aufgrund der baulich-technischen Vorrichtungen und geplanter Installation weiterer Sicherheitseinrichtungen einen hohen Widerstandswert gegen Einbruchversuche hatte, wurde vereinbart, dass ich Kontakt mit dem kriminalpolizeilichen Beratungsdienst aufnehmen sollte.

Ich führte am Nachmittag beim LKA Berlin mit dem Leiter des Staatsschutzes, Herrn Riemer, eine Besprechung durch, um ihn über den geschäftlichen Hintergrund der Thales-Niederlassungen in Berlin zu unterrichten. Er sagte zu, das Thema „Alarmaufschaltung“ bei der Polizei zu prüfen.

Unabhängig vom Ausgang der erforderlichen Gefährdungsüberprüfung – mit der möglichen Einstufung als „positionsgefährdet“ – beabsichtigte Herr Riemer seinen Kollegen beim zuständigen Polizeiabschnitt über den Sachverhalt zu informieren.

Herr Riemer vermittelte mir ein Gespräch mit dem zuständigen Polizeibeamten der LKA-„Kriminalprävention“, der versprach, wegen einer Sicherheitsberatung mit dem TDD-Geschäftsführer, K.D. Rettig, Verbindung aufzunehmen. Ich informierte am Abend K.D. Rettig über die Ergebnisse, die ich beim LKA erzielt hatte. Der Abend klang aus mit einer Einladung zu einem gemeinsamen Abendessen im Hause Rettig.

Im Bewusstsein, die Angelegenheiten in Berlin zur Zufriedenheit von K.D. Rettig und im Sinne der TDD-Holding geregelt zu haben, flog ich am nächsten Morgen guter Dinge zurück nach Düsseldorf.

5. Der Millionenbetrug der Personalchefin und ihre „Potemkinschen Dörfer“ in Russland

Knapp zwei Monate später – am Donnerstag, 29. Dezember 2005 – erreichte mich ein Hilferuf meines Auftraggebers, K.D. Rettig.

Auf einer Chefbesprechung am 23. Dezember 2005 bei der Thales-Hauptverwaltung in Paris sei er über einen Betrugsfall in der TDD-Niederlassung Pforzheim unterrichtet worden. Demnach war die Controlling-Abteilung des Konzerns bei der Überprüfung der Beschaffungs- und Finanzierungsmaßnahmen des Standortes TDD Pforzheim auf eindeutige Anhaltspunkte für einen gewaltigen Betrugsfall gestoßen. – mit dem Hintergrund von Korruption und Unterschlagung. Verdachtsperson war Frau Schmidt, die Abteilungsleiterin der Abteilung „Personal- und Sozialwesen" der TDD-Niederlassung Pforzheim, die man seinerzeit bei der Übernahme der Firma Alcatel-Thomson mit übernommen hatte. Frau Schmidt – eine ehemalige DDR-Bürgerin – soll angeblich aufgrund ihrer früheren Kontakte Geschäftsanbahnungen in Russland und Kasachstan vorgenommen haben. Es war die Rede von „Seilschaften" und „Netzwerk". Mitwisser der „Affäre" waren – außer Paris – K. D. Rettig und Herr Gilbert, der Vorsitzende GF der TDD-Niederlassung Pforzheim. Vorgesehen war eine baldige Besprechung, um das weitere Vorgehen in diesem Fall festzulegen.

An der Besprechung bei TDD in Siegburg am 11. Januar 2006 nahmen – außer den beiden Chefs Rettig und Gilbert und mir – folgende Personen teil:

– Frau Reibernich vom Thales Controlling in Paris
– Herr von Stackelberg, der Personaldirektor der TDD und
– Frau Schülzchen, Rechtsanwältin für Arbeitsrecht

Zum Sachverhalt wurden die folgenden Erkenntnisse dargestellt:

– Frau Schmidt war zu DDR-Zeiten als Ingenieurin in einem Elektronikunternehmen beschäftigt, zuletzt eingesetzt in der Personalentwicklung. 1991 wurde sie von Alcatel, Pforzheim, eingestellt.

  In ihrer Personalakte befand sich eine Erklärung darüber, dass sie in der DDR weder als Hauptamtliche noch als IM für das MfS tätig gewesen sei. Einer amtlichen Sicherheitsüberprüfung mit einer möglichen Anfrage an die sog. „Gauck"-Behörde sei sie nicht unterzogen worden.

– Obwohl sie nach Übernahme in die TDD Pforzheim als Personalchefin nicht zum Vertrieb gehörte, hatte sie sich angeboten, ihre früheren Ostkontakte zur Beschaffung von Aufträgen – außerhalb des Rüstungstechnik-Spektrums – zu nutzen. Nach entsprechender Genehmigung durch ihren Chef, den GF Wagner – der zugleich Abteilungsleiter des Kaufmännischen Sektors war – habe sie im Laufe der Zeit ein regelrechtes „Netzwerk" Richtung Russland aufgebaut, in das vermutlich auch ihr Ehemann und ihre Sekretärin, Frau Henze, einbezogen waren.

Die Geschäftsverbindungen liefen über zwei Consultants/Verbindungsleute in Berlin – einen Russen/Letten und einen Deutschen.

Nach Erkenntnissen des LfV Stuttgart hatte sich der Russe, Michael Tovba, im Dezember 2005 nach Riga/Lettland abgesetzt.

- Frau Schmidt hatte angeblich Aufträge über ca. 37 Mio. € in Aussicht gestellt. Existent war ein Auftragspapier über ca. 3 Mio. € durch ein russisches Unternehmen. Auf Rechnungsbelegen waren hohe Summen für ganz offensichtliche Scheintätigkeiten aufgeführt, die eindeutige Bestechungsvorhaben verschleiern sollten. Einen Teil der Gelder hatte Frau Schmidt angeblich ohne Quittungsbelege in bar zahlen müssen.

  Nach Aussagen von Frau Reibernich wurde der Unterschlagungs-/Bestechungsfall von der Thales-Führungsgruppe in Paris bearbeitet – mit Unterstützung durch Frau Schülzchen, einer Fachanwältin für Arbeitsrecht. Auf den kriminellen Hintergrund sei man bei Prüfung der Belege gekommen. Im Übrigen habe man genügend Beweismaterial in Händen, um gegen Frau Schmidt arbeitsrechtlich und strafrechtlich vorzugehen.

  Dabei müsse man allerdings äußerst vorsichtig vorgehen, um möglichen Rufschaden vom Unternehmen fernzuhalten.

  Frau Schmidt wurde am 9. Januar 2006 vom Dienst suspendiert. Es sei festgelegt worden, ihr in den folgenden Tagen die „Fristlose Kündigung“ zu offerieren.

Meine Aufgabe sollte es sein, mögliche Sicherheitsaspekte des Falles aufklären zu helfen:

- Stehen evtl. hinter den handelnden Personen deutsche/ausländische Firmen (Konkurrenzausspähung) oder gar fremde Nachrichtendienste (Wirtschaftsspionage)?
- Wurden bereits Informationen geliefert/„verkauft“?

Mein Vorschlag, den Verfassungsschutz Baden-Württemberg um Rat und Auskunft über mögliche relevante Erkenntnisse zu bitten, wurde gutgeheißen. Um die erforderliche Vertraulichkeit bzw. Abschottung zu gewährleisten, bot ich an, dabei nur mit dem mir seit Langem persönlich gut bekannten Abteilungsleiter Spionageabwehr, Reg.Direktor Woll, Kontakt aufzunehmen. In diesem Zusammenhang wies ich darauf hin, dass das LfV BW dem Opportunitätsprinzip unterliege – sodass eine automatische Unterrichtung der Staatsanwaltschaft nicht zu befürchten sei.

Anschließend wurde ein weiterer Besprechungstermin mit dem GF, Herrn Gilbert, für den 18. Januar 2006 vereinbart.

Ich bat Herrn Gilbert, bis dahin weitere Hintergrunderkenntnisse für die beabsichtigte Kontaktaufnahme mit Herrn Woll, LfV BW, zusammenzustellen, wie

- Ab wann bestehen welche Ost-Beziehungen?
- Welche Geschäftsaufträge sind davon betroffen?
- Wurden Ausfuhrgenehmigungen beantragt?
- Um welche Beträge handelt es sich?
- Namen der handelnden Personen und ausländischen Unternehmen?

Herr Gilbert bat mich abschließend, Lauschabwehrmaßnahmen für den GF-Bereich in Pforzheim in die Wege zu leiten. Auf Bitten von Herrn Gilbert informierte ich nach der Besprechung den SiBe der TDD Pforzheim, Herrn Ammon, darüber, dass er zurzeit keine selbstständigen Aktivitäten in der Angelegenheit starten solle.

Bereits am 17. Januar 2006 unterrichtete der GF, Herr Gilbert, auf einer Betriebsversammlung die Thales-Mitarbeiterinnen und -Mitarbeiter über die kriminellen Machenschaften aus dem Kreis der Personalabteilung – verbunden mit fristlosen außerordentlichen Kündigungen.

Er teilte weiter mit, dass der Fall inzwischen der Konzern-Rechtsabteilung zur Einleitung strafrechtlicher Schritte gegen die beteiligten Personen übergeben wurde. Zwar sei die formale Untersuchung durch die Konzernrevision noch in vollem Gange, trotzdem habe die Gesellschafterversammlung der TDD sich entschlossen, den GF und Finanzdirektor Günter Wagner einstweilen von seiner Verantwortung zu entbinden.

Bei der Besprechung am 18. Januar 2006 in der Niederlassung Koblenz mit dem GF, Herrn Gilbert, und bei einer weiteren Zusammenkunft mit den beiden GF, K.D. Rettig und Herrn Gilbert, am 9. Februar 2006 in Bonn wurden mir weitere Informationen zu den Geschäftsverbindungen nach Russland und zu den kriminellen Aktivitäten von Frau Schmidt mitgeteilt:

- Bereits zu Beginn des Jahres 2005 war der ehemalige TDD-Mitarbeiter Heilmann vertraglich für geschäftliche Abwicklungen zum Verbindungsmann mit dem Ostblock angeheuert worden.
- Im April 2005 hatte Frau Schmidt Geschäftsbeziehungen nach Kasachstan vorgeschlagen.

- Bei einer Dienstbesprechung im Juli 2005 hatten Frau Schmidt und Herr Heilmann „blühende Millionengeschäfte“ mit Moskau im Rahmen des Funk-/Kommunikationsprojektes vorgestellt. Dazu gab es einen Vertrag mit einem Auftragsvolumen von 3,8 Mio. €, der sich bald darauf mangels genügender Finanzen der Russen als „Nullnummer“ herausstellen sollte.
- Im Dezember 2005 wurde bei einer Durchsuchung ein Rechnungsbeleg gefunden, demzufolge 30 000 € in bar vorab an zukünftige Teilnehmer einer Sicherheitsmesse in Moskau im Februar 2006 ausgezahlt worden waren.
- Ein weiteres Papier beinhaltete die Einrichtung eines TDD-Büros in Moskau.
- Weitere Rechnungen über einige tausend Euro hatte offensichtlich der „freie Mitarbeiter“ Heilmann veranlasst, ohne dass die wirklichen Geschäftsgründe erkenntlich waren.

Bei weiteren Ermittlungen im Pforzheimer TDD-Unternehmen durch Frau Reibernich von der Pariser Revision wurden weitere Details zum Betrugsfall bekannt:

- Frau Schmidt hatte mit Genehmigung des Finanzdirektors Wagner im Laufe der letzten Jahre Barauszahlungen in Summen von mehreren tausend Euro an den lettischen „Consultant“ Michael Tovba getätigt. In einer Befragung vom 9. Januar 2006 gab Frau Schmidt zu, dass sie mit Tovba einen Vertrag über 135 000 € abgeschlossen hatte mit der Absicht, mittels sog. „Eintrittsgelder“ neben Russland auch in Kirgisien ins „große Geschäft“ einsteigen zu können.
- In ihr geschäftliches „Netzwerk“ hatte Frau Schmidt auch ihre Tochter finanziell eingebunden - mit der Vergütung von 50 000 € jährlich ohne richtigen Tätigkeitsnachweis. Selbst ihrem Ehemann, der sich überwiegend in Nizza aufhielt, hatte sie im Rahmen von sog. Personalnebenkosten Gehaltszahlungen zukommen lassen. Und auch Mitarbeiter der Personalabteilung – einschließlich sich selbst – hatte sie mit Prämienzahlungen bedacht.

Nach Vorliegen all dieser kriminellen Erkenntnisse trafen die Konzernspitze in Paris und die Geschäftsführung in Deutschland einheitlich folgende Entscheidungen:

- Fristlose Entlassung von Herrn Wagner und Frau Schmidt, die offensichtlich nur noch ihrer „kriminellen Energie" gefolgt war und den Boden der Realität völlig verloren hatte.
- Außerdem fristlose Entlassung der weiteren betroffenen Personen
- Baldige Einschaltung des Verfassungsschutzes von Baden-Württemberg zur Klärung möglicher Spionageangriffe auf das Unternehmen.
- Abgabe des Falles an die Staatsanwaltschaft Pforzheim.

Um die Geschäftsverbindungen mit dem Moskauer Unternehmen wieder zurechtzurücken, die offensichtlich durch eigenmächtige Aktionen von Herrn Heilmann unterbrochen worden waren, reiste der GF Gilbert mit drei weiteren Managern Anfang Februar 2006 nach Moskau. Bei den Verhandlungen über einen Vertrag zur Ausstattung von Siedlungen im Raum Moskau mit Mob/D5-Systemen war es offenbar zu erheblichen Problemen gekommen, da der russische Geschäftsführer die Finanzierung nicht garantieren konnte.

In einem späteren Brief an den Generaldirektor der russischen Firma sprach Herr Gilbert seine Hoffnung auf eine baldige Lösung des Finanzierungsproblems aus, um gemeinsam die weiteren Marktchancen eines geplanten Projektes für die Moskauer Polizei zu nutzen.

Am 9. Februar 2006 wurden mir anlässlich einer Besprechung in Bonn von den beiden GF, Herrn Rettig und Herrn Gilbert, weitere Informationen zum Betrugsfall mitgeteilt, die für die Besprechung beim LfV BW von Belang sein könnten. Zu diesem Zeitpunkt standen noch Befragungen einiger TDD-Mitarbeiter aus – so die vom Schwiegersohn der Personalchefin und von Herrn Näher, der Fachkraft für den Bereich „Allgemeine Dienste", der u. a. für seinen Chef, den GF Wagner, private Haus- und Gartenarbeiten während der Dienstzeit verrichtet haben soll.

Mit Herrn Gilbert wurde vereinbart, umgehend einleitende Maßnahmen zur Lauschabwehr in Pforzheim vorzunehmen. Die Geschäftsführer waren damit einverstanden, dazu das Lauschabwehrteam eines ehemaligen MAD-Spezialisten zu beauftragen. Ich stellte daraufhin den Kontakt her zwischen Herrn Ammon, dem TDD-SiBe in Pforzheim, und dem mir persönlich bekannten Leiter des Düsseldorfer Lauschabwehrteams, Herrn Obers, einem ehemaligen Lauschabwehrspezialisten der MAD-Gruppe Düsseldorf, sodass das weitere Vorgehen gesichert war.

Zur Vorbereitung auf das Gespräch mit dem LfV BW am Freitagvormittag, 24. Februar 2006, traf ich mich am Donnerstagnachmittag, 23. Februar 2006, mit dem GF Gilbert im Parkhotel in Stuttgart. Dabei übergab er mir die folgenden Zeitungsartikel zum TDD-Betrugsfall in Pforzheim:

- Die „Pforzheimer Zeitung" vom 16. Februar 2006 titelt
  - „Finanzaffäre bei Thales" und
  - „Millionen bei Thales versickert" mit dem Untertitel:

    „Nach interner Revision fristlose Kündigung der Personalchefin – Mutmaßlich ungerechtfertigte Zahlungen an Familienmitglieder".
- Im Artikel heißt es u. a.

  „Aus mehreren, voneinander unabhängigen Quellen erfuhr die PZ, dass von der Personalchefin unbefugterweise Prämien in Höhe von insgesamt drei bis acht Millionen Euro angewiesen worden seien – darunter monatliche Extravergütungen an ihren Schiegersohn und an weitere früher in der Firma beschäftigte Familienmitglieder."

  „Die interne Revision wird auch klären müssen, wie viel Geld geflossen ist, damit ein Russlandgeschäft zustande gekommen ist. … Nach PZ-Informationen flossen sechsstellige Summen, um die russischen Partner genehm zu stimmen, darunter auch Flüge nach Nizza – wo die Ex-Personalchefin ihr Feriendomizil hat."

  Weiter heißt es: „Verwickelt ist auch der oberste Controller. Der Finanzdirektor des Standortes Pforzheim und der Thales Defence Deutschland ist von der Gesellschafterversammlung seiner Verantwortung entbunden worden – so lange, bis die Konzernleitung eine endgültige Entscheidung getroffen hat."
- In dem Artikel der PZ vom 17. Februar 2006 „Thales-Fall zieht weitere Kreise" wird darauf hingewiesen, „dass die Pforzheimer Staatsanwaltschaft nach der gestrigen PZ-Veröffentlichung die Unregelmäßigkeiten bei Thales Defence überprüfen werde."
- Die „Stuttgarter Zeitung" vom 23. Februar 2006 berichtet unter dem Titel „Bei Thales in Pforzheim versickern Millionen".

6. Besprechung mit dem LfV-Abteilungsleiter, KD Woll, einem Kollegen aus meiner MAD-Zeit in Stuttgart

Zur Besprechung am 24. Februar 2006 beim LfV BW in Stuttgart begleitete mich Herr Ammon, der als SiBe der Pforzheimer Niederlassung für zukünftige weitere Maßnahmen zuständig war.

Besprechungsteilnehmer des LfV waren der Abteilungsleiter Spionageabwehr, Kriminaldirektor Woll und der Referatsleiter, Herr Eckert.

Herr Woll und ich hatten uns Ende der 1970er-Jahre kennengelernt. Wir waren damals direkte Berufskollegen – er war Stellvertr. Leiter der Abteilung Spionageabwehr des LfV in Stuttgart, und ich war Stellvertr. Leiter des Dezernats Spionageabwehr der MAD-Gruppe in Stuttgart. Wir hatten damals regelmäßige dienstliche Kontakte. Und auch nach meinem Ausscheiden aus dem MAD 1987 kam es zu gelegentlichen Begegnungen anlässlich von Tagungen, an denen ich als Leiter des Bundes-Arbeitskreises der Sicherheitsbevollmächtigten (BAKSiBe) teilnahm.

Die Wiedersehensfreude war groß und das Gesprächsklima entsprechend entspannt und offen. Die Herren des LfV wurden anhand der Zeitungsartikel in der Stuttgarter und Pforzheimer Zeitung über den kriminellen Hintergrund des „Falles Frau Schmidt" informiert. Zusätzlich wurden die über die Geschäftsverbindungen nach Russland bekannt gewordenen Kenntnisse mitgeteilt, besprochen und nachrichtendienstlich bewertet.

Zusammenfassend kam man zu folgendem Ergebnis:

- Das LfV BW wird keine Verdachtsfall-Bearbeitung aufnehmen, da tatsächliche Anhaltspunkte für einen nachrichtendienstlichen Hintergrund zurzeit nicht erkennbar sind. Außerdem wäre es nach Abgabe des Falles an die Exekutive aus Zuständigkeitsgründen auch gar nicht mehr möglich, eine operative Bearbeitung aufzunehmen.
- Trotzdem sei man befugt und bereit, Anfragen zu den beteiligten Personen und russischen Firmen vorzunehmen, um damit eventuell festzustellen, ob ein nd-Hintergrund vorliegen könnte, der u. a. zu einer anderen Beurteilung führen könnte.
- Um ein möglichst vollständiges Bild des Falles zu erhalten, bat das LfV um weitere sachdienliche Informationen. Es wurde vereinbart, nach Ende der Revisionsuntersuchungen – voraussichtlich Anfang März 2006 – das LfV u. a. zu folgenden Themen zu unterrichten:
    - Welche Geschäftsreisen nach Russland hat Frau Schmidt unternommen?
    - Gab es zusätzlich zu den beiden bekannten russischen Firmen (Sigma-IS und FSUE/FEA) weitere geschäftliche Verbindungen nach Russland?
    - Gab es weitere Personen, die mit illegalen Zahlungen durch Frau Schmidt bedacht wurden?

- Welche ehemaligen DDR-Bürger hat Frau Schmidt bei Thales eingestellt?

Im Anschluss an die Besprechung beim LfV BW unterrichtete ich die beiden Geschäftsführer, Herrn Gilbert noch in Stuttgart und Herrn Rettig mit der Übersendung des Besprechungsprotokolls. Darin empfahl ich aufgrund der aktuellen Sachlage

- Abgabe an die Staatsanwaltschaft
- Unterrichtung von BMVg/ES
- Zeitungsveröffentlichungen zur Kenntnis nehmen
- Telefonische Kurzinfo an Frau Hagemann, BMWi, durch Herrn Ammon
- Unterrichtung des LfV BW bei neuen Erkenntnissen.

Ich hielt es für dringend erforderlich, eine umfassende Unterrichtung des BMWi und die VS-Entpflichtung des vom Dienst suspendierten GF Wagner vorzunehmen. Außerdem empfahl ich Herrn Rettig, sich mit dem Leiter des Düsseldorfer Lauschabwehrteams unmittelbar in Verbindung zu setzen, um auch die entsprechenden Überprüfungen der Büros der TDD-Hauptverwaltung in Berlin in Angriff zu nehmen.

Mit Schreiben vom 19. September 2007 teilte mir Herr Rettig mit, dass er sich ungeachtet großer geschäftlicher Erfolge entschieden habe, den Konzern in gutem Einvernehmen zu verlassen, um sich neuen Aufgaben zuzuwenden.

Er verabschiedete sich mit dem Wunsch auf weitere gute Zusammenarbeit von mir mit Thales und seinem Nachfolger in der TDD-Geschäftsführung und bedankte sich für das ihm entgegengebrachte Vertrauen.

Meine Anfrage an den neuen GF, Herrn Dr. Biebinger, vom 7. November 2007, ob Thales weiterhin an meiner Mitarbeit am geplanten Projekt „Erstellung eines umfassenden Sicherheitskonzeptes“ zu den Themen „Know-how-Schutz“ und „Katastrophenschutz/Krisenstab“ interessiert sei, wurde leider mit Schreiben vom 7. November 2007 wegen anderer Aktivitäten im Bereich Sicherheit wir folgt beantwortet: „Ihr Einverständnis vorausgesetzt, würden wir bei Bedarf auf Ihre Unterstützung zurückkommen und uns zu gegebener Zeit bei Ihnen melden.“

Ganz offensichtlich gab es diesen Bedarf jedoch nicht mehr!

Kapitel 24 (2006)
General Klitschko, der ukrainische Attaché in Deutschland und OTL Müller-Borchert, der deutsche Attaché in Chile

1. General Klitschko, mein Tischnachbar beim Thales-Jahresempfang, sprach offen über seinen Einsatz in der „Hölle von Tschernobyl"

Nach der Besprechung mit den beiden Thales-Geschäftsführern am Nachmittag des 9. Februar 2006 fand der traditionelle Jahresempfang der Thales Defence Deutschland am Abend desselben Tages in einem großen Saal eines Hotels in Bonn-Bad Godesberg statt – zu dem auch ich eingeladen worden war.

Als Gastgeber fungierte das gesamte Führungspersonal der Firma. Die vielen Gäste kamen aus der Industrie, der Bundeswehr und den ausländischen Streitkräften. Nach der Begrüßung der Gäste durch den GF, Dr. Klaus D. Rettig und der Small-talk-Runde wurde zu einem lukullischen Imbiss gebeten.

Nach Empfang meiner „Häppchen" nahm ich an einem der kleinen Tische Platz. Kurz darauf traten zwei Herren an meinen Tisch und baten darum, Platz nehmen zu dürfen. Einer der beiden war zivil gekleidet, der andere in schmucker Uniform. Der Offizier trug an seiner Uniform das Namensschildchen: „Generalmajor Klychko" (Владимир Родионович Кличко). Ich war überrascht über die Ähnlichkeit seines Namens mit dem der beiden Schwergewichtsboxer Witali (russ. Вита́лий) und Wladimir Klitschko (russ. Влади́мир Кличко́). Der Generalmajor hatte mich wohl verstanden und sagte: „Kein Wunder, ich bin schließlich ihr Vater!" Ich empfand es als Glücksfall, dass sich ein Promi an meinen Tisch gesetzt hatte.

Generalmajor Klitschko stellte sich mir in gebrochenem Deutsch als der Luftwaffen- und Marineattaché der Ukraine vor. Sein Begleiter war – soweit ich mich recht erinnere – der ukrainische Wirtschaftsattaché. Ich stellte mich den beiden Diplomaten als Sicherheitsberater von Thales vor – mit dem zusätzlichen Hinweis auf meine militärische und nachrichtendienstliche Vergangenheit. Wir Drei führten ein angeregtes Gespräch, zunächst über die Karriere der beiden Söhne des Generals, dann über die neue Selbstständigkeit der Ukraine, in der man zum Glück wieder Ukrainisch sprechen dürfe, aber auch über die „Hölle von Tschernobyl", in der auch der General seinerzeit im grausamen Einsatz seine Gesundheit auf Spiel gesetzt hatte, nachdem am 26. April 1986 ein Reaktorblock des sowjetischen Kernkraftwerks explodiert war. Er berichtete, dass er kurz vor seiner Pensionierung stand und deshalb in Bälde in die Ukraine zurückziehen werde, worauf er sich schon sehr freue.

Ich erzählte dem General, dass ich anlässlich einer Tagung in Hannover im März 1998 während des Frühstücks im Hotelrestaurant zwei berühmte Tischnachbarn gehabt hatte, nämlich die beiden Klitschko-Brüder, die Weltmeister im Schwergewicht der Berufsboxer, mit denen es nach der Begrüßung zu einem interessanten „Small-Talk“ gekommen war. Dabei hatte ich Wladimir viel Glück für seinen am Abend in Hannover bevorstehenden WM-Kampf gewünscht.

Abb. 95. Witali Klitschko (r.), Bürgermeister von Kiew, und sein Bruder Wladimir Klitschko, im Rathaus vor einer Karte der Stadt. Die beiden ehemaligen Weltmeister im Schwergewicht der Profiboxer am 27. Februar 2022 während der russischen Aggression gegen die Ukraine. Foto: Efrem Lukatsky / AP / DPA

Zur Verabschiedung überreichte mir der Generalmajor seine Visitenkarte. Ich konnte ihm dadurch im April 2006 zum KO-Sieg seines Sohnes Wladimir im Weltmeisterschaftskampf gegen Chris Byrd einen Gratulationsbrief schreiben.

Unglücklicherweise verstarb General Wolodimir Klychko (ukr. Володимир Р. Кличко, russ. Владимир Родионович Кличко) der Vater der Boxweltmeister Wladimir und Witali Klitschko, bereits am 13. Juli 2011 mit gerade einmal 64 Jahren in Kiew an Lymphdrüsenkrebs, wohl den Spätfolgen des 1986 explodierten Reaktorblocks in Tschernobyl. Nach der Atomkatastrophe hatte der General dort die Hubschraubereinsätze koordiniert. Seine Krebserkrankung war mit großer Wahrscheinlichkeit auf die hohe Strahlenbelastung während des Tschernobyl-Einsatzes zurückzuführen.

2. Müller-Borchert, aus der Verwandtschaft meiner Frau Bärbel, wurde wegen „rechter Kontakte" zu Pinochet strafversetzt

Und wir hatten tatsächlich auch einen Militärattaché in unserer „erweiterten" Verwandtschaft.

Irgendwann einmal, als ich bereits den militärischen Rang eines Oberstleutnants besaß, wurde ich im Verwandtenkreis meiner Frau Bärbel darauf angesprochen, dass es dort ebenfalls einen Oberstleutnant gab. Dieser hatte vor Jahren eine der Cousinen meiner Frau geheiratet. Man war mächtig stolz auf ihn, denn er stand kurz vor der Abreise nach Chile, um an der Deutschen Botschaft den Posten als Militärattaché anzutreten.

Der „angeheiratete Cousin" meiner Frau, Hans-Joachim Müller-Borchert, geboren 1937 auf Rügen, war nach dem Studium einiger Semester Rechtswissenschaften in die Bundeswehr eingetreten. Nach der Generalstabsausbildung ist er schriftstellerisch in Erscheinung getreten. Seine Verwandten aus der Lüneburger Heide schenkten mir in den 1970er-Jahren das von ihm erstellte Buch „Guerilla im Industriestaat". Er galt als Experte in Rundfunk und Fernsehen bei der Bekämpfung der Terrororganisation RAF.

Einige Zeit nach seiner Versetzung in die Deutsche Botschaft nach Santiago de Chile wurde ihm von den paramilitärischen Carabineros der Orden „Honor al Merito" verliehen, worauf er sich in einer Rede bei einem Empfang mit einer Eloge auf die chilenische Regierung des Diktators Pinochet revanchierte.

Einige Monate später nahm er in einem Festakt des chilenischen Militärs den „Verdienstorden der Streitkräfte" entgegen. Er bedankte sich überschwänglich und pries erneut die chilenischen Aktivitäten gegen den „internationalen Kommunismus". Sein Vorgesetzter, der Deutsche Botschafter Horst Kullak-

Üblich, verließ wegen dieses erneuten undiplomatischen Benehmens seines Militärattachés demonstrativ den Festakt.

Als der damalige Außenminister Hans-Dietrich Genscher von der Geschichte erfuhr, soll er nicht nur über den Militärattaché, sondern auch über den Missionschef in Rage geraten sein – beide hätten seiner Meinung nach gar nicht an diesem Festakt teilnehmen dürfen.

Gegen den OTL H.-J. Müller-Borchert wurde ein Disziplinarverfahren eröffnet. Er wurde seines Dienstpostens als Militärattaché enthoben und zum 1. Oktober 1984 an das „Amt für Studien und Übungen" – im Bundeswehrjargon „Die Bundeswehr-Denkfabrik" genannt – nach Bensberg bei Köln versetzt.

3. Die disziplinare und strafrechtliche Verurteilung von Admiral Schmähling, dem ehemaligen MAD-Chef

Vielleicht traf er dort eines Tages den ebenfalls aus disziplinarischen Gründen nach Bensberg strafversetzten ehemaligen MAD-Chef, den Flottillenadmiral Elmar Schmähling – ebenfalls Geburtsjahrgang 1937. Schmähling war vom Februar 1982 bis September 1983 gerade einmal 1,5 Jahre Chef des MAD, als er wegen einer amourösen Affäre mit einer Sekretärin der Nachrichtenschule der Bundeswehr vom Dienst suspendiert wurde. Die Sekretärin hatte sinnigerweise ihre „Treffs" mit dem Admiral in ihren dienstlichen Terminkalender eingetragen – und diesen auf ihrem Schreibtisch liegen gelassen!

Vor Bekanntwerden dieser Affäre hatte Schmähling im Rahmen eines Dienstbesuches im Luftwaffen-Standort Erndtebrück/Siegerland eine junge Stabsärztin kennen gelernt, die er offenbar für würdig befand, mit ihm als seinem Gast an einer Seereise während der Kieler Woche teilzunehmen. Sie empfand seine Einladung als große Ehre und sagte zu.

Es war Tradition der Bundesmarine, zur „Kieler Woche" eine Show-Schiffsreise mit honorigen Gästen in der Kieler Förde zu veranstalten. Also begab sich die nichts ahnende Stabsärztin zur vereinbarten Anlegestelle in der Erwartung, vom Admiral abgeholt zu werden.

Dieser war aber zwischenzeitlich nach einer disziplinarrechtlichen Bestrafung in das „Amt für Studien und Übungen der Bundeswehr" in Bensberg versetzt – und von der Gästeliste gestrichen worden.

Nachdem die übrigen Gäste schließlich alle an Bord des Schiffes gegangen waren und sie als einzige Person übriggeblieben war, wurde sie von einem Marineoffizier gefragt, auf wen sie warte.

Es war ein Höflichkeitsakt der Marine, dass sie schließlich doch noch die kleine Seereise mitmachen durfte – wenn auch ohne den Herrn Admiral, der offensichtlich vergessen hatte, seine Einladung rechtzeitig zu stornieren.

Es ist sicher verständlich, dass diese Episode im MAD für ungeahnte Schadenfreude sorgte.

Schmähling wurde im Januar 1984 in das Bensberger Amt versetzt, dem er als dessen Chef vorstand, bevor er am 16. Januar 1990 gemäß §50 Soldaten-Gesetz ohne Angabe von Gründen in den einstweiligen Ruhestand versetzt wurde.

Nach seiner Pensionierung wurde er Autor einiger Bücher und Gründer eines kleinen IT-Unternehmens, das bald in erhebliche wirtschaftliche „Seenot“ geriet.

Im März 1998 war er gar politisch aktiv geworden und hatte sich als Direktkandidat für die linke Partei PDS aufstellen lassen – schließlich auch ohne Fortune. Auch sein Unternehmen „ging den Bach hinunter“ – und er in U-Haft. Er wurde am 27. August 1998 wegen Insolvenzverschleppung, Untreue und Betrugs zu zwei Jahren Haft auf Bewährung bestraft. Schmähling starb am 1. März 2021 in Dresden.

„Unterm Strich“ kann ich ehrlicherweise sagen: Es war wohl doch kein so großer Nachteil für mich, dass ich weder dem Fast-Verwandten Hans-Joachim Müller-Borchert noch dem Flottillenadmiral Elmar Schmähling jemals persönlich begegnet bin. Im Übrigen haben wir drei ehemaligen Offiziere aus den drei Teilstreitkräften – Heer, Luftwaffe und Marine – mindestens drei weitere Gemeinsamkeiten:

– den Geburtsjahrgang 1937
– den Status als Berufsoffiziere
– und die Neigung zur Schriftstellerei.

Literatur

Andreas Kossert, *Kalte Heimat: Die Geschichte der deutschen Vertriebenen nach 1945.* Siedler Verlag; 4. Edition, 1. Januar 2008

Hans Pleschinski, *Wiesenstein.* München: C. H. Beck oHG, 4. Auflage 2018

Karin Schlesiger, *Contra torrentem – gegen den Strom – Anton Hilckman 1900 – 1970.* Hrsg. Heimatverein Bevergern 1990

Emil Schreiber, Dieter Wolf, *Vertrauen vor Verdacht. KSE-Inspektionen in einem Industrieunternehmen.* Zeitschrift Soldat & Technik: Streitkräfte, Wehrtechnik, Rüstung, Logistik, Febr. 1995, S. 82/85

Emil Schreiber, Dieter Wolf, *Test-Ergebnisse. Was tun, wenn die KSE-Inspektoren kommen.* WIK – Zeitschrift für Wirtschaft, Kriminalität und Sicherheit, SecuMedia Verlags-GmbH, Ingelheim, Nr. 1, Februar/März 1995, S. 25/30

Emil Schreiber, Dieter Wolf, *Aus Übung wurde Realität. Wenn die KSE-Inspektoren kommen.* WIK – Zeitschrift für Wirtschaft, Kriminalität und Sicherheit, SecuMedia Verlags-GmbH, Ingelheim, Nr. 7, Dezember 1995, S. 25/30

Udo Ulfkotte, *Marktplatz der Diebe. Wie die Wirtschaftsspionage deutsche Unternehmen ausplündert und ruiniert.* Bertelsmann-Verlag, 1. Auflage 1999

Dieter Wolf, *Industrieseitige Schutzmaßnahmen gegen Spionage. Referat zur Sitzung des BDI-Ausschusses für Sicherheitsfragen am 2. September 1993.* In: BDI: Wirtschafts- und Betriebsspionage: Vortragsveranstaltung des BDI-Ausschusses für Sicherheitsfragen, Köln: Verlag Industrie-Förderung GmbH, Mai 1994

Dieter Wolf, *Bewußtseinsbildende Maßnahme. Know-how-Schutz durch Vorschriften regeln.* WIK – Zeitschrift für Wirtschaft, Kriminalität und Sicherheit, SecuMedia Verlags-GmbH, Ingelheim, Nr. 4, August 1994, S. 15/17

Dieter Wolf, *Unser Sohn in der Hölle der Roten Khmer.* Carola Hartmann Miles-Verlag Berlin, in Vorbereitung

Abkürzungsverzeichnis

AK	Altersklasse (Leichtathletik, Rasenkraftsport, LSW-Spezialsport), 93
AKSiBe	Arbeitskreis der Sicherheitsbevollmächtigten, 260
ASBw	Amt für Sicherheit der Bundeswehr, das spätere MAD-Amt, 83
ASW	Arbeitsgemeinschaft für Sicherheit in der Wirtschaft, 332
BAKSiBe	Bundesarbeitskreise der SiBe der geheimschutzbetreuten Industrie, 357
BfV	Bundesamt für Verfassungsschutz, 111
BMWi	Bundesministerium für Wirtschaft und Energie, 278
BrigGen	Brigade-General, 165
Btl	Bataillon, 61
BwB	Bundeswehr-Beschaffungsamt, 300
CM	Counterman, quasi ein Doppelagent, 154
DAMM	Deutsche Altersklassen-Mannschaftsmeisterschaft (Leichtathletik), 63
DKW	Dampf-Kraft-Wagen, ehemalige deutsche Automobil- und Motorradmarke, 60
DSW	Deutscher Schutz- und Wachdienst, 289
EADS	European Aeronautic Defence and Space Company, heute Airbus Group, 47
FAR	Fluganwärter-Regiment, 50
Fm-Btl	Fernmelde-Bataillon, 175
GBA	General-Bundesanwalt, 129
GenLt	Generalleutnant, 91
Grp	Gruppe, z. B. LwGrpSüd, 72
GRU	ehemals sowj. und aktueller russischer Militär-Nachrichtendienst, 201
GS	Geheimschutz, 278
HFw	Hauptfeldwebel, 171
i. G.	im Generalstab, z. B. Oberst i. G., 219
IM	Informeller Mitarbeiter, 219
JaBoG	Jagdbomber-Geschwader, 172
JG	Jagdgeschwader, 65
K	Kommissariat (z. B. die 14. K der Polizeipräsidien = Staatsschutzkomm., 238
Kdr	Kommandeur, z. B. Btl.Kdr, 50
KdS	Kommando der Schulen, 43
KDV	Kriegsdienstverweigerer, 86

KOR	Kriminal-Oberrat, 196
KSE	Konventionelle Streitkräfte in Europa, 330
KWKG	Kriegswaffenkontrollgesetz, 281
LAR	Lw-Ausb.-Regiment, LwAusbRgt, 57
LfV	Landesamt für Verfassungsschutz, 217
LSW	LSW Spezialsport Verband (Laufen, Springen, Werfen), 11
Lt	Leutnant, 40
LV	Luftverteidigung, 66
Lw	Luftwaffe, 40
MfS	Ministerium für Staatssicherheit („Stasi") der DDR, 101
MTB	Mountainbike, Bergfahrrad, 381
nd, ND	nachrichtendienstlich, Nachrichtendienst, 101
Offz	Offizier, 40
Op	operativ, Operation im Sinne von geheimer Fallbearbeitung, 205
OSLw	Offizierschule der Luftwaffe, 45
OStA	Oberstaatsanwalt, 168
OTL	Oberstleutnant, 12
RAF	Rote Armee Fraktion (Terrorgruppe), 278
Reg, Rgt	Regiment, 40
RhDeTec	Rheinmetall Defence Technology AG, 278
ROB	Reserveoffizier-Bewerber, 88
SNBw	Schule für Nachrichtenwesen der Bundeswehr, 100
StOffz	Stabsoffizier, 106
VS-NfD	Verschlusssache – nur für den Dienstgebrauch, 113
VSW	Verbände für Sicherheit in der Wirtschaft, 356
WBK	Wehrbereichskommando, 193
WBO	Wehrbeschwerde-Ordnung der Bw, 41
WBV	Wehrbereichsverwaltung, 76
WStG	Wehr-Strafgesetz der Bw, 265
ZMSBw	Zentrum für Militärgeschichte und Sozialwissenschaften der Bundeswehr, 214
ZVBw	Zentrum für Verifikationsaufgaben der Bundeswehr, 331

Beruflicher Werdegang und Beförderungen von Dieter Wolf

Geburtsdatum	27.8.1937
1937 – 1958	Kindheit in Schlesien und Jugendzeit in Nordrhein-Westfalen
1958 – 1959	Militärische Ausbildung im LwAusb.Rgt 4 (LAR) und Studium I an der Offizierschule
1958	Gefreiter Offizieranwärter (Gefr. OA)
1959 – 1960	Propeller-Screening im FAR und Flug.Anw.Rgt. (FAR), Jet-Ausbildung an der Flugzeugführerschule
1959	Fahnenjunker
1959	Fähnrich
1960 – 1961	Zugführer im Lw-Ausbildungsregiment 2 (LAR)
1960	Leutnant
1961	Staffeldienst-Offizier im Jagdgeschwader 73, Oldenburg
1961 – 1965	Personaloffizier in der Technischen Gruppe des Jg 73, Sobernheim
1963	Oberleutnant
1965 – 1967	Kompaniechef im Luftwaffen-Ausbildungsregiment 3, Roth/Nürnberg
1966	Hauptmann
1967	MAD-Ausbildung im Basislehrgang an der SNBw in Bad Ems
1968 – 1969	Studium II an der Offizierschule der Luftwaffe in München und an der BW-Akademie in Hamburg
1970 – 1973	Stellvertreter in der Spionageauswertung im ASBw
1971	Major
1973 – 1981	Stellvertretender Leiter des Spionageabwehr-Dezernats 3 der MAD-Gruppe V in Stuttgart
1977	Oberstleutnant (OTL – A14)
1981 – 1984	Dezernatsleiter Spionageabwehr bei der MAD-Gruppe III in Düsseldorf
1983	OTL (A15)
1984 – 1987	Dienststellenleiter der MAD-Stelle 33 in Iserlohn
1987 – 2004	Leiter der Sicherheitsabteilung des Rheinmetall-Konzerns in Düsseldorf
1998 – 2002	Honorardozent bei der IHK in Düsseldorf mit Unterrichtung nach der „Bewachungsverordnung"
1997 – 2003	Sicherheitsbevollmächtigter beim britischen Unternehmen BAE Deutschland
2005 – 2006	Sicherheitsberater für den französischen Thales-Konzern

Carola Hartmann Miles-Verlag

Erinnerungen

Blue Braun, *Erinnerungen an die Marine 1956–1996,* Berlin 2012.

Klaus Grot, *So war's, damals. Dienstchronik eines Pionieroffiziers im Kalten Krieg 1954–1991,* Berlin 2014.

Gustav Lünenborg, *Bürger und Soldat. Innere Führung hautnah 1956–1993, 1993–2015,* Berlin 2015.

Adolf Brüggemann, *Als Offizier der Bundeswehr im Auswärtigen Dienst. Meine Erinnerungen als Militärattaché in Seoul (Republik Korea) 1978–83 und in Prag (Tschechoslowakei/Tschechien) 1988–1993,* Berlin 2015.

Rainer Buske, *Eine Reise ins Innere der Bundeswehr. Wundersame Geschichten aus einer anderen Welt,* Berlin 2016.

Heinz Laube, *Duell am Himmel,* Berlin 2016.

Viktor Toyka, *Dienst in Zeiten des Wandels. Erinnerungen aus 40 Jahren Dienst als Marineoffizier 1966-2000,* Berlin 2017.

Hans-Eckhard Tribess (Hrsg.), *Im Leben unterwegs – für den Frieden. Festschrift für Wolfgang Altenburg zum 90. Geburtstag am 22. Juni 2018,* Berlin 2019.

Kurt Graf v. Schweinitz, *Notizen im Transit von Krieg und Frieden,* Berlin 2020.

Karl-Otto Behrendt, *Der kurze Bericht über eine lange Zeit. Kriegsgefangenschaft 1945–1953, herausgegeben und kommentiert von Hans-Günter Behrendt,* Berlin 2021.

Hans Peter v. Kirchbach, *Herz an der Angel,* Berlin 2021.

Militär und Gesellschaft

Wolf Graf von Baudissin, *Grundwert Frieden in Politik – Strategie – Führung von Streitkräften,* hrsg. von Claus von Rosen, Berlin 2014.

Marcel Bohnert, Lukas J. Reitstetter (Hrsg.), *Armee im Aufbruch. Zur Gedankenwelt junger Offiziere in den Kampftruppen der Bundeswehr,* Berlin 2014.

Eberhard Birk, Peter Andreas Popp (Hrsg.), *Luftwaffenoffizier 21. Das Selbstverständnis des Luftwaffenoffiziers zu Beginn des*

21. Jahrhunderts, (aus der Reihe Schriften zur Geschichte der Deutschen Luftwaffe, Band 5), Berlin 2016.

Alois Bach, Walter Sauer (Hrsg.), *Schützen.Retten.Kämpfen. Dienen für Deutschland,* Berlin 2016.

Marcel Bohnert, Björn Schreiber (Hrsg.), *Die unsichtbaren Veteranen. Kriegsheimkehrer in der deutschen Gesellschaft,* Berlin 2016.

Angelika Dörfler-Dierken (Hrsg.), *Hinschauen! Geschlecht, Rechtspopulismus, Rituale: Systemische Probleme oder individuelles Fehlverhalten?,* Berlin 2019.

Uwe Hartmann, Reinhold Janke, Claus von Rosen (Hrsg.), *Jahrbuch Innere Führung 2020. Zur Weiterentwicklung der Inneren Führung: Themen und Inhalte,* Berlin 2020.

Uwe Hartmann, *Die Nato. Mächte und Menschen in der transatlantischen Allianz,* Berlin 2021.

Thomas Jäger, Ralph Thiele (Hrsg.), *Der Politische Islamismus als hybrider Akteur globaler Reichweite. Die liberale demokratische Ordnung muss ihre Resilienz stärken,* Berlin 2021.

Standpunkte und Orientierungen

Uwe Hartmann, *Hybrider Krieg als neue Bedrohung von Freiheit und Frieden. Zur Relevanz der Inneren Führung in Politik, Gesellschaft und Streitkräften,* Berlin 2015.

Klaus Beckmann, *Treue.Bürgermut.Ungehorsam. Anstöße zur Führungskultur und zum beruflichen Selbstverständnis in der Bundeswehr,* Berlin 2015.

Martin Sebaldt, *Nicht abwehrbereit. Die Kardinalprobleme der deutschen Streitkräfte, der Offenbarungseid des Weißbuchs und die Wege aus der Gefahr,* Berlin 2017.

Christian J. Grothaus, *Der „hybride Krieg" vor dem Hintergrund der kollektiven Gedächtnisse Estlands, Lettlands und Litauens,* Berlin 2017.

Uwe Hartmann, *Der gute Soldat. Politische Kultur und soldatisches Selbstverständnis heute,* Berlin 2018.

Helmut Jermer, *Innere Führung kompakt. Eine Zusammenschau als Lehr- und Lernhilfe,* Berlin 2019.

Martin Sebaldt, *Das Elend der Strategen. Warum die deutsche Militärpolitik versagt,* Berlin 2020.

Schriften zur Tradition

Eberhard Birk, Winfried Heinemann, Sven Lange (Hrsg.), *Tradition für die Bundeswehr. Neue Aspekte einer alten Debatte,* Berlin 2012.

Donald Abenheim, Uwe Hartmann (Hrsg.), *Tradition in der Bundeswehr. Zum Erbe des deutschen Soldaten und zur Umsetzung des neuen Traditionserlasses,* Berlin 2018.

Joachim Welz, *Vom Kontingentsheer zum Reichsheer: Militärkonventionen als Motor der Wehrverfassung,* Berlin 2018.

Donald Abenheim, Uwe Hartmann, *Einführung in die Tradition der Bundeswehr. Das soldatische Erbe in dem besten Deutschland, das es je gab,* Berlin 2019.

Eberhard Birk, Heiner Möllers (Hrsg.), *Die Luftwaffe und ihre Traditionen (aus der Reihe Schriften zur Geschichte der Deutschen Luftwaffe, Band 10),* Berlin 2019.

Hans-Günter Behrendt (Hrsg.): *Erinnerungsorte der Bundeswehr – Personen, Ereignisse und Institutionen der soldatischen Traditionspflege*, Berlin 2020.

Dirk Drews, Stefan Gruhl (Hrsg.): *Oberst Reinhard Hauschild 1921–2005. Traditionsstifter für die Bundeswehr? Gedenkschrift zum 100. Geburtstag*, Berlin 2021.

Militärgeschichte

Eberhard Kliem, Kathrin Orth, *"Wir wurden wie blödsinnig vom Feind beschossen". Menschen und Schiffe in der Skagerrakschlacht 1916,* Berlin 2016.

Hans Frank, Norbert Rath, *Kommodore Rudolf Petersen. Führer der Schnellboote 1942–1945. Ein Leben in Licht und Schatten unteilbarer Verantwortung,* Berlin 2016.

Eckhard Lisec, *Der Völkermord an den Armeniern im 1. Weltkrieg – Deutsche Offiziere beteiligt?,* Berlin 2017.

Ingo Pfeiffer, *Heinz Neukirchen. Marinekarriere an wechselnden Fronten,* Berlin 2017.

Joachim Welz, *Erfolgsstory oder Trauma – die Übernahme von Armeen. Lehren aus der Übernahme des österreichischen Bundesheeres in die Wehrmacht 1938 und der Reste der NVA in die Bundeswehr 1990,* Berlin 2018.
Joachim Hoppe, Manfred Wilde (Hrsg.), *Die Unteroffizierschule des Heeres, Die militärische Meisterschule,* Berlin 2016.
Georg Neuhaus, *Am Anfang war ein Speer. Eine Chronographie der Kriegs- und Militärtechnologien,* Berlin 2018.
Hans-Werner Ahrens, *Die Transportflieger der Luftwaffe 1956 bis 197. Konzeption – Aufbau – Einsatz, (Reihe Schriften zur Geschichte der Deutschen Luftwaffe, Band 8),* Berlin 2019.
Jobst Reller, *Die Anfänge der evangelischen Militärseelsorge,* Berlin ^{2}2020.
Eberhard Frhr. v. Senden, Friedrich Frhr. v. Senden, *Der Erste Weltkrieg 1914–1918. Erlebnisse eines jungen Leutnants,* Berlin 2020.
Hans-Günter Behrendt, *Flugabwehr in Deutschland. Stationierungsorte und Systeme 1956-2012,* Berlin 2021.
Gerd Bolik, *NATO-Planungen für die Verteidigung der Bundesrepublik Deutschland im Kalten Krieg,* Berlin 2021.

Einsatzerfahrungen

Artur Schwitalla, *Afghanistan, jetzt weiß ich erst… Gedanken aus meiner Zeit als Kommandeur des Provincial Reconstruction Team FEYZABAD,* Berlin 2010.
Rainer Buske, *KUNDUZ. Ein Erlebnisbericht über einen militärischen Einsatz der Bundeswehr in AFGHANISTAN im Jahre 2008,* Berlin ^{2}2016.

Offiziersbibliothek

Uwe Hartmann, *Offiziersbibliothek I. Deutschland,* Berlin 2020.
Franz H.U. Borkenhagen, Uwe Hartmann, *Offiziersbibliothek II. Internationale Beziehungen und Sicherheitspolitik,* Berlin 2021.

www.miles-verlag.jimdo.com